国家"十二五"重点图书

世界主要政党规章制度文献

丛书主编：俞可平
执行主编：陈家刚

加拿大

主编：徐　焕

中央编译局文库出版工作领导小组（编委会）

组　　长：贾高建
副 组 长：魏海生　陈和平　柴方国　季正聚
成　　员：崔友平　沈红文　杨雪冬　冯　雷　陈家刚
　　　　　赖海榕　郝卫东　张文成　葛海彦

中央编译局文库出版工作领导小组办公室

主　　任：薛晓源
成　　员：徐向梅　苗永姝

中央编译出版社文库编辑中心编辑小组

　　葛海彦　董　巍　贾宇琰　曲建文　苗永姝
　　杜永明　盛菊艳　李媛媛　薛迎春　董　妍

总　序

近代的政党，是基于一定的阶级或阶层之上，为了夺取和巩固国家的政治权力，从而维护特定利益的政治组织。与其他政治组织相比，政党最明显的特征，就是它有着明确的政治目标，即夺取政权和维护政权。除了执掌国家政权这一基本职能外，政党也是现代社会中最重要的利益表达和利益综合机构，是连接政府与民众的政治桥梁。政党还是国家政治生活的最重要组织者，是公民参与国家政治生活的重要平台，它履行着政治动员、公共参与和政治教育等重要的政治职能。因此，从权力的角度看，在所有政治组织中，政党是最重要的政治组织，它对近代国家的政治生活有着极为重要的影响。实际上，近代政治就是政党政治。国家权力主要由政党掌握，并且通过政党运行。

由于政党在国家公共政治生活中起着如此关键性的决定作用，规范政党组织本身及其成员的行为和活动，就变得极其重要。从国家的角度看，宪法及相应的专门法律，通常要对政党参与国家政权的方式、途径、范围等作出原则性规定，从而形成了不同的政党制度，如多党制、两党制、一党制、一党主导或一党独大制、多党合作制等。从政党自身的角度看，每个政党都必须有一整套政治纲领和规章制度，明确宣示政党的性质、使命、目标、任务和政策倡议，详细规定党员的资格、条件、义务、责任、权利，以及党的组织形式、选举制度、领导机制、决策程序和纪律约束等。广义上说，政党制度既包括政党的外部制度，也包括政党的内部制度，它们一起构成国家政治制度的重要组成部分。

如果说主权国家是国际政治舞台的主角，那么政党便是国内政治舞台的主角。除了少数小国之外，世界上绝大多数国家的政权实际上都掌握在执政党手中。一个个政党的产生、发展、壮大、掌权、下台、消亡，以及各个政党之间的竞争、合作、争斗、兼并、分化、组合，构成了现实政治生活一幅五彩斑斓的图景。要真正了解当代世界，就要了解世界各国的政治图景，那就不能不了解主演这些政治图景的各个政党。世界的丰富多彩，不仅体现在文化传统、生活方式和乡土风情上，也体现在社会结构、发展模式和政治体制上。进而言之，要真正了解一个国家，就要了解这个国家的政治体制；而要了解一个国家的政治体制，就不能不了解这个国家的政党制度。

中国共产党是按照马列主义原则建立起来的一个革命政党，在夺取国家政权后，特别是在改革开放后，它逐渐从一个革命党转变为执政党。党的根本宗旨没有改变，但党的群众基础、指导思想、组织结构、领导机制和执政方式等，都发生了重大的变化。坚持人民主体地位，发展人民民主已经成为中共执政的基本政治目标；民主、自由、平等、公正、法治、和谐，已经成为中共追求的核心政治价值；民主执政、依法执政和科学执政，已经成为中共的基本执政方式；建设中国特色的社会主义法治国家，推进国家治理现代化，已经成为中共全面深化改革的总目标。所有这些都表明，中国共产党自身正处于现代化的转型之中，实现治理的现代化，不仅是党执政治国的目标，也是党自身建设的目标。政党治理的现代化，是世界各国主要政党共同面临的时代课题。一些政党在推进治理现代化方面，取得了成功的经验，得以继续在本国的政坛叱咤风云；而另一些政党则付出了惨重的代价，直至失去了政权。学习和借鉴国外政党的成功经验，汲取它们的失败教训，对于中国共产党实现治理现代化，有着重要的现实意义。

1998年，我曾经主编过当时国内唯一的《当代各国政治体制》丛书，总共有16册之多，内容包括了世界各主要国家。那套丛书比较客观地介绍了各国主要政治体制，为读者全面了解当代世界的各种政治制度提供了翔

总 序

实的资料，从而广受好评。此后，我一直想编纂一套介绍世界各主要政党制度的丛书，可惜终未如愿。巧的是，前几年中央为了加强党内法规建设，需要了解和借鉴国外政党的经验做法，有关部门便委托我局编译国外主要政党的规章制度。我认为，这些党内规章制度，虽不能在整体上等同于政党制度，但却在很大程度上体现了党的组织制度、领导制度、决策制度和纪检制度，因而，编译这些国外政党的法规制度，不仅对于我们加强党内法规建设有其借鉴意义，而且将这些材料正式汇编出版，也可以在一定程度上起到帮助读者了解世界各国政党制度，从而更全面地了解世界各国政治制度的作用。

《世界主要政党规章制度文献》丛书，总共有20卷，收录了当今世界绝大多数重要政党的代表性规章制度。在收集、编选和翻译这套丛书的过程中，我们得到了社会各界的大力支持。例如，一些从事世界政党研究的专家学者提出了很好的编纂建议，一些驻外使领馆人员为我们提供了所在国主要政党的最新材料，一些译者放弃休息时间，努力按照要求完成翻译任务；国家出版基金给予了专项出版资助。在此，我代表编者向所有为本丛书出版作出过贡献的朋友们表示衷心的感谢。参与本丛书的许多译者，是年轻的博士后和博士生，他们积极性高，责任心强，但尚缺乏足够的翻译经验，错讹之处还望读者谅解并不吝批评。

俞可平

2015年1月13日于方圆阁

目 录

导 言 ………………………………………………………………… 1

第一部分　宪法、全国性涉党法律 ………………………………… 1
　加拿大宪法 …………………………………………………………… 3
　加拿大选举法 ………………………………………………………… 70

第二部分　主要政党内部规章制度 ………………………………… 419
　加拿大自由党章程 …………………………………………………… 421
　加拿大保守党章程 …………………………………………………… 495
　加拿大保守党修正案备忘录（摘译）……………………………… 512
　加拿大保守党全国宪法和政策委员会选举规则与程序 ………… 515
　加拿大保守党政策宣言 ……………………………………………… 519
　加拿大保守党党员准则 ……………………………………………… 567
　加拿大新民主党章程 ………………………………………………… 570
　加拿大绿党章程 ……………………………………………………… 586
　加拿大共产党章程 …………………………………………………… 606

1

导 言

一、加拿大的政治制度

加拿大位于北美洲北部，领土面积998万平方公里，居世界第二位，拥有人口3567万（2014年），主要为英、法等欧洲人后裔，土著居民（印第安人、米提人和因纽特人）仅有约150万人，其官方语言为英语和法语。在历史上，加拿大原为印第安人与因纽特人居住地，17世纪初沦为法国殖民地，后被割让给英国。1867年7月1日，英国将加拿大省、新不伦瑞克省和诺瓦斯科舍省合并为联邦，使之成为英国最早的自治领。此后，其他省也陆续加入联邦。1926年，英国承认加拿大的"平等地位"，此后，加拿大开始获得外交独立权。其政治制度的基本情况如下。

（一）加拿大政治概况

加拿大的政治体制为联邦制、君主立宪制群主和议会制，是英联邦国家之一，英国女王伊丽莎白二世为国家元首及国家象征。全国分为10个省（不列颠哥伦比亚、阿尔伯塔、萨斯喀彻温、曼尼托巴、安大略、魁北克、新不伦瑞克、诺瓦斯科舍、爱德华王子岛、纽芬兰和拉布拉多），3个地区（育空、西北、努纳武特）。各省设省督、省议长、省长和省内阁，地区也设立相应职位和机构。

美国是加拿大的邻国和最重要的盟国，2006年加拿大保守党执政后将美国定位为"最可靠的盟友、最亲密的邻国和最大的市场"。拉美国家是加拿大重要贸易伙伴和投资目的地。加拿大是北约、英联邦、八国集团和法语国家首脑会议的成员国，重视发展同西欧国家的关系，与欧盟在外交和安全政策方面立场相近。此外，加拿大也重视发展与亚洲的经济和战略关系，亚太地区已成为其重要的贸易伙伴，以及资金、技术和移民的来源地之一。苏联解体后，加拿大迅速承认独联体各国，并积极发展同它们的双边关系。乌克兰危机爆发后，加拿大推出了多轮对俄制裁措施。近年来，加拿大对发展与非洲国家关系重视程度提高，关注并参与联合国及非洲地区组织主导的非洲地区冲突及内战的调停与斡旋。2014年，埃博拉疫情爆发后，加拿大积极参与国际抗击埃博拉行动，提供资金和医疗设施并派遣医护人员。

（二）加拿大的政治体制

1. 国家元首

加拿大是一个君主立宪国，英国女王伊丽莎白二世是国家元首和政府的象征，其权力仅限于国家宪法和法律所规定的范围。在加拿大境内，由女王任命的总督代行职权。总督由总理提名、女王任命，任期一般为5年。总督戴维·约翰斯顿（David Johnston），2010年10月就任。

2. 总理与内阁

由总理领导并由总理挑选产生的内阁在加拿大政府中占据最重要的位置。总理由众议院中占多数席位的政党领袖出任。作为内阁首脑，总理是唯一有权任命和罢免内阁成员的人。在许多事务上，总理可以单独向总督提出建议。总理拥有很多决策权，包括解散众议院并确定下一届选举的日期、任命政府重要官员等，但内阁成员及其他顾问的意见也对其决策有重要影响。本届保守党政府于2011年5月就职，2013年7月改组内阁，现任总理是斯蒂芬·哈珀（Stephen Harper）。内阁是最重要的政府机构，负责成千上万的政府政策的决策，在行使行政权力以及为众议院制定立法程序中都起到领导作用。内阁可以从众议院多数党中产生，也可以从在其他政党支持下足以形成多数的政党中产生。前一种情况称为多数政府，后一种情况称为少数政府。内阁成员不仅集体对众议院负责，每个成员个人也对众议院负责。

3. 行政机构

加拿大的行政机构包括中央行政机构和地方行政机构,其中,后者包括省(地区)、市行政机构。加拿大中央政府机构包括:(1)首脑办事机构(2个):枢密院,协助英王处理各项事务;总理办公室,协助总理处理行政事务。(2)内阁部门(36个),包括外交部、财政部、国防部、国际贸易部、工业部、自然资源部等。(3)执行机构(477个),包括第一国家统计研究所、加拿大印度石油和天然气机构、大西洋领港事务监督局、加拿大银行、加拿大投资和储蓄机构等。加拿大各省设省督、省议会和省长、省内阁,省级选举投票与联邦选举相似。省区政府负责教育、家庭及儿童福利、市政管理等事务,在许多方面与联邦政府享有共同管辖权。市政府主管学校、水务、交通、消防等地方事务,市长和市议会成员由当地居民选举产生。

4. 立法机构

加拿大的立法机构由众议院和参议院组成,称为两院制。两院通过的法案由总督签署后成为法律,总督有权召集和解散议会。

众议院是根据宪法所规定的条款由全民选举产生的代表性机构,是真正的立法权力所在,所有重要的立法都由内阁在这里提出。除制定法律外,众议院还有对内阁实行检查控制、公布政府行为以及对民众进行政治教育等责任。众议院共308席,众议员由按各省人口比例划分的联邦选区直接选举产生,任期4年。根据加议会2011年通过的《公平代表法案》,加众议院到2015年大选时增至338席。第41届联邦众议院于2011年6月组成。截至2014年9月,议席情况为:保守党162席,新民主党97席,自由党37席,魁北克集团2席,绿党1席,独立人士8席,空缺1席。当前,众议长为保守党人安德鲁·希尔(Andrew Scheer),2011年6月就任。

参议院是议会中的另一个立法机构,参议员由总理提名,总督任命。虽然宪法授予参议院与众议院几乎相等的权力,但在政府与政府事务中,其作用与众议院相比有限。参议院共 105 席，名额按各省人口比例和历史惯例分配。1965 年 6 月 2 日前任命的议员为终身制，此后任命的议员 75 岁退休。截至 2015 年 3 月，参议院议席情况为：保守党 54 席，自由党 31 席，独立人士 6 席，空缺 14 席。①

5. 司法机构

加拿大实行的是联邦制度，法院在解释联邦政府与省政府的各自管辖范围方面起着关键作用。加拿大坚持司法独立的原则，设联邦、省和地方（一般指市）三级法院。联邦法院一般受理财政、海事和有关经济方面的案件。最高法院由 1 名大法官和 8 名陪审法官组成，主要仲裁联邦和各省上诉的重大政治、法律、有关宪法问题以及重大民事和刑事案件。最高法院的裁决为终审裁决。最高法院法官均由总理提名，总督任命，75 岁退休。各省设有省高等法院和省法院，主要审理刑事案件及其他与该省有关的重要案件，但也有一些省级法院审理民事案件。地方法院一般审理民事案件。

二、加拿大的政党制度

加拿大自 1867 年建立联邦以来，基本上由自由党和保守党轮流执政。1993 年，自由党在联邦大选中获胜，让·克雷蒂安（Jean Chrétien）就任总理。此后，在 1997 年、2000 年、2004 年的大选中，自由党连续获胜。2006 年 1 月，保守党在大选中战胜自由党上台，该党领袖斯蒂芬·哈珀担任总理。2008 年 10 月、2011 年 5 月，保守党两次赢得大选并蝉联执政，哈珀连任总理。2015 年 10 月 19 日，自由党领袖贾斯汀·特鲁多赢得大选，就任加拿大总理。除自由党和保守党外，国内还有其他几个影响较大的党派。

---

① 中华人民共和国外交部网站，http://www.fmprc.gov.cn/mfa_chn/gjhdq_603914/gj_603916/bmz_607664/1206_608136/default.shtml。

导 言

(一) 加拿大的政党概况

1. 保守党

加拿大保守党原称自由保守党，1942年改称进步保守党。2003年12月8日，进步保守党同加拿大联盟合并，改名保守党。2006年1月，保守党赢得议会选举，因未取得逾半数席位而组成少数政府。此后，连续两届赢得大选，得以继续执政，但仍为少数政府。保守党属于加拿大的右翼政党，其经济支持力量主要来自各大垄断财团，代表银行保险业、铁路运输业、能源工业垄断资本和大农场主的利益。支持法律公正和社会秩序，倡导建立强有力的政府，采取亲英政策，在经济方面采取国家保护主义。后来逐渐转向美国，旨在加强美加关系。倡导与美国、墨西哥等国平等自由贸易，强调经济私有化、自由发展和对外资开放，其竞选纲领是"减税、创造就业、发展贸易"。身为一个加拿大联盟的后继者，该党还支持改革参议院，使之成为"选举、均等、有效"的参议院。保守党的最高权力机构是全国大会，每两年召开一次。

2. 自由党

自由党是加拿大交替执政的两个政党之一，1873年成立，其前身是1791—1840年各省实行代议制时期上加拿大省、下加拿大省的改革党。自由党在联邦政坛的影响力较大，在20世纪期间更执政将近70年，因此被称为"加拿大的天然执政党"。自由党的政治立场属于中间和中间偏左，代表工业垄断资本集团的利益，并兼顾中、小企业的利益。该党的竞选纲领是"增税、资助教育、改善医疗"。自由党在执政期间重视发展经济，成绩斐然，其所推行的内政和外交政策也较为成功，赢得了广大选民的信任。该党奉行亲美方针，主张与美国实行无限制互惠政策，这使得加拿大经济越来越依赖美国，在一定程度上引起了人民的不满。自由党在21世纪初逐渐失去选民支持，在2006年，自由党在议会选举中被保守党击败，成为第一大反对党。当前，该党领袖为贾斯汀·特鲁多（Justin Trudeau），2013年4月当选。

3. 新民主党

新民主党是加拿大的正式反对党，1961年由"平民合作联盟"与"加拿大劳工大会"联合而成。该党是社会党国际成员，属于社会民主党性质，是北美唯一的社会民主党，也是加拿大政坛上的左翼力量。新民主党代表中下劳动阶层利益，标榜社会主义，提倡公民权利平等，保护人权与平等，废除并无实权的参议院，建立透明政府。在经济上，该党主张实行计划管理经济，主张企业公营、政府提供更多公共产品以弥补市场缺陷。新民主党从未执政，但长期跻身议会反对党阵营，其竞选纲领是增税、关心家庭、加强环保。2011年，新民主党在联邦选举中获得议会102个议席，首次成为加拿大最大的反对党。该党现任领袖为托马斯·马尔凯（Thomas Mulcair）。

4. 绿党

加拿大绿党创立于1983年，其竞选纲领是保护环境、绿色发展、削减赤字。绿党倡导透明政治和比例代表制，主张生态主义、平民民主、非暴力、多元化和社会公正，在经济上赞同增加污染税、削减收入税、增加福利。该党致力于吸引不同政治取向的人士，其党的领袖一向都由持左、中、右不同政见的人士交替担任，其政策在加拿大也受到很多认可。该党现任领袖是伊丽莎白·梅伊（Elizabeth May）。

5. 共产党

加拿大共产党成立于1921年，是加拿大社会主义政党最主要的代表。作为国际共运的成员，该党在争取工人权利、反法西斯战争中作出过重要贡献。苏东剧变后，该党一度陷入巨大混乱和迷茫，处于分裂和解散的危机之中。1992年12月，经过党内马列派的斗争，加共第三十次代表大会重新回归马列主义路线。从组织结构上看，加拿大共产党的组织分为四种类型，即俱乐部、城市或地区组织、省级组织、中央组织。2005年4月，该党中央执行委员会委员帕利佐等一部分党员成立魁北克共产党。加拿大共产党2010年的党章中指出："魁北克共产党是加拿大共产党内的特殊实体。遵照魁北克共产党全国代表大会和全国委员会的决定，魁北克共产党对魁北克境内党的政策和组织结构实行完全自主的管理。"加拿大共产党现任领袖是米格·福格罗亚（Miguel Figueroa）。

此外，加拿大还有其他几个有一定影响的政党，如成立于1990年、代表魁北克人利益的魁北克集团，成立于1987年、主张维护英裔加拿大人利益的改良党等。

（二）加拿大的政党制度

19世纪末，加拿大保守党和自由党逐步成为两大全国性政党，加拿大两党制由此确立。从19世纪末到20世纪90年代初，加拿大从两党轮流执政的时代逐渐进入到多党相互竞争——多党制时代。政党制度是加拿大政治制度中最富有活力的组成部分，由于历史等原因，加拿大的政党制度兼具英美两国政党制度的特点。一方面，加拿大政党制度是按照英国模式建立起来的，实行两党制。另一方面，加拿大政党的组织又并不像英国那样强大，类似于美国政党体系，组织松散。与其他国家相比，加拿大政党制度的主要特点如下。

一是大党占统治地位，两党制仍然难以改变，政党连续执政的时间较长。自19世纪末政党制度确立以来，在加拿大的政治生活中，保守党和自由党占统治地位的两党制始终是主体。1993年，魁北克集团的突起使得加拿大的政党制由两党制向多党制过渡，但从近年来的选举席位可见，保守党和自由党仍然是占据统治地位的两个大党。如自由党在1993年、1997年、2000年、2004年的联邦大选中连续获胜，此后，保守党在2006年、2008年、2011年的大选中连续获胜，两党的连续执政期都很长，与其他西方国家形成了鲜明的对比。这与加拿大的选举制度、政党意识形态的趋同等因素有着密切的关系。

二是议会选举实行单选举区制，选票与席位不成正比。单选举区制是指加拿大按照人口及地理文化指数共划分为308个小选区，每一个选区选举一名议员，候选人只需获得比别人更多的选票就可以获胜，而并非获得总选票的大多数，甚至可能并未获得全国过半数的选票。加拿大的这种选举制度不以保证一个政党的席位与该党所得选票成正比。这种选举制度只对大党（保守党和自由党）有利，难以全面真实地反映公民的投票情况，将导致公民与政府间的双向交流遭到破坏，损害了政党的代表性。一些小党尽管能够在选举中赢得一定选票，但是总不能占到足够比例的席位。在加拿大，所有的联邦众议员都通过单选举区制产生，大部分省的立法机构也是如此。加拿大政党制度独特的运作模式往往不能真实地代表民意和反映各地区的利益，进而不利于加拿大的统一与领土完整。加拿大学者阿兰·柯尼斯曾指出，加拿大的"政党制度加剧了地方分裂，使得国家更加不统一"。针对上述选举制度的弊端，一些小党，如加拿大共产党，一直致力于团结其他较小的政党，扩大民主选举的斗争，促进比例代表制原则基础上的更为民主的选举制度的形成和发展。

三是政党地区化日益明显，同时，政党制度在联邦和省级政府的运作方式上存在差异。加拿大政党地区化的趋势出现于 20 世纪 20 年代。20 世纪 90 年代，魁北克集团的兴起使得政党地区化的特征更加明显。从该时期三次大选的结果可见，加拿大的选民逐渐倾向于选择代表地方利益的政党，政党政治地区化的特征日益明显。总体来说，安大略省更倾向于支持自由党，魁北克省更倾向于支持魁北克集团，萨斯喀彻温和马尼托巴两省更倾向于支持新民主党，而大西洋沿岸的一部分选民大部分拥护保守党。在联邦和省级政府的运作方式方面，1941—1985 年，保守党控制着安大略省政府，而自由党则控制联邦政府。1993 年，保守党和新民主党在联邦一级的选举中失利，但新民主党仍控制着安大略省政府。

三、加拿大政党内部规章制度分析

加拿大政党的内部规章制度较为健全，除保守党和自由党两个大党之外，新民主党、绿党、共产党等党派也分别都有自己完备的章程。其中，保守党除了制定了《保守党章程》之外，还单独制定了《保守党全国宪法和政策委员会选举规则与程序》、《保守党政策宣言》、《保守党修正案备忘录》等制度。虽然加拿大各个政党的模式、内部规章制度建设存在差异，但也可以从中概括出若干党内规章制度建设的共同特点及启示。

（一）政党内部建设规章制度的概况

第一，在立场和宗旨方面，各政党的规章制度都集中反映了各自立场和信念，这是每一个政党区别于其他政党的重要标志。

就保守党而言，保守党的经济支持力量主要来自各大垄断财团，代表银行保险业、铁路运输业、能源工业垄断资本和大农场主的利益，倡导"减税、创造就业、发展贸易"。这在其《加拿大保守党政策宣言》中有着明确的体现："保守党支持当前和长期的广泛的税收减免。减少个人收入税是保守党的首选，因为它能增加加拿大公民的家庭收入，并提高其生活水平。"保守党鼓励政府继续减少营业税，认为减少营业税可以鼓励国内外的商业投资并为加拿大居民提供更多更好的工作机会；提出政府应该减少资本利得税，免除资本利得再投资的税收——较低的资本利得税可以促进储蓄和投资，认为这意味着可给加拿大商业带来更多的商业资本，为加拿大工人带来更多的工作机会，为加拿大投资者带来更大的回报；提出工资税不应该超过合理的失业保险金的数量，认为过高的工资税实际是在向工作机会的创造征税；提出加拿大的税收系统必须建立在公平的基础之上。

加拿大绿党在其《章程》中指出，要"通过制定一个成长的、信奉和支持绿色价值并为泛绿色运动提供发言权的社会和政治结构，来提高全球创建绿色社会的绿色运动的成效"，"与全球绿党宪章相一致，党的政策坚持如下原则：生态智慧、社会公正、参与式民主、非暴力、可持续发展、尊重多样性"。而加拿大共产党也在其《章程》中明确指出："加拿大共产党是致力于社会主义事业的工人阶级的马克思列宁主义政党，它由尽力团结工人阶级和遭受垄断者剥削的各界人士中政治进步和活跃的志同道合者组成，是准备为工人阶级掌握国家政权和建立社会主义的加拿大而奋斗的志愿组织。除了工人阶级的利益以外，加拿大共产党没有自己的特殊利益。党员资格建立在拥护党的纲领并为之奋斗的基础上"，"共产党的组织原则由其政治目标所决定。为了引导工人阶级实现这些目标并领导人民进行斗争,党必须建立在坚实的意识形态的、政治的和组织的团结基础之上,通过连续地组织与劳动人民有紧密联系的党员活动,了解他们的观点和需求并在活动中阐发党的政策"。

第二,在内容方面,加拿大各政党的章程重视对党内纪律监督、党内选举和政党资金等项内容的规定。

加拿大各政党的党章一方面宣示了自身的价值诉求,另一方面也对党员的权利、义务、纪律以及党内争议、监督党内事务等作出了明确的规定。如加拿大自由党《章程》规定,党员有权:"出席其选区协会或其所属的任何委员会或委员俱乐部的全体会议,并在会上发言和投票;出席其拥有准会员资格的任何选区协会的全体会议并发言,但没有投票权;被选举为党的或其所属的任何委员会的代表大会或全体会议的代表或候补代表;依据其所属的省及地区组织章程的相关条款,被选举为该组织的任何代表大会或全体会议的代表或候补代表;被选举担任任何党内职务……""有权成为本党的众议院议员候选人"。同时,也指出了党员"在成为本党党员后,除由本党推荐外,不得公开表达参选众议院议员的意愿","每名党员必须由其个人缴纳本人的党费"。保守党《章程》除规定党员的权利之外,还指出"全国委员会可依据细则制定撤销和恢复党员资格的规则和程序,撤销或恢复一名党员的党员资格须经投票并得到三分之二的多数票赞同"。此外,很多保守党、自由党、新民主党等都在《章程》中明确指出该党党员不能是"加拿大任何其他联邦级政党的党员"。新民主党在《章程》中规定:"根据相对应的省级党组织章程的条款,省级党组织应当为其所属的个人党员、附属党员以及青年团分部的纪律负责。根据本章程第三条第二款的规定,联邦党的委员会应当为附属组织的纪律负责。"加拿大共产党在其《章程》中指出:"任何党员不得违反由代表大会和上级党委制定的党的政策。每个党员都有义务捍卫和加强党的团结","党员个人、俱乐部或委员会不同意俱乐部的、城市、地区或省级委员会的决定,有权向作出该决定的组织的上一级组织申诉，并可以向党的最高组织——中央委员会和全国代表大会进行申诉。在个人进行申诉期间，他必须执行俱乐部或委员会所公布的决定。所有申诉应该在60天内被各自的委员会受理"。相对于其他政党而言，加拿大共产党的纪律要求更为严格，如其规定："如果党员组织或实施了包括错误执行党的决策在内的有损于党和工人阶级最高利益的行为，他们将受到批评、免去一切职务、调查期间停职直至开除党籍的处理。开除党籍在党的纪律中是最严峻的处理措施"。

加拿大各政党都非常重视选举制度的建设。保守党在其《章程》中不仅对党内领袖选举的方式、程序等作了细致的说明，还对党员投票权的行使作了进一步的规定。《章程》指出，党内领袖选举应以各选区党员直接投票表决的方式进行，程序如下：党的所有党员都有一票；各选区将有100分；领袖候选人将获得一定的分数，具体分数根据其在各选区获得的投票百分比决定；要赢得领袖选举，候选人必须获得全国范围内一半以上的选票；投票将以选择选举制（采用单一可转换投票法）进行；领袖候选人有权在选票统计的各个阶段指派代表到场监督；在各轮投票中，加权结果和选区投票结果都应公开。保守党"为保障党员根据党章规定的权利行使其投票权"，规定其投票前必须提供身份证明，即：按照细则与选举委员会的要求，根据具体情况，提供一份由加拿大联邦、各省或地方政府签发的附有照片、姓名、住址的原始身份证明；并按照细则与选举委员会的要求，根据具体情况，提供两份原始身份证明，两份证明都必须包含个人姓名，其中一份包含个人照片，另外一份包含个人住址。此外，自由党在选举过程中还设立了"领袖开支委员会"和"领袖选举委员会"。

各政党大都严格其资金管理制度。如保守党建立了"保守党基金"，它是一家基于并符合《加拿大公司法》各项条款的非股本法人公司，是该党的唯一筹款机构。加拿大保守党基金应向全国委员会提交季度财务报告和年度审计财务报表，向全国委员会提交党的年度预算。在通过和执行该预算之前，应与全国委员会进行磋商，而且在授权或执行对该预算的实质性修订之前，与全国委员会进行磋商。选区协会及附属机构应按照全国委员会的要求向加拿大保守党基金提交相关财务信息。在符合细则规定的特殊情况下,全国委员会可以授权加拿大保守党基金采取所有必要措施对选区协会的所有资产进行监管。

第三,在政党规章制度的制定过程中,积极听取意见,扩大党员的代表性,保护各阶层党员的民主权利。同时,注重根据新的条件变化及时进行修订。

如加拿大自由党设立了原住民党员委员会、全国妇女党员委员会、加拿大青年自由党委员会、资深党员委员会等 4 个专门委员会,代表不同阶层的利益,其目标之一就是"为委员提供发言和影响本党各项政策和纲领的平台,并鼓励他们参与本党政策制定的过程"。其中,原住民党员委员会旨在代表并促进原住民党员的利益,鼓励原住民积极参与本党的各级组织,鼓励并协调原住民党员组织的各项活动,定期征求原住民党员的意见,并向本党报告这些意见。全国妇女党员委员会的宗旨是确保男女平等参与各级党组织,代表并促进女性党员的权益,鼓励妇女积极参加各级党组织的活动。加拿大青年自由党委员会的宗旨是代表并促进青年党员的利益,鼓励青年党员积极参与各级党组织,鼓励并协调省及地区组织中青年组织的各项活动,定期征求青年自由主义者的意见,并向本党报告这些意见。资深党员委员会的宗旨是代表并促进老年党员的权益,鼓励老年党员积极参与各级党组织,定期收集老年党员的意见,并向本党传达这些意见。

随着全球化、信息化的发展,政党建设也面临着新的压力和挑战,在新形势下,加拿大政党注重及时调整政策和规章制度,推进其自身建设的发展。如自由党现有的《章程》在 2006 年 11 月 30 日至 12 月 1 日举行的全国代表大会上通过并修订,此后又分别于 2009 年 5 月 2 日在温哥华举行的全国代表大会、2011 年 6 月 18 日举行的特别会议以及 2012 年 1 月 14 日至 15 日在渥太华举行的全国代表大会上进一步修订。这些党的章程中对于党的宗旨、党内选举、党员的管理、党内的机构等都作了明确的规定。加拿大绿党的《章程》于 1988 年 9 月由全体党员大会通过,并分别于 1996

年8月、2000年8月、2002年8月、2004年8月、2006年8月以及2009年2月,经党的全体党员大会修订。

(二) 政党内部建设规章制度的启示

一是明确政党的立场和信念,这是每个政党区别于其他政党的重要标志。每一个政党都代表着特定集团的利益,有其特定的目标。中国共产党是中国工人阶级的先锋队,同时是中国人民和中华民族的先锋队,是中国特色社会主义事业的领导核心,代表中国先进生产力的发展要求,代表中国先进文化的前进方向,代表中国最广大人民的根本利益。我们必须恪守党章,这是从严治党的恒久主题。必须严格地按照党的内部规章制度来运作党务,调动广大党员群众的积极性,切实保障党员群众的各项权益,同时扩大党内民主,鼓励广大党员群众加强对党的各项事务的监督。

二是完备的政党内部规章制度建设及党内层级体系,对于推动政党的发展,实现政党功能或价值具有重要意义。加拿大长期以来都以自由党和保守党两党为主体,相对于其他政党而言,二者都有相对完备的政治制度。以自由党为例,加拿大自由党是一个由纽芬兰与拉布拉多省自由党、爱德华王子岛自由党、新斯科舍省自由党、新不伦瑞克省自由党、加拿大(魁北克省)自由党、加拿大(安大略省)自由党、加拿大(曼尼托巴省)自由党等12个省及地区组织构成的联盟,各省及地区组织都在与《加拿大自由党章程》保持一致的前提下,制定了各自的章程。此外,还设有主席会议、全国理事会等。

三是政党内部的规章制度建设应该注重保障党员权利、规范党员行为、加强监督、凝聚党内合力。加拿大在政党规章制度的制定过程中,积极听取意见,保护各阶层党员的民主权利。同时也注重规范党员行为,如《加拿大共产党章程》明确指出,"如果党员组织或实施了包括错误执行党的决策在内的有损于党和工人阶级最高利益的行为,他们将受到批评、免去一切职务、调查期间停职直至开除党籍的处理","禁止任何形式的派别活动——派别活动主张一个不同于或有悖于经全国代表大会或由各自党的委员会制定的政治路线,派别活动形式上或实质上赞成一个凌驾于党之上的内部纲领"。加拿大保守党在其《政策宣言》中指出,政府应"制定一个检举保护法以确保那些检举腐败以及其他违法行为的公民能够免于遭到报复。我们将继续支持任何有利于提高公共服务效率和问责的措施","原住民必须能够快速通过警察和司法渠道对任何有违法、腐败和滥用权力行为的政府机构进行限制和审查"。从严治党是中国共产党治党的重要原则,我们要在"从严治党"、加强自身建设的过程中,凝聚党内各方面的力量,形成合力,共同推进党的建设与发展。

四是政党的各项规章应该实事求是、与时俱进,不断增强自身的感召力和影响力。当今国际国内政治、经济环境的变化要求我们必须具有开阔的视野,深刻认识和把握时代发展的新要求和根本的趋势,不断研究新情况,解决新问题。因此,政党的组织和活动方式也要跟上时代的步伐,与时俱进,及时调整相关政策和规章制度,从而进一步推动党的建设,使我们党永葆青春。

徐　焕

第一部分
宪法、全国性涉党法律

加拿大宪法

加拿大位于北美洲北部，东临大西洋，西濒太平洋，西北部邻美国阿拉斯加州，南接美国本土，北靠北冰洋。面积998万平方公里，海岸线约长24万多公里。人口3411万（2010年）。英语和法语同为官方语言。首都渥太华。居民中信奉天主教的占45%，信奉基督教新教的占36%。

1867年英议会通过《不列颠北美法》，将加拿大省、新不伦瑞克和新斯科舍合并为一个联邦，成为英国的一个自治领。此后其他省相继加入联邦。1926年英"帝国会议"宣布承认加拿大和英国有"平等地位"，加拿大取得外交上的独立。1981年12月，加拿大众议院和参议院分别于2日和8日通过关于加拿大宪法的决议。加拿大将决议送交英国，经英国议会通过。1982年4月17日英女王正式宣布已制定的《使加拿大参议院和众议院的请求生效法》正式生效。加拿大从此获得了立宪和修宪的全部权力。在此之前各宪法文件除改名或个别条文修改外，仍继续有效。《1867年不列颠北美法》改称《1867年宪法法》。

加拿大主要的宪法文件是《1867年宪法法》和《1982年宪法法》，其中加拿大宪法是《1982年宪法法》的一个附件。《1982年宪法法》包括加拿大权利宪章以及其他新规定，包括加拿大宪法修改的程序规定。此联合宪法法包含加拿大议会和各省立法机关对两个宪法文件的所有修改（到2011年）。目前生效的《加拿大宪法》于1982年获得当时10个省当中的

9个省（魁北克反对）的通过并生效，以1960年《加拿大权利与自由宪章》为序章。宪法规定，加拿大实行联邦议会制，尊英女王为国家元首，总督为英女王在加拿大的代表。

1867年至1982年加拿大宪法文件

(包含加拿大议会和各省立法机关通过立法的方式对两个宪法文件的所有修改)

（从1867年至1982年联合宪法法）

1867年宪法法

（英国议会制定，1867年3月29日生效）

该法是为了联合的目的，为加拿大、新斯科舍、新不伦瑞克联邦以及它们的政府而定。

1867年3月29日

鉴于加拿大省、新斯科舍省、新不伦瑞克省已经表达了它们想联合组成一个在大不列颠和爱尔兰联合王国王权之下的独立自治地区，制定一个与联合王国基本原则相同的宪法；

鉴于这样一个联盟有利于各省人民的福利以及能够促进大英帝国的利益；

鉴于基于通过议会权威建立联盟是合适的，不仅在自治地区提供具有立法权威的宪法，而且宣布具有执行力的政府管理的本质；

鉴于为最后进入北美英联邦的其他部分制定规定是可行的。①

第一章 序　言

第1条　题目

本法可被引用为《1867年宪法法》。②

第2条　[废止]③

第二章 联　邦

第3条　联邦的声明

为了女王，根据女王陛下最荣耀的枢密院的建议，通过公告合法地宣布，在指定日之后本法通过后不超过6个月的某日，加拿大省、新斯科舍省、新不伦瑞克省将组成一个名字为加拿大的新的自治地区；相应地，3个省在该日后形成一个以加拿大命名的独立自治地区④。

第4条　法后续规定的建立

除非另有表示或说明，加拿大这个名字应该按照本法解释的意思。⑤

---

① 原文注：本段经《1893年成文法修改法》(The Statute Law Revision Act, 1893) 修改。
② 原文注：本条由《1982年宪法法》制定，1982年4月17日生效。
③ 原文注：由《1893年成文法修改法》废止。
④ 原文注：1867年5月22日发布的公告把这一天固定为1867年7月1日。
⑤ 原文注：经《1893年成文法修改法》部分废止。

第5条 4个省

加拿大分成4个省，安大略省、魁北克省、新斯科舍省和新不伦瑞克省。①

---

① 原文注：加拿大现在由10个省（安大略、魁北克、新斯科舍、新不伦瑞克、马尼托巴、不列颠哥伦比亚、爱德华王子岛、阿尔伯塔、萨斯喀彻温以及纽芬兰）和3个地区（育空地区、西北地区和努纳武特地区）组成。并入联邦的第一个地区鲁伯特兰德（Rupert's Land）和西北部地区（North-Western Territory）后来定名为西北地区（Northwest Territories），是根据《1867年宪法法》第146条和《1868年鲁伯特兰德法案》（the Rupert's Land Act, 1868），通过1870年6月23日制定、1870年7月15日生效的《鲁伯特和西北部地区法令》（the Rupert's Land and the North-Western Territory Order）得到承认的，在接纳这些地区之前，当和加拿大联合时，加拿大议会制定了《鲁伯特利和西北部地区临时政府法案》（An Act for the temporary Government of Rupert's Land and the North-Western Territory when united with Canada），且《1870年马尼托巴法案》（Manitoba Act, 1870）规定了马尼托巴省的构成。

不列颠哥伦比亚是根据《1867年宪法法》第146条，通过1871年5月16日制定、1871年7月20日生效的国会法令，即《不列颠哥伦比亚联邦条款》得到承认的。

爱德华王子岛是根据《1867年宪法法》第146条，通过1873年6月26日制定、1873年7月1日生效的国会法令，即《爱德华王子岛联邦条款》得到承认的。

1871年6月29日，联合王国议会制定了《1871年宪法法》（the Constitution Act, 1871），授权创建不包括在任何省之内、在地区以外的独立省，加拿大议会制定了《阿尔伯塔法案》（1905年7月20日）以及《萨斯喀彻温法案》（1905年7月20日），规定分别创建阿尔伯塔和萨斯喀彻温省。两个法案在1905年9月1日生效。

同时，除纽芬兰殖民地及其属地以外，所有剩余的北美不列颠领地和地区以及邻近的岛屿，根据1880年7月31日制定的《相邻领地法令》（Adjacent Territories Order, dated July 31, 1880），均被纳入到加拿大联邦。

加拿大议会在1912年通过《1912年安大略边界扩展法案》（The Ontario Boundaries Extension Act, 1912）、《1912年魁北克边界扩展法案》（The Quebec Boundaries Extension Act, 1912）以及《1912年马尼托巴边界扩展法案》（The Manitoba Boundaries Extension Act, 1912）把西北地区并入了邻近省，其他部分由《1930年马尼托巴边界扩展法案》（The Manitoba Boundaries Extension Act, 1930）规定纳入马尼托巴。

1898年根据《育空地区法案》（The Yukon Territory Act）在西北地区以外创建了育空地区。

纽芬兰是在1949年3月31日通过《纽芬兰法案》（Newfoundland Act）加入的，该法案正式批准了纽芬兰和加拿大联邦条款。

努纳武特是在1999年根据《努纳武特法案》（Nunavut Act, S. C. 1993）脱离西北地区创建的。

第6条 安大略和魁北克省

从前分别由上加拿大省和下加拿大省组成的加拿大省的部分（存在于本法通过过程中）已经被分离，并将组成两个独立的省。原组成上加拿大省的部分将组成安大略省，原组成下加拿大省的部分将组成魁北克省。

第7条 新斯科舍省和新不伦瑞克省

新斯科舍省和新不伦瑞克省在本法通过中拥有同样的权限。

第8条 十年一次人口普查

加拿大的人口普查从1871年开始，然后每十年对四个省的人口进行一次普查。

第三章 行政权

第9条 以女王的名义宣布行政权

加拿大的政府和行政权力特此宣布继续并由女王授予。

第10条 关于总督的规定的适用

本法关于总督的规定扩展和适用于加拿大目前的总督，或其他首席行政官员或目前代表和以女王名义执行加拿大政府管理权的管理者，无论他们被指定为任何头衔。

第11条 加拿大枢密院的组建

应该设立一个在加拿大政府中起帮助和建议作用的委员会，作为女王陛下在加拿大的枢密院；委员会的成员应该随时由总督选择和召集并以枢密院议员的身份宣誓，总督也可以随时罢免其成员。

第12条 根据法案由总督按照枢密院的建议或单独行使的各种权力

任何大英帝国议会，或大不列颠和爱尔兰联合王国议会，或上加拿大、下加拿大、加拿大、新斯科舍或新不伦瑞克立法机构的法之下的所有权力、职权和职责，在联邦中授予并由各省尊贵的省长或副省长行使，按照各省的尊贵的行政委员会的建议及批准，或者与这些委员会、委员会的成员协作，或者通过省长或副省长独立行使；在联邦成立后能够继续存在和被行使的涉及加拿大政府的这些权力，应该被授予并由总督行使，总督根据女王陛下在加拿大的枢密院或其成员的建议，或建议及批准，或与其协作行使，或者由总督独立行使权力，尽管如此，在需要的情况下，可以由加拿大议会废除和改变这些权力（除非考虑到大不列颠议会或大不列颠和爱尔兰联合王国议会法中存在的情况）。①

第 13 条　关于委员会中总督（Governor General in Council）的规定的适用

本法关于委员会中总督的规定应被解释为指根据和按照女王陛下在加拿大的枢密院的建议行动的总督。

第 14 条　女王陛下授权总督委任代理的权力

如果女王陛下认为合适，为了女王，根据女王表达或给予的任何限制或指导，可以合法地随时授权总督委任任何个人或几个人个别或联合地在加拿大某部分或任何部分作其代理，使其有权力行使总督执政期间总督认为有必要或有权力委派给代理人（们）的总督的各种权力、职权和职责；但是代理人（们）的委任不能影响总督自己的权力、职权和职责的行使。

第 15 条　以女王的名义授予军队的命令

以女王的名义授权宣布，加拿大的海军、陆军民兵组织和所有的海军和军事武装继续存在。

第 16 条　加拿大政府所在地

除非女王另外宣布，加拿大政府首都是渥太华。

第四章　立法权

第 17 条　加拿大议会的组成

设立加拿大议会，由女王、参议院形式的上议院和众议院组成。

---

① 原文注：见本法第 129 条的脚注。

第18条 议院的特权等

由参议院、众议院及其成员拥有、享有和行使的特权、豁免和职权应随时通过加拿大议会法界定,但是加拿大议会法界定的这些特权、豁免和职权不能超越在这些法通过过程中由大不列颠和爱尔兰联合王国的下议院及其成员拥有、享有和行使的特权、豁免和职权。①

第19条 加拿大议会首次会议

联邦成立后应在6个月内召集加拿大议会。②

第20条 [废止]③

参议院

第21条 参议员数量

根据本法规定,参议院由105名成员组成,他们被称为参议员。④

第22条 参议院中各省的代表

关于加拿大参议院的组成应该有四个部分:

(一) 安大略省;

(二) 魁北克省;

(三) 沿海各省:新斯科舍省和新不伦瑞克省以及爱德华王子岛;

(四) 西部省份:马尼托巴省、不列颠哥伦比亚省、萨斯喀彻温省以及阿尔伯塔省。

上述四个部分应该在参议院平等地被代表(根据本法的规定),代表

---

① 原文注:本条内容由《1875年加拿大议会法》(Parliament of Canada Act, 1875)废止并重新制定。

② 原文注:已失效,第一届议会第一次会议在1867年11月6日召开。

③ 原文注:由《1982年宪法法》废止。

④ 原文注:经由《1915年宪法法》(Constitution Act, 1915)、《纽芬兰法》(the Newfoundland Act)、《1975年宪法法(第二号)》[the Constitution Act(No. 2), 1975]、《1999年努纳武特宪法法》[the Constitution Act, 1999(Nunavut)]修改。

数如下：安大略省 24 名参议员；魁北克 24 名参议员；沿海各省和爱德华王子岛 24 名参议员，其中新斯科舍省 10 名代表，新不伦瑞克省 10 名代表，爱德华王子岛 4 名代表；西部省份 24 名参议员，其中马尼托巴省 6 名代表，不列颠哥伦比亚省 6 名代表，萨斯喀彻温省 6 名代表，阿尔伯塔省 6 名代表；纽芬兰省 6 名参议员代表；育空地区和西北地区各 1 名参议员代表。

如魁北克，代表其省的 24 名参议员，应该从《加拿大统一法》第一章附件一规定的下加拿大的 24 个选区中每选区选出 1 名予以委任。①

第 23 条　参议员的资格

参议员当选资格如下：

（一）年满 30 岁；

（二）是或者生来即为女王的臣民，或者在联邦组建之前根据大不列颠议会法或大不列颠和爱尔兰联合王国议会法，或上加拿大、下加拿大、加拿大、新斯科舍、新不伦瑞克其中一个省的立法，或联邦组建后加拿大议会法归化为女王的臣民；

（三）他应该在其被委任的省内，合法或根据衡平法要求，有自己使用和收益的以自由和共有的农役租赁方式出租的土地或房产的永久业权，有要求或拥有以友好法国或平民身份（in Frane-alleu or in Roture）使用和收益的土地或出租房产，在租金、应缴税、债务、费用、抵押贷款和财产留置权或所付费用或其他同样的费用之外，要求其价值在 4000 元②以上；

（四）在其债务之外，他的地产和个人财产总额价值应在 4000 元以上；

（五）居住在其被委任的省份；

（六）涉及魁北克省，他应该具有他被委任的选区要求的财产资格，

---

① 原文注：经由《1915 年宪法法》（Constitution Act, 1915），《纽芬兰法》（the Newfoundland Act），《1975 年宪法法(第二号)》[the Constitution Act(No. 2) ,1975]修改。

② 本书所指的货币单位"元"，系指加拿大货币计量单位。——译者注

或者居住在那个选区。①

第 24 条　参议员的召集

总督应该随时以女王的名义，通过加盖国玺签署文件，召集合格的人员到参议院；且根据本法的规定，每一个被召集的人应该作为参议院的成员成为 1 名参议员。

第 25 条　[废止]②

第 26 条　特定情况下参议员的增加

在任何时候，根据总督的建议，女王认为合适即命令增加 4 名或 8 名参议员，总督可以召集 4 名或 8 名合格的人员（视情况而定），同等代表加拿大的四个选区，相应地增加到参议院中。③

第 27 条　参议院自然人数的减少

在如上条所述的任何时间内增加参议员的情况，除非按照类似提到的推荐并由女王发布命令，在四个选区已经由正好 24 名参议员所代表时，总督不能再召集任何代表四个选区之一的人到参议院来。④

第 28 条　参议员的最多人数

参议员的人数在任何时候不能超过 113 名。⑤

---

① 原文注：《1999 年努纳武特宪法法》规定，为了本部分的目的（其为努纳武特增加了 1 名参议员），《1867 年宪法法案》第 23 条中的"省"与《1985 年解释法》（Interpretation Act）第 35 条中的"省"有相同的含义，修改后，其规定"省"是指"加拿大的一个省，包括育空、西北部地区和努纳武特"。

《1975 年宪法法（第二号）》规定，为本法案目的（其为育空地区和西北部地区各增加了 1 名参议员），在《1867 年宪法法》第 23 条中的"省"与《1970 年解释法》第 28 条的"省"有相同的含义，其规定"省"是指"加拿大的一个省，包括育空地区和西北部地区"。

② 原文注：由《1893 年成文法修改法》废止。

③ 原文注：由《1915 年宪法法》修改。

④ 原文注：由《1915 年宪法法》修改。

⑤ 原文注：经由《1915 年宪法法》《1975 年宪法法》和《1999 年努纳武特（Nunavut）宪法法》修改。

第 29 条

一、参议院的任期

根据第 2 款规定,一个参议员应该按照本法的规定,终身在参议院任职。

二、达到 75 岁年龄的退休

根据本法的规定,在本款内容生效之后,一个被召集到参议院的参议员,应该在参议院任职直到 75 岁。①

第 30 条　在参议院的辞职

参议员应该以书面辞呈方式递交总督,辞去其在参议院的职位,因此致使参议员席位空缺。

第 31 条　参议员丧失资格

在下述情况下参议员应该离职:

(一) 如果连续两个议会的会期他不能出席参议院会议;

(二) 如果他通过宣誓、发表声明或效忠的方式服从或遵守外国政权,或者通过行为成为外国的臣民或公民,或有资格享有外国臣民或公民的权利;

(三) 如果他被宣布破产或资不抵债,或者申请享有有关破产债务人的法律规定的利益,或者其是侵犯公共利益者;

(四) 如果他犯有叛国罪或重罪或任何不名誉的犯罪;

(五) 如果因为财产或居住条件,其终止拥有参议员资格;但是,在居住方面不能仅因为其履行政府职责要求其居住在加拿大首都就认为其参议员的资格终止。

第 32 条　参议院空缺时的召集

当因为辞职、死亡或其他原因,参议院发生职位空缺时,总督应该召集合适和有资格的人填补空缺。

---

① 原文注:本款由《1965 年宪法法》修改制定,1965 年 6 月 1 日生效。

第 33 条　关于参议院资格和空缺的问题

如果因参议员的资格或空缺所引发的问题，由参议院听证和决定。

第 34 条　参议院议长的委任

总督可以随时通过加盖国玺签署文件的方式，委任 1 名参议员为参议院议长，且可以罢免他委任另一人代替。①

第 35 条　参议院的法定人数

除非加拿大议会另有规定，必须至少有包括议长在内的 15 名参议员出席参议院会议，参议院才能行使权力。

第 36 条　参议院的投票

提交参议院的问题应该由多数表决决定，议长在任何情况下都只有一个投票权，当表决票数相等，反对方意见胜出。

众议院

第 37 条　加拿大众议院的组成

根据本法的规定，众议院由 308 名成员组成，其中 106 名选自安大略，魁北克 75 名，新斯科舍 11 名，新不伦瑞克 10 名，马尼托巴 14 名，不列颠哥伦比亚 36 名，爱德华王子岛 4 名，阿尔伯塔 28 名，萨斯喀彻温 14 名，纽芬兰 7 名，育空地区 1 名，西北地区 1 名，努纳武特地区 1 名。②

第 38 条　众议院的召集

总督应该随时以女王的名义，通过加盖国玺签署文件召集众议院议员到会。

---

① 原文注：在参议院议长缺席期间议长职责的行使是由《1985 年加拿大议会法案》第二部分（原来由 1970 年《参议院议长法》）作出规定的，关于议会制定参议院议长法案的权力的质疑是通过《加拿大议长（代理人的委任）法案》消除的，其已被《1982 年宪法法》废止。

② 原文注：这里给出的数字源自第 51 条的应用，由《1985 年宪法法（代表法）》制定，并经《1999 年努纳武特宪法法》修改，根据《1985 年选举边界重新调整法》(Electoral Boundaries Readjustment Act) 调整。

第 39 条 参议员不参加众议院会议

参议员不能被选举为众议院议员,或作为众议院议员参会或投票。

第 40 条 四个省的选区划分

除非加拿大议会另有规定,为了选送成员到众议院,安大略、魁北克、新斯科舍以及新不伦瑞克被分成如下选区:

(一)安大略

安大略被分为列入本法附件一中的县、县选区(Ridings of Counties)、市、市区及镇,每一部分是一个选区,每一个被列入附件一中的地区有资格选送 1 名成员;

(二)魁北克

魁北克分成 65 个选区,这些选区在本法通过过程中,包括根据《加拿大统一法》第二章、《下加拿大统一法》第七十五章、女王二十三年《加拿大省法》第一章或任何在联邦成立后同样有效的修改法的规定,曾经是下加拿大省的 65 个选区,根据本法,每一个选区有资格选送 1 名成员;

(三)新斯科舍

新斯科舍有 18 个选区,哈利法克斯县有资格选送两名成员,其他县各选送 1 名成员;

(四)新不伦瑞克

新不伦瑞克划分为 14 个县,作为 14 个选区,还包括圣约翰市。圣约翰市是独立的选区,15 个选区有资格各自选送 1 名成员。①

第 41 条 除非加拿大议会另有规定,现存选举法继续有效

除非加拿大议会另有规定,联邦中在几个省生效的所有法律涉及如下问题,即:被选举为几个省议院大会或立法大会成员的资格和无资格,或

---

① 原文注:已失效。选区现在是通过《1985 年选区边界调整法》随时发布的公告建立的,通过议会法修正了特别的地区。

作为成员参会及投票的资格和无资格,有关这些成员选举的投票者,投票者的宣誓,恢复公职,他们的权利和义务,选举的程序,选举继续的期间,有争议的选举的裁决,突发事件的程序,成员席位的空缺,除会议解散外成员席位空缺时新的委任的执行。这些问题分别在几个省中同样适用于众议院议员的选举。

但是,除非加拿大议会另有规定,在众议院为阿尔戈马区选举成员的选举中,除了根据加拿大省法投票有资格当选的人员外,每一个男性的英国公民,年满21岁,有房产,都有一个投票权。①

第42条 [废止]②

第43条 [废止]③

第44条 众议院议长的选举

在普选之后众议院首次开会时,应该尽快选举1名成员为议长。

第45条 议长席位空缺的补充

一旦由于死亡、辞职或其他原因,议长席位出现空缺,众议院应该尽快选举另一位议员为议长。

第46条 议长主持会议

议长应该主持众议院所有会议。

第47条 议长缺席时的规定

除非加拿大议会另有规定,不论任何原因,一旦议长从众议院的席位上连续缺席48个小时,参议院应该选举另一位议员为议长,由此选举产生的成员应该在议长缺席的连续时间段内拥有和执行议长的所有权力、特权

---

① 原文注:已失效。选区现在是通过《1985年加拿大选举法》规定;议员的资格和无资格由《1985年加拿大议会法》规定。公民的投票权和任职由《1982年宪法法》第3条规定。

② 原文注:由《1893年成文法修改法》废止。

③ 原文注:由《1893年成文法修改法》废止。

和职责。①

第 48 条　众议院法定人数

召开众议院会议行使权力至少需要有 20 名议员出席，议长包括在内。

第 49 条　众议院投票

众议院对问题的表决采取除议长以外的多数表决方式，如果表决票数相同的情况下，议长有一个投票权。

第 50 条　众议院的任期

每一届众议院任期 5 年，从选择议院的令状发回那天开始（直到总督宣布解散），不再延长。②

第 51 条

一、众议院代表的重新调整

众议院的议员数以及其中各省代表的数量，按照本款规定生效，其后，根据十年一度的人口普查结果，由有关部门按照加拿大议会当时规定的内容，服从和遵守下列规则进行调整：

（一）分配到每个省的议员数应该等于其人口数除以选举商数得到的数，且保留一位小数。

（二）如果按照规则（一）和第 51 条之一计算出分配到省里的议员数少于《1985 年宪法法（代表法）》生效日分配给该省的议员总数，应该增加分配的议员数量，从而保证该省分配到同等数额的议员。

（三）规则（一）和规则（二）及第 51 条之一适用后，关于满足规则（四）列出条件的省，如果必要的话，在完成调整的基础上，应该增加一些议员，数量通过分配给该省的议员数除以分配给所有省的总数获得，

---

① 原文注：关于议长缺席期间其职能的执行的规定现在通过《1985 年加拿大议会法》第三部分规定。

② 原文注：第十二届议会已经通过《1916 年不列颠北美法》而扩展，这个法被《1927 年成文法修正案》所废止。其规定众议院议员任期不能超过 5 年，从议员普选后的令状送达之日起计算，也可参见《1982 年宪法法》第 4 条第 2 款，其规定在特殊情况下，众议员可以延长。

第一部分　宪法、全国性涉党法律

且不低于、尽可能接近于用该省总人口除以所有省总人口得到的商数。

（四）在结束了前述调整的基础上，如果通过分配给该省的议员数除以分配给所有省的总数获得的数量等于或大于用该省总人口除以所有省总人口得到的数量，规则（三）适用于某省。每省的人口数是十年一次人口普查当年7月1日的人口数，如果人口普查先于调整，则按照为调整目的所进行的估算。

（五）除非文本有例外规定，这些规则中，一省的人口数是最近一次十年人口普查当年7月1日的估算人口数。

（六）这些规则中，"选举商数"是指：

1. 就2011年人口普查结束后进行的调整而言，是11166；

2. 就任何一次后续的人口普查后进行的调整而言，按照为之前调整目的所做的估算，用每个省人口数除以人口普查当年7月1日该省的人口数获得的商数，再乘以用于之前调整的选举商数得到的数目，保留乘积到一位小数。

一之一、人口估算

为符合第1款各规则的目的，通过权威部门，以某种方式，随时由加拿大议会规定对2001年7月1日和2011年7月1日加拿大人口以及每个省的人口，以及在2011年十年人口普查之后的每一年（已进行完人口普查的十年），当年的7月1日的人口进行估算。[①]

二、育空地区、西北部地区和努纳武特地区

根据《1985年加拿大修正法》第Y-2章的规定，育空地区应该有1名议员，根据《1985年加拿大修正法》第N-27章第2条的规定（该条经过了《1993年加拿大法》第28章第77条的修改），西北地区应该有1名

[①] 原文注：由《2011年公平代表法》（Fair Representation Act）制定，经皇室批准在2011年12月6日生效。该条文内容经过了多次修改［经《1893年成文法修改法》《1943年不列颠北美法》（被《1982年宪法法》废止）、《1946年不列颠北美法》（被《1982年宪法法》废止）、《1952年不列颠北美法》（该法同样被《1982年宪法法》废止）、《1974年宪法法》《1985年宪法法（代表法）》修改或重新制定］。

议员，根据《1993 年加拿大法》第 28 章第 3 条，努纳武特应该有 1 名议员。①

第 51 条之一 众议院的组成

尽管有本条规定，一个省的众议院人数不能少于该省在参议院议员的数量。②

第 52 条 众议院人数的增长

众议院成员数量可以由加拿大议会随时增加，只要本条规定的各省的比例代表制不被违反。

财政投票权；王室同意权

第 53 条 拨款和税收法案

对公共财政的任何拨款的法案，或者增加税收或关税的法案，都由众议院决定。

第 54 条 财政法案的提议

凡政府咨文提到的有关公共财政拨款，或有关税收、关税的表决、决议、演说或法案没有首先提交到众议院，而众议院采纳或通过了该公共财政拨款或有关税收、关税的表决、决议、演说或法案，是不合法的。

第 55 条 王权对法案的同意等

当议会通过的法案呈递给总督提请女王同意时，除根据本法规定和女王陛下的指令外，总督有权力按照自己的判断宣布，他以女王的名义同意，或者拒绝女王同意或者把法留给尊贵的女王来签署。

第 56 条 总督同意的法案经枢密院令不许可

当总督以女王的名义同意了一个法案，他应该第一时间给女王陛下的

---

① 原文注：通过《1999 年努纳武特宪法法》制定，对育空地区的描述现在在 2002 年《育空法案》的附件一中列出，代替了原来经由《1975 年宪法法（第一号）》修改制定的条款。

② 原文注：由《1915 年宪法法》制定。

首席国务秘书送达法案的副本，如果女王在由国务秘书签收副本后的两年内通过枢密院认为应该驳回该法案，这一驳回（国务秘书在接收这个法那天已经签章）由总督签署，通过口头或书面信息的方式，送交议会两院，或者通过公告的方式，将从签署之日起废止该法案。

第57条　由尊贵的女王签署的法案

留给尊贵的女王签署的法案不应该有强制力，除非或直到为了女王同意从其送交总督起两年之内，总督通过口头或书面信息的方式通知议会两院或通过公告签署该法案，并且已经得到了女王陛下枢密院的同意。

这种口头、书面信息或公告应该登记在每一议院的刊物上，经验证的副本应该送交合适的官员以确保其保存在加拿大档案中。

第五章　各省的宪章

行政权

第58条　各省的省督（A Lieutenant Governor）的委任

每一省应该设1名省督，由总督通过枢密院加盖加拿大国玺的方式书面委任。

第59条　省督的任期

省督在总督认可的期间内任职，但是在加拿大第一届议会开会之后任命的省督除非因为辞职，否则从任命之日起5年内不能免职，免职需要和他本人以书面的方式、在辞退令发出后的一个月内进行沟通，如果议会正在会期，应该通过咨文的方式在这之后的一周之内和参议院及众议院沟通，如果不是在会期，则在下一届议会开会之后的一周内沟通。

第60条　省督的薪金

省督的薪金是固定的，由加拿大议会规定。[①]

[①] 原文注：由《1985年薪酬法》规定。

第61条 省督的宣誓等

每一个省督在就职之前应该在总督或某些由总督授权的人面前进行类同于总督所做的效忠尽职宣誓并签字。

第62条 关于省督规定的适用

本法关于省督的规定扩展及适用于每个省目前在任的省督,或者目前管理各省的其他的无论任何头衔的行政首长或行政长官。

第63条 安大略和魁北克行政首长的任命

安大略和魁北克的行政委员会应该由省督随时认为合适的人员组成,即,司法部长(the Attorney General)、省书记官和注册官(the Secretary and Registrar of the Province)、省财务大臣(the Treasurer of the Province)、皇室土地专员(the Commissioner of Crown Lands)、农业和公共事务专员(the Commissioner of Agriculture and Public Works),以及在魁北克立法委员会的主席(the Speaker of the Legislative Council)和首席司法长官(the Solicitor General)。①

第64条 新斯科舍和新不伦瑞克的政府

根据本法的规定,新斯科舍和新不伦瑞克的行政权力章程应该像在联邦一样继续有效,直到按照本法的权力作了更改为止。②

第65条 安大略或魁北克的省督根据建议或单独行使的权力

根据任何大不列颠议会法,或者大不列颠和爱尔兰联合王国议会法,或者上加拿大、下加拿大或加拿大立法机构的法规定的所有的权力、权限和职能,在联合之前或联合中曾经或现在被授予或由各省省长或省督行使的这些职权,其或者根据各省行政委员会的建议,或者根据其建议和同

---

① 原文注:目前在安大略由1990年《行政委员会法》(the Executive Council Act)规定,在魁北克,由1977年《行政权力法》(the Executive Power Act)规定。

② 原文注:同样的规定包括在接纳不列颠哥伦比亚、爱德华王子岛和纽芬兰的每一个部门中。马尼托巴、阿尔伯塔和萨斯喀彻温的行政权力是通过创建这些省的成文法规定的。参见本法第5条的脚注。

意，或者和这些委员会共同，或者和委员会的任何数目的成员共同，或者通过省长或省督单独行使的，只要是在联合之后在安大略和魁北克同样有能力行使的，应该被赋予以及应该或可以由安大略和魁北克的省督单独行使，或者根据各自行政委员会的行政建议或根据其建议并同意，或者与其共同，或者与其成员共同行使。尽管如此，同时要服从于安大略和魁北克各自立法机构的废止或改变权的限制（除非涉及诸如根据大不列颠法或者大不列颠和爱尔兰联合王国的议会法规定的情况）。①

第66条 关于委员会里的省督（Lieutenant Governor in Council）的规定的适用

本法涉及在委员会的省督的规定应该解释为指根据和按照其执行委员会的建议行为的省督。

第67条 省督行政上的缺席等

在委员会的省督可以随时任命行政官员在其缺位、生病或其他不能行使职权时行使其行政职能。

第68条 省政府的首府

除非该省的政府没有在本省作出指示和直到作出指示为止，省政府的首府应该如下：即安大略省在多伦多城；魁北克在魁北克城；新斯科舍在哈利法克斯城；新不伦瑞克在弗雷德里克顿城。

立法权力

一、安大略

第69条 安大略立法机构

安大略的立法机构由省督和一院，即安大略立法大会组成。

第70条 选区

安大略立法大会应该由82名成员组成，由选举产生的根据本法附件一

---

① 原文注：参见本法第129条的脚注。

规定的82个选区的代表组成。①

二、魁北克

第71条 魁北克立法机构

魁北克立法机构由省督和两院组成，模式为魁北克立法委员会（the Legislative Council of Quebec）和魁北克立法大会（the Legislative Assembly of Quebec）。②

第72条 立法委员会的组成

魁北克立法委员会由省督以女王的名义通过加盖魁北克印玺的文件任命的24名成员组成，根据本宪法所称的下加拿大24个选区各委任1名成员，每一名成员终身任职，除非魁北克立法机构根据本法的规定另外作了规定。

第73条 立法委员的资格

魁北克立法委员会委员的资格和魁北克参议员的资格相同。

第74条 辞职、丧失资格等

魁北克立法委员的位置空缺的情况加以必要的变通和参议员位置空缺的条件相同。

第75条 职位空缺

当因为辞职、死亡或其他情况在魁北克立法委员会发生职位空缺时，省督应当以女王的名义，通过加盖魁北克印玺的书面文件，委任合适的和有资格的人选填补空缺。

第76条 关于空缺的问题等

如果提出涉及魁北克立法委员会委员资格或者魁北克立法委员会的职

---

① 原文注：失效，现在通过《2005年代表法》规定。
② 原文注：《有关魁北克立法委员会法》（1968年）规定了魁北克立法机构应该由魁北克的省督和国民大会组成，废止了《1964年立法法》关于魁北克立法委员会的规定。现在由《国民大会法》（National Assembly Act）所涵盖。因此下文的第72—79条规定现在完全失效。

位空缺的任何问题，都由立法委员会听证和决定。

第 77 条 立法委员会的议长

省督可以随时通过加盖魁北克印玺的书面文件任命 1 名魁北克立法委员会的委员为议长，也可以罢免他，另任命他人代替。

第 78 条 立法委员会的法定人数

除非魁北克立法机构另有规定，应该至少有 10 名立法委员出席会议，包括议长，才能形成能够行使权力的法定会议。

第 79 条 立法委员会的表决

提交魁北克立法委员会的问题应该通过多数表决，议长在所有问题中有一个投票权，当得票数相等时，反对方意见胜出。

第 80 条 魁北克立法大会的组成

魁北克立法大会应该由 65 名经选举代表本法所称的下加拿大 65 个选区的代表组成，且服从魁北克立法机构所作的更改；如果提交魁北克省督同意改变本法附件二提到的选区的限制的任何法案，则是不合法的，除非这一法案的第二读和第三读已经在立法大会经代表所有选区的多数成员同意通过，省督不能赞同这个法案。① 除非书面呈文已经由立法大会呈递给宣布通过它的省督。

三、安大略和魁北克

第 81 条 ［废止］②

第 82 条 立法大会的召集

安大略和魁北克的省督应该随时以女王的名义通过加盖省印玺的书面文件召集本省的立法大会成员开会。

---

① 原文注：1970 年《关于选举地区法》（Act Respecting Electoral Districts）规定本条不再有效。

② 原文注：由《1893 年成文法修改法》废止。

第 83 条　官员职务选举的限制

除非安大略或魁北克立法机构另有规定，通过省督指派，在安大略或魁北克公务机构、委员会或雇佣机构永久或临时任职的人，其年薪、酬金、津贴、报酬或任何其他种类的获利都是来自于本省的，该人没有资格作各自省的立法大会的成员；

但是本条的规定不等于其无资格成为各自省的任何行政委员会的成员，或执行下列职权，即，司法部长的职权、省书记官和注册官员、省财务大臣、皇室土地专员、农业和公共事务专员，以及魁北克首席司法长官，或者如果他被选举时已经在这些部门任职，则不能使他无资格在他被选举的议院拥有席位或投票。①

第 84 条　现存选举法的继续生效

除非安大略和魁北克的立法机构各自作了其他规定，在涉及下列问题时或其中之一的问题时，联邦所有的法律在这些省都是有效的，即：作为加拿大议会成员被选任或拥有席位或投票的人员的资格和无资格问题，投票者的资格和无资格问题，投票者的宣誓问题，选举监察人的权力和责任，选举的程序，选举能够继续的期间，有争议的选举的审判和适用的程序，成员席位的空缺，以及涉及非因解散而出现的空缺席位问题的新的令状的执行等问题，在安大略和魁北克的立法大会应该分别适用各自的成员选举法。

但是，如果安大略立法机构另有规定，在为阿尔戈马选区选举安大略立法大会成员的任何选举中，除了根据加拿大省法关于选举的规定之外，每一个年满 21 岁的拥有房产的不列颠男性臣民，都有一个投票权。②

---

① 原文注：可能失效。在安大略，本条的主旨现在包含在《1990 年立法大会法》在魁北克包含在《国民大会法》中。

② 原文注：可能失效。在安大略，本条的主旨现在包含在《1990 年选举法》和《1990 年立法大会法》中，在魁北克包含在《选举法》和《国民大会法》中。

第 85 条 立法大会的任期

安大略的每一个立法大会和魁北克的每一个立法大会任期 4 年,从为选择立法大会的令状返回之日起计算,不能超过这个期限(然而,要服从省督提前解散安大略立法大会或魁北克立法大会的决定)。①

第 86 条 立法机构的年会

安大略和魁北克的立法机构的会期至少要每年一次,由此每省在立法机构的上一届会议和下一届第一次会议之间要有不间断的 12 个月。②

第 87 条 议长、法定人数等

本法关于加拿大下议院的下列规定应该延伸和适用于安大略和魁北克的立法大会,即:关于最初的议长的选举以及空缺、议长的缺席、法定人数、选举模式的规定,类似于那些原有的规定被重新制定和适用于其立法大会的规定一样。

四、新斯科舍和新不伦瑞克

第 88 条 新斯科舍和新不伦瑞克的立法机构的组成

根据本法的规定,新斯科舍和新不伦瑞克每一个省的立法机构的组成应该像在联邦里一样继续存在,直到根据本法由有权的机构改变为止。③

五、安大略、魁北克和新斯科舍

第 89 条 [废止]④

---

① 原文注:安大略和魁北克立法大会的最长任期已经改为 5 年。分别见《1990 年立法大会法》,以及《国民大会法》。也可参见《1982 年宪法法》第 4 条,其规定了立法大会的最长任期为 5 年,但是也授权在特殊情况下延长。

② 原文注:也可参见《1982 年宪法法》第 5 条,其规定每一个立法机构每 12 个月要至少召开一届会议。

③ 原文注:由《1893 年成文法修改法》部分废止并制定。

④ 原文注:由《1893 年成文法修改法》废止。

六、四个省

第 90 条　关于立法机关财政投票规定的适用

本法关于加拿大议会的下述规定，即：涉及拨款和税收的法案、财政法案的提议、法案的同意、决议的驳回以及对保留法案的同意签署，应该扩展和适用于这几个省的立法机构，视同这些规定被重新制定和适用于各自省份和其立法机构，在条文内容上，用省督替换总督，用总督替换女王和国务卿，用一年替换两年，以及用省替换加拿大。

第六章　立法权的分配

议会的权力

第 91 条　加拿大议会的立法权

女王应该根据和按照参议院与众议院两院的建议和同意，合法制定有关加拿大和平、秩序和良好政府的法律，不包括根据本法的分类设置专门分配给省立法机构立法的所有事项；为了更准确地表述，但是不至于限制本条先前的内容的普遍适用性，因此宣布（尽管包含在本法中）专属加拿大议会的专属立法权扩展到下面列举的分类目录中的所有问题，即：

（一）［废止］[①]

（一）之一公债和财产[②]；

（二）贸易和商业的调整；

（二）之一失业保险[③]；

（三）通过任何模式或税收机制筹集资金；

---

① 原文注：第（一）项内容是由《1949 年不列颠北美法案（第二号）》加进去的，这一法案和第（一）项内容由《1982 年宪法法》废止。

② 原文注：原来的第（一）项内容由《1949 年不列颠北美法（第二号）》重新列举，作为（一）之一项。

③ 原文注：由《1940 年宪法法》增加。

(四) 通过公共信用借入款项；

(五) 邮资；

(六) 人口普查和数据统计；

(七) 民兵、军队和海军服役，以及防务；

(八) 加拿大公务员和其他政府公职人员的固定的薪金和津贴；

(九) 信标、浮标、灯塔和岛屿标志物；

(十) 航海和船舶运输；

(十一) 海军医院的检疫和建立；

(十二) 海岸和内陆渔场；

(十三) 在一省和任何不列颠或外国国家或者两省之间的轮渡；

(十四) 货币和货币制度；

(十五) 银行、银行组织以及纸币发行；

(十六) 储蓄银行；

(十七) 度量衡；

(十八) 货币汇率和预留金；

(十九) 利息；

(二十) 合法投标；

(二十一) 倒闭和破产；

(二十二) 发明和发现专利；

(二十三) 版权；

(二十四) 印第安人和为印第安人保留的土地；

(二十五) 外国人的归化和外国人；

(二十六) 结婚和离婚；

(二十七) 除刑事司法法院章程以外的刑法，但是包括刑事程序；

(二十八) 监狱的建立、维持和管理；

(二十九) 这些分类排除本法分配给专属于省立法机构的分类的列举。
本条列举的所有分类内容不应该解释为包括本法分配给专属于省立

机构列举的本质上是地方或私人的事务。①

专属于省立法机构的权力

第92条 专属于省立法机构的条款

在每一省都有下面列出的专属于省立法机构制定法律的权力，即：

---

① 原文注：其他法律授予议会的立法权力如下：

1.《1871年宪法法》：

第2条 加拿大议会可以随时在加拿大任何省以外的临时领地设立新省，设立时可以规定新省的宪法和行政机构，以及以议会的名义通过有关和平、秩序和良好治理的法律。

第3条 经过所提到的自治领的任何省的立法机关同意，加拿大议会可以通过该省立法机关同意的条款和条件而增加、减少或改变这些省的界限，且可以经过同样的同意，规定关于增加、减少或改变受影响省份的疆域的效力和操作。

第4条 加拿大议会可以随时制定不是临时包含在一省的行政、和平、秩序和良好治理的规定。

第5条 下列由上述提到的加拿大议会通过的法案，题目为：《与加拿大联合鲁伯特兰德和西北地区临时政府法案》（An Act for the temporary government of Rupert's Land and the North Western Territory when united with Canada）、《关于修改和继续维多利亚第32和第33法案第三章的法案、关于建立和规定马尼托巴政府的法案》，上述法案应该从其得到以女王名义经上述提到的加拿大自治领总督批准之日起生效。

第6条 除本法案第3条的规定外，根据马尼托巴省议会的权利改变立法机关议员和选民资格的规定，以及在所提到的省制定选举法的权利，加拿大议会不能改变上述提到的议会制定的涉及马尼托巴或在所说的自治领建立新省的其他法案的规定。

《1868年鲁伯特兰德法案》（由《1893年成文法修改法》废止），曾经在关于进入鲁伯特兰德和西北地区问题上授予同样的权力给议会。

2.《1886年宪法法》：

第1条 加拿大议会可以随时在加拿大各省以外的自治领临时地域内制定关于众议院和参议院代表的规定。

3.《1931年维斯特敏斯特制定法》：

第3条 特此宣布和规定自治领议会有制定关于特别领地执行法律的完全的权力。

4. 根据《1982年宪法法》第44条，议会有修改加拿大宪法关于加拿大政府或参议院与众议院两院的专属的权力。法案第38条、第41条、第42条和第43条授权参、众两院通过决议批准宪法修正案的权力。

（一）［废止］①

（二）为省财政目的而收集的省内直接的税收；

（三）基于单独的省信用而借入的资金；

（四）省官员的设立和任期以及省官员的委任和薪酬金；

（五）属于省的公地以及其上木材和林木的管理和买卖；

（六）在省内以及省的监狱的设立、维持和管理；

（七）在省内或省的医院、精神病院、慈善以及接受施舍的机构（不包括海军医院）的设立、维持和管理；

（八）省地方政府机构；

（九）为省、地方或市政目的征集税收而特许的商场、酒吧、客栈、拍卖行以及其他特许行业；

（十）除了下列事项的地方事务：

1. 连接省和其他地区或者其他省的其他地区，或者扩展超出了省的范围的蒸汽机或其他轮船航线，火车，运河，电信以及其他业务；

2. 省和任何不列颠或外国之间的蒸汽轮船航线；

3. 尽管整体上位于省内，但在根据加拿大议会宣布其行政之前或之后是为了加拿大的普遍利益或为了两个或更多省的利益而存在的事项；

（十一）带有省项目的公司法人；

（十二）在省内的结婚仪式；

（十三）省内的财产和民权；

（十四）省内的司法事务，包括管辖民事和刑事司法的省法院的组成、维持以及组织，也包括在这些法院的民事事务的程序；

（十五）为实行有关本条列举的项目的省法律通过罚款、刑罚或者监禁征收的罚金；

---

① 原文注：由《1982年宪法法》废止。
《1982年宪法法》第45条现在授权立法机关制定修改各省宪法的法律的权力。该法的第38条、第41条、第42条和第43条授权立法机关通过决议同意对加拿大宪法相关内容的修改。

（十六）一般意义上在省内属于地方或私人性质的所有问题。

不可再生的自然资源、森林资源以及电能

第 92 条　之一

一、关于不可再生自然资源、森林资源和电能的法律

在每一个省，立法机构可以享有制定关于下列问题的法律的专有权：

（一）在省内对不可再生资源的勘探；

（二）省内不可再生资源和森林资源的开发、保护和管理，包括关于此种资源做成的原始产品的价格的法律；以及

（三）省内产生和生产电能的场地和设施的规划、保护和管理。

二、自然资源从省内输出

各省立法机关可以独自制定法律，规定从本省向加拿大的其他部分输出本省用不能更新的自然资源和林业资源做成的原始产品和本省产生电力能源设施的产品，但对于向加拿大的其他部分输出的供应品和价格，法律不得认可或者规定差别待遇。

三、议会的权力

第 2 款不能减损议会制定关于第 2 款所涉及的事项的法律的权力，当议会因此制定的法律和省法律冲突时，在冲突的地方适用议会制定的法律。

四、资源税

在每一省，立法机构可以制定通过任何模式或税收体制筹集关于下列事项的资金的法律：

（一）省内的不可再生自然资源和森林资源和用它们做成的原始产品；以及

（二）省内电能的发生和生产的场地和设施。

五、"原始产品"

"原始产品"表述的意思由附件六规定。

六、第 1 款到第 5 款的规定不能减损一个省的立法机构或政府在本条生效以前既已取得的权力或权利。①

教 育

第 93 条 关于教育的立法

在省内或为了本省,每一个省的立法机构服从和按照下面的规定可以专享关于教育的立法权:

(一)这样的立法不能有损于教会学校的权利或利益,这些学校里面人群的分类已经通过联邦中的省内法律确定;

(二)联邦通过法律赋予的,以及在上加拿大通过法律施行的,关于分离的学校以及女王的罗马天主教臣民的学校管理委员会所有的权力、特权和义务应该继续并且同样延伸到女王的新教徒和罗马天主教臣民的异教者们的学校;

(三)当在任何省一系列分离或异教徒的学校根据联邦的法律存在或通过省的立法机构随后建立,这种诉请应该从有关教育的任何法或决定送交总督委员会,这些决定是省的权威机构作出的影响新教徒或女王臣民的罗马天主教少数人的决定;

(四)假使这些省的法律对总督委员会要求正确执行本条的规定来说不发生效用,或者假使总督委员会对本条规定的任何诉请的任何决定没有被代表一省的权威机构正确执行,那么在这样的情况下,根据每一种情况的要求,加拿大议会可以规定正确执行本条和根据本条作出有关总督委员

---

① 原文注:本款由《1982 年宪法法》增加。

会的决定的补充法律。①

第93条之一　魁北克

第93条第（一）项至第（四）项不适用于魁北克。②

安大略、新斯科舍和新不伦瑞克的法律的统一

第94条　三个省统一法律的立法

尽管本法作了规定，加拿大议会可以规定在安大略省、新斯科舍省和新不伦瑞克省的所有或和财产、民权相关的法律的统一，以及三个省的法院和其他所有的程序的统一，从这方面的任何法案通过之后，加拿大议会制定的与在法案中提出的有关任何问题的法律的权力不受限制；但是加拿大议会规定这种统一的任何法案不应该影响任何省，除非和直到其被省内立法机构采纳和制定为法律。

老年人养老金

第94条之一　关于老年人的养老金和辅助福利的立法

加拿大议会可以制定关于老年人的养老金和辅助福利的法律，包括不考虑年龄的生还者和残疾人福利，但是这样的立法不能影响一省立法机构

---

① 原文注：关于马尼托巴的规定的修改是由《1870年马尼托巴法》第22条规定的（经由《1871年宪法法》确认）。关于阿尔伯塔的修改是由《1905年阿尔伯塔法》第17条规定的。关于萨斯喀彻温的修改是由《1905年萨斯喀彻温法》第17条规定的。关于纽芬兰的修改是由《纽芬兰与加拿大联合条款》第17条规定的（经由《纽芬兰法》确认），并经《1998宪法修正案》（《纽芬兰法案》）和《2001年宪法修正案（纽芬兰和拉布拉多）》修改。（以上修改内容略）也可见《1982年宪法法》第23条、第29条和第59条。第23条规定了新的少数民族语言教育的权利，且第59条允许魁北克在这些权利生效方面可以延迟。第29条规定加拿大权利和自由宪章中的内容不能废除或减损由加拿大宪法保障的涉及教派的、分离的或者宗教少数派的学校的任何权利或特权。

② 原文注：经由《1997年宪法修正案（魁北克）》增加。

关于这样的事项的现有或未来法律的实施。①

农业和移民

第 95 条　关于农业立法的并行权力等

在每个省，立法机构可以制定关于本省农业的法律，以及向本省移民的法律；并且特此宣布加拿大议会可以随时制定关于在所有或任意省的有关农业的法律，以及有关向所有及任意省移民的法律；只要不与加拿大议会的任何法矛盾，省的立法机构制定的关于农业或移民的法律应该在省内和为了本省有效。

第七章　司　法

第 96 条　法官的委任

除了在新斯科舍省和新不伦瑞克省的那些遗嘱认证法院的法官以外，总督可以任命每个省的高级法官、地方法官和郡县法官。

第 97 条　安大略省法官的选任等

直到在安大略省、新斯科舍省和新不伦瑞克省涉及财产和民权的法律以及这些省的法院的程序统一为止，由总督任命的这些省的法院的法官应该从这些省的律师中选任。

第 98 条　魁北克省法官的选任

魁北克省法院的法官应该从该省的律师中选任。

第 99 条

一、法官的任期

根据本条第 2 款，高等法院的法官在其任职期间应该品行良好，但是

---

① 原文注：由《1964 年宪法法》修改。原来是由《1951 年不列颠北美法》制定，后经《1982 年宪法法》废止。

可以由总督致辞参议院和众议院免去其职务。

二、达到 75 岁停止行使权利

高等法院的法官，无论是在本条生效前还是本条生效后任职的，在 75 岁时或者在本条生效时他已达到了这个年龄，应该停止行使职权。①

第 100 条　法官的薪金等

高等法院、地区法院和县法院法官，以及海军法院的临时领取薪金的法官的薪酬、津贴和退休金（除新斯科舍和新不伦瑞克的遗嘱认证法院以外），应该是固定的并由加拿大议会规定。②

第 101 条　一般上诉法院等

虽然本法作了规定，加拿大议会可以随时规定加拿大一般上诉法院的组成、维持和组织，以及为了更好执行加拿大法律增加的法院的设立。③

第八章　财政；债务；资产；税收

第 102 条　统一财政基金的建立

除了本法保留给各省的立法机构的部分，或者根据本法赋予各省的特别权力征收的部分以外，在联邦以前和现在由加拿大省、新斯科舍省、新不伦瑞克省各自拥有的征用权力所征用的所有的关税和财政收入应该组成一个统一财政基金，根据本法规定的方式和提供的费用，为加拿大的公共事业而专用。

第 103 条　款项的开销等

除非议会另有规定，加拿大统一财政基金应该永久性承担款项募集、管理和收入发生的成本、费用和支出款项，同时形成统一财政基金基础上

---

① 原文注：由《1960 年宪法法》修改，1961 年 3 月 1 日生效。
② 原文注：现在规定在《1985 年法官法》中。
③ 原文注：参见《1985 年最高法院法》《1985 年联邦法院法》以及《1985 年加拿大税务法院法》。

的第一笔费用，接受由总督委员会决定的以款项发生方式为线索进行的审查和审计。

第 104 条　省公债的利息

在联邦里的加拿大几个省、新斯科舍省和新不伦瑞克省的年度公债利息应该组成统一财政基金基础上的第二笔费用。

第 105 条　总督的薪金

除非加拿大议会作出更改，总督的薪金是 1 万镑大不列颠和爱尔兰联合王国先令，由加拿大统一财政基金支付，同时形成其上的第三笔费用。①

第 106 条　随时拨款

根据本法规定的建立在加拿大统一财政基金基础上的几笔支出，同时由加拿大议会为了公共事业而拨付。

第 107 条　股份转让等

除非本法所提到的，所有属于联邦时期的每一省的股票、现金、银行的账面余额以及有价证券，应该属于加拿大的财产，并纳入联邦内各省债务的总量减量中。

第 108 条　附件中财产的转让

列举在本法附件三中的公共事项和财产应该是加拿大的财产。

第 109 条　土地、矿山的财产等

在联邦里的加拿大几个省、新斯科舍省和新不伦瑞克省的所有的土地、矿山、矿产以及特许权使用费，以及应支付或支付给其土地、矿山、矿产或特许权使用费的所有费用，应该属于其所在的或出产的安大略、魁北克、新斯科舍和新不伦瑞克这几个省，遵从涉及的并非同等地位的省的

---

① 原文注：现在包含在《1985 年总督法》中。

同样的现存的信托以及任何利息。①

第110条　和省债务相连的资产

和每个省的本省认为的公债部分相连的那部分资产属于那个省。

第111条　加拿大负责的省债务

加拿大应该对联邦现存的各省的债务和负债负责。

第112条　安大略和魁北克的债务

安大略和魁北克联合起来应该对在联邦中（如果有）超出6250万元的债务对加拿大负责，并应该负担每年5%的利息。

第113条　安大略和魁北克的资产

列举在附件四中的在联邦里属于加拿大省的资产应该是安大略和魁北克联合的财产。

第114条　新斯科舍的债务

新斯科舍应该对在联邦中（如果有）超出800万元的公债对加拿大负责，并应负担由此产生的每年5%的利息。②

第115条　新不伦瑞克的债务

新不伦瑞克应该对在联邦中（如果有）超出700万元的公债对加拿大负责，并应负担由此产生的每年5%的利息。

第116条　新斯科舍和新不伦瑞克利息的支付

一旦新斯科舍和新不伦瑞克不在联邦里的公债总额各自达到了800万

---

① 原文注：按照原来《1930年宪法法》第五部分第26章（英国）的规定，马尼托巴、阿尔伯塔和萨斯喀彻温是具有同等地位的省。这些问题涉及由联邦中不列颠哥伦比亚条款规定的不列颠哥伦比亚，也涉及《1930年宪法法》规定的部分。根据纽芬兰法第六部分，第22章纽芬兰也被列入同等地位。关于爱德华王子岛，见《联邦爱德华王子岛条款》的附件。

② 原文注：本条、第115条和第116条规定的义务，以及在创制或承认其他省的法律文件下同样的义务，已经由加拿大议会制定法律，现在规定在《1985年省津贴法》（the Provincial Subsidies Act）中。

和700万元时,他们应该各自基于其实际债务总额和规定的总额之间的差异的基础上按照年利率5%从加拿大政府利息中每年提前支付一半。

第117条 省公共财产

各个省应该保存本法没有处理的其各自所有的公共财产,服从加拿大的权益,设定所有为建设防卫工事或为国家防务所需的土地或公共财产。

第118条 [废止]①

第119条 对新不伦瑞克的进一步拨款

因为10年的期限中在联邦中每年63000元的额外的津贴,新不伦瑞克应该从加拿大接受每年一半的提前支付,但是只要省的公债保持在700万元以下,针对不足部分从6.3万元中减掉每年5%的利息。②

第120条 支付的形式

按照本法的所有的支付,或者执行加拿大各省、新斯科舍、新不伦瑞克各自法产生的义务,以及加拿大设定的义务,除非加拿大议会另外指示,应该以随时通过总督委员会命令的方式和形式作出。

第121条 加拿大制造业等

任何一个省的种植、生产或制造的产品应该从联邦开始或之后被自由接纳进入其他任何一省。

第122条 关税和消费税法的继续

根据本法的规定,每一省的关税和消费税应该继续有效,直到被加拿

---

① 原文注:经《1950年成文法修改法》废止。参见《1985年省津贴法》第P-26章,以及《1985年联邦省财政安排法》第F-8章。也可参见《1982年宪法法》第三章,其阐明了议会和省立法机关关于促进机会平等、经济发展、提供基本公共服务方面的义务,以及议会和加拿大政府采取均衡支付原则方面的义务。

② 原文注:失效。

大议会改变为止。①

第123条　在两省之间的出口和进口

在联邦中，当在任意两省之间针对任意货物、商品征收关税时，这些货物、商品在联邦成立之时或之后，在证实支付了本省出口的商品关税的基础上，并且支付了本省的进口商品关税（如果有的话），可以从一省进口到另外一省。②

第124条　新不伦瑞克的木材税

本法的规定不应该影响新不伦瑞克征收木材税的权利，该权利是由新不伦瑞克修订章程第三编第十五章规定的，或者是在联邦之前或之后修订这个法的任何法规定的，本法的规定并且不能增加木材税的总额；但是除了新不伦瑞克以外的省的木材不遵从这个税。③

第125条　公地的免税额等

属于加拿大或任何省的土地或财产不用缴税。

第126条　省的统一财政基金

加拿大、新斯科舍和新不伦瑞克各自的立法机构在联邦拨款权行使之前征收的这部分税收和财政由本法保留给各省的政府或立法机构，各省根据本法赋予它们的特别权力收取的所有的财政税收应该在每一省形成一个统一的财政基金用于各省的公共事业拨款。

---

① 原文注：失效。现在包含在《1985年海关法》（the Customs Act）第1章（第二补充条款），《1997年海关关税法》（the Customs Tariff）第36章，《1985年消费法》和《1985年消费税法》（the Excise Tax Act）中。

② 原文注：失效。

③ 原文注：这些税已经在1873年废止。也可参见《1873年关于木材出口关于木材出口税收的法案》以及《1985年省津贴法》第2条。

第九章 杂项规定

一般规定

第 127 条 ［废止］①

第 128 条 效忠宣誓等

加拿大参议员或众议院的每一个成员都应该在就职之前在总督或总督授权的人面前宣誓并签名，任意省的立法机构或立法大会的每一个成员都应该于就职之前在省督或省督授权的人面前宣誓并签名，效忠誓言规定在本法的附件五中；加拿大参议院的每一个成员以及魁北克立法委员会的每一个成员也应该于就职之前在总督或其授权的人面前宣誓并签名，资格声明规定在同一附件中。

第 129 条 现存法律、法院和官员的继续等

除非本法另有规定，所有法律在联邦中的加拿大、新斯科舍或新不伦瑞克有效，所有存在于联邦中的民事和刑事管辖权的法院以及所有的立法委员会的权力和职权，所有的司法、行政官员和部长应该继续在安大略、魁北克、新斯科舍和新不伦瑞克各地履行其职责，视同联邦无此规定；尽管如此，（根据大不列颠的议会法，或大不列颠和爱尔兰联合王国的议会法制定的或存在其下的法律制定的相同问题除外）按照本法规定的议会或立法机构的职权，要服从加拿大议会或各自省的立法机构的废止、取消或改变权。②

第 130 条 转变为加拿大官员

除非加拿大议会另有规定，几个省有义务执行非本法专门指定给省的

---

① 原文注：由《1893 年成文法修改法案》废止。

② 原文注：除了涉及特定的宪法文件，对改变或废止由联合王国成文法制定或在其下现存的法律的限制由《1931 年威斯特敏斯特法》（the Statute of Westminster）废除。修改形成加拿大宪法组成部分的法的综合程序由《1982 年宪法法》第 5 章规定。

立法机构的事项目录中的相关事务的所有官员应该被看做是加拿大官员，应该在同样的义务、责任和惩罚下继续执行他们各自的职务，视同联邦无此规定。①

第131条　新官员的委任

除非加拿大议会另有规定，总督委员会可以随时委任总督委员会认为必要和适合有效执行本法的官员。

第132条　条约义务

加拿大议会和政府应该拥有所有必要或适当完成加拿大或任意省义务的权力，作为大英帝国的一部分，有权与外国和在帝国及外国之间缔结条约。

第133条　英语和法语的使用

英语或法语可以在加拿大议院和魁北克立法机构的议院辩论中被任何人使用；两种语言应该分别被使用于这些议院的记录和出版物中；每一种语言可以被任何人或在任何辩护或根据本法建立的加拿大任何法院程序中使用，以及在魁北克任何法院程序中使用。

加拿大议会以及魁北克立法机构的法应该用两种语言印刷和出版。②

安大略和魁北克

第134条　安大略和魁北克行政官员的委任

除非安大略或魁北克立法机构另有规定，安大略和魁北克的总督各自

---

① 原文注：失效。

② 原文注：针对马尼托巴的同样的规定由《1870年马尼托巴法》第3章第23条规定（经由《1871年宪法法》确认）。

《1982年宪法法》第17条至第19条重申了第133条阐述的语言权利，即涉及《1867年宪法法》设立的议会和法院使用的语言权利，且保障在新不伦瑞克的立法机关和法院使用的语言的权利。

《1982年宪法法》第16条、第20条、第21条和第23条在英语和法语语言规定方面承认了额外的语言权利。

第22条保护在英语和法院之外的其他语言的权利和特权。

拥有可以加盖省签章任命下列官员的尊贵的权力，即司法部长，省的书记官和注册官，省财务大臣，皇室土地专员，农业和公共事业专员，以及在魁北克的最高司法长官，也可以，通过省督委员会的命令，随时规定这些官员的职责，以及他们应该负责或者应该从属的几个部门的职责，官员和其职员的职责，也可以委任其他和另外的官员的尊贵的职权，随时规定这些官员的职责，他们负责或从属的几个部门以及官员和他们的职员的职责。①

第135条　行政官员的权力、职责等

除非安大略或魁北克立法机构另有规定，在本法存在过程中，所有归于或授予司法部部长、司法部副部长、加拿大省书记官和注册官、财政部部长、皇室土地专员、公共事业主任以及农业和无线接收部部长的、根据上加拿大、下加拿大或加拿大的法、法规或命令享有的和本法不矛盾的权利、权力、职责、职能、责任或授权，应该赋予或授予任何由省督委任为了执行同样或其中任何职责的官员；农业和公共事业专员应该履行在本法存在过程中由加拿大省法律赋予的农业部官员的职责和职能，公共事业专员也一样。②

第136条　签章

除非省督委员会作出修改，安大略和魁北克各自的签章应该一致，或者有同样的设计，就像在联邦之前在加拿大省签章分别用于上加拿大和下加拿大省一样。

第137条　临时法的建构

用词"保证立法机关的会期从那时起到下一次结束"，或者同样效果的用词，使用在加拿大省临时法中且在联邦成立之前没有失效，如果法案中的主题在本法界定的同一个主题的权力之内，应该解释为延伸和应用于

---

① 原文注：失效。现在在安大略包含在《1990年行政委员会法》中，在魁北克包含在《行政权力法》中。

② 原文注：可能失效。

加拿大议会的下一届会议；或者如果法案中的主题在本法界定的同一个主题的权力之内，解释为安大略和魁北克各自的立法机关的下一次会议。

第 138 条　关于名字的使用

在联邦中或在联邦之后"上加拿大"的名字由"安大略"代替，或者"—F加拿大"由"魁北克"代替，在任何证书、特许状、程序、辩护、文件、题材内容或事务中使用同样的表述不认为无效。

第 139 条　关于联邦成立之前发出，在联邦之后开始的声明

在联邦成立之前以加拿大省签章发出的任何声明，在随后一段时间于联邦中继续有效，无论是否和本省或上加拿大或下加拿大相关，以及其宣布了几个事项，应该存在和继续有同样效力，视同联邦无此规定。①

第 140 条　关于联邦之后发出的声明

由加拿大省立法机构通过任何法的方式授权以加拿大省签章发布的声明，无论是否涉及省或上加拿大 或下加拿大，以及不是在联邦成立之前发布的，可以由安大略或魁北克省督按其主题所需加盖签章发布；或者从这样的声明发布之后，同样的和声明中的事项应该在安大略或魁北克存在和继续同样有效，视同联邦无此规定。②

第 141 条　监狱

除非加拿大议会另有规定，加拿大省的监狱应该设立和保有安大略和魁北克的监狱。③

第 142 条　关于债务的仲裁等

上加拿大和下加拿大的债务、贷款、负债、不动产以及资产的分配和调整应该归于 3 名仲裁员组成的仲裁委员会，1 名从安大略政府中选出，1

---

① 原文注：可能失效。
② 原文注：可能失效。
③ 原文注：失效。监狱现在由《1992 年改正和有条件释放法》（the Corrections and Conditional Release Act）第 20 章规定。

名从魁北克政府中选出，1名从加拿大政府中选出；直到加拿大议会与安大略和魁北克立法机构协商后，仲裁员的选择才能确定；由加拿大政府选出的仲裁员不能定居在安大略或魁北克。①

第143条　记录的划分

总督委员会可以在其认为合适时随时命令加拿大政府的诸多记录、账册和文件应该被专用和移交给安大略或魁北克，同时这些记录、账册和文件因此成为那个省的财产；由负责该职责的官方证实的任何副本或摘录应该被作为证据接受。②

第144条　魁北克镇区组建

魁北克省督可以随时，通过加盖省签章发布声明的方式，从被委任那天开始生效，在魁北克省那些没有组建小镇的地方组建镇区，统一度量单位。

第十章　殖民地内的铁路

第145条［废止］③

第十一章　其他殖民地的承认

第146条　接受纽芬兰等加入联邦的权力

通过和在女王陛下最尊贵的枢密院的建议下，在向加拿大议院、殖民地各个立法机构或者纽芬兰省、爱德华王子岛以及不列颠哥伦比亚的议院呈文的基础上，女王应该合法地接受这些殖民地或省，或它们中的任何一个加入联邦，在向加拿大议会议院呈文的基础上，接受如鲁伯特地区和西北地区，或其中之一加入联邦，根据本法的规定，每一种情况由呈文所表

---

① 原文注：失效。
② 原文注：可能失效。在1868年1月24日根据本条制定了两个法令。
③ 原文注：由《1893年成文法修改法》废止。

达、由女王认为合适时同意；代表那些地区的委员会令的任何规定应该有效，视同由大不列颠和爱尔兰联合王国议会制定。①

第 147 条　关于纽芬兰和爱德华王子岛在参议院的代表

一旦接纳纽芬兰和爱德华王子岛或其中之一，每一个地区都有权派 4 名成员到参议院作代表，同时，（尽管本法作了规定）一旦接纳纽芬兰，参议员的正常数量将达到 76 名以及最大数量将达到 82 名；但是当接纳爱德华王子岛，一定要把其包含在加拿大 3 个地区中的第三个，涉及参议院的组成，由本法分配。因此，在接纳爱德华王子岛后，无论纽芬兰被接纳与否，新斯科舍和新不伦瑞克在参议院的代表，视同发生空缺，将各自从 12 名减少到 10 名，这些省的每一省的代表在超过 10 名时将不再增长，除非根据本法的规定，在女王的指示下委任额外的 3 名或 6 名参议员。②

附件一　安大略选区（略）③
附件二　魁北克特别规定的县的选区（略）
附件三　作为加拿大财产的省公共事业和财产

（一）运河，以及与此相连的土地和水域；

（二）公共海港；

（三）灯塔，防洪堤以及岛屿标志物；

（四）汽船，挖掘船以及公共船舶；

（五）河流和湖泊改造工程；

（六）铁路和铁路公司拥有的铁路股票，抵押以及其他债券；

（七）军用道路；

（八）除加拿大政府挪用省的立法机关和政府的设施以外，海关、邮局以及所有其他的公共建筑物；

---

① 原文注：本条提到的所有地区现在都是加拿大的组成部分。见本法第 5 条的脚注。
② 原文注：失效。参见第 21 条、第 22 条、第 26 条、第 27 条和第 28 条的脚注。
③ 原文注：废止，参见《1990 年代表法》。

（九）通过帝国政府转让的财产以及军械财产；

（十）军械库、军事掩体（Drill Sheds）、军队服装，以及为战争准备的军需品，不用于通常公共目的的土地。

附件四　作为安大略和魁北克联合财产的资产

（一）上加拿大建筑基金（Upper Canada Building Fund）；

（二）精神病院（Lunatic Asylums）；

（三）师范学校（Normal School）；

（四）艾尔默、蒙特利尔和卡穆拉斯卡的法院，下加拿大（Court Houses in Aylmer. Montreal. Kamouraska, Lower Canada）；

（五）法律协会，上加拿大（Law Society, Upper Canada）；

（六）蒙特利尔收费公路信托（Montreal Turnpike Trust）；

（七）大学永久基金（University Permanent Fund）；

（八）王室机构（Royal Institution）；

（九）统一市政信贷基金，上加拿大（Consolidated Municipal Loan Fund, Upper Canada）；

（十）统一市政信贷基金，下加拿大（Consolidated Municipal Loan Fund, Lower Canada）；

（十一）农业协会，上加拿大（Agricultural Society, Upper Canada）；

（十二）下加拿大立法性拨款（Lower Canada Legislative Grant）；

（十三）魁北克消防信贷（Quebec Fire Loan）；

（十四）泰米斯库阿塔预付款账户（Temiscouata Advance Account）；

（十五）魁北克公路收费信托（Quebec Turnpike Trust）；

（十六）东部地区教育（Education-East）；

（十七）建筑和陪审团基金，下加拿大（Building and Jury Fund, Lower Canada）；

（十八）市政基金（Municipalities Fund）；

（十九）下加拿大高级教育收入基金（Lower Canada Superior Education

Income Fund)。

附件五　效忠誓言

效忠宣誓

我，_____，宣誓：我将对维多利亚女王陛下保持真实的信义和忠诚。

（注：大不列颠和爱尔兰联合王国国王或女王的名字使用届时在任之人的名字。）

资格声明

我，_____，宣布和证明：我是合法正当地被选为加拿大参议院议员（或根据情况其他身份），我在新斯科舍省（或其他省）合法或根据衡平法有自己使用和收益的以自由和共有的农役租赁方式出租的土地或房产的永久业权，（或有要求或拥有以友好法国或平民身份自己使用和共有收益的土地或出租房产），在租金、应缴税、债务、费用、抵押贷款和财产留置权或所付费用或其他同样的费用之外，价值4000元以上，我没有为了使自己成为加拿大参议院议员（或根据情况其他身份），而蓄谋取得一个头衔或占有上述的土地和租赁物或其他财产，我的不动产和个人财产在负债之外总价值在4000元以上。

附件六　不可再生自然资源和森林资源做成的原始产品①

第1条　根据本法第92条之一的立法目的

一、如果属于下述情况，不可再生的自然资源做成的产品就是原始产品：

（一）该产品现在的形状是恢复自然资源的原状或者从其自然状态分割的；

---

① 原文注：由《1982年宪法法》第51条增加。

（二）该产品是将资源加工或者提炼而成的产品，而不是一种制造品或者由提炼的原油、提炼改进的重原油、由煤炭提炼的气体或者液体或者由原油的合成代用品做成的产品。

二、由林业资源做成的产品，如果属于下述情况，就是由此做成的原始产品：它由锯木、木杆、制材、木片条、锯木屑或者任何其他原始的木产品或者木浆构成的，而不是由木材制造的产品。

1982年加拿大宪法法[①]

（加拿大参议院和众议院制定，英国议会批准，1982年4月17日生效）

第一章 加拿大权利与自由宪章

鉴于加拿大是建立在承认上帝至上和法治原则的基础上：

保障权利与自由

第1条 在加拿大的权利和自由

加拿大权利与自由宪章保障其列出的权利与自由，仅受由法律规定的能被证明在自由民主社会中有正当理由的合理限制。

基本自由

第2条 基本自由

人人享有下列基本自由：

（一）良心和宗教自由；

（二）思想、信仰、观点和表达的自由，包括出版自由和使用其他传播媒体进行交流的自由；

---

① 原文注：该法是《1982年加拿大法案》（the Canada Act 1982）附件二，1982年4月17日生效。

（三）和平集会的自由；以及

（四）结社的自由。

民主权利

第3条 公民的民主权利

每一个加拿大公民有在众议院或者立法大会的成员选举中投票的权利，并有当选为众议院立法大会成员的资格。

第4条

一、立法机关的最长任期

众议院和立法大会的任期最长不超过5年，从其成员的普选受任令状返回之日起计算。①

二、特殊情况下任期的延长

在已经发生或相信会发生战争、外敌武装入侵或者爆发叛乱的时候，根据情况，如果众议院或者立法大会的成员有超过三分之一多数投票不反对延长任期，则议会可以决定延长众议院的任期，立法机构可以决定延长立法大会的任期超过5年。②

第5条 立法机关的年度会议

议会和每一个（省）立法机关应该至少每12个月召开一次会议。③

迁徙自由权

第6条

一、公民的迁徙自由权

每一个加拿大公民有进入、居留和离开加拿大的权利。

---

① 原文注：参见《1867年宪法法》第50条和第85条、第88条的脚注。

② 原文注：代替《1867年宪法法》第91条第（一）项，经由《1982年宪法法》废止，参见附表中列出的分项1中的第三栏。

③ 原文注：参见《1867年宪法法》第20条、第86条和第88条的脚注。

二、迁徙和谋生权

每一个加拿大公民和具有加拿大永久居住身份的人，有权利：

（一）迁居并在任何一省建立居所；

（二）在任何一省为生计而努力。

三、限制

第 2 款规定的各项权利受限于：

（一）在一个省内有效的普遍适用的法律或惯例，但主要以现在或以前居住的省为基础对人们进行差别对待的法律或惯例除外；

（二）把合理的居留条件规定为接受公共提供的社会服务的资格的法律。

四、肯定性行动计划

如果一省的就业率低于加拿大的就业率，第 2 款和第 3 款并不妨碍任何其旨在改善该省在社会和经济方面处于不利地位的个人在本省的条件的法律、计划或活动。

法律权利

第 7 条　生命、自由和人身安全

人人有生命、自由和人身安全的权利，除非根据基本正义原则，否则该权利不被剥夺。

第 8 条　搜查或者扣押

人人有不受不合理的搜查或者扣押的权利。

第 9 条　拘留或者监禁

人人有不受任意拘留或者监禁的权利。

第 10 条　逮捕或者拘留

每个人在被逮捕或拘留时有权：

（一）迅速获知被逮捕或拘留的理由；

（二）毫不延误地会见律师并获得法律帮助，且被告知享有此项权利；

（三）根据人身保护令的决定获得拘留的有效性，且如果拘留非法应立即被释放。

第 11 条　刑事与刑罚程序

任何被指控为犯罪的人有权：

（一）毫不延迟地被告知受指控的犯罪；

（二）在合理的时限内接受审判；

（三）不被强迫在指控其犯罪的诉讼程序中作证；

（四）在由一个独立的、公正的法庭举行公平和公开的审判，并按照法律证明其有罪之前，应推定其为无罪；

（五）无正当理由不被拒绝合理保释；

（六）除由军事法庭依军法审理犯罪的情况外，当犯罪的最高刑罚是监禁 5 年或者更重的刑罚时，有权接受陪审团参加的更有利于其的审判；

（七）除非根据加拿大法律或者国际法，作为或不作为构成犯罪，或者根据国际社会公认的一般法律原则认为构成犯罪，不得因任何作为或不作为被认定构成犯罪；

（八）如果宣判无罪已经是终局性的，不得因此再次被审判；如果发现有罪和对犯罪进行处罚已经是终局性的，不得再次因此被审判或处罚；

（九）如果在犯罪发生和审判进行期间，犯罪认定和对犯罪的处罚已经改变，则应受更有利的较轻的刑罚。

第 12 条　待遇或者刑罚

人人有权不受任何残忍的和非正常的待遇或者刑罚。

第 13 条　自证其罪

在任何诉讼中作证的证人，有权不在其他诉讼程序中因为其提供的控告证据来使自身归罪，除非是在伪证罪或给出了矛盾证据的起诉中。

第 14 条　翻译

当事人或者证人如果在诉讼程序中听不懂或者不会讲诉讼程序中所使用的语言或者是聋人，有权获得翻译人员的帮助。

平等权利

第 15 条

一、在法律面前一律平等；享有法律的平等保护和平等受益

人人在法律面前一律平等，人人享有不受歧视的法律的平等保护和平等权益，尤其是不受基于人种、民族、种族、肤色、宗教、性别、年龄或者身心残疾方面的歧视。

二、肯定性行动计划

第 1 款的规定不排除目标在于改善处于弱势地位的个人或者群体，包括由于人种、民族、种族、肤色、宗教、性别、年龄或者身心残疾而处于弱势地位的个人或者群体的条件而制定的任何法律、计划或者活动。①

加拿大的官方语言

第 16 条

一、加拿大的官方语言

加拿大的官方语言是英语和法语，二者在加拿大议会和政府中的使用具有平等的地位、权利和待遇。

二、新不伦瑞克的官方语言

新不伦瑞克的官方语言是英语和法语，二者在新不伦瑞克议会和政府中的使用具有平等的地位、权利和待遇。

三、地位和使用上的促进

本宪章中的任何规定不能限制议会或者一省的立法机关促进英语和法语地位平等或者平等使用的权力。

---

① 原文注：第 32 条第 2 款规定第 15 条直到第 32 条生效后 3 年才生效，第 32 条在 1982 年 4 月 17 日生效；因此，第 15 条在 1985 年 4 月 17 日生效。

第 16 条之一

一、新不伦瑞克英语和法语的语言社区

新不伦瑞克的英语语言社区和法语语言社区有平等的地位和平等的权利和待遇,包括各有划分教育机构的权利,且这种不同的文化机构划分是为保存和促进这些社区所必需的。

二、新不伦瑞克立法机关和政府的角色

由新不伦瑞克立法机构和政府来担任保存和提升第 1 款提到的地位、权利和待遇的角色。①

第 17 条

一、议会的程序

在议会的辩论中和任何其他议程中,人人有使用英语或者法语的权利。②

二、新不伦瑞克立法机关的程序

在新不伦瑞克立法机关的辩论中和其他任何议事程序中,人人有使用英语或者法语的权利。③

第 18 条

一、议会的制定法和记录

议会的制定法、记录和刊物,用英语和法语印刷和出版,两种语言文本具有同样的权威性。④

二、新不伦瑞克的制定法和记录

新不伦瑞克立法机关的制定法、记录和刊物,用英语和法语印刷和出版,两种语言文本具有同样的权威性。⑤

---

① 原文注:第 16 条之一通过《1993 年宪法修正案》增加。
② 原文注:参见《1867 年宪法法》第 133 条及其脚注。
③ 原文注:参见《1867 年宪法法》第 133 条及其脚注。
④ 原文注:参见《1867 年宪法法》第 133 条及其脚注。
⑤ 原文注:参见《1867 年宪法法》第 133 条及其脚注。

第19条

一、由议会设立的法院的诉讼程序

人人有权在议会设立的任何法院中或在法院的任何辩护或辩论程序中使用英语或法语。①

二、新不伦瑞克法院的诉讼程序

人人有权在新不伦瑞克的任何法院中或在法院的任何辩护或辩论程序中使用英语或法语。②

第20条

一、民众和联邦机构的沟通

在加拿大，任何民众都有权使用英语或者法语同加拿大政府或议会的某一机构的总部或者中央办事机构沟通，且从其获得便利的服务，同时有同样的权利在下述情况下与政府或议会的任何其他办事机构沟通：

（一）有使用一种语言同某一机构沟通及得到服务的重大需要；

（二）由于该机构的性质，使用英语和法语两种语言同该机构沟通和获得服务是合理的。

二、民众和新不伦瑞克机构的沟通

在新不伦瑞克，任何民众都有权使用英语或者法语同新不伦瑞克政府或议会的某一机构的总部或者中央办事机构沟通，且从其获得便利的服务。

第21条　现行宪法规定继续有效

本法第16条至第20条的规定，不得废除或者减损根据加拿大宪法的任何其他规定存在的或者继续有效的关于英语和法语同时使用或者使用其中一种语言的权利、待遇或者义务。③

---

① 原文注：参见《1867年宪法法》第133条及其脚注。
② 原文注：参见《1867年宪法法》第133条及其脚注。
③ 原文注：参见《1867年宪法法》第133条的脚注以及《1870年马尼托巴法》。

第22条　保留权利和待遇

本法第16条至第20条的规定，不得废除或者减损在本宪章生效之前或者之后，英语或者法语之外的其他语言获得的，或者享有的任何法律上或者惯例上的权利或者待遇。

少数民族语言教育的权利

第23条　教育语言

一、加拿大公民

（一）如果其学习且掌握的第一语言是其所居住的省份中作为少数人口所讲的英语或法语；或者

（二）已经在加拿大接受了英语或法语的初等教育，且在其居住的省份，获得教育的语言是该省作为少数人口所讲的英语或法语，则他们有权让自己的子女在该省接受以那种语言进行的初等和中等学校教育。①

二、语言教育的接续

加拿大公民的任一子女在加拿大已经接受或者正在接受以英语或者法语进行的初等或者中等学校教育，有权利让其所有子女接受以同种语言进行的初等和中等教育。

三、当数量许可时的适用

根据本条第1款和第2款，加拿大公民有使其子女接受某一省作为少数人口所讲的英语或者法语进行初等和中等教育的权利：

（一）适用于在该省享有此项权利的公民的子女数量足够多时，保证以公共资金提供少数人口语言教育；

（二）包括，当这些儿童的数量有保证时，有要求用公共资金提供进行少数人口语言教育的设施的权利。

---

① 原文注：第23条第1款第（一）项对魁北克无效，见下文第59条。

执 行

第 24 条

一、受保障的权利与自由的执行

任何人其受本宪章保障的权利和自由受到侵犯或被否定时,他可以向有管辖权的法院申请,在法院依据具体情况进行恰当和公正的考虑时获得救济。

二、败坏司法名誉的证据的排除

当在第 1 款的诉讼程序中,法院断定证据是以侵犯或否定本宪章所保障的权利和自由的方式获得时,经过综合考虑,如果已经认定在诉讼中此项证据的采纳将败坏司法名誉,则该项证据应该被排除适用。

一般规定

第 25 条 土著人的权利和自由不受宪章影响

本宪章中对确定权利与自由的保障,不得撤销或者减损来自土著人的、条约的或其他附属于加拿大土著人民的权利和自由的解释,包括:

(一) 1763 年 10 月 7 日《皇家宣言》所承认的所有权利或自由;

(二) 通过土地所有权协议方式存在的或可能以此方式获得的任何权利或者自由。①

第 26 条 其他不受宪章影响的权利和自由

本宪章对确定权利与自由的保障,不得解释为否定存在于加拿大的任何其他权利或者自由。

第 27 条 多样化文化遗产

本宪章应当以与保存和提升加拿大人的多样文化遗产相一致的方式进行解释。

---

① 原文注:第 25 条第(二)项被《1983 年宪法修正公告》废止并重新制定。

第 28 条 男女平等受保障权

尽管本宪章已有规定,应当保障男女平等享有宪章中列出的权利和自由。

第 29 条 关于尊重被保护的特定学校的权利

本宪章的规定不得废除或者减损受加拿大宪法保障的关于教派的、天主教的或者宗教少数派的学校的任何权利或特权。①

第 30 条 适用于各地区和地区当局

本宪章中关于某省或者某省的立法大会或立法机关的规定,应当视具体情况,包括关于育空地区和西北地区或者这两个地区的立法当局的规定。

第 31 条 立法权不扩大

本宪章的规定不得扩大任何机关或者权力(当局)的立法权。

宪章的适用

第 32 条 宪章的适用

一、本宪章适用于:

(一)加拿大议会和政府有关议会权限范围内的所有事项,包括有关育空地区和西北地区的一切事项;

(二)每个省的立法机关和政府有关在每个省立法机关权限范围内的一切事项。

二、例外

尽管有本条第 1 款的规定,直到本条实施 3 年后,第 15 条才发生法律效力。

---

① 原文注:参见《1867 年宪法法》第 93 条。

第 33 条

一、明文宣告的例外规定

一省的议会或者立法机关可以根据情况，在议会或者立法机关法案中明文宣告，尽管某项规定包含在本宪章第 2 条或者第 7 条至第 15 条中，该法案或其中的某项规定，仍应实施。

二、例外规定的效力

如果根据本条所做的关于一项法案或它的某项规定的宣告有效，该法案或它的某项规定应该实施，视同在宣告中提到的本宪章有关规定不存在一样。

三、五年界限

根据第 1 款所作的宣告，在生效后满 5 年或者在该宣告中可能特别规定的较早的日期终止效力。

四、重新制定

一省的议会或者立法机关可以重新制定根据第 1 款所作的宣告。

五、五年界限

第 3 款的规定适用于根据第 4 款重新制定的宣告。

引　用

第 34 条　引用

本章可以引用为《加拿大权利与自由宪章》。

第二章　加拿大土著民族的权利

第 35 条

一、现存的土著人的和条约上的权利的承认

现存的加拿大土著民族作为土著人的和条约上的权利应予承认和肯定。

二、"加拿大土著民族"的定义

在本法中，"加拿大土著民族"指加拿大的印第安人、因纽特人和混血民族。

三、土地权利

为了更明确,第 1 款中"条约上的权利"是指现存的通过土地权利主张或可能以这样的方式获得的权利。

四、男女平等享有土著人的和条约上的权利

尽管本法作了其他规定,男女平等享有第 1 款所指的土著人的和条约上的权利保障。①

第 35 条之一　参加宪法会议的保证

加拿大政府和省政府保证遵守下列原则,即在《1867 年宪法法》第 91 条第(二十四)项作出任何修改之前,对于本法的第 25 条或者对本部分:

(一)提出修改的条目包含在宪法会议的议事日程中,该宪法会议由加拿大总理和各省的总理组成,将由加拿大总理召集;

(二)加拿大总理将邀请加拿大土著民族的代表参与该条目的讨论。②

第三章　平均分担与地区差距

第 36 条

一、促进机会均等的义务

在不改变议会或者省立法机关的立法权或者在其行使立法权所享有的权利的情况下,议会和省立法机关以及加拿大政府和省政府应该致力于:

(一)为了加拿大人的幸福促进机会均等;

(二)推进经济发展,以减少机会悬殊;

(三)为全体加拿大人提供质量合理的基本公共服务。

---

① 原文注:第 35 条第三、四款是由《1983 年宪法修正公告》增加的。
② 原文注:第 35 条之一由《1983 年宪法修正公告》增加。

二、提供公共服务的义务

议会和加拿大政府应遵守均衡支付原则，确保各省政府有足够的收入，在合理相当的税收水平下提供合理的相当水平的公共服务。①

第四章　宪法会议

第 37 条　[废止]②

第四章之一　宪法会议

第 37 条之一　[废止]③

第五章　加拿大宪法修改程序④

第 38 条

一、加拿大宪法修改的一般程序

当加拿大宪法修正案由下列决议批准时，可以通过由总督颁布的盖有加拿大国玺的公告的方式予以制定：

（一）参议员和众议院的决议；

（二）至少有三分之二的省组成的立法大会的决议，并且根据最近的人口普查，这些省的人口数至少占到全国总人口数的50%。

---

① 原文注：见《1867年宪法法》第114条和第118条的脚注。

② 原文注：《1982年宪法法》第54条规定在第七章生效一年后第四章废止，第七章在1982年4月17日生效，因此，第四章在1983年4月17日废止。

③ 原文注：第四章之一第37条之一，通过《1983年宪法修正公告》增加，在1987年4月18日由《1982年宪法法》第54条之一废止。

④ 原文注：先前的加拿大宪法第五章的规定以及省宪法可以按照《1867年宪法法》修改。见《1867年宪法法》第91条第（一）项、第92条第（一）项的脚注。宪法的其他修改只能由联合王国议会通过制定法修改。

二、多数决议

根据第 1 款制定的减损一省立法机关或者政府的立法权、财产权或者任何其他权利或者特权的修正案,必须有参议院议员、众议员议员和本条第 1 款规定的省立法大会的成员,分别以过半数通过的决议支持。

三、异议的表达

在修正案相关的公告颁布前,如果某一省的立法大会通过其多数成员支持的决议表示异议,本条第 2 款所规定的修正案无效,除非该立法大会随后以其多数成员支持通过了撤销异议的决议并且批准了该修正案。

四、异议的撤销

在相关的公告颁布之前或者之后,为了第 3 款的目的作出的异议的决议,可以随时撤销。

第 39 条

一、对公告的限制(1)

在启动修正程序的决议被采纳 1 年的期限内,不得根据第 38 条第 1 款颁布公告,除非各省的立法大会在此之前已经通过了同意或者异议的决议。

一、对公告的限制(2)

在启动修正程序的决议被采纳 3 年的期限内,不得根据第 38 条第 1 款颁布公告。

第 40 条 补偿

如果根据第 38 条第 1 款制定的修正案规定,将关于教育或者其他文化事项的省内的立法权,从省立法机关转移给议会,加拿大应当对修正案不适用的省提供合理的补偿。

第 41 条 无异议的修正案

涉及下列事项的加拿大宪法修正案,在参议院和众议院以及每个省的立法大会以决议批准后,即可以由总督以盖有加拿大国玺颁布的公告制定:

(一)女王、总督和省督的职位;

（二）一个省在众议院拥有若干名议员的权利，其人数不少于在本章生效时该省有权利获得的代表本省的参议员的人数；

（三）根据第 43 条的规定，英语或法语的使用；

（四）加拿大最高法院的组成；以及

（五）本部分的修改。

第 42 条

一、一般修正程序

有关下列事项的加拿大宪法修正案，只能依照第 38 条第 1 款的规定制定：

（一）由加拿大宪法规定的众议院中各省的比例代表制原则；

（二）参议院的权力和选举参议员的方法；

（三）各省有权利获得的在参议院被代表的议员的人数以及参议员的居留资格；

（四）根据第 41 条第（四）项的规定的，加拿大最高法院的组成；

（五）现有的省延伸进入的地区；

（六）尽管有其他法律或者惯例存在，以及新省的建立，也不能例外。

二、例外

第 38 条第 2 款至第 4 款不适用于本条第 1 款所规定的事项的修改。

第 43 条　涉及某些省的宪法修正案

只要参议院的决议、众议院的决议和适用该宪法修正案的各个省的立法大会以决议批准，总督可以以盖有加拿大国玺颁布的公告，制定适用于单个或几个省的加拿大宪法修正案，包括：

（一）省与省之间的边界的改变；

（二）在一个省内使用英语或者法语的相关规定的修正案。

第 44 条　议会的修正案

遵守第 41 条和第 42 条的规定外，可以由议会独自制定法律修改加拿大宪法中有关加拿大行政部门或者参议院和众议院的规定。

第 45 条 省立法机关的修正案

除遵守第 41 条的规定外，可以由各省的立法机关独自制定法律修改本省的宪法。

第 46 条

一、修正程序的启动

按照第 38 条、第 41 条、第 42 条和第 43 条的规定，修正案的程序可以由参议院或者众议院或者由一省的立法大会启动。

二、撤销权

为本部分目的所作的同意的决议，可以在该决议批准的公告颁布前随时撤销。

第 47 条

一、无须参议院决议的修正案

按照第 38 条、第 41 条、第 42 条或者第 43 条的规定，以公告方式制定的加拿大宪法修正案，如果在众议院通过了批准颁布公告的决议作出后的 180 日内，参议院没有通过此项决议，并且经过上述期间之后，众议院随时再次通过同样决议，在此种情况下，无须参议院再通过批准颁布公告的决议；该修正案即属制定。

二、期间的计算

议会闭会或者解散的任何期间，都不得计入本条第 1 款所规定的 180 日的时限之内。

第 48 条 关于颁布公告的建议

负责加拿大事务的女王枢密院，应当建议总督，按照本章规定立即颁布一项公告，宣告根据本章所要求的通过公告制定宪法修正案的决议被通过。

第 49 条 宪法会议

由加拿大总理和各省总理所组成的宪法会议，应由加拿大总理召集，在本章生效后 15 年内召开，审查本章的规定。

第六章　对 1867 年宪法法的修改

第 50 条①

第 51 条②

第七章　总　则

第 52 条

一、加拿大宪法的首要地位

加拿大宪法是加拿大的最高法，任何法律如果不符合宪法的规定，其不符合部分无效。

二、加拿大宪法

加拿大宪法包括：

（一）1982 年加拿大宪法法，包括本法；

（二）附表中提到的各个法和命令；

（三）本条第 1 款或第 2 款提到的法或命令的修正案。

三、加拿大宪法修改

只有根据加拿大宪法规定的权限，才能制定加拿大宪法修正案。

第 53 条

一、废除和新名称

附表第一栏提到的法规应予以废除，或者在附表一第二栏所指示的范围内予以修正，并且，除非予以废除，在附表一第三栏提出的名称下，作为加拿大法律继续生效。

二、后续修改

除 1982 年加拿大宪法法外，任何法规，如果涉及附表第一栏指明的法

---

① 原文注：修正已经在《1867 年宪法法》中阐明，作为其中的第 92 条之一。
② 原文注：修正已经在《1867 年宪法法》中阐明，作为其中的附件六。

规，应该加以修正，以附表第三栏的相应的名称代替，并且附表没有提到的任何不列颠北美法，可以被引用为附以制定年号和编号的宪法法。

第 54 条　废除和随后的修正

本章生效后满 1 年之日，第四章应予以废除，还可以由总督以盖有加拿大国玺颁布的公告废除本条，并且由于废除第四章和本条，因此本法的规定应重新编号。①

第 54 条之一　[废止]②

第 55 条　加拿大宪法的法语文本

附表提到的加拿大宪法的各个部分的法语文本，应由加拿大司法部长尽可能迅速地准备，当任何部分都已经准备到足以保证实施时，应当根据适用于加拿大宪法同样规定的修正案适用的程序，通过由总督以盖有国玺颁布公告的方式提交制定。

第 56 条　某些宪法文本的英、法文本

加拿大宪法的任何部分曾经或者现在是用英文和法文制定的，或者宪法的任何部分的法文本是依照第 55 条的规定制定的，则宪法的那部分内容的英文本和法文本具有同等效力。

第 57 条　本法的英、法文本

本法的英文本和法文本具有同等效力。

第 58 条　开始生效

除依照第 59 条外，本法从女王或者总督加盖有加拿大国玺颁布的公告所确定的日期起开始生效。③

---

① 原文注：第七章在 1982 年 4 月 17 日生效。
② 原文注：第 54 条之一，由《1983 年宪法修正公告》增加，规定了第四章之一和第 54 条之一在 1987 年 4 月 18 日废止。
③ 原文注：本法，除涉及魁北克的第 23 条第 1 款第（一）项外，在 1982 年 4 月 17 日通过女王发布的公告生效。

第 59 条

一、第 23 条第 1 款第（一）项在魁北克的生效日期

第 23 条第 1 款第（一）项，从女王或者总督盖有加拿大国玺颁布的公告所确定的日期起，在魁北克生效。

二、魁北克的认可

只有经魁北克立法大会或者魁北克政府批准，依照本条第 1 款所述的公告才能颁布。①

三、本条的废除

本条可以在第 23 条第 1 款第（一）项对魁北克发生效力之日废除，本条废除后，由女王或者总督以盖有加拿大国玺所颁布的公告修正本法并重新编号。

第 60 条　简称和引用

本法可以被引用为《1982 年宪法法》，1867 年至 1975 年（第二号）的各个宪法文本和本法可以合并称为《1867 年至 1982 年宪法法》。

第 61 条　参考文献

《1867 年至 1982 年宪法法》应该包括《1983 年宪法修正公告》。②

---

① 原文注：根据第 59 条没有任何公告颁布。
② 原文注：第 61 条由《1983 年宪法修改公告》增加。也可参见《1985 年宪法法（代表性）》第 3 条以及《1987 年宪法修改（纽芬兰法案）》。

1982年宪法法附表
宪法的更新改造

（第53条）

序号	第一栏 受影响的法	第二栏 修正	第三栏 新名称
1	1867年不列颠北美法，维多利亚，30—31. 第三章（联合王国）	（一）第1条废止，用下文代替：第1条本法可以被引用为《1867年宪法法》。 （二）第20条废止。 （三）第91条第一类别废止。 （四）第92条第一类别废止	1867年宪法法
2	修正和继续施行维多利亚32-33第三章的法；以及建立和规定马尼托巴省政府的法，1870年，维多利亚，33，第三章（加拿大）	（一）长标题废止，代之以：《1870年马尼托巴法》。 （二）第20条废止。	1870年马尼托巴法
3	1870年6月23日在女王陛下枢密院承认鲁伯特兰德和西北地区合并入联邦的命令		鲁伯特兰德和西北地区令
4	1871年5月16日女王陛下枢密院承认不列颠哥伦比亚合并入联邦的命令		不列颠哥伦比亚联邦条款
5	1871年不列颠北美法，维多利亚，34—35，第二十八章（联合王国）	第1条废止，代之以：本法可以被引用为《1871年宪法法》	1871年宪法法
6	1873年6月26日女王陛下枢密院承认爱德华王子岛加入联邦的命令		爱德华王子岛联邦条款

第一部分 宪法、全国性涉党法律

(续表)

序号	第一栏 受影响的法	第二栏 修正	第三栏 新名称
7	1875年加拿大议会法,维多利亚,38—39,第三十八章(联合王国)		1875年加拿大议会法
8	1880年7月31日女王陛下枢密院承认在北美和毗邻岛屿的所有的英属财产和地区合并入联邦的命令		毗邻地区令
9	1886年不列颠北美法,维多利亚,49—50,第三十五章(联合王国)	第3条废止,代之以:本法可以被引用为《1886年宪法法》	1886年宪法法
10	1889年加拿大(安大略边界)法,维多利亚,52—53,第28章(联合王国)		1889年加拿大(安大略边界)法
11	1895年加拿大议长(副手的任命)法,第二次会议,维多利亚,59,第三章(联合王国)	该法废止	
12	1905年阿尔伯塔法,爱德华七世,4—5,第三章(加拿大)		阿尔伯塔法
13	1905年萨斯喀彻温法,爱德华七世,4—5第四十二章(加拿大)		萨斯克彻温法
14	1907不列颠北美法,爱德华七世,7,第十一章(联合王国)	第2条废止,代之以:本法可以被引用为《1907年宪法法》	1907年宪法法
15	1915年不列颠北美法,乔治五世,5—6,第四十五章(联合王国)	第3条废止,代之以:本法可以被引用为《1915年宪法法》	1915年宪法法

(续表)

序号	第一栏 受影响的法	第二栏 修正	第三栏 新名称
16	1930年不列颠北美法,乔治五世,20—21,第二十六章(联合王国)	第3条废止,代之以:本法可以被引用为《1930年宪法法》	1930年宪法法
17	1931年威斯特敏斯特法,乔治五世,22,第四章(联合王国)	只要其应用到加拿大(一)第4条废止;(二)第七款第(一)项废止。	1931年威斯特敏斯特法
18	1940年不列颠北美法,乔治六世,3—4,第三十六章(联合王国)	第2条废止,代之以:本法可以被引用为《1940年宪法法》	1940年宪法法
19	1943年不列颠北美法,乔治六世,6—7,第三十章(联合王国)	该法废止	
20	1946年不列颠北美法,乔治六世,9—10,第六十三章(联合王国)	该法废止	
21	1949年不列颠北美法,乔治六世,12—13,第二十二章(联合王国)	第3条废止,代之以:本法可以被引用为《纽芬兰法》	纽芬兰法
22	1949年不列颠北美法(第2号),乔治六世,13,第八十一章(联合王国)	该法废止	
23	1951年不列颠北美法,乔治六世,14—15,第三十二章(联合王国)	该法废止	
24	1952年不列颠北美法,伊丽莎白二世,1,第十五章(加拿大)	该法废止	
25	1960年不列颠北美法,伊丽莎白二世,9,第二章(联合王国)	第2条废止,代之以:本法可以被引用为《1960年宪法法》	1960年宪法法

(续表)

序号	第一栏 受影响的法	第二栏 修正	第三栏 新名称
26	1964年不列颠北美法,伊丽莎白二世,12—13,第七十二章(联合王国)	第2条废止,代之以:本法可以被引用为《1964年宪法法》	1964年宪法法
27	1965年不列颠北美法,伊丽莎白二世,14,第四章,第一节(加拿大)	第2条废止,代之以:本法可以被引用为《1965年宪法法》	1965年宪法法
28	1974年不列颠北美法,伊丽莎白二世,23,第十三章,第一节(加拿大)	第3条,通过伊丽莎白二世,25—26,第二部分,第二十八章,第38条第1款(加拿大)修改,被废止,代之以:本部分可以被引用为《1974年宪法法》	1974年宪法法
29	1975年不列颠北美法,伊丽莎白二世,23—24,第二十八章,第一节(加拿大)	第3条,经伊丽莎白二世,25—26,第二十八章第31条(加拿大)修改,被废止,代之以:本部分可以被引用为《1975年宪法法(第一号)》	1975年宪法法(第一号)
30	1975年不列颠北美法,伊丽莎白二世,23—24,第五十三章,第一节(加拿大)	第3条废止,代之以:本法可以被引用为《1975年宪法法(第二号)》	1975年宪法法(第二号)

(来源:孙谦、韩大元主编:《世界各国宪法(欧洲)》,中国检察出版社2012年版)

(文本来源于加拿大司法部网站,据此对中译本部分词句做了修改)

加拿大选举法

最近修改：2015年8月2日

《选举法》规定了下议院参选人员的选举权利。《选举法》将作为废除其他法律中与选举相关法案以及修订其他相关法案与《选举法》所抵触的法条之依据。

[2000年5月31日通过]

经加拿大参议院和下议院的建议与批准，女王陛下将法案颁布如下。

简称

1 此法可引称为"加拿大选举法案"。

释义

2 （1）本款中的定义适用本法案。

"预先投票"是指，在第10编下举行的投票。

"预选投票站"是指，根据第168条第3款成立的投票站。

"广播公司"是指，拥有加拿大无线电视和电信委员会所颁发执照的人员，并且依照广播法从事相关环节的工作。

"广播"是指，诸如广播法第2条第1款所定义的：加拿大无线电视和电信委员会依照法案的第五条控制和监督的广播。

"广播仲裁者"是指，根据第332条第1款委任的广播仲裁员。

"补选"是指，除了大选以外的选举。

"候选人"是指，根据第71条第1款，个人的在选举中作为候选人的提名已经证实,并且他或他的官方代表就该次选举不符合第 477.59 至 477.72 条和第 477.8 至 477.84 条之规定。

"固定资产"是指,常用于选举期外的、商业价值大于 200 元①的、用于非选举目的的财产。

"首席代理"是指,对于在册政党而言,首席代理在申请注册时应当符合第 366 款第 2 项第 h 目之规定。

"提名截止"是指,根据第 70 条第 2 款所列,是指接受提名的最后期限。

"提名截止日"是指,第 69 条中提及的时间。

"商业价值"是指,就财产或服务而言,指提供同种类、同数量的财产或服务的最低价格,通过

(a) 专门从事相关业务的提供者;或者

(b) 如果提供者并不从事相关业务,则由该范围内的另一名商业人士负责提供。

"委员"是指,根据第 509 条第 1 款委任的加拿大选举委员。

"法律同居伴侣",本概念涉及个人关系,指以夫妻关系同居一年以上的伴侣。

"捐助"是指,货币或者非货币捐助。

"选举"是指,下议院议员的选举。

"选举文件"是指下列文件:

(a) 选举回执令状及其背书;

(b) 候选人提交的提名文件;

(c) 备用的未分配的空白选票;

(d) 有关选举人名单修订的文件;

(e) 批准投票结果的声明;

(f) 根据第 12 编之规定,由投票站产生的,密封于信封内的其他结

---

① 本书所指的货币单位"元",系指加拿大的货币单位"加元"。——译者注

果，并包含

（i）选票存根和未使用的选票；

（ii）投给不同候选人的选票；

（iii）作废的选票；

（iv）不被接纳的选票；

（v）包含在投票站使用的选民名单，候选人代表的书面授权和用于转让的证明书；以及

（vi）注册证书。

（g）第 162 条规定的表格或其他任何在投票站使用的，且包含选举人信息的表格。

"选举官员"是指，第 22 条第 1 款所规定的人员。

"选举期"是指，开始于令状的发布，结束于投票日的这段时间，或者根据第 59 条第 1 款的令状被撤回，或根据《加拿大议会法》第 31 条第 3 款，在视为撤回或被撤回的这段时间。

"选民"是指，根据第 3 条之规定，具有选民资格的人。

"选区"是指，由下议院中的一员所代表的区域。

"选区代理"是指，根据第 456 条第 1 款获委任的人，还包括注册协会的财务代理。

"选区协会"是指，在选区内，某一政党成员所组成的协会。

"有资格当选的政党"是指，能满足第 387 条所载条件的政党。

"法官"是指，用来定义被赋予具体权力的司法官员，包括：

（a）安大略省高等法院的法官；

（b）魁北克省高等法院的法官；

（c）新斯科舍省和不列颠哥伦比亚省最高法院的法官；

（d）新不伦瑞克省、马尼托巴省、萨斯喀彻温省和阿尔伯塔省的王座法院的法官；

（e）爱德华王子岛和纽芬兰省最高法院审判庭的法官；

（f）育空最高法院的法官；

（g）西北特区最高法院的法官；

（h）努纳武特地区法院审判员法官；和

（i）在加拿大的任何地点和领土内：

（i）如果任何一个法官的岗位出现空缺，或者一个法官以患病为理由不能行动，或者离开司法领域，由以下法官行使：

（ii）由其上级法官行使司法权；

（iii）如无符合上述条件的法官，则由司法部长指派司法人员。

"领导人竞选代理"是指，根据第478.5条第1款第1项获得委任的人，还包括领袖竞选者的财务代理。

"领导人竞选费用"是指，由或代表领袖竞选者在竞选活动中所需的合理费用，包括在第478条所界定的个人开支。

"领导人竞选"是指，在册政党领导人的竞争性选举。

"领袖竞选者"是指，在第478.4条提及的已经在领导人竞选者注册处注册的人，或他和他的财务代理在这次领袖竞选中尚未满足第478.8条至478.97条规定的义务。

"选民名单"是指，载有如下信息的列表：显示每名选民在投票站中的姓氏、教名、公民的地址及邮寄地址，以及由总选举事务主任分配给选民的身份证明。

"成员"是指，下议院的成员。

"部长"是指，由总督为本法案指定的加拿大女王枢密院的成员。

"货币捐赠"是指，意味着一笔不需要偿还的钱。

"提名竞选费用"是指，提名竞选者在提名竞选中所需的合理费用，包括第476条所界定的个人开支。

"提名竞选"是指，在某一选区内，某一注册政党提名人的竞选。

"提名竞选者"是指，在提交提名报告中提及的提名竞选者，并满足第476.1条第1款第c项之规定，他和他的财务代理在该次提名竞选中未适用第478条第23至42款。

"非货币性捐赠"是指，以免费或低于其商业价值的方式提供的非义务劳动的服务或财产。

"宣誓"是指，包括一个庄严的主张和法定声明。

"官方代理"是指，根据第477.1条第1款任命的人士或依据第477.42条进行的官方代理的人事更迭。

"正式选民名单"是指，选举监察人根据第106条准备的选民名单。

"定期刊物"是指，定期出版的报纸杂志或期刊，或部分或一期涵盖公共新闻、情报或事件的报道或广告。

"个人信息"是指，在《隐私法》第3条中定义的个人信息。

"政治背景"是指，就一个候选人而言，是指支持其政党的名称或是"独立"的（视情况而定），上述信息包含在第66条第1款第（a）至（v）项所规定的提名文件中。

"政党"是指，一个通过支持一个或多个成员作为候选人，并且通过支持他们的选举来实现其参与公共事务的根本目的的组织。

"投票日"，就选举而言，指第57条第1款、第2款第（c）项为选举投票设定的投票日期。

"投票分部"是指，第538条中提及的投票分部。

"投票站"是指，根据第120、122、125、205、206、207、253或255条建立的供选民投票的场所。

"初步选民名单"是指，由总选举事务主任根据第93条第1款准备的选民名单。

"指示"是指，由总选举事务主任授权的一种形式或宣誓。

"验票"是指，由法官根据第14条重新点票。

"注册代理"，与注册的政党有关，是指本法案第396条第1款所指的人员，还包括注册的政党的首席代理。

"注册协会"是指，在第455条中提到的，在选区协会登记处注册的协会。

"在册政党"是指，在第394条中于政党登记处注册的政党。

"选民登记册"是指，根据第44条设立的选民登记册。

"修订后选民名单"是指，由选举监察人根据第105条编制的选民名单。

"废票"，在第177条所定义一个特殊选票，指

（a）被副选举监察人发现已经弄脏或印刷不当但还没有被存放在投票箱的选票；或是

（b）根据第152条第1款处理的，包括第171条第1款、第213条第4款、第242条第1款或第258条第3款提到的有关预选投票。

"义务劳动"是指，个人在外面工作期间免费提供的任何服务，但不包括自雇人士提供的服务，如果服务通常是由该人付费。

"令状"是指，选举令状。

"资本的商业价值"

（1）就本法之目的而言，任何用于选举期的资本资产的商业价值需低于：

（a）该资本资产使用期间相同资产出租所得的商业价值；

（b）相同资产出售所得的商业价值。

"无商业价值"

（2）本法案规定，除第477.9条外的财产或服务的商业价值被认为是零，如果：

（a）上述该财产或服务由非专业人士提供，且该人士是加拿大公民或依据《移民与难民保护法》第2条第1款属于永久居民；以及

（b）该财产或服务的商业价值不超过200元。

"身份及居住证明"

（3）是指由总选举事务主任规定证明选民的身份和住处的证明文件所建立的符合要求的选民的身份和户籍证明。

"时间"

（4）本法案所提及的一天时间，以当地时间为准。

"交叉参考"

（5）如果在该法的任何规定，引用到另一个本法规定或任何其他法令

的条文,后面是或者声称是描述涉及条款的内容的括号里的词,上述词没有构成出现的条款中的任何部分,仅为方便引用和参考。

"投票日的定义"

(6) 如果一个选举令状依据《加拿大议会法》第59条第1款被撤销或依据第31条第3款即将被撤销,那么在第16.1条以及第17条第1、2、4与5款以及第18条中,"投票日"指的是选举令状撤销或即将撤销之日。

2000年,第9章,第2条,第12章,第40条;2001年,第21章,第1条;2002年,第7章,第90条;2003年,第19章,第1条;2004年,第24章,第1条;2006年,第9章,第39条;2007年,第21章,第1条;2014年,第12章,第2、155条

第1部分 选举权利

选民资格

3 自投票日起算,年满18周岁及以上的加拿大公民才有成为选民的资格。

无选举权

4 以下人士无权在选举中投票:

(a) 总选举事务主任;

(b) 助理首席选举事务主任;

(c) 被囚禁在惩教院所服刑两年或两年以上的人。

禁止性规定

5 任何人都不允许:

(a) 投票或试图投票给明知在选举中没有选民资格的人,或根据第4条中规定的无权参与投票的个人。

(b) 诱使他人投票给明知选举中没有选民资格的人,或根据第4条中

规定的无权投票而参与投票者。

有投票资格的人

6 除本法另有规定外,每个有资格成为选民的人都有权在其常住地区的选民投票站报名参与选举在投票站的投票分部进行投票。

一次投票

7 任何选民都不可能要求该选举进行第二次投票。

通常居所

8 (1)公民的通常居所是指其一直住的地方,或已被采纳作为他或她的住处,每当离开后,该公民都打算返回的地方。

单一住所

(2)公民只有单一地点作为通常居所,是指其住所不能放弃,直到获得另一个住所为止。

临时缺席

(3)临时从通常居所的地方离开,不会造成丢弃住所或是普通居住地的变化。

就业地点

(4)如果一个公民通常起居在同一个地点,但受聘在另一地点,他们的通常居所是指他们起居的场所。

临时居住

(5)如果一个公民没有任何地方作为他们的住所,临时住宅被认为是该公民的通常居住地。

临时居所

(6)如果一个人没有通常居所,则将提供食物、住宿或其他社会服务的避难所、旅馆或类似机构视为其通常居所。

通常居所的释义

9 如果在第8条所载规则不能确定的通常居所,则由选举监察人员视事实情况而定。

10 在选举开始之前,在解散议会前一天,每位参与大选的候选人都是一个成员,任何与候选人一起生活的,随着候选人的移动而移动,继续与候选人生活的选民在其投票分部投票。

(a) 前成员的通常居所;

(b) 前成员的临时居所,且前成员成为选区的候选人;

(c) 为前成员选区设立的选举监察人办事处;

(d) 在渥太华举行,或在渥太华的周边地区,前成员以履行议会职责为目的的居住地。

11 以下所列的任何人,可按照第11部分规定投票:

(a) 加拿大军队的选民;

(b) 选民是在联邦公共行政管理或一个省的公共服务机构的雇员,以及加拿大的公众人物;

(c) 一个受雇于国际组织的加拿大公民,且加拿大是该组织成员,或为加拿大为其捐献,以及加拿大的公众人物;

(d) 任何至少连续五年不在加拿大并打算返回加拿大的居民;

(e) 符合本部分规定的被关押的选民;

(f) 希望按照本部分规定在加拿大投票的其他选民。

2000年,第9章,第11条;2003年,第22章,第100条

补选的居所

12 (1) 没有选民有权补选投票,除非他或她在投票日的通常居所位于同一选区,其中,该选民通常居所所在的投票分部是在第96条修订期间建立的。

在选区的地址变更

（2）在本法中，除了以补选为目的的事由，选民在修订期开始到投票日结束期间，如果改变了他或她的通常居所，并在同一选区，从一个投票站移至另一个投票站，那么他或者她应该在新的地点登记选民名单。

第2部分 总选举事务处及其职员

总选举事务主任的任命

13 （1）总选举事务主任是由下议院决议任命，在其任期期间主持工作，任期为10年，其间必须保证行为良好，他或她可能会因参议院和下议院的决议而被总督免职。

连任

（2）总选举事务主任不得连任。

2000年，第9章，第13条；2014年，第12章，第3条

替代任命

14 （1）在总选举事务主任死亡、丧失行为能力或总选举事务主任存在疏忽等情况下，由部长任命加拿大首席法官为代替总选举事务主任的人选，若没有加拿大首席法官，则由加拿大渥太华最高法院的高级法官出任。

替代者的任期

（2）替代总选举事务主任担任总选举事务主任的职务必须持续到下一届议会开始后的15日，在此期间，除非加拿大首席大法官或法官先行任命替代总选举事务主任，那么这项指示才能被撤销。

首席法官缺席

（3）在委任替代总选举事务主任的加拿大首席大法官和法官都缺席的情况下，这项命令将被任何其他加拿大最高法院法官撤销。

替代者的报酬

(4) 总选举事务主任的替代者由总督会合行政局发放固定的报酬。

等级、权力和职责

15 (1) 总选举事务主任拥有对本部门的全权,并且在全职的基础上执行职务,不得在女皇陛下的政府中担任其他职位或从事任何其他工作。

薪金及开支,总选举事务主任

(2) 总选举事务主任应获得等同于联邦法院的法官(除了该法院的首席法官以外)的工资,在离开通常居所出差时,有权获得合理的旅费和生活费。

退休和补偿

(3) 总选举事务主任依照《公共服务退休金法》受雇于公共服务机构,并依据《政府雇员赔偿法》和《航空法案》第9条之规定受雇于联邦公共管理机构。

与总督会和行政局通信

(4) 根据本法案规定,总选举事务主任通过部长与行政局的总督进行沟通。

2000年,第9章,第15条;2002年,第8章,第116条;2003年,第22章,第101条(E)

总选举事务主任的权力及职责

16. 总选举事务主任应该

(a) 掌控大方向和监督选举的行为;

(b) 确保所有选举官员公平、公正行事,并遵守本法;

(c) 发布总选举事务主任认为执行本法有必要的选举官员的指示;

(d) 行使对本法案(除第16.1部分第1.1条外)的管理来说有必要的权力,履行职责和功能。

2000 年,第 9 章,第 16 条;2014 年,第 12 章,第 4 条

指引与解释的说明

16.1　(1) 总选举事务主任应依据本条,就在册政党、注册协会、提名竞选者、候选人与领导人竞选者等事项,发布本法指引与解释的说明(除第 16.1 部分第 1.1 条外)。

适用

(2) 总选举事务主任应依据本条在某在册政党首席代理提出申请的基础上,就在册政党、注册协会、提名竞选者、候选人与领导人竞选者等事项,发布本法各条文适用的指引与解释说明(除第 16.1 部分第 1.1 条外)。

征询

(3) 在发布指引与解释说明前,总选举事务主任应将指引与解释说明草案副本发至委员以及依第 21.1 条第 1 款建立的政党咨询委员会。委员和相关成员需在副本发出后的 15 日内将书面意见返回至总选举事务主任处。

意见

(4) 总选举事务主任在起草指引与解释说明的过程中应考虑本条第(3) 款中提到的所有意见。

发布之前

(5) 总选举事务主任应在其网站上公示指引与解释说明 30 日,并发布告示说明该指引与解释说明将在公示到期后发布。

发布之前—额外规定

(6) 在本条第(2) 款所提之申请的情况下,指引与解释说明应依据本条第(5) 款中的规定在申请后的 60 日内公示。但是,如果 60 日公示期与选举期相同或有重合,则公示应依据本条第(5) 款的规定在选举投票日后 60 日内进行。

发布

(7) 在本条第(5) 款规定的公示期到期后,总选举事务主任应依据

第 16.4 条在予以备案之后，发布指引与解释说明。

指引与解释说明的性质

（8）指引与解释说明的目的仅在于提供信息。它并不对在册政党、注册协会、提名竞选者、候选人与领导人竞选者产生约束。

2014 年，第 12 章，第 5，153 款

索要书面意见

16.2（1）总选举事务主任应依据本条在某在册政党首席代理提出申请的基础上，针对在册政党、注册协会、提名竞选者、候选人与领导人竞选者所参与的活动或实践，发布一份有关本法任何条款均适用的书面意见（除第 16.1 部分第 1.1 条外）。

征询

（2）在发布意见前，总选举事务主任应将观点草案副本发至委员以及依第 21.1 条第 1 款所建立的政党咨询委员会。委员和相关成员需在副本发出后的 15 日内将书面意见统计至总选举事务主任处。

意见

（3）总选举事务主任在起草意见的过程中应考虑本条第（2）款中所提到的所有意见。

发布之前

（4）在收到申请后的 60 日内，总选举事务主任应在其网站上公示意见 30 日，并发布告示说明该指引与解释说明将在公示到期后发布。但是，如果 60 日公示期与选举期相同或有重合，则公示在选举投票日后 60 日内进行。

发布

（5）在本条第（4）款规定的公示期到期后，总选举事务主任应依据第 16.4 条在备案后，发布指引与解释说明。

观点的约束力

（6）如果申请人提交了所有需要的材料并且该材料是准确的，则总选

举事务主任依据本条发布的意见对于总选举事务主任和委员以及在册政党、注册协会、提名竞选者、候选人与领导人竞选者等人员的活动或实践有约束力。约束力的持续性依据事实材料的不变性以及所涉及的活动或实践是否实质上发生。

先例价值

（7）总选举事务主任依据本条发布的意见对于总选举事务主任和委员有先例价值。

相反的解释

（8）意见与本条第（6）款保持一致，且依据本条第（7）款具有先例价值的观点，其前提条件为采取相反解释的指引或解释说明（依据16.1条）或依据本条而产生的意见。

2014年，第12章，第5，153款

新的解释

16.3 若依据第16.1条第（5）款发布的指引或解释说明，对本法条文的解释或依据第16.2条第（4）款发布的意见与之前的解释有冲突，前者在依据16.1条发布的指引或解释说明或依据第16.2条发布的意见正式发布之前，不能替代之前发布的指引、解释说明或意见中的解释。

2014年，第12章，第5条

登记处

16.4 总选举事务主任应在其网站上建立并维护一个登记处，该处应包含所有依据第16.1条发布的指引或解释说明、依据第16.2条发布的意见以及委员依据第16.1条第（3）款或第16.2条第（2）款提出的所有意见。

公布文件与信息的权力

16.5 （1）总选举事务主任应向委员公布其依据本法所得到的或其认为对委员依据本法行使其权力、履行职责和功能有用的任何文件和信息。

公布文件与信息的义务

(2) 总选举事务主任依照委员的请求应向后者公布任何依据本法所得到的或后者认为对其行使其权力、履行职责和功能有用的任何文件和信息。

2014年，第12章，第5.1条

调整本法的权力

17 (1) 在选举期间或在30日内或之后，如果在紧急情况下，非常的或不可预见的情况或错误等必要情况下，总选举事务主任可调整任何本法规定，尤其是可能会延长采取行动的时间，根据第（2）款的规定，可以增加一些选举监察人或投票站。

限制—调整的权力

(2) 总选举事务主任不得延长选举监察人收到的提名书或预选投票站的投票时间或根据第（3）款规定的投票日的投票时间。

紧急—延长投票时间

(3) 如果在投票日，投票站的投票被紧急情况中断，并得到总选举事务主任认可的，如果该投票站的投票时间没有延长，有相当多的选民将不能够投票，在此期间，总选举事务主任认为有必要给上述选民合理的投票机会，应让投票站延长投票时间，投票站在任何情况下都

(a) 在投票日最早在午夜关闭；

(b) 投票日当天，要持续12小时开放。

2000年，第9章，第17条；2007年，第21章，第2条；2014年，第12章，第6条

公共教育和信息计划

17.1 总选举事务主任在选举过程中可以通过公众教育和信息计划更好地为中小学生所知悉，特别是对那些在行使自己的民主权利时，最有可能遇到困难的个人和群体。

宣传

18 （1）总选举事务主任可以使用任何他或她认为适当的媒体或其他方式，把加拿大的选举过程，民主的投票权和有关如何成为一个候选人的信息提供给国内外的公众。上述宣传信息只得包含

（a）如何成为一名候选人；

（b）选民如何将其姓名加入选民名单以及如何修正选民名单上的选民信息；

（c）选民如何依据第127条投票，以及投票的时间、日期与地点；

（d）选民如何为了投票以建立其身份以及居住信息，包括哪些身份信息可用于此目的；以及

（e）支持行动不便之选民抵达投票站、增加投票站以及写票的方法。

澄清

（1）为了增加确定性，第（1）款并不禁止总选举事务主任依据其职责，宣传其他目的的信息。

与残疾选民沟通

（2）总选举事务主任应保证任何依据第（1）款给出的信息，对于残疾选民来说都是可得的。

主动提供

（3）总选举事务主任未经请求，不得公布（依据第348.01条）本条规定之外的信息。

2000年，第9章，第18条；2014年，第12章，第7条

国际合作

18.01 依据总督的请求，总选举事务主任应为设在国外或国际组织中的选举机构提供协助和合作。

其他的投票过程

18.1 总选举事务主任对投票进行研究，包括尊重其他投票方式的研

究，设计和测试电子投票程序以供将来在大选或补选中使用。若这样的程序没有参议院委员会和下议院事先批准，可能不会被用来进行正式投票。

2000年，第9章，第18.1条；2001年，第21章，第2条；2014年，第12章，第9条

参与合约及其他文件制定的权力

18.2 （1）总选举事务主任可以加拿大女王或总选举事务主任的名义参与合约、谅解备忘录或其他安排文件的制定。

租约

（2）总选举事务主任可授权一名选举监察人以总选举事务主任参与租约的制定，该行为需符合总选举事务主任设定的任何规定和条件。

合约等文件的约束力

（3）任何以总选举事务主任的名义参与制定的合约、谅解备忘录或其他安排文件均对加拿大政府以及总选举事务主任有同等约束力。

物品和服务

（4）尽管《公共工程及政府服务部法案》第9条有所规定，总选举事务主任仍可从联邦公共机构之外获得物品和服务。

2014年，第12章，第8条

签字

18.3 本法条文所规定的签字要求需得到总选举事务主任的授权。

2014年，第12章，第9条

助理总选举事务主任及员工

职员

19 （1）总选举事务主任的工作人员应包括由总督会和行政局任命的助理首席选举事务主任，按照《公共机构就业法》任命的可能需要的其他所有人员、职员和雇员。

退休和补偿

（2）助理总选举事务主任被视为根据《公共机构退休金法》受雇于公共服务机构，适用《政府雇员赔偿法》，受雇于联邦公共管理机构，根据《航空法案》第9条的规定被聘用的人员。

2000年，第9章，第19条；2003年，第22章，第102条（E）

技术支持

20　（1）总选举事务主任可临时聘用拥有与总选举事务主任的工作有关的技术或专业知识的人员来帮助其依据《议会法案》行使其权力、履行职责和功能。该聘用行为需得到财政委员会的批准。总选举事务主任负责确定和支付被聘用人员的津贴与开支。

临时工作人员

（2）任何额外的人员、文员及员工，总选举事务主任认为对其权力行使、履行职责有必要的，可在该法相关规定的指导下，以法律授权的方式，基于休闲或临时的基础上，为选举雇佣临时工作人员。

2000年，第9章，第20条；2014年，第12章，第10条

总选举事务主任的代表团

21　总选举事务主任可授权助理首席选举事务主任或任何其他人员作为其工作人员，根据本法执行总选举事务主任的任何职能。

政党咨询委员会

设立

21.1（1）政党咨询委员会由总选举事务主任以及每个在册政党的领导人派出的两位代表组成。

目的

（2）委员会的目的在于为总选举事务主任提供有关选举以及政治资金方面的建议。

建议的非约束性

（3）委员会提出的建议对总选举事务主任不具约束力。

会议

（4）委员会应每年至少开会一次，会议由总选举事务主任主持。

2014年，第12章，第11条

第3部分 选举官员

一般规定

选举官员

22 （1）下列人员是选举官员：

（a）根据第23.2条委任的现场联络官；

（a.1）根据第24条第（1）款委任的选举监察人。

（b）根据第26条第（1）款或第28条第（5）款委任的助理选举监察人和根据第30条第（1）款获委任的其他助理选举监察人；

（c）根据本法案第27条所委派的选举监察人；

（c.1）根据第28条第（3.1）款指定的人士；

（d）根据第32条第（a）项委任的修正代理人；

（e）根据第32条第（b）、（c）项和第273条第（1）款委任的副选举监察人；

（f）根据第32条第（b）、（c）项和第273条第（1）款委任的投票办事员；

（g）根据第32条第（b）项委任的登记官员；

（g.1）根据第32.1条委任的人士；

（h）根据第124条第（1）款第a项委任的信息官；

（i）根据第124条第（1）款第b项委任的，在中央投票站负责维持秩序的人员；

(j) 根据第124条第（2）款委任的中央投票站投票监察人；

(k) 根据第290条第（2）款委任的收集票箱的人员；

(l) 根据第181条获委任的特殊投票规则管理员；

(m) 根据第183条第（1）款或第184条获委任的特别投票官员；

(n) 根据第248条第（1）款条委任的惩教机构的联络官；

(o) 根据第253条第（1）款获委任的惩教机构的副选举监察人和投票办事员。

选举官员—排除

(2) 进一步明确，在投票站出席的候选人代表并不是选举官员。

不得委任的选举人员

(3) 下列人员不得委任为选举监察人：

(a) 官方的部长或一个省的执行委员会的成员；

(b) 参议院或下议院的成员；

(c) 各省立法机关的成员；

(d) 任何上级法院或破产法庭的法官或暂委法官，或者在育空地区和西北地区最高法院的法官；

(d.1) 在上次大选或在上次大选以来举行的补选的候选人；

(e) 在选举之前或者选举进行期间，曾在国会工作的人；

(f) 根据本法、《公投法》或任何一个省的立法机关制定的相关省、市或学校委员会选举的法案，推荐委任前七年以内发现犯有任何罪行的人。

资格

(4) 选举监察人必须符合任何第（1）款第（a）、(b)、(d) 到（g）和（j）项所指的选民和选举官员的资格，必须驻留在他或她是根据本法履行职责的选区。

例外

(5) 在一项任命将由选举监察人作出的情况下，如果他或她不能任命

符合载于第 4 条的要求的选举官员,那么他和她可在总选举事务主任的批准下任命:

(a) 16 岁或以上驻留在选区的加拿大公民;或者

(b) 符合选民的资格,但并不住在选区生活的人。

禁止—作为选举官员

(6) 在不符合本节中所载选举监察人要求时,任何人不得担任选举监察人。

2000 年,第 9 章,第 22 条;2002 年,第 7 章,第 91 条;2006 年,第 9 章,第 173 条;2014 年,第 2 章,第 48 条、第 12 章,第 12 条

宣誓

23 (1) 在就职之前,选举监察人须以规定的方式、以书面形式宣誓,表明将公正地履行官员职责。

禁止

(2) 根据本法案任何选举官员都不能将其在议会里履行职责过程获得的信息透露,除了要履行相关职责时。

发送宣誓

(3) 选举监察人须及时向总选举事务主任发送选举监察人和助理选举监察人的宣誓文件。

主动接触

23.1 依据第 348.01 条,选举官员不应主动与公众接触。

2014 年,第 12 章,第 13 条

现场联络官

现场联络官的任命

23.2 (1) 总选举事务主任可依据第(2)款的要求,任命一个地区的现场联络官,并仅可根据该款的规定免除其职务。

资格

(2) 总选举事务主任应设定现场联络官的任职资格并且依据《政府雇员法案》第 2 条第（1）款，基于能绩原则，设定现场联络官的外部任命程序，并依据第（9）款之规定设定公平的免职程序。

能绩的定义

(3) 现场联络官的任命应基于能绩原则。其前提是：总选举事务主任对候选者基本素质表示满意，并且满足：

(a) 总选举事务主任认为现场联络官应具备的其他优异素质；

(b) 任何当下和未来的具体要求。

任职期限

(4) 现场联络官的任职期限由总选举事务主任决定。

重复任命

(5) 总选举事务主任可重复任命表现优异的现场联络官，无论是否有其他候选者。

续任

(6) 在总选举事务主任的批准下，现场联络官可以依据第（4）款在任期到期后继续任职直至其获得重复任命或新候任者到任。

职责

(7) 在总选举事务主任的指导下，现场联络官在其所在地区负责：

(a) 支持选举监察人；

(b) 担当选举监察人和总选举事务主任办公室的中介；以及

(c) 在总选举事务主任的请求下，为选举监察人的任命提供帮助。

非党派性

(8) 任何现场联络官都不得参与党派活动，尤其不得对提名的参选人、候选人或党派领导人的候选人提供捐助，也不得为政党或选区协会捐赠、在其中任职或具有官职。

罢免

（9）总选举事务主任可对有如下情况的现场联络官进行免职：

（a）由于疾病、身体或精神残疾或其他原因，不能妥善依据本法履职；

（b）无法履行本法所定之现场联络官的职责或无法遵守总选举事务主任依据第 16 条第（c）项制定的指示；或

（c）有违反第（8）款规定的行为，无论该行为是否出自履行本法所定之职责时。

2014 年，第 9 章，第 13 条

选举监察人及助理选举监察人

委任选举监察人

24　（1）总选举事务主任应按照本条第 1.1 款为各选区委任选举监察人，并根据条例所定的程序免职。

资格

（1.1）总选举事务主任须订明委任选举监察人的资格，并以能绩原则和公平为基础，根据《政府雇员法》第 2 条第（1）款的含义为选举监察人建立额外的任命程序，以及根据第（7）款所列理由免职。

能绩的含义

（1.2）委任为《公共服务就业法》的人员应择优录用，如果总选举事务主任信任该人符合要执行的工作基本资格，并考虑到

（a）总选举事务主任认为要进行的需要的任何额外胜任资质都需要符合；

（b）任何目前或未来的业务需求。

任期

（1.3）选举监察人的任职为期十年。

新任期

（1.4）在下议院，总选举事务主任与每一个公认的政党领袖协商后，若因以下情况造成选举监察人的职位出缺时，可对出色履职的选举监察人委以新的任期，不论是否有其他候选者：

（a）选举监察人任职期限已到；或

（b）依据《选区界线调整法案》第 25 条所发出的命令，选区的界线被修改。

续任

（1.5）选举监察人任期届满，在总选举事务主任批准下，可继续任职，直到其被再度委任或其他人被任命为止。

选举监察人责任

（2）在总选举事务主任的方向性指导下，选举监察人负责在他或她选区的选举的准备并进行工作。

采取行动促使选举进行的义务

（3）每名选举监察人应根据总选举事务主任发出的选举令状，要及时履行本法所定的必要法律程序，以便选举的正常举行。

空缺

（4）选举监察人的职位不应出缺，除非选举监察人去世、辞职、免职，或其任期结束或不再居住在选区，或者根据《选区界线调整法案》第25 条修改了选区边界。

辞职

（5）选举监察人打算辞职，应发出书面通知给总选举事务主任，只有当它被接受，才会生效。

非党派性

（6）任何选举监察人都不得参与党派活动，尤其不得对提名的参选人、候选人或党派领导人的候选人提供捐助，也不得为政党或选区协会捐赠，不得在其中任职或具有官职。

免职

（7）总选举事务主任可罢免任何选举监察人，若：

（a）根据本法，因疾病、身体或精神残疾或以其他方式无能力完全执行其职责的；

（b）根据本法，无法称职地履行责任的，根据第16条第（c）项所示之总选举事务主任的指示；

（c）根据第538条第（3）款，未能根据总选举事务主任的指示，完成修订选区投票区的界限；

（d）有违反第6款规定的行为，无论该行为是否出自履行本法所定之职责时。

暂停履职

（8）在选举期间，总选举事务主任可依据第（7）款所示之理由暂停选举监察人的职务。

暂停的期限

（9）暂停期结束于选举结束后的120日，或依据总选举事务主任的决定于更短的时期内结束。但是，如果（不论在暂停期前还是期间）选举监察人的免职程序将启动，那么暂停期应结束于总选举事务主任作出最终决定之后。

2000年，第9章，第24条；2003年，第19章，第2条；2006年，第9章，第174条；2011年，第26章，第13条；2014年，第12章，第14条

加拿大官方公报

25 总选举事务主任应在每年1月1日至20日之间，在加拿大官方公报公布加拿大各选区选举监察人的姓名、地址和职业。

2000年，第9章，第25条；2006年，第9章，第175条

助理选举监察人

26 （1）选举监察人在任命后应及时以书面形式委任主持工作的助理选举监察人，并将书面形式的任命书发送给总选举事务主任。

禁止任命

（2）选举监察人不得委任其配偶、普通法伴侣、其配偶或普通法伴侣孩子、母亲、父亲、兄弟、姐妹、孩子与他或她生活的人作为助理选举监察人。

2000年，第9章、第26条、第12章、第40条

授权

27 （1）一个选区的选举监察人，在总选举事务主任的事先批准下，根据该法，授权任何在其指导下的人以选举监察人的职责，除了在第24条第（3）款，第62、63和67条，第71条第（1）款及第72条第（1）款，第74、77、103、104、130、293、298和300条，第301条（6）款，第313至316条中所提及的规定外。

书面授权

（2）第（1）款所指的授权应由选举监察人签署。

如果选举监察人无法履职的通知

28 （1）如果选举监察人在任何时候变得无法履职，应及时通知总选举事务主任，这是选举监察人或助理选举监察人的职责。

（2）［废除］

助理选举监察人继任

（3）根据第24条第（1.5）款，如果选举监察人缺席或无法履职，或选举监察人的职位空缺，助理选举监察人应担任选举监察人。

指定担任

（3.01）如果选举监察人在选举期被暂停职务，总选举事务主任应指定一人履行选举监察人之职责，此人应在选举期间和选举后履行选举监察

人在选举中的职责。

指定担任

（3.1）如果选举监察人和助理选举监察人均缺席或无法行事，或在选举期间，如果他们的职位都处于空置状态，总选举事务主任应指定一人担任选举监察人，在该期限或以后执行有关该次选举的选举监察人的职责。

在有限的期限内任命

（4）当选举监察人职位空缺，总选举事务主任须委任一名新的选举监察人，不得延误。

助理选举监察人的任命

（5）每名助理选举监察人，根据第（3）款需要充当选举监察人，须及时委任一名助理选举监察人。

2000年，第9章，第28条；2006年，第9章，第176条；2014年，第12章，第16条

选举监察人的职责

29 （1）选举监察人应

（a）在助理选举监察人调动后，及时以书面形式通知助理选举监察人，并给总选举事务主任发送一份；

（b）在助理选举监察人死亡或辞职后，及时把死亡或辞职报告以书面形式通知总选举事务主任。

替代任命

（2）如果助理选举监察人去世、辞职、不合格或不能行事时，或拒绝采取行动，或因任何其他理由调动时，其选举监察人应及时任命一个替代者。

助理选举监察人的任期

（3）当选举监察人不再任职时，由他委任的助理选举监察人仍旧任职，直到其继任者任命一名新的助理选举监察人为止。

助理选举监察人的辞职

(4) 助理选举监察人打算辞职时,应当向任命其的选举监察人递交书面通知,如果选举监察人出缺,应当向总选举事务主任递交书面通知。

其他助理选举监察人

30 (1) 在选举监察人的要求下,总选举事务主任应以书面形式指定选举监察人的选区和授权委任助理选举监察人,据第 26 条第(1)款为上述选区委任助理选举监察人。

任命

(2) 选举监察人须额外委任一名助理选举监察人,并在由总选举事务主任指定的各地区设立办事处。

授权限制

(3) 根据第(2)款委任的助理选举监察人只能在他们被任命的地区执行助理选举监察人的职能。

进一步限制

(4) 根据第(2)款委任的助理选举监察人,不能行使第 28 条第(1)款、第 60 条第(2)款、第 70 条第(1)款及第 293 条第(1)款中所述的职能。

禁止—另一个身份行事

31 根据第 26 条第(1)款委任的选举监察人或助理选举监察人,根据本法不能以其他身份行事。

由选举监察人委任的选举官员

一般规定

选举官员

32 选举令状发出后,选举监察人须以规定的方式委任下述选举官员:

（a）选举监察人认为必要的修正代理人，但前提是要总选举事务主任批准其数量；

（b）各预选投票站选区的一名副选举监察人和一个投票办事员；

（c）各个投票站选区的一名副选举监察人和一个投票办事员；

（d）每个登记处的登记官员。

2001 年，第 9 章，第 32 条；2001 年，第 21 章，第 3 条（E）

其他选举官员

32　选举令状发出后，选举监察人可在总选举事务主任的批准下以规定的方式任命任何对于开展投票或在投票站计票有必要的人员，并且可以赋予这类人员选举监察人认为合适的任何职权。

2014 年，第 12 章，第 17 条

修订代理人

征集姓名

33　（1）在委任修正代理之前，选举监察人应从上次选举中的在册政党完成了第一和第二选区的候选人中征集合适人员的姓名，如果在收到请求后三日内那些政党不提供足够的姓名，选举监察人可征求任何其他来源的姓名。

公平分配

（2）选举监察人委任的修正代理人，一半来自各政党推荐的在上次选举中选区第一名的候选人，一半来自在册政党推荐的候选人第二名的人士当中。

修正代理人以两人一组的方式工作。

（3）选举监察人委任的修正代理人以两人一组，并且，每一组人员应尽可能来自不同的在册政党。

替代

（4）选举监察人可随时更换修正代理人，前任修正代理人应把其拥有的所有选举材料退回给选举监察人。

第一部分　宪法、全国性涉党法律

修代订理人列表

（5）各选举监察人须给每位候选人提供完整的选区修正代理人列表。

身份证明

（6）每个修正代理人在执行其职责时，应按要求佩戴出示总选举事务主任提供的身份证明。

副选举监察人和投票办事员

副选举监察人

34　（1）在第32条第（b）或（c）项规定下，每个副选举监察人须委任由在册政党提供的候选人名单中的人，上述候选人于上次大选中在选区中都是排名第一的人。

更换代表

（2）选举监察人可在任何时间撤换副选举监察人。

2000年，第9章，第34条；2014年，第12章，第18条

投票办事员

35　（1）在第32款第（b）或（c）项中，每个投票办事员须从在册政党提供的上次选举中第二名的候选人名单中，遴选合适的人予以委任。

更换投票办事员

（2）选举监察人可在任何时间撤换投票办事员。

2000年，第9章，第35条；2014年，第12章，第19条

任命

36　选举监察人应着手从其他来源委任副选举监察人和投票办事员，如果候选人投票日之前的24日内不能通过推荐的方式提供足够数量的合适人选。

2000年，第9章，第36条；2014年，第12章，第20条

拒绝任命

37 （1）选举监察人可基于合理理由，拒绝任命一个副选举监察人或一个有候选人推荐资格的投票办事员，并应立即通知上述被拒绝的候选人。

其他人的建议

（2）候选人可在 24 小时内被告知拒绝后推荐其他人，如果其没有这样做，选举监察人须从其他来源征集到的人士中委派另一人。

2000 年，第 9 章，第 37 条；2014 年，第 12 章，第 20 条

更换副选举监察人

38 （1）当副选举监察人职位空缺或副选举监察人无法或不愿履职，而且选举监察人没有任何代替者，投票办事员可以不用进行额外宣誓，直接担任副选举监察人。

另一个投票办事员的任命

（2）当投票办事员作为副选举监察人行事时，这个投票办事员应当按规定的形式任命一个人来充当投票办事员。

2000 年，第 9 章，第 37 条；2014 年，第 12 章，第 20 条

登记官员

登记台

39 （1）按照总选举事务主任的指示，选举监察人须建立一个或多个登记台。

登记官员的任命

（2）在投票日，选举监察人须为每个登记处委任登记官员来接收选民登记的申请书，该官员的名字不在选民名单上。

征集姓名

（3）选举监察人须在委任登记官员之前，征集合适的人的姓名，该人

需从在册政党的候选人在上次选举中选区第一名和第二名的候选人中委任,最迟在投票日之前的2日内必须向选举监察人提交足够数量的合适人选的名单,届时如果不能提供上述候选人,选举监察人会征召其他来源的人选。

任命的平等分配

(4) 选举监察人应该尽可能:

(a) 根据第(3)款规定,委任各候选人推荐人选的一半,如果上述候选人没有提供足够数量合适的候选人,其在册政党的剩余份额的任命应分配给选举监察人从其他来源征求的候选人;

(b) 根据第(3)款的规定,委任各候选人推荐人选的一半,上述人选应是在册政党的选区或注册协会在上一届大选中获得第二的候选人(如无注册协会,则以政党为准)。

如果候选人、注册协会和在册政党作为一个团体无法提供足够数量的姓名,在册政党剩余的任命额度则由选举监察人从其他来源填补。

2000年,第9章,第39条;2014年,第12章,第21条

票数相等

应提供的名单

40 在在册政党推荐候选人的票数与那些有权参加选举的人票数相同导致票数相等时,根据加拿大《议会法案》第29条第(1.1)款,在册政党有权给选举监察人提供合适的人选任命为选举官员,以参加补选。

新的选区

换位的结果

41 (1) 当一个新的选区建立后,总选举事务主任须从以前大选的投票站换到新选区的投票站,以确定在册政党的候选人有权向选举监察人提供可被任命为选举官员的名单。

特殊情况

(2) 如果总选举事务主任可以不调换部分新选区中上次大选的结果，因为没有因票数相等的候选人被退回的情形，则总选举事务主任可更改来自根据加拿大《议会法案》第 29 条第（1.1）款补选的结果。

例外

(3) 就在册政党推荐候选人的票数与那些有权参加选举的人票数相同而导致票数相等的情况言，适用第（2）款，在补选前举行的大选，在册政党有权利向选举监察人提供将被任命为选举官员的合适的人选名单。

说明

(4) 当总选举事务主任已确定一方政党有权利根据第（1）、（2）、(3) 款提供名单时，其应及时通知该政党享有该项权利。

2000 年，第 9 章，第 41 条；2014 年，第 12 章，第 22 条

在册政党合并

任命投票的性质

42 根据第 33 条第（1）、（2）款，第 34 条第（1）款，第 35 条第（1）款，第 39 条第（3）款及第（4）款和第 41 条之规定，在确定在册政党的候选人在上次大选中是否为第一或第二名、两个或两个以上的在册政党各方在该选举中登记的结果的情况下合并为一，应在合并后政党的候选人票数的候选人及名额，合并放在该选举中投票人数最多的一方。

禁止

43 任何人不得

(a) 故意妨碍选举官员执行其职责；

(b) 未经授权，使用代理人的身份，或打算替代由总选举事务主任指定的修订代理人；

(c) 当修订代理人无法提供任何授权人选举文件或其他选举材料时，

不能作为选举监察人替代人的人选。

访问权

43.1 （1）在该条法案下，上午9：00至下午9：00期间的任何管理公寓楼、多居住建筑或其他有警卫的社区的人员，都不能妨碍选举监察人或选举检察员获得进入该社区完成其职责。

例外

（2）本条第（1）款并不适用于一个有多居住建筑的居民，该居民的身体或情绪上的原因可能会因为该条款中涉及的允许活动受到伤害。

2007年，第21条，第3款

第4部分　选民登记

登记册的维护和交流

选民登记

44 （1）总选举事务主任持有的一个加拿大选民资格的登记册，被称为选民登记册。

登记册的内容

（2）根据第49条第（2）款、第194条第（7）款、第195条第（7）款、第223条第（2）款、第233条第（2）款和第251条第（3）款的规定，选民登记册应包含每个选民是谁，其姓名、性别、出生日期、公民地址、邮寄地址及任何其他需要提供的其他信息。

身份证明

(2.1) 选民登记册上还必须包含由总选举事务主任分配给每个选民唯一的随机生成的身份证明。

纳入的可选择性

（3）是否被纳入选民登记册是选民的选择。

2000年，第9条，第44款；2001年，第21章，第4条；2007年，第

21章，第4条

会员以及在册政党

45 （1）每年的 11 月 15 日，总选举事务主任须按要求为各选区的成员和各个在上次大选中支持候选人的在册政党，提供一个从选民登记册抽取的副本电子表格和一份选区的选民名单。

选民名单的内容

（2）选民名单之内应设置每个选民的姓名、公民的地址和邮寄地址，和由总选举事务主任分配的选民身份证明，上述应该根据选民的公民地址，或（如果这是不恰当的）可以根据他们的姓氏的首字母的顺序进行安排。

例外

（3）本条不适用于如下情况：如果 11 月 15 日处于选举期间，或者在该日期前六个月期间将举行大选投票。

政党合并

（4）对于本条第（1）款的目的，若在册政党是两个或两个以上的在册政党合并而成，则将被视为已同意在上次选举中合并各方都赞同的候选人。

2000 年，第 9 章，第 45 条；2007 年，第 21 章，第 5 条

更新登记册

信息来源

46 （1）选民登记册应更新

（a）信息；

（i）该选民已给予总选举事务主任；或

（ii）该由联邦政府部门或机构执行，选民已明确授权给总选举事务主任。

（b）关于总选举事务主任认为可靠和必要的更新姓、名、性别、出生

日期、公民的地址（包括在选民登记册的选民的邮件地址）。

§ （i）根据本法附表2中提到的一个省的立法机关的法案；或

§ （ii）本法附表2中提到的任何其他来源。

保留一定的信息

（1.1）根据第（1）款第b项，总选举事务主任可保留收集的信息，但不包括在选民登记册内的、为了收集在选民登记册所载的信息与之相关联的信息目的。

修订附表2

（2）总选举事务主任可在任何时候可以通过增加、更改或删除一个省立法机关的名称法或任何其他的信息来源的方法修订附表2中的内容，但这样的修正案直到它发表在加拿大公报上才会生效。

2000年，第9章，第46条；2007年，第21章，第6条

公民资格信息

46.1 为了协助总选举事务主任更新选民登记册，国家税务部长，根据《所得税法》第150条第（1）款中的收入统计表，根据该法令第150条第（1）款第（d）项指明的统计，要求选民个人提交收入统计表，无论其是否为加拿大公民。

2007年，第21章，第7条

已故者的个人信息

46.2 为了更新选民登记册，国家税务部长应根据税法第150款第（1）条第（b）项在总选举事务主任的要求下，提供个人的姓名、出生日期和地址，个人应根据第150条第（1）款第（b）项规定登记其最后收入统计，并授权部长提供他或她的名字、出生日期和地址给总选举事务主任，以便他完善选民登记册。

2007年，第21章，第7条

选举监察人的责任

47 在选举期间，每名选举监察人须根据本法案，从其获得的信息中

更新选民登记册，除了据第 233 条第（1.1）款规定的有关选民申请被批准之外的信息。

其他职责

47.1 选举期间，选举监察人须根据总选举事务主任有关要求执行更新选民登记册的职责。

2007 年，第 21 章，第 8 条

新选民

48 （1）总选举事务主任应在选民登记册登记新的选民，发送有关选民首席选举官的信息，并询问其是否希望被列入选民登记册。

选民的义务

（2）希望被列入选民登记册的新选民应以书面形式确认、纠正或完善信息，并根据第 3 条，把该信息与其拥有选民资格的签字证明一并发给总选举事务主任。

例外

（3）本条不适用新选民的列入

（a）选民的要求；或者

（b）根据省级法律制成的选民名单，是否上述名单包含的信息被总选举事务主任认为足以列入选民名单。

列名要求

49 （1）任何人可在任何时候要求总选举事务主任，将其纳入选民登记册，只要提供：

（a）他或她是拥有选民资格的签字证明；

（b）他或她的姓名、性别、出生日期、公民的地址和邮寄地址；

（c）合格的身份证明。

可选信息

（2）除第（1）款中提到的信息，根据第 55 条，总选举事务主任可请选民提供总选举事务主任认为有必要实施协议的任何其他资料，但选民并非一定要这样做。

更正

50 选民可能变化有关信息，总选举事务主任应对选民登记册进行必要的更正。

验证

51 总选举事务主任可随时

（a）联系选民验证总选举事务主任有关他或她的信息；

（b）要求选民在收到请求后 60 日内确认、纠正或完善信息。

删除姓名

52 （1）总选举事务主任应将如下人士的名字从选民登记册中删除：

（a）死亡；

（b）非选民；或者

（c）以书面形式请求删除他或她的名字。

条件

（1.1）只要受权代办人向总选举事务主任提供一份法庭命令的副本以及规定的代办人身份证明，一个人的姓名便可依据第（1）款第（d）项的规定被删除。

删除名称—酌情

（2）总选举事务主任可能会删除选民登记册那些 60 日内不遵守第 51 条第（b）项之人的名字。

2000 年，第 9 章，第 52 条；2014 年，第 12 章，第 23 条

限制

53 如果选民向总选举事务主任提出书面请求，那么他在选民登记册的相关信息只能用于联邦选举或公投。

个人信息的访问

54 如果选民提出书面申请，总选举事务主任可提供自己拥有的有关

该选民的所有信息。

提供信息的安排

省级机构

55 （1）总选举事务主任应根据省级法律，与所有人订立一项协议并负责建立选民名单、执行给予选民登记册所载的信息，或提供第44条第（2）款或第（2.1）款规定的相关信息，如果上述信息是为建立这样一个名单所需要，那么总选举事务主任应将其包括在选民登记册内。

条件

（2）根据该协议，总选举事务主任提供个人信息的使用和保护方面的协议条件。

（3）［废除2007年，第21章，第9条］

有价交换

（4）第1款中提到的协议，可能要求在交换给予信息上获得与受益价值相等的回报。

2000年，第9章，第55条；2007年，第21章，第9条

禁　止

禁止

56 任何人不得

（a）在明知的情况下，以口头或书面形式对他人的选民资格信息或第49条中相关的任何其他信息作出虚假或误导性陈述；

（b）在明知的情况下，以口头或书面形式，对他人的姓名、性别、公民地址或邮寄地址，或由总选举事务主任分配到的标识符等选民信息作虚假或误导性陈述，以达到将其姓名从选民登记册中删除的目的；

（c）在明知不符合选民资格时，要求把一个没有资格作为选民的人的名字登记在选民名单中；

(d) 故意申请在选民登记册中,申请登记动物或事物的名称;

(e) 故意使用从选民登记册获得的个人信息,以下几条除外:

(i) 按照第 110 条规定,为了使在册政党、成员或候选人与选民沟通;

(ii) 为了联邦选举或公投的目的;或

(iii) 依照第 55 条,根据协议的条件制作的并根据协议传输的信息。

(f) 在知情的情况下,使用根据第 55 条订立的协议,用于传输的其他个人信息,按照该协议中的条件进行的除外。

2000 年,第 9 章,第 56 条;2007 年,第 21 章,第 10 条

第 5 部分 选举的进行

大选日期

总督权力保留

56.1　(1) 本条并不影响总督的权力,包括总督决定解散议会的权力。

选举日期

(2) 除第(1)款的规定,每次大选必须在距上次大选四年后的 10 月的第三个星期一举行。在本条生效后的第一次大选是在 2009 年 10 月 19 日(星期一)举行。

2007 年,第 10 章,第 1 条

替代日

56.2　(1) 根据第 56 条第(1)款第(2)项,如果总选举事务主任认为,作为投票日的周一不太合适,且由于与文化或宗教日或省级或市级的选举日相冲突,总选举事务主任可以根据第 4 条的规定选择改天,并应向总督会和行政局提出建议。

建议的公开

(2) 如果总选举事务主任根据第(1)款建议大选改期,并且应该及

时地将改期的公告公布在加拿大官方公报上。

命令的制定和发布

(3) 如果总督会和行政局接受了建议，总督会和行政局须作出一项命令，以使其生效。该命令必须立即在加拿大官方公报公布。

限制

(4) 替代日必须是紧随周一的周二，否则将把投票日定于下一周的周一。

宣布的时机

(5) 根据第（3）款的命令，不得将举行大选定在一年的8月1日后。2007年，第10章，第1条

选举令状

大选—宣布

57 （1）总督会和行政局为了举行大选而发出公告。

补选—命令

(1.1) 总督会和行政局须作出命令，以便补选得以举行。

内容

(1.2) 公告或命令须：

(a) 指示总选举事务主任发出选举令状给各选区的选举监察人作为宣布或命令使用；

(b) 厘定选举令状的发出日期；

(c) 确定选举的投票日期必须在选举令状发出后的36日之内。

大选

(2) 在大选的情况下：

(a) 所有选区令状发出之日应是相同的；

(b) 所有选区投票日应是相同的；

（c）宣布将厘定选举令状日期返回给总选举事务主任，所有令状的返回日期应是相同的。

在周一举行选举

（3）除本条第（4）款和第56条第（1）款第（2）项，投票日应在星期一。

例外

（4）在大选的情况下，不根据第56条第（1）款第（2）项或第56.2条规定的时间举行，如果选举是在工作日举行，星期一是假期，投票日应在那个星期的星期二举行。

投票日当天是星期二的时候

（5）如果根据第（4）项或第56条第（2）款的规定，将投票日期定在星期二，则根据本法案规定，均将投票日视为周一，而后计算与投票日相关的时间。

2000年，第9章，第57条；2001年，第21章，第5条；2007年，第10章，第2条

令状送交选举监察人

58 在公告发行或根据第57条颁布该命令之后，总选举事务主任发出附表1的令状表格，给将要举行选举的选区的选举监察人。

2000年，第9章，第58条；2001年，第21章，第6条；2007年，第10章，第3条

撤回令状

59 （1）总督会和行政局可下令，在任何选区因总选举事务主任证实的水灾、火灾或其他灾害的原因，无法履行本法规定，撤出令状。

总选举事务主任的职责

（2）如果总督理事会命令撤回令状，总选举事务主任应在加拿大官方公报公布撤回通知，并在公布通知三个月内公布后发出新的选举令状。

投票日

(3) 在新令状厘定的投票日日期不能迟于新令状发行日的三个月。

选举监察人开启和维持一个办公室

60 (1) 每名选举监察人在收到总选举事务主任发出令状或通知后,须无延时开设办事处级别的访问,整个选举期间的办公室应设立在选区便利的地方。

工作时间

(2) 总选举事务主任办公室必须是开放的,选举监察人和助理选举监察人应设定值班的最低小时数。

职员的委任

61 (1) 根据本法案之规定,总选举事务主任可授权选举监察人任命他们认为有需要的工作人员。

职员的雇佣

(2) 在本条第(1)款中提到的员工应当:

(a) 以规定的形式任命;

(b) 进行规定的宣誓;以及

(c) 任务完成便可解约。

选举监察人制定的选举公告

选举公告

62 令状发出后四日内,每名选举监察人须签署并发出依据附表 1 中表 2 的形式制定的选举公告,其中应包含:

(a) 接受提名的截止日期;

(b) 投票日的日期;

(c) 结果验证日期和时间,不得迟于投票日后七日;

(d) 选举监察人办事处地址。

口头表决

口头表决

63 （1）在投票日之前第 19 日的下午 2：00，若选举监察人已证实只有一名候选人的提名，选举监察人须：

（a）及时宣布该候选人当选，按照令状背面的规定形式，将选举令状返回给总选举事务主任；

（b）返回令状后 48 小时内，将它的副本发送给当选的候选人。

返还报告

（2）当选举监察人返回令状给总选举事务主任后，选举监察人须保存一份选举进程的报告，其中应包含任何不遵守本法进行或拒绝的提名。

举行选举

举行选举

64 （1）如果确认一个以上的候选人在选区提名，应举行选举。

投票的通知

（2）在提名结束后五日内，若超过一名候选人获提名，选举监察人须在监察人办公室以规定的形式发布投票通知，其中应包括：

（a）名称、地址和政党归属（如果有的话），每个候选人的提名文件按照他们姓名的顺序进行排列且被放置在选票上；

（b）每名候选人正式代理人的姓名和地址，在提名文件上予以说明；

（c）名称（如果有的话）、每个投票站部门的数量，以及该选区内投票站的地址。

张贴在投票站的通知

（3）选举监察人须给每位副选举监察人或中央民意调查主管发送一份举行投票公告的副本（视情况而定），该主任和监察人应在他或她的投票站发布通告。

候选人文件

（4）在投票日之前的 31 日和确认候选人的提名日期，选举监察人须发给每名候选人多达 10 份确定选区投票站边界的说明文件。

2000 年，第 9 章，第 64 条；2014 年，第 12 章，第 24 条

第 6 部分 候选人

不符合条件的候选人

65 以下的人没有资格成为候选人：

（a）在他或她的提名书提交之日起都不具备选民资格者；

（b）根据第 502 条第（3）款第（a）项被剥夺权利者；

（c）一省立法机关的成员；

（d）任何省份的警长、治安书记官或县检察官；

（e）根据第 4 条无权投票者；

（f）由州长委任的法官，根据《公民法》任命的公民法官除外；

（g）被关押在惩教机构者；

（h）选举官员；及

（i）任何在以往的选举中担任过候选人的人，而且他无法根据第 451.59 条第（1）款提供申报表、报告、文件或声明的，或提供时间和任何文件已过期的。

2000 年，第 9 章，第 65 条；2002 年，第 7 章，第 92 条；2014 年，第 2 章，第 49 条；第 12 章，第 25 条

候选人提名

提名方式

66 （1）提名文件应按规定的形式制作，其中应包括：

（a）准候选人的宣誓声明；

（i）他或她的姓名、地址和职业；

(ⅱ) 根据本法,准候选人指定送达文件的地址;

(ⅲ) 准候选人的正式代理的名称和地址;

(ⅳ) 根据第477.1条第(2)款之规定,准候选人的审计师姓名、地址和职业;

(ⅴ) 支持准候选人的政党的名称,如果没有,准候选人在其选举文件中,要么选择"独立"一项,要么选择没有指定政党归属一项。

(b) 准候选人同意提名的声明在签署和宣誓时,须有证人在场,证人应是一名选民,但不对宣誓负责。

(c) 根据本款第(b)项所指的证人的签名。

(d) 官方代理签署同意以该身份行事的声明。

(e) 除了附表3所列的选区之外的任何选区内至少有100名选民的姓名、地址和签名,并且须有一名见证人见证。

(f) 登记在附表3上的选区中至少50名选民的姓名、地址和签名,并且须有一名见证人见证。

(g) 根据本款第(e)或(f)项规定的姓名、地址和签名。每个签名都需在见证者见证下签署。

候选人的具体规定

(2) 出于本条第(1)款第(a)项第(ⅰ)目目的:

(a) 姓名不得包含任何职称、学位或其他前缀或后缀;

(b) 候选人若拥有一个或多个名则可用其周知的昵称替换,除了一个可能与政党的名字混淆的昵称以外,这个昵称可以是名字的缩写;

(c) 一个或多个名字的正常缩写可被名或姓取代;

(d) 职业应简要说明,并应与准候选人在其常住地内的实际情况相符。

昵称的周知

(3) 如在本条第(2)款第(b)项中描述的,如果选举监察人请求,在其提名书中使用昵称的准候选人应向监察人提供由总选举事务主任认可的其昵称被周知的证据。

通知和决定

（4）如果选举监察人认为在本条第（2）款第（b）项中提到昵称，可能会与一个政党的名字混淆，其应通知总选举事务主任，以确定该昵称是否可以在该款中被用作证明。

2000年，第9章，第66条；2001年，第21章，第7条；2014年，第12章，第26条

见证文件的提名书

67　（1）在第66条第（1）款第（b）项中，证人同意将提交的提名文件给选区的选举监察人，在选区内该准候选人可在提名期结束期间的任何时间寻求提名。

见证人确保签名由选民签署

（2）证人应尽职调查，以确保根据第66条第（1）款第（e）、（f）项规定由所有居住在该选区的选民签名。

证人誓言

（3）证人须在提名文件中以书面形式向选举监察人宣誓如下内容：

（a）证人认识准候选人；

（b）证人有资格登记为选民；

（c）准候选人在证人面前签署同意接受提名。

其他要求

（4）证人应当向选举监察人列出提名文件外的如下文件：

（a）押金1000元；

（b）由审计师签署同意以该身份行事的声明；

（c）如果适用，由政党领导人或第406条第（2）款中规定的人签署的书面文书，指出准候选人按照第68条被政党所认可。

2000年，第9章，第67条；2001年，第21章，第8条；2014年，第12章，第27条

政党只能在每区支持一名候选人

68 （1）一次选举中，一个政党在每个选区只能支持一个准候选人。

新的候选人

（2）如果在一个特定的选区，根据第 74 条第（1）款，在结束提名前第 5 日下午 2∶00 前，候选人已死亡或退出，该政党可在该选区的提名期结束前支持另一名候选人。

2000 年，第 9 章，第 68 条；2001 年，第 21 章，第 9 条

提名结束日

69 提名截止日是投票日之前 21 日中的第一个星期一。

出席时间

70 （1）选举监察人和助理选举监察人须在提名截止日当天的中午 12 时及下午 2 时之间在选举监察人的办公室，以防选举监察人可能会收到准候选人尚未提交的提名文件。

关闭提名

（2）在提名截止日下午 2∶00 以后，选举监察人办公室不接收任何提名。

指定地点

（3）依据第 67 条第（4）款第（a）至（c）项，选举监察人可授权任何人在任何地方指定收取提名文件和押金、声明和指示。他们必须在提名期结束前收齐。

向候选人表示确认或拒绝

71 （1）选举监察人须在不迟于提交提名书的 48 小时内，以规定的方式告知准候选人确认或拒绝接受提名。

验证提名文件

（2）选举监察人须在确认提名或拒绝提名之前，按照总选举事务主任的指示，对提名有效性进行验证：

（a）提名纸是完整的，包括至少有第 66 条第（1）款第（e）或（f）项中提到的签名（视乎情况而定）；以及

（b）第 66 条第 1 款第（e）或（f）项中提到的签名，是准候选人拟寻求提名的选区中有权投票的选民签署的。

纠正或更换

（3）选举监察人拒绝接受的提名纸，可用另一份提名文件替代或纠正。

押金的总收款人

72（1）收到的押金，选举监察人应向证人出具收据，并应及时将押金交给总选举事务主任，并由后者交给总收款人。

退还押金

(2) 如果选举监察人拒绝接受提名，应退还提名人所提交的押金。

电子表格

73（1）准候选人可通过电子方式提交依据第 67 条第（4）款第（b）和（c）项规定的其提名书、声明和指引。为了提名的有效性，选举监察人必须在提名期结束前收到第 67 条第（4）款第（a）项规定的押金和提名书、声明和指引的副本。原始文件则必须在提名期结束后 48 小时内提交。

取消提名

（2）如果选举监察人没有按时收到原文件，须取消提名，除非该人满足选举监察人的要求，并采取一切合理的措施以确保选举监察人按时收到文件正本。

2000 年，第 9 章，第 73 条；2014 年，第 12 章，第 28 条 F

候选人退出

74（1）候选人可在提名结束当天下午 5 时前的任何时候退出，但其必须亲自向选举监察人以书面形式提交一份候选人签署的声明，该声明

的签署须有两个该选区有权投票的选民见证。

退出的后果

（2）根据本条第（1）款的规定，任何在选举中投给该候选人的选票是无效的。

少量修正

75　候选人可于当天下午5：00时提名结束前，以书面形式向选举监察人报告提名书中有关其姓名、地址或职业的任何变化。

投给未经适当提名之人的选票视为无效

76　投给任何候选人以外的其他人的选票是无效的。

候选人去世引发的提名关闭的延期

77　（1）如果一个由在册政党推举的候选人在提名关闭前第5日下午2：00前以及在投票日投票站关闭前去世，选举将被推迟。选举监察人须与总选举事务主任沟通后，将该选区的提名关闭日定为该候选人死亡后的第二个星期一。

新投票日

（2）根据本条第（1）款设定的日期应发布额外的通知，并以总选举事务主任指定的方式公布或分发，通知中还应当载明新的投票日，即设定日期21日后的第一个星期一。

选民名单

（3）应推迟选举的选民名单应在新投票日前6日内进行修订。

推迟选举

78　根据第77条推迟的选举和一个新的提名截止日，并不意味着其他候选人的提名有效。

选票无效

79　根据第77条，如果选举被推迟，推迟之前，所有选票都是无效的，并应销毁。

候选人的权利

请假

80 适用《加拿大劳工法》第三部分的雇用员工,应在提出申请后,享有带薪或无薪休假,以寻求在选举或其他应要求的期间被提名为候选人。

在居民区拉票等

(1) 任何有管理的一座公寓楼、公寓楼多居民建筑、其他或有警卫的社区的人要防止候选人有以下行为:

(a) 上午9:00至下午9:00,在一个公寓楼或门控社区的情况下,在公寓、单位或者房屋门口进行拉票(或视情况而定);

(b) 上午9:00至下午9:00在一个多居民建筑或多居民的共同居住区进行竞选活动。

例外

(2) 本条第(1)款不适用的情形:当管理的多个居住建筑的居民身体或情绪上的福利可能受到竞选伤害的时候。

2000年,第9章,第81条;2014年,第21章,第11条

在公共场所竞选

81.1 (1) 任何管理建筑物、土地、街道或其他任何地方(任何其中一部分都免费向市民开放)的人——无论是在一个连续的、定期或不定期的基础,包括任何商业、文化、历史、教育、宗教、政府、娱乐或休闲的地方——不能阻止候选人或其代表进行竞选活动。

例外

(2) 如果竞选与该地功能和用途不兼容或不符合公众的安全,本条第(1)款将不适用。

2007年,第21章,第12条

候选人的责任

候选人的定义

82 [废除，2014年，第12章，第29条]

83 [废除，2014年，第12章，第29条]

84 [废除，2014年，第12章，第29条]

85 [废除，2014年，第12章，第29条]

85.1 [废除，2014年，第12章，第29条]

86 [废除，2014年，第12章，第29条]

87 [废除，2014年，第12章，第29条]

88 [废除，2014年，第12章，第29条]

禁　止

不符合条件的候选人

89 在知道他或她没有资格成为候选人的前提下，任何人都不得签署同意其成为候选人的提名书。

90 [废除，2014年，第12章，第30条]

发布虚假陈述以影响选举结果

91 任何人不得为了影响选举结果，明知而作出或发布任何关系到一个候选人或准候选人个人品格或行为的虚假事实陈述。

2000年，第9章，第91条；2001年，第12章，第30条

候选人退选的虚假陈述

92 任何人不得明知并发布有关某候选人退出的虚假陈述。

礼品及其他优势

候选人的定义

92.1 [废除，2014年，第12章，第31条]

92.2 ［废除，2014 年，第 12 章，第 31 条］

92.3 ［废除，2014 年，第 12 章，第 31 条］

92.4 ［废除，2014 年，第 12 章，第 31 条］

92.5 ［废除，2014 年，第 12 章，第 31 条］

92.6 ［废除，2014 年，第 12 章，第 31 条］

第 7 部分 修订选民名单

初步选民名单

发送信息

93 （1）在签发令状后尽可能短的时间内，总选举事务主任应准备每个投票站在选区划分的初步选民清单，并应发送到选区的选举监察人处，同时附上所有其他涉及该选区选民登记册所载的选民的相关信息。

分发初步名单

（1.1）依据每个在册政党或合资格政党的请求，总选举事务主任以电子形式分发令状，向已发出的选区发送一份初步选民名单的副本。

初步选民名单的形式

（2）初步的选民名单，应包含每个选民在选区的名称和地址，以及选民身份信息，并按公民地址或在特殊的情况下以他们的名字字母的顺序排序。

公布初步名单

（3）总选举事务主任须不得迟于投票日之前 31 日，确定每个选区的选民初步名单上的姓名数量，并将上述信息公布于加拿大官方公报。

2000 年，第 9 章，第 93 条；2007 年，第 21 章，第 13 条

分发列表

94 （1）每名监察人应当在收到其选区选民的初步名单后，向每名索取名单的本选区选民分发一份纸质版以及一份电子版副本。

额外的副本

(2) 依据候选人的请求,选举监察人可提供最多四个额外的纸质版初步选民名单副本。

注册确认通知

选民须知

95 (1) 每名选举监察人须在发出令状后,但不得迟于投票日之前24日内,尽快将注册确认通知发送到每名进入选民初步清单的选民处,以下选民除外:

(a) 符合第11条第(e)项的;

(b) 已经根据第194或195条完成了常住表格的填写;或

(c) 符合第222条的。

通知的形式

(2) 注册确认通知应由总选举事务主任确定其形式,并应注明:

(a) 选民的投票站地址,以及它是否有相应级别的访问权限;

(b) 投票日的投票时间;

(c) 一个垂询电话的号码;

(d) 预选投票的日期以及预选投票站的投票时间和地点;

(e) 投票前要求的身份和居住证明。

特别需要

(3) 注册确认通知应当邀请选民与选举监察人联系,如果他或她:

(a) 需要语言或手语翻译;

(b) 他或她的投票站没有高层辅助措施,且其有该种需要;或

(c) 因为身体残疾无法出席投票。

投票站地址的改变

(4) 如果投票日之前第5日或之前,注册确认通知中所载之投票站的地址发生了改变,选举监察人应向选民发送一份载明新地址的新通知。

2000年，第9章，第95条；2007年，第21章，第14条；2014年，第12章，第32条

修订过程

初步选民名单的修订

96 （1）发出令状后，总选举事务主任应尽快确定初步选民名单修订的开始时间。修订截止期应为终止投票日前6日的下午6：00。

补选的取消

（2）如果一个令状可能因《加拿大议会法》第31条第（3）款而被替代或取消，任何在取消前进行的初步选民名单的修订，应得到选举监察人或副选举监察人的批准，批准日期应依据总选举事务主任据本条第（1）款的规定确定，该日期即为初步选民名单开始修订的日期。

2000年，第9章，第96条；2014年，第12章，第33条

被指定接受申请的选举官员

97 （1）选区的选举监察人、助理选举监察人和修改代理可以接受选民申请补充、更正或删除选民登记初步名单的文件。

补充、更正或删除的申请

（2）本条第（1）款中修改代理所接收的所有申请须于完成后提交给选举监察人或助理选举监察人批准。

修改办公室

98 选举监察人可用一个或多个办事处以作初步选民名单修正之用。办公室须有层高辅助设施。

2000年，第9章，第98条；2014年，第12章，第34条

修订—目的

99 一个选区的选举监察人和助理选举监察人可以用如下方式修改该选区的选民初步名单：

(a) 增加被列表省略的选民姓名；

(b) 更正已在选举名单上的姓名；

(c) 删除被错误地列入名单的姓名。

选民登记信息

99.1 总选举事务主任，可依据第 99 条的目的，向选举监察人和助理选举监察人提供选民登记册所载资料。

2007 年，第 21 章，第 15 条

修正代理的共同行动

100 (1) 每个选区委任的修改代理人应采取联合行动，以协助修订初步选民名单。

修改代理之间的分歧

(2) 在意见分歧的情况下，修改代理可向选举监察人或助理选举监察人提出裁决，并受此裁决的约束。

相关选民的信息

101 (1) 选举监察人或助理选举监察人可在初步选民名单上添加任何选民姓名，若

(a) 该选民完成了规定的登记表格，认为他或她应该被列入名单，并提供令人满意的身份证明；

(b) 与完成了规定登记表的选民同住的另一个选民，认为前者应被列入名单，并提供了完整的身份证明；

(c) 与完成了规定登记表的选民不同住的另一个选民，认为前者应被列入名单，并提供了如下证明：

(i) 一个选民允许另一个选民代其填表的书面授权；以及

(ii) 两个选民的完整身份证明；

(d) 该选民，或与其同住的另一选民在修正代理人在场的情况下，完成了规定的注册表并进行了规定的宣誓。

规定的注册表

(1.0) 规定的注册表应包括一份由选民签署的陈述。完成该表格的选民应已按照本条第（1）款的规定被加入到了初步选民名单中。

增加选民的名字

(1.1) 选举监察人或助理选举监察人，也可以添加任何选民的名字，到正在制定中的选民登记册上。

从选民登记册上除名

(2) 名字被添加到一个初步选民名单的选民，可以根据本条第（1）款第（a）项要求他或她的名字从选民登记册除去。

地址变更

(3) 根据第1款第（a）至（c）项，名字被添加到一个初步选民名单的选民在被列入选民登记册后改变了地址，那么与旧地址相关的选民姓名将被删除。

删除选民的名字

(4) 选举监察人或助理选举监察人可从初步的选民名单上删除姓名，如果：

(a) 该人提出请求，并提供充分的身份证明；

(b) 经查实该选民已经去世；

(c) 经查实该选民提供的信息无效；

(d) 经查实选民不再驻留在清单上注明的地址处。

更正

(5) 选举监察人或助理选举监察人可批准在初步选民名单上更正信息，如果：

(a) 该选民已根据第97条第（1）款要求改正；

(b) 有遗漏、不准确或错误。

选区范围内的地址变更

(6) 若一个选区的选民改变了他或她的地址，可通过电话或其他方式，向第 97 条第 1 款提到的选举官员之一提供充分的身份和居住证明，申请更正作出初步选民名单中的相关信息。与该选民同住的另一个选民在提供充分的有关问题的选民的身份和居住证明后，也可申请对该列表有关的选民信息作出更正。

2000 年，第 9 章，第 101 条；2007 年，第 21 章，第 16 条；2014 年，第 12 章，第 35 条

注册确认通知

102 每名选举监察人应尽早在修订期间（但不得迟于投票日之前 5 日）向所有列入初步选民名单的选民［除了第 95 条第（1）款提到的选民外］发出通知，确认第 95 条第（2）及（3）款中的选民信息。

异议程序

选民反对

103 （1）不迟于投票日的前 14 日，列入选区选民名单内的选民可提出异议，异议的提出应在选举监察人将另一人姓名剔出选民名单之前。

反对的宣誓书

（2）在本条第（1）款的规定下，希望提出反对的选民应以规定的形式完成反对誓章，指明其他人无权投票，并应将誓章提交给监察人。

向反对者发送的通知

（3）选举监察人须在收到反对誓章当日或翌日，依据被反对者在宣誓书上的地址将一份通知发送到被反对者处，并在通知中载明该人需以如下方式提供证明其有权投票的证据：

（a）在投票前 11 日内亲自或委托他人前往选举监察人处；

（b）在此之前，向选举监察人发送任何人认为适当的文档。

候选人须知

（4）选举监察人须尽快发送给每名候选人在本条第（3）款所指的通知的副本。

候选人代表的出现

（5）如果所反对的人决定根据本条第（3）款第（a）项前往选举监察人处，选举监察人须允许每名候选人的选区有一个代表，但代表无权介入，选举监察人许可除外。

由选举监察人开展的测试

104 （1）当根据第 103 条第（1）款提出反对时，选举监察人可对宣誓后进行讯问的反对的选民以及被反对的人（在证人在场的情况下）——如果他们希望展示他们的立场——在上述信息的基础上作出决定。

证据

（2）从选民名单上删除一个选民名字的举证责任在于提出反对的人。

选民举证

（3）在反对意见处理的过程中未前往选举监察人处，或无法提供相关证明其有权投票的证据，在选举监察人基于机会平等的基础上，应决定该选民无法出现在选民名单上。

反对的结果

（4）在异议处理完毕后，选举监察人要么将所反对的人从选民名单上删除，要么允许其姓名留在名单上。

更新的初步选民名单

分发名单

104 每名选举监察人须在投票日之前 19 日内，分发给提出申请的每名候选人一份该选区的选民名单的电子版副本。

2007 年，第 21 章，第 17 条

修订后的选民名单和正式选民名单

经修订的选民名单

105 （1）每名选举监察人须在投票日之前的第 11 日，为每个投票站举行的预选准备一份修订的选民名单。

公布经修订的选民名单

（2）总选举事务主任须不晚于投票日之前的第 7 日，确定修订后的各选区的选民名单上出现的名字数量，并将上述信息公布于加拿大官方公报上。

正式的选民名单

106 每名选举官员应在投票日之前的第 3 日，为每个投票站在投票日的使用准备正式的选民名单。

2000 年，第 9 章，第 106 条；2014 年，第 12 章，第 36 条

名单的形式

107 （1）每个投票站所使用的修订后的选民名单以及正式名单应以总选举事务主任所定之形式制作。

名单的传送

（2）每名选举监察人须向每名副选举监察人交付修订后的选民名单或正式名单（视情况而定），副选举监察人需要在其各自的投票站进行预选投票。该名单应注明每位选民的性别和出生日期。

交给候选人

（3）每名选举监察人须提供给每位候选人纸质本和电子形式的副本的修订后的选民名单和正式名单，但不可注明每名选民的性别和出生日期。

额外的副本

（4）经候选人请求，选举监察人可提供最多四份额外的纸质的、经修订的选民名单和正式选民名单副本。

2000 年，第 9 章，第 106 条；2014 年，第 12 章，第 36 条

投票分部合并

投票分部合并

108 （1）修订期结束后，选举监察人在总选举事务主任的事先批准的前提下可以对同一选区相邻的投票分部进行合并。

正式名单

（2）合并后的选民名单被认为是正式选民名单。

最终选民名单

最终选民名单

109 （1）总选举事务主任应在投票日后尽快准备各选区最终的选民名单。

递交最终名单给成员与政党

（2）总选举事务主任提供纸质版及电子版副本给各提名候选人的在册政党以及在选区当选的成员。

额外的副本

（3）经本条第（2）款所指的在册政党或成员提出请求，总选举事务主任可向其提供最多四份额外最终选民名单的纸质版副本。

2000 年，第 9 章，第 109 条；2001 年，第 21 章，第 11 条

选民名单的使用

在册政党

110 （1）根据第 45 条、第 93 条第（1.1）款以及第 109 条，在册政党得到选民或最终名单副本后，可以用其与选民沟通，包括用来寻求捐助和吸收党员。

合资格的政党

(1.1) 根据第93条第（1.1）款，合资格的政党在收到初步选民名单后，可以用其与选民沟通，包括用来寻求捐助和吸收党员。

党员

(2) 根据第45条或第109条，收到一份选民名单或最终选民名单的副本后，可以用其

(a) 与选民沟通；

(b) 作为在册政党的党员，为政党寻求捐款并吸收党员。

候选人

(3) 根据第94条或第104.1条，候选人在收到初步选民名单、修订后的选民名单以及根据第107条第（3）款制定的正式名单后，可以使用其在选举期间与选民沟通，包括使用它们来寻求捐款和竞选。

2000年，第9章，第110条；2001年，第21章，第19条；2014年，第12章，第38条

禁 止

与选民名单相关的禁止

111 任何人不得

(a) 故意用不是自己的姓名来申请选民资格；

(b) 除依照本法授权外，故意申请被列入一个投票站的选民名单，如果他或她已经包含在另一个投票站的选民名单中，且两个名单是为了同一场选举准备的；

(c) 除了依照本法授权允许外，故意申请被列入一个不常住地投票站的选民名单；

(d) 申请在选民名单上列入一个明知没有资格成为选民或在本选区没有权投票的人；

(d.1) 出于被列入选民名单的目的，强迫、引诱或试图强迫或引诱其

他任何人作出有关某人选民资格的假的或有误导的陈述；

（e）故意申请将动物或事物的名称纳入选民名单；

（f）除了如下目的，故意使用一个选民名单的个人信息：

（i）根据第110条，让在册政党、合资格的政党以及党员或候选人与选民沟通，或

（ii）联邦选举或全民公投。

2000年，第9章，第111条；2014年，第12章，第39条

第8部分　投票的准备

副选举监察人名单

代表候选人的名单

112　（1）选举监察人应在投票日前至少三日在他或她的办公室张贴候选人的名单，并向每个候选人或候选人的代表，提供一份所有的被任命在选区行事的副选举监察人和投票办事员的姓名和地址列表，该列表还包括每个代表候选人所在投票站的数量。

获得列表

（2）选举监察人须允许有兴趣之人进行合理的实践，并给予其充分的机会以检查本条第（1）款所指的列表。

选举材料

交付给选举监察人

113　总选举事务主任在令状发出前或发出后，应立即向选举监察人递交足够数量的选举材料和对选举官员履行职责的必要说明。

投票箱

114　（1）总选举事务主任向选举监察人提供必要的投票箱。

投票箱的材料

（2）每个投票箱的大小和形状以及材料由总选举事务主任决定，并且其构造应适合选举监察人与副选举监察人使用并贴封条。

选票

115　（1）令状发出后，总选举事务主任应尽快提供选举监察人所需要的纸质版选票。纸张的重量和不透明度由总选举事务主任决定。

印刷材料

（2）在提名闭幕的当天，总选举事务主任须交付每名选举监察人一年的印刷材料，第3表中的选票背面印有年份和名称。

116　（1）选举监察人，应尽快在投票日之前的19日下午2：00后，授权印刷足够数量的附表1第3表中的选票。

投票形式

（2）选票应有存根联和存根，选票与存根联、存根联和存根之间应打孔装订。

选票编号

（3）选票的存根联和存根的背面应编号，且两者的编号应相同。

选票簿册

（4）足够数量的投票应成册装订。

选票回收

（5）每个印刷者需将所有选票连同所有用于印刷选票的未使用过的纸张交还给选举监察人。

印刷者的名称和誓章

（6）交还给选举监察人的选票应载明印刷者的姓名，而且应包括一份规定形式的宣誓书，依据第（5）款的规定，其中应载明选票的描述、交还给选举监察人的选票数量以及所有选票已提供且所有纸张已交还的事实。

选票上的信息

117 (1) 选票应包含从他们的提名文件上提取的按字母顺序排列的候选人姓名。

政党名称

(2) 根据第366条第（2）款第（b）项所示，如果存在如下情况，已提名候选人的政党名称必须列在选票上候选人的姓名之下：

(a) 候选人的提名书包含此项；

(b) 满足第67条第（4）款第（c）项所述的条件；

(c) 在提名期结束后不迟于48小时内，此政党是在册政党。

(d) ［废除，2004年，第24章，第2条］

独立候选人

(3) 候选人若已根据第66条第（1）款第（a）、（e）项提出要求，那么"独立"一词应列在选票上，任何其他情况则不得列入。

(4) ［废除，2001年，第21章，第12条］

选票上的地址或职业

(5) 如果候选人和另一名候选人投票拥有相同的姓名，且两位候选人根据第66条第（1）款第（a）、（e）项选择列入"独立"一词或在选举文件中没有在姓名之下列入指定的政党归属，那么候选人可在提名截止日下午5：00前向选举监察人提出书面请求，在选票中候选人的姓名下列出其地址或职业。

2000年，第9章，第117条；2001年，第21章，第12条；2004年，第24章，第2条；2007年，第21章，第20条；2014年，第12章，第40条

女王陛下的财产

118 为选举准备的投票箱、选票、信封和标记工具都属于女王陛下的财产。

将选举材料交给副选举监察人

提供给副选举监察人的材料

119 （1）在投票开始之前，每名选举监察人须向每个副选举监察人在其选区提供：

（a）足够数量（最少应等于副选举监察人所在投票站选民名单上的选民数量）的选票；

（b）一份载有选票数量及其序列号的声明；

（c）选民写票所需的材料；

（d）由总选举事务主任提供的足够数量的模板，其可使视障选民得以自行写票；

（e）第113条所指的总选举事务主任指示的副本；

（f）在投票站所用的正式选民名单的，尽可能将其与选票和其他材料放入投票箱密封；

（g）一个投票日所用的投票箱，以及一个另外用于每个提前选举日的投票箱；

（h）选民誓词的文本；

（i）由总选举事务主任授权或提供必要的信封、表格和其他用品。

选举材料的保管

（2）直到投票开幕，每名副选举监察人对他或她拥有的所有选举材料负责并保管上述材料，并采取一切预防措施以防止任何人非法获取。

2000年，第9章，第119条；2014年，第12章，第41条

投票站和中央投票站

投票站的设立

120 （1）每名选举监察人须在投票日为每个投票处建立一个投票站。

多个投票站

（2）不迟于投票日前 3 日，选举监察人经总选举事务主任的事先批准可为一个投票处建立数个投票站，以此满足选民名单上的选民人数，并且选举监察人认为是必要的。这些为投票处设立的投票站以字母 A、B、C 等形式标注。

选民名单的划分

（3）选举监察人可应每个投票站投票的要求将一个投票处的正式名单划分成许多单独名单。

选举监察人的证书

（4）对划分后每一个部分的正式选民名单，选举监察人须在发送该部分至副选举监察人的投票站之前，追加一份由选举监察人签署的规定格式的证书，以证明其正确性。

层高辅助

121 （1）依据本条第（2）款，投票站应有层高辅助设施。

例外

（2）如果选举监察人无法保证投票站有设置层高辅助设施的合适处所，那么选举监察人在总选举事务主任事先批准下，可将投票站移至设有层高辅助设施的处所。

投票隔间

（3）每个投票站都将包含一个或两个投票隔间，使每名选民可以在不被观察和筛选的前提下、在没有干扰或中断的环境中写票。

桌子

（4）每个投票隔间应放置于一个坚硬且表面光滑的桌椅，并提供合适的黑色铅笔供选民写票。

相邻的投票处的票站

122 （1）如果选举监察人无法在投票处获得合适的投票站处所，选举监察人可以在相邻的一个投票处建立一个投票站，本法在适用过程中则将该投票站视为原投票处的投票站。

学校或其他公共建筑内的投票站

（2）只要有可能，选举监察人应在一所学校或其他合适的公共建筑中设置投票站，投票站应设在投票地的中央，或设在该地能够方便抵达之处。

联邦大楼的投票站

（3）选举监察人可要求加拿大政府建筑的管理员在该建筑中的可用之地设置一个投票站，该管理员应尽一切合理努力遵守此要求。

中央投票站

123　（1）如果其认为是可取的，选举监察人可将几个投票站归集为一个中央投票站。

最大数

（2）在总选举事务主任未批准的情况下，选举监察人不得将超过10个投票站组合在一起形成中央投票站。

假定

（3）在根据本条第（1）款设立的中央投票站中，每个单独的投票站在适用本法时都被视为与原属投票处相关的票站。

2000年，第9章，第123条；2014年，第12章，第42条

中央投票站内的任命

124　（1）当选举监察人建立了一个中央投票站，选举监察人可在总选举事务主任的事先批准下委任：

（a）为选民提供信息的信息员；

（b）负责维持秩序的人。

中央投票主管

（2）当选举监察人建立了一个包含四个或更多投票站的中央投票站，选举监察人可委任一名中央投票监事，执行投票日投票站监督程序，并保

证选举监察人被告知任何此事所造成的不利影响，或可能产生不利影响的诉讼。

流动投票站

125 （1）当一个投票站由两个或两个以上机构构成时，根据第538条第（5）款，选举监察人可先后在每个机构中建立一个移动的投票站。

流动投票站的投票时间

（2）选举监察人须为本条第（1）款中提到的流动投票站设定在机构中设置的时间。

注意

（3）选举监察人须提请候选人注意流动投票站（按照总选举事务主任的指示）的日程安排。

适用于移动投票的规定

（4）在总选举事务主任的指示下，本法与普通投票相关的规定在可适用的前提下适用于流动投票站。

信息—投票站的地点

125.1 （1）一个选区的选举监察人应将选区内所有投票站的地址书面通知给每位选区中的候选人以及提名候选人的政党。该信息可在投票日前第24日（当天候选人提名已经确认）或晚些时候提供，选举监察人同时还应提供该信息的电子版本。

变更告知—投票日前5日

（2）如果在投票日前5日之前或当日，选区中票站的地址有变更，那么选举监察人应尽快书面通知候选人和政党变更详情，同时还应提供该信息的电子版本。

变更告知—投票日后5日

（3）如果在投票日前5日之后，选区中票站的地址有变更，那么选举监察人应尽快书面通知候选人和政党变更详情。

2014年，第12章，第43条

禁 止

禁止重复投票等

126 任何人都不得:

(a) 伪造选票;

(b) 没有根据本法的授权,印刷选票或类似之物或者是能够被用来作为在选举中投票的物品;

(c) 被授权根据本法印刷选票,但在明知的情况下,将印刷的数量超过被授权的数量;

(d) 出于导致不应投出的投票被接受或应投出的投票不被接受的故意,印刷选票或类似之物或者是能够被用来作为在选举中投票的物品;

(e) 制造、进口到加拿大,占有、向选举监察人提供,或用于选举的目的,或安排制造、进口到加拿大,向选举监察人提供或用于选举的目的,含有一个供选民秘密投票或一个供秘密修改选票的设备的投票箱。

第9部分 投 票

投票机会

投票方式

127 选民应用以下方式投票:

(a) 投票日亲自来到投票站;

(b) 在预先投票期间亲自来到预选投票站;

(c) 通过按照第11部分发起的一个特别投票的方式。

投票日

投票时间

128 (1) 投票日的投票时间如下:

（a）从早上 8：30 到晚上 8：30，如果选区是在纽芬兰的大西洋中央时区；

（b）从上午 9：30 到下午 9：30，如果选区是在东部时区；

（c）从早上 7：30 至下午 7：30，如果选区是在山地时区；

（d）从上午 7：00 至下午 7：00，如果选区是在太平洋时区。

例外—萨斯喀彻温省

（2）尽管有本条第（1）款的规定，如果投票日处于一个年中全国其他地区遵行夏令时的情况下，在萨斯喀彻温省的投票时间为：

（a）选区在中央时区的情况下，从早上 7：30 至晚上 7：30；

（b）选区在山地时区的情况下，从上午 7：00 至下午 7：00。

夏令时

129 总选举事务主任如果认为有必要，应设置选区的投票时间，以便配合其投票开始与结束的时间与其他选区相同。

跨时区的投票

130 如果一个选区有多个本地时间，选举监察人须在总选举事务主任事先批准的情况下确定一个地方时间为本法规定的每一个操作所遵循的时间，并应在第 62 条所指的选举公告中公布这个时间。

补选

131 如果只有一个补选举行或同一天举行多场补选，并且它们都在同一个时区，则投票时间为早上 8：30 至晚上 8：30。

受雇者的投票时间

132 投票的连续时间

（1）每一位受雇者选民有权在投票日投票时间内，有三个连续的时间投出其的票，如果其工作时间不允许在这三个时间段投票，其雇主应允许其在这三个时间段投票。

雇主方便的时间

（2）雇主允许根据本条第（1）款规定进行投票的时间应在雇主便利

的基础上。

运输公司

（3）本法第133条并不适用于在陆路、水路与空中运送货物或乘客的公司雇员，并且他或她的雇佣地由于交通的原因远离其所属的投票处，如果本条第（1）款所指的额外时间无法在不影响交通服务的前提下得到保证。

旷工投票不被处罚

133 （1）雇主不可对根据第132条第（1）款进行的投票行为从雇员的薪酬作出扣减，或征收罚款。

小时工，计件工或其他方式的就业

（2）支付雇员少于该雇员应在投票日赚取金额的雇主，使雇员在第132条第（2）款所述之允许投票的时间内继续工作，不论支付是以什么方式作出的，都被视为从雇员的薪酬中作出扣减。

禁令

134 依据第132条规定，雇主不得恐吓、不当影响或以任何其他方式，干扰选民在连续三个时间段内的投票。

投票的进程

出现在投票站的人

135 （1）唯一可能在投票日会出现在投票站的人有：

（a）副选举监察人和投票职员；

（b）选举监察人和其代表；

（c）候选人；

（d）每名候选人的两名代表，或在他们缺席的情况下，由两个选民代表每个候选人；

（e）选民或者依据第155条第（1）款帮助他们投票的一个朋友或亲戚（持续时间只限于选民投票的必要时间）；

（f）任何观察员或经授权可以在场的总选举事务主任办公室的工作人员；

（g）任何依据第32.1条任命的人；

（h）如果在一个选区内在册政党的领袖是一名候选人，那么任何媒体代表基于总选举事务主任设置的、有关保护投票完整以及投票站所有人隐私的条件可以在总选举事务主任书面授权的基础上，来到投票站对选民投票进行拍照或摄影。

代表授权的交付

（2）当代表候选人被同意进入投票站，代表须以规定形式向副选举监察人提供来自候选人或候选人的官方代理的书面授权。

书面授权的代表

（3）在本条第（2）款所指的书面授权代表被视为在本法案的意义内成为候选人的代表，并有权优先代表候选人，以排除任何可能会要求代表候选人的选民。

保密誓言

（4）每个候选人代表或第1款第（d）项提及的每名选民，在获准进入投票站后，应采取规定的形式宣誓。

誓言

（5）一个被任命为多个票站的候选人代表，无论上述票站是否合并成了中央投票站，其应该在获准进入第一个投票站前在中央投票监察人或副选举监察人面前采取规定的形式宣誓。如果其能够提供规定格式的载明已经宣誓过的文件，该代表不会在获准进入同选区其他投票站时被要求进行另一次宣誓。

2000年，第9章，第135条；2014年，第12章，第44条

代表的出席

136　（1）候选人或候选人的正式代理人可授权任何数量的候选人代表前往投票站，但只有两个可以在任何时间出现。

代表可缺席投票

（2）候选人代表，或第 135 条第（1）款第（d）项中描述的选民，可在开始点票前的任何时候离开一个投票站，不需要产生新的书面授权或进行另一场宣誓。

考试的选民名单，并传达信息

在投票站之间迁移

(2.1) 尽管本条第 2 款有规定，但是一个候选人代表可以在点票开始前或后从同一投票地的一个投票站到另一个投票站。不过，一旦代表离开投票站，他或她就无法在计票开始后返回。

选民名单检查以及传递信息

（3）候选人代表可在投票时间内：

(a) 检查的选民名单，但代表不能耽误选民投票；

(b) 将通过检查获得的在本款第（a）项所述的任何信息传递给在投票站外的候选人。

照相、录音与通信设备

（4）代表候选人：

(a) 不得在投票站使用任何照相或录音录影设备。

(b) 不得在票站使用通讯设备阻碍选民行使投票权或违反秘密投票原则。

2000 年，第 9 章，第 136 条；2014 年，第 12 章，第 45 条

候选人可以作为代表

137 （1）候选人可履行候选人代表的职责，或可协助代表执行该职责，并根据本法授权可出现在代表出现的任何地方。

代表的缺席

（2）依据本法案授权，如果该行为是正当的，候选人代表任何时间、

地点的缺席并不使缺席期间代表的行为无效。

草签选票

138 （1）一个投票站在投票日打开前，并在在场的候选人或他们的代表公开监督之下，副选举监察人须在每一个选票背面的空白处依据附表1表3用黑色水笔或黑色的铅笔草签选票，这样当选票折叠草签便可以显示出。每张选票上的草签应尽可能相似。

选票不被分离

（2）为了草签的目的，选票不得脱离包含它们的选票册。

投票不能被推迟

（3）开放投票站的时间不得为草签选票的目的而延迟。投票站打开时没有草签的选票应尽快在交付给选民之前草签。

投票开始前的计票工作

139 投票站打开前至少15分钟到齐的候选人或其代表均有权仔细计算拟用于投票站的选票，并检查选票和所有其他有关文件。

检查和密封投票箱

140 当投票站打开，副选举监察人应当在候选人或他们代表的公开监督之下开启投票箱，并确定它是空的，而且应当：

（a）密封总选举事务主任提供的投票箱；

（b）将投票箱放在可被公开观察到的桌子上，并确保投票箱直到投票站关闭前仍然存在。

开放选民进入

召唤选民

141 投票箱密封后，副选举监察人应立即召唤选民投票。

选民不受阻碍

142 （1）副选举监察人应确保每名选民被获准进入投票站，并且在投票站附近不受干扰。

同一时间，一个选民

（2）如果他或她认为是可取的，副选举监察人应确保每个投票隔间内的选民在任何时候都不超过一个。

选民唱名等

143　（1）每名选民在到达投票站时，应告诉副选举监察人和投票职员（或应要求告诉候选人或其代表）其姓名和地址。

身份和居住证明

（2）如果投票职员决定将选民的姓名和地址列入选民名单或依据第146、147、148 或 149 条允许该选民投票，那么在符合本条第（3）款规定的情况下，选民应提供给副选举监察人和投票职员提供证明其身份和居住的文件：

（a）一份加拿大政府（无论是联邦、省或地方，或政府的一个机构）发出的身份证明，上面应有选民的照片及其姓名和地址；

（b）两份依据本条第（2.1）款授权的身份证明，每份都有选民姓名而且至少有一份有地址信息。

授权的身份证明形式

（2.1）总选举事务主任可依据本条第（2）款第（b）项之规定，认定身份证明的形式。为了更加清楚，任何文件（除了依据第 95 条或第 102 条寄出的注册确认通知）不论是谁办的，都可被认可。

登记为印度人的人

（2.2）对于本条第（2）款第（b）项，由加拿大政府发出的证明某人为印度人的文件可认定为一种身份证明的形式。

其他居住证明

（3）一个提供依据本条第（2.1）款认定的身份证明的选民在提供姓名的同时也可能会被要求提供一份规定形式的书面誓词——其形式包括第

143.1 条第（1）款规定的口头建议——如果他或她在下述的另一个名字出现在同一选区选民名单的选民的情况下：

（a）提供本条第（2）款第（a）项所述或（b）项所指的一份或多份身份证明，以向副选举监察人和投票职员证明其身份与居所；

（b）以书面誓言的方式为选民居所作证，形式包括：

（i）第143.1本条第（2）款规定的口头建议；

（ii）他们与选民私交笃深；

（iii）他们知道选民住在投票处；

（iv）他们并未为其他选民作证；

（v）他们的居所也未被其他选民作证。

居住证明

（3.1）如果根据本条第（2）或（3）款第（a）项规定的一份或多份身份证明中包含的地址并没有证明选民的住所，但为符合选民名单上出现的相关信息，选民的住所被视为已被证明。

要求宣誓

（3.2）尽管有本条第（3.1）款的规定，一个副选举监察人、投票职员、候选人或候选人的代表，若对该款所指的选民住地有合理的怀疑，可以要求选民采取规定的形式宣誓，在这种情况下，只有在宣誓后，他或她的住所才会被视为已证明。

身份证明文件的检查

（3.3）候选人或其代表可以检查但不能处理任何依据本条出示的身份证明。

投票

（4）如果副选举监察人认为选民的身份和住所已按照本条第（2）或（3）款被证明，那么选民在名单上的名字应划去，并依据第144条准许选民立即投票。

禁止—为一个以上的选民的住地作出担保

（5）没有选民可以为一个以上的选民的住地作出担保。

禁止—担保住地（自己的住地已被担保）

（6）选民在自己的住地已被担保的前提下不得为另一个选民住地作出担保。

发布

（7）总选举事务主任须每年令状签发后三日内以其认为适当的方式发布公告，其中须载明依据本条第（2）款第（b）项的目的授权的身份证明形式。第一个年度公告须最迟于本款的规定生效后不超过六个月内发布。

2000年，第9章，第143条；2007年，第21章，第21条，第37章，第1条；2014年，第12章，第46条

主持宣誓之前的要求—选民

143.1 （1）如果一个人决定采取宣誓证明他或她的身份和居住地，那么主持宣誓的人在这样做之前应口头告知宣誓者的选民资格和若因他或她在没有选民资格或违反第549条第（3）款的前提下在选举中投票或企图投票而根据本法被定罪所招致的惩罚。

主持宣誓之前的要求—居住地担保

（2）如果一个人决定采取规定形式的书面宣誓来证明一个选民的居住地，那么主持宣誓的人在这样做之前应口头告知宣誓者因违反第143条第（5）或（6）款或第549条第（3）款所招致的惩罚。

2007年，第21章，第21条；2014年，第12章，第47条

选民资格证明

144 一位副选举监察人、投票职员、候选人或候选人的代表如对选民的投票资格有合理的怀疑，则此人将被要求进行规定形式的宣誓，其如不宣誓，则将不被允许投票。

2007年，第21章，第21条

身份证明等，或不需要的宣誓

144.1 一旦选民已拿到选票，任何人不得根据第143条第（2）或

(3) 款要求选民证明他或她的身份和居住地。

2007年，第21章，第21条

145 ［废除，2007年，第21章，第21条］

名称和地址与另一个重合

146 如果选民名单上的姓名与地址与一个索取选票的人的姓名与地址极其相似，此人蓄意取而代之，那么该人在以规定方式宣誓之前不得投票。

2000年，第9章，第146条；2007年，第21章，第21条

以另一人之名投了票

147 如果一个人在投票站索取选票时发现别人已经以此人的名字投票，那么此人在他或她以规定的书面形式明宣誓之前，不应被允许投票。宣誓表应载明违反本法第7条要求二次投票以或依据第167条第（1）款第（a）项使用他人姓名投票将招致的惩罚。

2000年，第9章，第147条；2007年，第21章，第22条；2014年，第12章，第48条

错误地划去名单上的姓名

148 如果选民声称他或她的名字已经根据第176条第（2）或（3）款在官方名单上被错划，那么该选民不得投票，除非得到选举监察人证明名字被错划或该选民依据第147条规定以书面形式宣誓。

2000年，第9章，第148条；2007年，第21章，第22条；2014年，第12章，第48条

未能证明身份或居住地

148.1 （1）选民不能根据第143条或依本法进行宣誓来证明他或她的身份和居住地的，则不得发放选票或允许投票。

选民拒绝宣誓的情况

（2）如果选民拒绝宣誓是因为他或她是根据该法不需要这样做，选民可以向选举监察人提出上诉。如果在与副选举监察人或投票站的投票职员

协商后，选举监察人可决定该选民不需要宣誓，而且如果选民有权在投票处投票，选举监察人须告知他或她被允许这样做。

2007 年，第 21 章，第 22 条；2014 年，第 12 章，第 49 条

选民不得参与投票

149　名字未出现在正式选民名单上的选民不得参与投票，除非：

（a）该选民交给副选举监察人一份依据第 158 或 159 条所述的转让证书，该证书依据第 158 条第（2）款，并符合第 158 条第（3）款中所描述的条件；

（b）副选举监察人与选举监察人确定该选民已列入初步选民名单或在修订期间完成注册；

（c）选民给副选举监察人一份第 161 条第（4）款规定的注册证书。

2000 年，第 9 章，第 149 条；2007 年，第 21 章，第 23 条

投票程序

交付选民选票

150　（1）每名被允许投票的选民应当由副选举监察人发给选票。

对选民接收选票的指引

（2）副选举监察人应向每名选民解释如何表明他或她的选择以及折叠选票以保证其序号和副选举监察人名字的缩写是可见的，并指导选民如何将写好以及折叠好的选票交回。

投票方式

151　（1）选民应当在收到选票后：

（a）直接进入投票间；

（b）用叉号或其他记号在选票上候选人名字旁的圆圈内标记；

（c）按照副选举监察人的指示折叠选票；

（d）将选票交回副选举监察人。

交回选票

（2）副选举监察人须于收到选民的选票后：

（a）不得打开选票，并通过检查其序列号和缩写确认交给选民的选票和投出的选票是同一张；

（b）在选民和所有在场的其他人公开监督之下，撕下和销毁存根；以及

（c）交回选票给选民，让其投入投票箱，或在选民的要求下代为投入投票箱。

废票

152　（1）如果选民无心以一种不可用的方式处理选票，选民将其交给副选举监察人并由其标注为废票，并放入一个专用信封中，再交给选民一份新的选票。

限制

（2）根据本条第（1）款，选民不得持有超过一张选票。

投票中不得延迟

153　（1）每名选民应毫不拖延地投票并且在其选票投入投票箱后离开投票站。

选民在投票时间结束时到场允许投票

（2）有权在投票站投票的选民以及已处于投票站中或在投票站门口排队的选民在投票时间结束时应被允许投票。

特别投票程序

副选举监察人提供的协助

154　（1）副选举监察人在那些无法以本法所规定的方式进行投票（因为他或她无法阅读或有身体残疾）的人提出请求后，应当在投票职员在场的情况下协助选民。

模板

(2) 副选举监察人应当根据要求提供一个模板以协助有视觉障碍的选民标写票。

通过朋友或相关人士提供协助

(1) 如果选民需要协助投票,该选民的一个朋友、配偶、普通法伙伴,或其亲戚,或选民的配偶或普通法伴侣的亲属可陪选民进入投票间写票。

例外

(2) 任何人不得作为好友帮助一个以上的选民写票。

誓言

(3) 本条第(1)款所描述的愿意协助选民写票的人,应先以规定的形式宣誓,他或她:

(a) 将以选民指定的方式写票;

(b) 将不会透露选民所投之候选人的姓名;

(c) 将不会试图影响选民选择候选人;

(d) 不会在这次选举中作为朋友协助另一人写票。

禁止—未能保持保密

(4) 根据本条规定任何协助选民的人不得(直接或间接)公开选民所投的候选人信息。

2000年,第9章,第155条;第12章,第40条

155 [废止]

使用翻译

156 副选举监察人可任命和宣誓一名语言或手语翻译,协助他向选民传达投票所需的必要信息。

卧病在床的选民

157 (1) 在老人院或在长期护理设施中建立的投票站,当副选举监

察人认为必要时，副选举监察人和投票职员应当：

（a）暂停在投票站投票；以及

（b）在机构负责人的批准下，携带投票箱、选票和其他必要的选举文件在该机构逐间收集卧病在床选民（需为机构所在投票处的常住居民）的选票。

投票的程序

（2）当卧病在床的选民投票时，副选举监察人应给予选民必要的援助以使选民投票，每位候选人可指派不超过一名代表在场。

转移证书

候选人的转移证书

158 （1）名字出现在某个投票站选民名单上的候选人有权申请一份转到在同一选区的另一投票站投票的转移证书。

选举官员的转移证书

（2）选举监察人或助理选举监察人可向任何名字出现在某个投票站正式选民名单上的人以及在预选最后一天后被任命为另一投票站选举官员的人发出转移证书。

条件

（3）根据本条第（2）款授权发出转移证书授权投票人只可于投票日在所载明名称的投票站投票，而且该人应在证书中提到的地方履行特定的职责。

投票站搬迁选民的转移证书

（4）在登记确认通知书发出后，如果选民的投票站搬迁到了另一个位置，那么在该票站投票的选民有权申请一份在该投票站投票的转移证书。

2000年，第9章，第258条；2007年，第21章，第24条

残疾选民的转移证书

159 （1）坐轮椅或有身体残疾的，以及因投票站未设置层高辅助设施而无法投票的选民，可以申请一份在同一选区的另一处设有层高辅助设施的投票站投票的转移证书。

申请要求

（2）申请应是以规定的形式，并由选民（他或她的朋友，配偶，普通法伙伴或亲戚，或他或她的配偶或普通法伴侣的亲戚）亲自交付给其所在选区的选举监察人或助理选举监察人。

向残疾选民发放转移证书

（3）选举监察人或助理选举监察人须以规定的形式发出转移证书，并把证书交给提出申请的人士，如果选举监察人认为符合以下要件：

(a) 选民的名字被列入一个选区的选民名单；

(b) 选民所在的投票处的投票站没有层高辅助设施。

2000年，第9章，第159条，第12章，第40条；2007年，第21章，第25条

转移证书的签署、编号和记录

160 颁发转移证书的选举监察人或助理选举监察人须：

(a) 填写并签署证书并标出其颁发日期；

(b) 按照颁发的顺序连续编号；

(c) 以规定的形式按照颁发的顺序保存证书记录；

(d) 不得颁发空白的证书；

(e) 如果可能的话，将证书副本发送至选区的副选举监察人。

投票日登记

个人登记

161 （1）名字不在选民名单上的选民需在投票日当天亲自注册，

如果：

（a）依据第 143 条第（2）款第（a）或（b）项提供作为证明他或她的身份和居住地的文件，一份或其中之一必须包含证明其住所的地址；

（b）通过提供两份依据第 143 条第（2.1）款所示之有效形式的身份证明以证实其身份，该证明需在他或她的姓名、以规定的宣誓形式［该形式包括他或她已经收到依据第 161.1 条第（1）款所发出的口头建议］所证明的住地，并且应由另一个姓名被列入同一投票处选民名单的选民陪同，他应该：

（i）提供识别一份或多份第 143 条第（2）款第（a）或（b）项提到的身份证明，一份或其中一份必须包含证明其住所的地址或地址与另一个选民提供的有关他的信息是一致的。

（ii）采取规定的形式以书面宣誓的方式担保选民的住处，该形式应包括：

（1）他们已经收到依据第 161.1 条第（2）款规定的口头建议；

（2）他们私下认识选民；

（3）他们知道选民住在这个投票处；

（4）他们不会为选举中的其他选民作住址担保；

（5）他们自己的住址并未被选举中的其他选民担保。

登记地点

（2）凡本条第（1）款适用之处，登记可在以下人员面前进行：

（a）根据第 39 条第（1）款成立的登记处的登记官员；

（b）投票站的副选举监察人在总选举事务主任授权下可接受登记。

每名候选人的代表

（3）若发生本条第（2）款第（a）项的注册，登记人员应允许每位候选人在选区派出一个代表。

检查身份文件

（3.1）候选人代表可以检查但不可处理选民提供的任何身份文件。

登记证书

(4) 倘若选民满足本条第(1)款规定的要求，注册官或副选举监察人（视情况而定）应完成登记证书规定的形式授权选民投票并由选民签署。登记证书应包含选民符合第3条的资格的陈述。

被视为要修改的清单

(5) 当登记证书根据本条第(4)款规定提供时，选民的名单依据本法案的规定被视为应按照证书要求修改。

禁止—在投票日注册

(5.1) 任何人不得：

(a) 故意在投票日以非自己的名字注册；

(b) 除非获得本法的授权，故意于投票日在自己非常住地注册投票；

(c) 明知在无选民资格或无投票权的选区于投票日注册投票；

(d) 出于在投票日注册的目的，强迫、引诱或试图强迫或引诱任何其他人作有关选民资格的虚假或误导陈述。

禁止—担保超过一个选民的住址

(6) 选民不得在一场选举中为一个以上的选民住地作担保。

禁止—住址担保（自己住址已被担保）

(7) 自己住址已被担保的选民，不得在一场选举中为其他选民的住地作担保。

2000年，第9章，第161条；2007年，第21章，第26条；2014年，第12章，第50条

主持宣誓之前要求—选民

161.1 (1) 如果一个人决定采取明宣誓证明他或她的身份和居住地，那么主持宣誓的人在这样做之前应口头告知宣誓者的选民资格和若因违反第161条第(5.1)款和第549条第(3)款所招致的惩罚。

主持宣誓之前要求—居住地担保

(2) 如果一个人决定采取规定形式的书面宣誓来证明一个选民的居住

地，那么主持宣誓的人在这样做之前应口头告知宣誓者因违反第161条第（6）款或第549条第（3）款所招致的惩罚。

2007年，第21章，第27条；2014年，第12章，第51条

投票职员的职责

投票职员的职责

162　每个投票职员应

（a）依据指定形式制作副选举监察人根据本法指示的条目。

（b）在选民的选票已投入投票箱后应尽快在选民名单上的选民姓名旁作标记表明选民已投票。

（c）如果适用，依据指定形式表明选民已根据第158或159条发出的转移证书投票并给予了证书编号。

（d）如果适用，依据指定形式表明选民已根据第149条第（b）项投票，且在官方的选民名单中没有他或她的姓名。

（e）如果适用，依据指定形式表明选民已根据第146条投票。

（f）如果适用，依据指定形式表明选民已宣誓。

（g）如果适用，依据指定形式表明该选民拒绝遵守法律要求提供第143条第（2）款第（a）或（b）项所示的身份信息或依据指定形式宣誓。

（h）如果适用，依据指定形式表明选民已经根据第148.1条第（2）款被允许投票。

（i）如果适用，依据指定形式表明选民在第147条中描述的情况下投了票，并已采取或需要采取其他任何方式进行宣誓，注意任何以候选人名义提出的异议并指明候选人的姓名；

（i.1）在30分钟内以总选举事务主任指定的形式准备一份准许每一位提供身份证明的选民在该段时间内已经行使投票权的文件——除了当日注册的选民——并且根据申请提供给候选人的代表；

（i.2）在预选投票站关闭后的每一天，以总选举事务主任指定的形式准备一份准许每一位提供身份证明的选民在该段时间内已经行使投票权的

文件——除了当日注册的选民——并且根据申请提供给候选人的代表。

(J) 如果适用,依据指定形式表明选民已根据第 161 条第(4)款发出的注册证书投票。

2000 年,第 9 章,第 162 条;2007 年,第 21 章,第 28 条;2014 年,第 12 章,第 52 条

保　密

秘密投票

163　投票是秘密的。

投票期间和之后的保密

164　(1)每名出现在投票站或计票处的候选人,选举监察人或候选人代表应为投票信息保密。

投票时保密

(2)除本法所规定,任何选民不得:

(a)在进入投票站时以及收到一张选票之前,公开宣布投哪位候选人的票;

(b)展示他或她已写好的选票,或让已投的候选人姓名被公开;

(c)在离开投票站前公开宣布投哪位候选人的票。

违反保密规定的情况下的程序

(3)每位副选举监察人的职责是提请任何选民注意违反本条第(2)款规定的行为并且对该行为作出处罚,如果他或她没有这样做,但选民应被允许以通常的方式投票。

审　计

审计师的介入

164.1　对于每一次大选和补选来说,总选举事务主任应当在其职员或选举官员外纳入一位具有技术或专业知识的审计师,以执行审计和监督副

选举监察人、投票职员和注册官员是否在所有预选和选举日正确地行使了被赋予的权力,以及是否正确地履行了依据第 143 至 149、161 至 162 以及 169 条被赋予的职权。

2014 年,第 12 章,第 54 条

禁　止

禁止—在投票日使用扩音器

165　任何人不得在投票日以支持或反对一个被置于选票上候选人名字下的政党或某位候选人当选为目的,在可听到的距离内使用扩音设备。

2000 年,第 9 章,第 165 条;2001 年,第 21 章,第 13 条

禁止—在投票站使用徽章及其他

166　(1) 任何人不得

(a) 在投票站的外表面张贴或显示任何可以被视为一个表示支持或反对一个被置于选票上候选人名字下的政党或某位候选人当选的竞选刊物或其他材料;

(b) 在投票站佩戴任何徽章、旗帜、条幅或其他物品,表明该人支持或反对一个被置于选票上候选人名字下的政党,或支持的政治或其他意见,或应该被支持的候选人或政党;

(c) 在投票站或在选举中投票的任何地方,影响选民投票或不投票或投给或不投给特定候选人。

例外

(2) 尽管本条第(1)款第(b)项已规定但在投票站的候选人代表可在总选举事务主任授权下,佩戴胸卡以显示他或她的职责和列在选票上候选人姓名下的政党名称。

2000 年,第 9 章,第 166 条;2001 年,第 21 章,第 14 条

禁止重复投票等

167　(1) 任何人不得:

（a）申请一个不是自身姓名的选票；

（b）使用伪造的选票；

（c）明知他或她根据本法没有相应权限，仍旧将选票提供给他人；

（d）明知他或她根据本法没有相应权限，仍旧持有选票。

其他禁令

（2）任何人不得故意：

（a）涂改、污损或销毁选票或副选举监察人在选票上签名的缩写；

（b）把或即将把选票或其他本法未规定的纸张投入投票箱；

（c）在投票站外投票；

（d）破坏、取走、打开或以其他方式干扰投票箱或选票簿或选票本。

禁止—副选举监察人

（3）副选举监察人不得：

（a）故意造成不应被投的选票被投或应被投的选票未投出，将他或她的英文缩写写在任何能够被用作选票的纸张背面；

（b）在任何选票上标记任何文字、数字或记号，意图识别或已经识别选民投出的选票。

第10部分　预选投票

建立预选投票站

建立预选投票区

168　（1）每名选举监察人，根据总选举事务主任的指示，在他或她的选区建立由一个或多个投票处组成的预选投票区。

选区说明

（2）选举监察人须将每个预选投票区的情况告知总选举事务主任。

建立预选投票站

（3）应在每个预选投票区建立预选投票站。

合并预选投票区

（4）若在令状发出后不迟于四日内提出请求，选举监察人可在总选举事务主任的许可下将两个预选投票区合并为一区。

请求搬迁预选投票站

（5）若在令状发出后不迟于四日内提出更改预选投票站位置的请求，选举监察人在总选举事务主任的事先批准下可以实行。

层高辅助

（6）预选投票站应设置层高辅助设施。

例外

（7）如果选举监察人无法保证在预选投票站设置合适的层高辅助设施，选举监察人可在总选举事务主任的事先批准下，将预选投票站设置在有层高辅助设施的地方。

2000 年，第 9 章，第 168 条；2007 年，第 21 章，第 29 条

登 记

在预选投票站登记

169 （1）姓名不再经修订的选民名单上的选民，若有权投票，可于预选投票站内亲自在副选举监察人前注册。

条件

（2）选民不得登记，除非他或她：

（a）提供第 143 条第（2）款第（a）或（b）项所示的他或她身份和居住证明，其中一份必须包含一个证明他或她住所的地址；

（b）通过提供两份依据第 143 条第（2.1）项所示之有效形式的身份证明以证实其身份，该证明需在他或她的姓名、以规定的宣誓形式（该形式包括他或她已经收到依据第 161.1 条第（1）项所发出的口头建议）所证明的住地，并且应由另一个姓名被列入同一投票处选民名单的选民陪

同,他应该:

(i) 提供识别一份或多份第 143 条第（2）款第（a）或（b）项提到的身份证明,一份或其中一份必须包含证明其住所的地址或地址与另一个选民提供的有关其信息是一致的。

(ii) 在按规定的形式以书面宣誓的方式担保选民的住处,该形式应包括:

(1) 他们已经收到依据第 169.1 条第（2）款规定的口头建议;

(2) 他们私下认识选民;

(3) 他们知道选民住在这个投票处;

(4) 他们不会为选举中的其他选民作住址担保;

(5) 他们自己的住址并未被选举中的其他选民担保。

检查身份文件

(2.1) 候选人代表可以检查但不可处理选民提供的任何身份文件。

登记证书

(3) 倘若选民满足本条第（2）款规定的要求,注册官或副选举监察人（视情况而定）应完成登记证书规定的形式授权选民投票并由选民签署。登记证书应包含选民符合第 3 条的资格的陈述。

输入

(4) 投票职员应当根据本条以规定形式注明准许投票的选民姓名。

禁止—在预选投票站注册

(4.1) 任何人不得:

(a) 故意在预选投票站以非自己的姓名注册;

(b) 未获得本法的授权,故意在自己非常住地注册投票;

(c) 明知在无选民资格或无投票权选区的预选投票站注册投票;

(d) 在预选投票站注册的目的,强迫、引诱或试图强迫或引诱任何其他人作有关选民资格的虚假或误导陈述。

禁止——为一个以上的选民的住地作出担保

（5）没有选民可以为一个以上的选民的住地作出担保。

禁止——担保住地（自己的住地已被担保）

（6）选民在自己的住地已被担保的前提下不得为另一个选民住地作出担保。

2000年，第9章，第169条；2007年，第21章，第30条；2014年，第12章，第54条

主持宣誓之前要求——选民

169.1 （1）如果一个人决定采取明宣誓证明他或她的身份和居住地，那么主持宣誓的人在这样做之前应口头告知宣誓者的选民资格和若因违反169条第（4.1）款以及第549条第（3）款的前提下在选举中投票或企图投票而根据本法被定罪所招致的惩罚。

主持宣誓之前要求——居住地担保

（2）如果一个人决定采取规定形式的书面宣誓来证明一个选民的居住地，那么主持宣誓的人在这样做之前应口头告知宣誓者因违反第169条第（5）或（6）款或第549条第（3）款所招致的惩罚。

2007年，第21章，第31条；2014年，第12章，第55条

被视为要修改的清单

170 当填妥及签署登记证书并且根据第169条第（3）款签署，选民的名单将被视为根据证书已被修改。

投票程序

进行预选

171 （1）除本部分规定外，预先投票应以在投票日投票站投票同样的方式进行，并应基于本法第171条。

预选票站开放之时

（2）预先投票站应分别只在投票日之前10日、第9日和第7日的周

五、周六和周一上午至晚上 8 时之间开放。

2000 年，第 9 章，第 171 条；2014 年，第 12 章，第 56 条

预先投票的通知

172　每名选举监察人不得迟于投票日之前 16 日的周六：

(a) 以规定的形式在预先投票选区发出通知设置以下信息：

(i) 每一个预选投票区由选举监察人设立的投票处数量；

(ii) 每个预选投票站的位置；

(iii) 每个预选投票站的副选举监察人点票的地方；

(iv) 点票应在投票日投票站关闭后尽快进行；和

(b) 将两个通知副本交给每名候选人和总选举事务主任。

能在预选中投票的人

173　(1) 在预选投票区投票处修订选民清单上的选民可在预选投票区建立的预选投票站投票。

不在修订清单上的选民

(2) 名字不在修订清单上的选民不能在预选投票站投票，除非：

(a) 副选举监察人在选举监察人确定该选民在初选名单上或在修订期间登记过；

(b) 选民已根据第 169 条第（3）款取得登记证书。

投票职员的程序

(3) 如果名字不在修订清单上的选民已经投票，投票职员应以规定的形式说明选民已经根据本条第 2 款投了票。

2000 年，第 9 章，第 173 条；2007 年，第 21 章，第 32 条

副选举监察人的职责

174　(1) 如果名字在选民清单上的选民请求在投票处所建立的一个预选投票站投票，副选举监察人应允许该选民投票。除非

(a) 选民未能根据第 143 条第（2）或（3）款证明他或她的身份和居所或宣誓，或依本法另有规定；

(b) 该人拒绝本条第（2）款的规定在投票职员的指示下在预选投票站的投票记录上签字。

投票记录

（2）预选投票站投票职员应在副选举监察人的指导下，以规定的形式保持一式两份的投票记录，其中应包括所有在预选投票站投票的人的名字（按照投票顺序排列），并且应当：

(a) 依据本法规定在投票记录上于投票日在投票站的选民名字旁边作出标记；

(b) 指示选民在其姓名边的记录上签字。

2000年，第9章，第174条；2007年，第21章，第33条；2014年，第12章，第57条

检查和密封投票箱

175 （1）在预选投票每四天的投票站投票开放的第一天中午，副选举监察人须在候选人或他们的代表监督下：

(a) 开启投票箱，并确定它是空的；

(b) 用总选举事务主任提供的封条密封投票箱；

(c) 在所有在场之人公开监督之下，将投票箱放在桌子上，直到那一天的预选投票站关闭。

预先投票的关闭—每天

（2）在预选投票站预选关闭的第一、第二和第三天的下午8：00，副选举监察人须在在场候选人或他们的代表公开监督之下：

(a) 开封并开启投票箱；

(b) 在不透露任何选民已投票的方式下，于当天将选票投入空信封，用总选举事务主任提供的封条密封，并注明它包含的选票数目；

(c) 点算废票，将它们放置在专用信封中密封，并在信封上注明其内所含的废票数；

(d) 计算未使用的选票和在预选投票站投票的选民数，将未使用的选票和预选投票站投票的记录副本放入专用信封中，用总选举事务主任提供的封条密封并注明它包含的未使用的选票数和投票的选民人数；

(e) 在签名后将前述第（b）至（d）项中提到的信封放在本条第（4）款中所描述的选票箱中，并密封投票箱。

(f) 按照本条第（4）款签署之后，将前述第（d）项提到的信封投入总选举事务主任提供的箱子中并且用总选举事务主任提供的封条密封。

预选投票结束—最后一天

(3) 预选第四日晚 8：00 投票结束时，副选举监察人应该在所有在场候选人及其代表的监督下：

(a) 解封并打开票箱；

(b) 在不透露任何选民已投票的方式下，在当天将选票投入空信封，并用总选举事务主任提供的封条密封，并注明它包含的选票数目；

(c) 点算废票，将它们放置在专用信封中密封，并在信封上注明其内所载的废票数；

(d) 计算未使用的选票和在预选投票站投票的选民数，将未使用的选票和预选投票站投票的记录副本放入专用信封中，用总选举事务主任提供的封条密封并注明它包含的未使用的选票数和投票的选民人数；

(e) 在签名后将前述第（b）至（d）项中提到的信封放在本条第（4）款中所描述的选票箱中，并密封投票箱。

附加签名

(4) 副选举监察人以及投票职员应在本条第（2）款第（b）至（d）项以及第（3）款第（b）至（d）项提到的信封封条上签字。在场的候选人及其代表也应在封条上签名。

重开预先投票

(5) 在预选的第 2、第 3 和第 4 日重新开放预选票站时，副选举监察人应该在所有在场候选人及其代表的监督下：

（a）依据本条第（2）款第（f）项解封并开启预选前日使用的投票箱，拿出并打开包含未用之选票以及预选中投票记录的信封，并布置投票箱；

（b）打开、密封并依据第（1）款第（a）至（c）项放置一个新的投票箱。

保管投票箱

（6）在预选投票站的投票时间间隔以及直到投票日计票之前，副选举监察人应在他或她保管下保持投票箱的密封。

候选人可检查密封

（7）当预选投票站每四日关闭时，候选人或其代表可留意密封投票箱以及第（2）款第（f）项提到的箱子（若有）上的序列号。当预选票站在预选的第2、3、4日重开时，他们可再次留意前日所用之第（2）款第（f）项提到的箱子上的序列号。在投票日点票时，他们可再次留意前日所用之密封投票箱上的序列号。

2000年，第9章，第175条；2014年，第12章，第58条

收集预选投票站的投票记录

176　（1）在预选投票结束后，正式投票日前7日的周一，选举监察人应尽快从各票站获得原始投票记录。

在预选投票中从列表划掉选民姓名

（2）在选举监察人收集到预选投票站的投票记录后，他或她应立即在选民名单上将在预选投票站投票的选民名字划掉。

名单已分发的情形

（3）如果一个正式的选民名单已经送往投票站，其中包含了在预选投票记录中已投票的选民名字，选举监察人须指示副选举监察人将上述名字从名单上划去，副选举监察人应立即执行。

第 11 部分　特别投票规则

释义及应用

定义

177　本节中的定义适用于本部分。

"管理中心"

"管理中心"是指根据第 180 条设立的、分发材料和提供信息的场所。

"申请注册及特别投票"

"申请登记和特别投票"是指由加拿大军队以外的选民提出的申请,以根据本部分的规定投票。

"加拿大军队选民"

"加拿大军队选民"是指根据第 2 条中有权投票的选民。

"指挥官"

"指挥官"是指一个单位的指挥官。

"协调官员"

"协调官员"是指由国防部部长根据第 199 条第（1）款指定的人员,或由部长依据第 246 条指定的负责在某省负责修正的人员。

"副选举监察人"

"副选举监察人"是指按照本部分中由指挥官或选举监察人指定的选民。

"被监禁的选民"

"被监禁的选民"是指被监禁在惩教机构的选民。

"内部信封"

"内部信封"是指由总选举事务主任提供的用于包装已写过选票的信封。

"联络员"

"联络员"是指根据第 201 条或根据第 248 条第（1）款获委任的加拿

大军队选民。

"外信封"

"外信封"是指总选举事务主任提供的用于传送已写过以及密封的选票。

"特别选票"

"特别选票"是指除了第 241 条提到的投票外,其他根据本部分规定可提供给有权投票的选民进行投票的选票。

"特殊选票官"

"特殊选票官"是指总选举事务主任根据第 183 或 184 条委任的人员。

"特殊投票规则管理员"

"特别投票规则管理员"是指根据第 181 条获委任的人。

"常住声明"

"常住声明"是指根据第 194 或 195 条完成的声明。

"单位"

"单位"与《国防法》第 2 条第（1）款具有相同的含义,并包括一个基地或其他元素。

"投票区域"

"投票区域"是指一个根据第 180 条设立的地区。

应用

178　（1）本部分所载之投票程序只适用于大选。

例外

（2）总选举事务主任可通过指令,使这部分的一些或全部条款适用于补选。

说明

179　出于将本部分应用于或调整本部分任何条款以适用于某个具体情境的目的,总选举事务主任可发出任何他或她认为必要的指示以便执行其意图。

第1段
管理及一般程序

建立投票区域

180　根据本部分的规定,总部设在渥太华的一个投票区域特此成立。总选举事务主任可在加拿大内外建立他或她认为适当的任何额外投票区域或管理中心。

特殊投票规则管理员的任命

181　总选举事务主任以规定的形式任命一个特殊投票规则管理员。

特殊投票规则管理员的职责

182　特殊投票规则管理员应当:
(a) 确保合适的处所;
(b) 记住每个特别投票官员的就职宣誓;
(c) 取得联络官根据第204条第(1)款第(b)项编制的名单;
(d) 从联络官处取得副指挥官所需的选举监察人名单;
(e) 分发选举材料和候选人名单;
(f) 收取、验证、检查和整理已完成的信封外包含选民特殊标注的选票;
(g) 推进选民的选票统计;
(h) 公布按照本部分所投的投票结果。

特别投票官员

183　(1) 令状发出后,总选举事务主任须委任最少六人的特别投票官员,组成如下:
(a) 根据总理或总理指定之人以书面的建议任命的三人;
(b) 根据反对党领袖或该领袖以书面形式指定之人的建议任命的两人;
(c) 根据在上次大选中下议院第三大在册政党领袖或该领袖以书面形

式指定之人的建议任命的一人。

特别投票官员的任命

(2) 特别投票官员须以规定的形式任命。

额外特别投票官员的任命

184 (1) 如果总选举事务主任认为根据第 183 条获委任的特别投票官员数量不足，总选举事务主任须以尽可能接近第 183 条第（1）款规定的建议委任额外的特别投票官员。

总选举事务主任的决定

(2) 在总选举事务主任通知后的 24 小时内，如果在册政党不依据本条第（1）款的规定，提名额外的特别投票官员，那么总选举事务主任将从其选择的人中作出任命。

政党合并

185 (1) 在两个或两个以上代表总理、反对党派或在上次众议院大选中第三大在册政党的在册政党合并的情况下，根据第 183 条第（1）款第（c）项建议特别投票官员人选的人是：上述三个在册政党以外的，在下议院上次大选中成员数量最多的在册政党之领袖。

总选举事务主任的决定

(2) 在本条第（1）款提到的合并的情况下，如果没有在册政党的领袖可以根据第 183 条第（1）款第（c）项提名特别投票人员，总选举事务主任则从其认为适当的个人之间作出任命。

特别投票的形式

186 总选举事务主任根据本部分提供的特别选票应符合附表 1 表格 4。

候选人名单

187 总选举事务主任应建立各选区提名的候选人名单，并按照第 117 条说明其各自的政党归属。

交付候选人名单

188 在根据第187条确立候选人名单后,总选举事务主任应及时地提供足够数量的副本给联络官。

选举材料等的分发

189. 特别投票规则官员应分发给指挥军官或特别投票规则官员认为适当的任何其他人或任何地方以下:

(a) 令状发行后即刻(提供)足够数量的选举材料,包括街道索引和选区指南(目的是确定选民在哪个选区有权投票);

(b) 候选人名单确定后,即刻(提供)第187条规定的足够数量的副本。

第2段
加拿大军队选民

定义

190 本条中的定义适用于本段。

选民

选民是指根据第191条在加拿大军队中的选民。

投票期

投票期是指投票日前14日和前9日之间的时间。

投票权利和选区

加拿大军队选民

191 下列人员都是加拿大军队的选民,如果他或她根据第3条是合资格的选民,而且根据第4条没有在选举中被剥夺投票权:

(a) 加拿大军队常规力量的一员;

(b) 加拿大预备役部队中脱产培训或服役或兼职服役的成员;

（c）加拿大军队的特战队成员；

（d）任何受雇于加拿大以外加拿大军队学校的教师或行政支持人员。

投票仅限于常住选区

192 选民根据本段只有在以下选区有权投票选择候选人：在常住声明中载明他或她姓名的常住地。

在实际常住地投票

193 根据本段没有投票的选民可在根据第192条提名的常住地中设立的投票处的投票站中投票，但只有当他或她在投票日住在该住地时方可投票。

常住声明

完善服役信息等

194 （1）为了依据本段进行投票，个人应在根据第191条第（a）、（c）或（d）项成为选民后，及时指出他或她正在加拿大军队服役或服务，并以规定的形式完成一份常住声明，其中应表明：

（a）他或她的姓、名、性别和军阶；

（b）他或她的出生日期；

（c）他或她为加拿大军队服役或服务前常住地的公民地址；

（d）他或她的邮件地址。

完成成为常住居民

（2）由于为加拿大军队服役或服务前没有常住地，而未根据本条第（1）款完成常住声明的个人，应当立即在将本条第（4）款第（a）、（b）项所提的地方认定为常住地后，完成一份根据本条第（1）款规定的声明，表明该地方为他或她的常住地。

没有投票权的加拿大军队成员

（3）在为加拿大军队服役或服务时未取得选民资格的人应立即按照本条第（1）款完成一份本条第（4）款规定的表明其常住地的常住声明。

常住地等的变化

（4）每名选民可修改他或她的常住地信息，并可提供以下作为常住地的公民地址：

（a）普通居住的配偶、同居伴侣、亲戚或合资格选民的受养人、他或她的配偶或普通法伴侣的亲戚或与该人在加拿大军队同住的选民的居住地；

（b）因执行加拿大军队任务所驻扎的地方；

（c）为加拿大军队服役或服务前的常住地。

未完成声明

（5）本条第（1）、（2）或（3）款描述的任何没有完成本条第（1）款所指的常住声明的选民可在任何时候作出未完成声明。

修订的生效

（6）一份常住地声明的修订将生效：

（a）如果在选举期间，即投票日之后14日作出；

（b）如在其他任何时间，由选民单位的指挥官收到后60日内作出。

可选信息

（7）除本条第（1）款中规定的信息，总选举事务主任可邀请选民提供其他总选举事务主任根据第55条认为对执行协议有必要的资料，但选民并不要求提供信息。

2000年，第9章，第194条；第12章，第40条

非现役的预备役成员

195　（1）非现役的加拿大军队的预备役部队成员或在令状发出后到投票日之前最后一个星期六之间，在全职服役或训练的成员，应以规定的形式完成一份常住地声明，表明：

（a）成员的姓氏、名、性别和军衔；

（b）成员的出生日期；

（c）公民的地址为成员脱产培训或服务开始之前的普通居住的地方

开始；

(d) 成员的邮件地址。

完成储备成员现役

(2) 现役军人中,加拿大军队以外的成员在被放置在现役全职培训或服务之前,完成了一项声明,普通住宅按照预备役部队的每个成员脱产培训或服务开始后,须按照本条第(1)款的规定填妥一份声明中的普通住宅,以相同的形式表明：

(a) 成员的姓氏、姓名、性别和等级；

(b) 成员的出生日期；

(c) 为加拿大军队全职训练或服务前常住地的公民地址；

(d) 成员的邮件地址。

无权投票的预备役成员

(3) 凡在本条第(1)或(2)款所指的加拿大军队预备役成员没有在选举中不具选民资格但却脱产训练或服务的成员,应在成为合格选民后及时按照本条第(1)或(2)款完成一份常住地声明,并视情况而定表明第(4)款中规定的常住地。

常住地等的变化

(4) 每名选民可修改其常住地声明的信息,并可注明以下作为常住地的公民地址：

(a) 出于其训练或服务目的,选民与他人共同居住的常住地,或选民指定的近亲常住地；

(b) 因其训练或服务原因所居住的地方；

(c) 训练或服务之前选民的常住地。

未完成声明

(5) 选民依本条第(1)、(2)或(3)款描述的任何没有完成按照本条第(1)或(2)款所指的常住地声明的选民可在任何时候这样做。

修订的生效

（6）一份常住地声明的修订将生效：

（a）如果在选举期间，即投票日之后 14 日作出；

（b）如在其他任何时间，由选民单位的指挥官收到后 60 日内作出。

可选信息

（7）除本条第（1）款中规定的信息，总选举事务主任可邀请选民提供其他总选举事务主任根据第 55 条，认为对执行协议有必要的资料，但选民并不要求提供上述信息。

发送声明到总选举事务主任

196　（1）选民常住地声明的原本，除根据第 195 条完成的声明外，应送交总选举事务主任，副本则应保留在其服役的单位。

验证

（2）在接收常住声明后，总选举事务主任应：

（a）验证声明中所示的常住地所在选区的名称；

（b）核实声明中选民服役单位的指挥官。

验证声明的保留

（3）在接收常住声明后，指挥官应销毁根据本条第（1）款备存的副本，并保持经验证的选民单位服役的原始文件。

事先声明应被销毁

（4）在接收验证后的常住声明后，指挥官可销毁其他任何与选民单位服役文件在一起的常住地声明原件或复印件。

填写预备役声明

197　根据第 195 条完成的常住地声明，加拿大军队预备役部队的成员应当视情况留存在全职训练、服务或服现役的单位。

声明的保留

198　常住地声明应在个人根据本段不再拥有投票权后一年内予以保

留，并在这一时期结束时被销毁。

协调官员

指定

199　（1）国防部长应指定一名协调官员，在两次选举之间与总选举事务主任共同执行本段的规定。

职责

（2）协调官员应当根据要求向总选举事务主任提供有关每名选民的下列信息：

（a）该选民的姓氏、名字、性别和军阶；

（b）选民的出生日期；

（c）载于任何经验证的常住地声明上的常住地公民地址；

（d）选民的邮件地址。

准备投票的步骤

总选举事务主任的职责

200　总选举事务主任须在令状发出后立即告知国防部部长和协调官员令状已发出以及投票区域和管理中心的位置。

国防部部长的职责

201　在得知令状发出后，国防部部长应指定一个或多个选民充当联络官。

协调官员的职责

202　在得知令状发出后，协调官员须：

（a）告知每个指挥官令状已发出；

（b）通知总选举事务主任每一个联络官的姓名和地址。

联络官的职责以及与单位沟通

203　（1）在被指定后，一名联络官应与每个指挥官沟通其所在单位有关投票的任何事项。

配合总选举事务主任的责任

（2）联络官须在管理投票方面配合总选举事务主任。

指挥官的职责

通知

204 （1）在得知令状发出后，每一个指挥官应：

（a）发布作为本单位命令的通知；

（b）编写一份本单位的选民名单。

通知的内容

（2）该通知须告知选民选举即将开始以及投票日期，并且还应当告知选民：

（a）按照本段规定投票；

（b）指挥官将指定一个或多个副选举监察人，以收集选票并在投票期间确定投票时间。

名单的内容

（3）名单应按字母顺序排列，并应注明每个选民的姓、名、性别和军阶，以及：

（a）如果选民的常住地声明已验证，则需载明选民的选区名称；或

（b）如果选民的常住地声明未验证，常住地则应在声明中注明。

指挥官的职责

205 在得知令状发出后的七日内，每个指挥官应当：

（a）设立投票站；

（b）指定每个投票站的一位选民作为副选举监察人；

（c）通过一名联络员，向总选举事务主任提供一份被指定为副选举监察人的名单和他们的军阶，以及单位选民名单足够的副本；

（d）向副选举监察人提供本单位选民名单的副本。

设施

（2）每个指挥官应根据本段规定提供让选民投票的必要设施。

投票时间

（3）每一个指挥官应固定投票时间，以便在本单位的投票站于投票期间的开放时间每天至少有三个小时，而在每个投票期间至少开放三日。

流动投票站

206 （1）指挥官可以在任何地方建立流动投票站，以收集不能方便地到达设在他们单位的投票站的选民的选票。

开放期间

（2）流动投票站应保持在一个区域内并且在指挥官认为有必要的时间内开放以收集选票，从而使本区域的选民有合理的机会投票。

联合投票站

207 单位在同一地点的指挥官，如果指挥官认为这可有效施行本段规定，可为他们单位的所有选民设立一个投票站。

投票站和投票时间的通知

208 在每一个投票期间三日前的每一天或投票举行的每一天，每个指挥官应公布本单位的命令，并在显眼的地方贴出通知以指出：

（a）选民可以在哪些天投票；

（b）每个投票站（移动票站除外）的精确位置以及投票时间；

（c）移动票站的位置及其设立的预期时间。

选举材料

209 在收到选举材料和候选人名单后，每个指挥官应：

（a）向指定的副选举监察人分发足够数量的材料；

（b）在显眼的地方张贴清单。

第一部分　宪法、全国性涉党法律

投　票

副选举监察人的职责

210　投票期间，单位的副选举监察人应当在每个投票站：

（a）在显眼的地方张贴本段规定形式的两份或两份以上总选举事务主任提供的投票指示的副本；以及

（b）提供一份本部分的副本、一组街道索引、一个选区的指南和一份候选人的名单以供选民查询。

在册政党的代表

211　如果他或她向副选举监察人提供了由党派候选人签署的规定形式的授权书，则该加拿大公民可在一个投票站代表一个在册政党。

完成特定的文件

212　在向选民提供一个特殊的选票之前，副选举监察人应要求选民完成常住地声明，如果选民服务单位的文件中没有的话，则使其签署外信封上的声明。

提供特殊选票等

213　（1）副选举监察人应在完成第212条中提到文件的基础上，给予选民特殊的选票，内外信封均需选民签署。

特殊选举中的投票

（2）选民应通过在私密环境下写上其属意之候选人的方式，来使用特殊选票、折叠特殊选票，并且在副选举监察人在场的情况下：

（a）将折叠的特殊选票置于内信封并密封；

（b）把内信封置于外信封内并密封。

写候选人的名字

（3）候选人应当被标注在特殊的选票上，并应写上候选人的名以及姓的缩写。如果两个或两个以上的候选人具有相同的姓名，应当标明其政党

废弃的特殊选票

（4）选民如已在不经意间以不可用的方式处理特殊选票，那么选民须将选票交回副选举监察人，后者需将它标记为废票，选民可得到一张额外的特殊选票。

限制

（5）任何选民不得根据第（4）款获得超过一张的特殊选票。

返回的票—信息

214　（1）副选举监察人须告知选民，为了能被计算在内，外信封必须由在渥太华的特殊投票规则管理员于投票日下午6：00前收取。副选举监察人须告知最近的邮局或邮箱的位置和由加拿大军队提供的外信封投寄服务的位置。

寄出外信封

（2）如果选民不使用由加拿大军队提供的投寄服务，那么选民有责任确保外信封被发送到特别投票规则管理员处。

邮资

（3）如果选民选择使用邮政服务，副选举监察人必须确保外信封贴有足够的邮资。

副选举监察人的投票

215　副选举监察人可以按照本段赋予的投票资格投票。

协助

216　（1）如果选民因为身体残疾无法以本段规定的方式投票，副选举监察人应协助他或她：

（a）填写外信封上的声明以及在他或她的签名处写上选民的姓名；

（b）由选民亲自或在选民所选择之证人选民的见证下直接填写特别选票。

备注以及保证秘密投票

（2）副选举监察人和作为证人的选民须：

（a）签署一张外信封上的备注，以表明将协助该选民；

（b）保证选民所投之候选人姓名不被泄露。

住院或康复选民

217　（1）选民若在投票站固定的投票期间是他或她服役单位的医院或疗养机构的病人，则可被视为处于本单位医院或机构负责人命令下的成员。

住院选民的副选举监察人

（2）如果没有人已被指定为医院或机构所属单位的副选举监察人，那么医院或机构所在单位的副选举监察人即是作为医院或机构病人选民的副选举监察人。

卧床选民

（3）作为医院或机构病人选民的副选举监察人可以（如果该监察人认为是可取的并获得单位指挥官的批准）从逐间病房去管理和收集卧病在床选民的选票。

执勤、离开与休假

218　选民若提供充足的证据证明他们是因为执勤、离开或休假而没有在他们单位票站固定的投票时间内出席投票，可以申请到一个副选举监察人所在单位的投票站投票。

投票期结束—交付文件

219　（1）在投票期结束后，单位的副选举监察人须向单位的指挥官提供：

（a）包含已填写特殊选票的外信封；

（b）任何未使用或作废的外信封；

（c）任何未使用或作废的特别选票和未使用的内信封；

(d) 置于一个单独且可清晰辨识的包裹中的投票期间完成的所有常住声明。

指挥官的职责

（2）收到本条第（1）款的相关文件后，指挥官应该：

(a) 在符合本段规定的情况下，处理所有常住地声明的原件和复印件；

(b) 向总选举事务主任出具所有其他从副选举监察人处收回的文件以及选举资料。

第3段
临时住在加拿大外的选民

定义

220 应用于本段中的相关定义。

选民

选民是指一个有选举权的人，而不是一个暂时驻留在国外的加拿大军队选民。

登记

登记是指在第222条第（1）款里阐述的登记。

包含在临时住在加拿大外的选民登记记录中

221 选民可以在本段规定下投票，若：其登记和特别投票的申请在选举开始前六日的下午6：00之前已经被渥太华接收并且他或她的名字已经在登记记录中。

选民登记

222 （1）对于一个提交了进行登记和特殊投票申请的，居住在加拿大境外的临时选民，总选举事务主任应维护其登记信息（姓名、生日、居住和通信地址、性别、选区）。而上述选民应：

(a) 在申请之前的任何一段时间曾在加拿大居住；

(b) 在申请之前，加拿大境外连续居住时间不超过 5 年；

(c) 有计划未来重返加拿大居住。

例外

(2) 本条第（1）款第（b）项并不适用于如下选民：

(a) 在加拿大境外受聘于联邦公共管理或一省公共服务的部门；

(b) 在加拿大境外受聘于加拿大为成员国的以及由加拿大资助的国际组织；

(c) 同第 191 条第（a）、(b) 项描述的选民一起生活；

(d) 同第 191 条第（d）项描述的选民一起生活。

2000 年，第 9 章，第 222 条；2003 年，第 22 章，第 103 条

纳入登记册

223 (1) 一份进行登记和特殊投票的申请可以由选民提出。这份申请应该被规定以及包含：

(a) 符合要求的选民的身份证明；

(b) 如果第 222 条第（1）款第（b）项并不适用于选民，那么应提供第 222 条第（2）款中例外的可申请证明；

(c) 选民的出生日期；

(d) 选民离开加拿大的日期；

(e) 选民在离开加拿大之前的最后的居住地址，或者是其离开加拿大之前其配偶、普通法伙伴或亲属、配偶亲属或普通法伙伴的亲属或与选民一起生活的人的地址，与选民一起生活的人的地址但不能是其在境外暂时居住的地址；

(f) 选民计划重返加拿大居住的日期；

(g) 选民在加拿大境外的通信地址；

(h) 总选举事务主任认为对于确定选民的选举资格以及投票选区有必要的任何其他信息；

可选信息

(2) 除了第（1）款中的信息，总选举事务主任可能还会要求选民提

供其他必要信息。上述信息对于相关协议的实行很有必要，但是没有法令强制选民提供。

2000年，第9章，第222条，第12章，第40条

禁止—地址变更

224 在选民的姓名进入登记记录之后，被选民选择用于申请进行登记和特殊投票填写的加拿大常住地址不能变更。

需提供的信息

225 总选举事务主任设定好的时间内可能会要求姓名出现在登记记录里的选民在更新记录之前提供相关信息。

从登记册中删除姓名

226 总选举事务主任应该将记录里的以下选民删除：

（a）不在总选举事务主任设定好的时间内提供第225条中涉及的信息；

（b）署名请求总选举事务主任将其姓名从登记记录中删除；

（c）已经去世，正在请求从登记记录中除名的，要求附着死亡证明或其他能明死亡的材料；

（d）返回到加拿大居住；

（e）无法与之联系；

（f）除了不适用于第222条第（2）款的第（a）至（d）项外，已经连续超过5年在加拿大以外居住的。

投寄特别选票与信封

227 （1）在获得批准申请进行登记和特殊投票以及法令发出后，总选举事务主任应该向登记记录中有姓名的选民按照第223条第（1）款第（g）项要求的地址发送一张特殊选票、一个内信封和一个外信封。

特别选举的投票

（2）选民应通过特殊投票程序：

（a）将其选择的候选人的名字写在选票上；

(b) 将选票密封在内信封内；

(c) 将内信封置于外信封内；

(d) 签署外信封的声明并密封。

填写候选人姓名

(3) 一张特殊选票上候选人被选中是通过候选人名或首字母加上姓来确定的。如果两个或两个以上的候选人有相同的名字，应当注明其政党归属。

投寄外信封

228 选民应当将密封好的外信封投递给总选举事务主任：

(a) 通过邮件或其他方式；或

(b) 投递到加拿大大使馆、加拿大高级委员会或加拿大领事办公室，投递到加拿大军队基地或任何指派了加拿大选举官员的地方；

选票寄回的时限

229 为了使特殊的选票被统计到，特殊的选票必须在投票日当天下午 6 点之前寄达位于渥太华的总选举事务主任办公室。

选民的责任

230 根据本段规定，选民负有完全责任确保：

(a) 他或她进行登记和特殊投票的申请是在指定的期限内完成的；

(b) 他或她的特殊投票是在指定的期限内被统计的。

第 4 段
居住在加拿大的选民

"选民"的定义

231 本段规定，"选民"是指一个除加拿大军队选民或一个被监禁的选民外，居住在加拿大符合此段规定有意愿投票的选民。

特别投票的条件

232 一位可以在本段规定下投票的选民，其进行登记和特殊投票的申请必须在投票日之前六日的下午6：00之前：

（a）被选区内的选举监察人接收；

（b）被特殊的投票规则管理员接收。

申请所需信息

233　（1）申请进行登记和特殊投票除应按照指定的形式外，还应包括以下信息：

（a）选民的姓名和居住地址；

（b）选民的出生日期；

（c）符合要求的选民的身份和住宅证明；

（d）选民的邮寄地址；和

（e）总选举事务主任认为对于确定选民的选举资格以及投票选区有必要的任何其他信息。

处于危险中的选民

(1.1) 按照本条第（1）款第（d）项将居住地址作为通信地址公开而具有合理的理由担心受到身体伤害的选民可以向选区内的选举监察人或特殊的投票规则管理员申请使用其他地址进行登记。除非选民认为那将不会吸引到公众的注意，否则选区内的选举监察人或特殊的投票规则管理员应该同意申请，同时除了向选民投递特殊选票外，其他情况下不应该泄露其他地址。为了更大的确定性，申请的准许并不改变选民的居住地址是法令的目的。

可选信息

（2）除了本条第（1）款中指定的信息，总选举事务主任可能要求选民提供在第55条下对于实施协议必要的其他信息，但是没有法令强制选民提供上述信息。

已提供的信息

（3）一位申请登记和特殊投票的选民应指明是否其名字已经在选民名单中，如果在，则是在哪个选区。

2000年，第9章，第233条；2014年，第12章，第59条

以前被纳入选民名单的选民姓名

234　（1）特殊投票的规则管理员应当告知选区选举监察人，姓名在本选区选民名单中以及收到其他选区特殊选票的所有选民。选区选举监察人应该将收到特殊选票的选民名单公示。

以前未被纳入选民名单的选民姓名

（2）如果选民的名字不包含在选民名单中，特殊投票的规则管理员也应当告知选区选举监察人此选民将进行特殊的投票。为了在选区内安排适宜的投票处，特殊投票的规则管理员应该在选民名单中加入此选民的姓名，还应指明此选民已经获得特殊的投票权利。

只能参加特殊投票

235　一旦选民进行登记和特殊投票的申请已被接受，那么该选民只能在这个投票处下投票。

选民名单的标注

236　如果选民在其选区进行登记和特殊投票的申请，如有必要，选区选举监察人应该除在准确的选民名单中加入此选民的姓名外，还应在名单上指明此选民已经在本段规定下获得特殊的投票权。

投票的规定

237　依据第237.1条的规定，选民进行登记和特殊投票的申请被接受，选民应当被给予一张特殊的选票，或者，如果第241条适用，则是一张选票、一个内信封和一个外信封。

2000年，第9章，第237条；2014年，第12章，第60条

身份与居住证明

237.1　（1）如果选民前往选举监察人办公室以获得其选票或特别选票，那么在获得之前选民需先根据第143条证明其身份以及住地。

候选人或代表在场

（2）一位候选人或其代表可出现在办公室，当选民：

（a）收到选票时；

（b）将折好的选票放入内信封并密封时；

（c）将折好内信封放入外信封并密封时；

身份文件的检验

（3）候选人或其代表可检验但不可处理任何选民提供的身份证明。

禁止—担保超过一名选民的地址

（3.1）任何选民都不得为超过一名选民的地址作担保。

禁止—担保地址（自己的地址已被担保）

（3.2）任何自己地址已被担保的选民不得为其他选民的地址担保。

规定的申请

（4）本条规定，以下规定可与其他必要的有关选民收到选票或特别选票的选举监察人办公室地址（尽管该地可能是一个票站）的更新一道适用：

（a）第 135 至 137 条；

（b）第 143 至 144 条；

（c）第 164（1）条；

（d）第 166 条；以及

（e）第 489 条第（3）款。

2014 年，第 12 章，第 60 条

通过特别选举投票

238　已经收到了一份特别选票的选民可以按照第 227 条第 2、3 款投票。

寄送给总选举事务主任

239　（1）不在他或她的选区投票的选民须将密封的外信封投递给特殊投票规则管理员：

（a）通过邮寄或任何其他手段；

(b) 交付给加拿大大使馆、高级专员公署或领事办公室、加拿大境外的加拿大军队基地或总选举事务主任指定的任何地方。

接收的截止日期

(2) 为了计算特别投票，选民应确保收到选票：

(a) 是否特殊选票已经在投票日当天关闭投票站之前投递到选民所在选区的选举监察人办公室；

(b) 特殊选票是否已经在投票日当天下午 6：00 之前投递到位于渥太华的特殊投票规则管理员办公室。

选民的责任

240 为了本类别选民的意志，选民有完全的责任，以确保：

(a) 他或她进行登记和特殊投票的申请是在指定期限内完成的；

(b) 他或她的特殊投票是在指定期限内被统计的。

选民被给予常规的选票

241 在选票印好后，申请在选举监察人的选区进行亲自投票的选民应该被给予一张并非特殊选票的选票，并应按照第 151 条第（1）款第（a）至（b）项和第 227 条第（2）款第（b）至（d）项立即投票以及将外信封返回到选举事务主任处。

作废的选票

242 （1）如果选民在不经意间使得一张选票或一张特殊的选票不能使用，选民应将此选票返回给选举监察人，选举监察人应标记为废票并给选民另一张选票。

限制

(2) 根据第（1）款，选民不得获得超过一张选票。

协助

243 （1）当一个无法阅读或者因为生理原因无法根据本段规定投票的选民亲自去选举监察人的办事处，指定的选举监察人应协助选民：

（a）完成外信封上的声明签署，以及在署名处填写选民的姓名；

（b）由选民指示或在场时写票。

外信封上的标注

（2）根据第（1）款，协助选民的选举监察人应明示：协助签署外信封上的标注即完成了协助行为。

在家投票

243.1 （1）当一个根据本段规定无法阅读或者因为生理原因无法投票，且因为身体残疾无法亲自去选举监察人办公室的选民提出申请，指定的选举官员应去选民的居所于选民选择的见证人在场时协助选民：

（a）完成外信封上声明的签署，以及在署名处填写选民的姓名；

（b）作为指示标记的选票由选民在场时完成。

外信封的标注

（2）根据本条第（1）款协助选民的选举监察人和证人须明示：协助签署外信封上的注意事项即完成了协助行为。

第5段
被监禁的选民

"选民"的定义

244 此处"选民"是指一个被监禁的选民。

投票的权利

245 （1）每个被监禁的根据本法另有资格投票的人，根据本法在投票日之前的第10日有权投票。

行使投票权

（2）在此段规定下的选民没有投票权，除非是他或她已根据第251条和第257条中所描述的声明签署了一份登记和特殊选票的申请。

在选区中投票

（3）一名选民在其居住地的选区申请了登记和特殊的选票，根据第

251 条，该选民有权只投票给一位候选人。

指定协调官员

246　选举期间，各省负责修正法的部长们应指定一人作为协调人员，与总选举事务主任共同实现本段的目的和规定的施行。

令状发出的通知

247　（1）令状发出后，总选举事务主任应立即告知各省负责修正的部长们相关的发布令状和管理中心的位置。

指定联络官

（2）在被告知令状发出后，各省负责修正的部长们应该：

(a) 告知协调官员令状已发出；

(b) 指定一人或多人充当选民的联络官；

(c) 告知总选举事务主任和协调官员该省的名称和每一个联络官员的地址。

联络官

248　（1）总选举事务主任应根据第 247 条第（2）款第（b）项以规定的形式委任指定人员。

合作的责任

（2）在选举期间，一名联络官应当配合总选举事务主任完成选民的登记和投票管理。

协调官员的责任

249　当一名协调官员被告知已指定一名联络员，协调官员应当给予联络官所有选民投票的重要信息。

投票权的通知

250　（1）一名联络官在被任命后应及时在修正机构的一个醒目的位置用规定的形式发布通知，告知根据本段有投票权的选民的投票时间。

投票时间

（2）投票站应在投票日的 10 日之前的上午 9∶00 开放，并保持开放登记，直到每名选民根据第 251 条第（1）款完成了投票，但它们在任何情况下，如无意外，将开放到投票日当天下午 8∶00 或稍晚的时候。

申请登记和特殊选票

251　（1）在投票日之前的 10 日之前，每个联络官应确保根据本条第（2）款所确定的惩教机构中记录了居住地址的每位合格选民都完成了登记和以特殊规定的形式投票的申请。

选民的住地

（2）选民的常住地是下列选民知道公民和邮寄地址的地方中的第一个：

（a）他或她被监禁的地址；

（b）其配偶、普通法伙伴、亲属、受养人、配偶亲属或普通法伙伴的亲属，或与选民一起生活的人的地址，而不是一起监禁的人的地址；

（c）逮捕其的地址；

（d）最后宣判选民罪行的法院地址。

可选信息

（3）除了提供他或她的常住地，总选举事务主任若认为有必要根据第 55 条作出的执行协议，那么总选举事务主任可要求选民提供其他信息，但选民不被强制要求提供上述信息。

验证

（4）联络官应验证申请登记和特殊选票并确认签字，并根据本条第（2）款在申请上指明其在选区中的居住地址以表示申请的确定性。

有关选区的争议

（5）如果发生争议的选区选民可投票，选民可将此事向惩教机构所在的选区的选举监察人报告，选举监察人须按照修订选民名单的过程作出最后决定。

2000 年，第 9 章，第 251 条；第 12 章，第 40 条

监禁选民的名单

252　申请登记和特殊选票被视为是进入了依据本段投票的选民名单。

副选举监察人和投票职员的任命

253　（1）在投票日之前的 18 日，各选区各惩教机构的每名选举监察人都要与该机构的联络官建立一个或多个投票站，并为每个投票站任命一名副选举监察人和一名投票职员。

提供选举材料

（2）在收到选举材料和候选人名单时，一名联络官应当：

（a）为根据本条第（1）款任命的惩教机构副选举监察人提供足够数量的材料；

（b）在惩教机构的一个或多个显眼的地方发布的候选人名单。

副选举监察人的职责

254　在选民投出他们选票的这一天，副选举监察人须在每个投票站：

（a）在显眼的地方，用规定的形式明示两份或更多份的投票指示；

（b）保持随时可供选民参考的本部分副本、街道索引、选区指南以及选区的候选人名单。

流动投票站

255　（1）当有需要时，一名联络官应该为被关在牢房里或医务室的选民在惩教院所内建立一个流动投票站。

常见的流动投票站

（2）对于选民人数少于 50 人的选区，选举监察人应与联络官合作在一个合理的距离内创建流动的投票站。

在册政党代表

256　如果一位选民向副选举监察人提供了政党候选人签署的授权，

伴随着惩教当局最高授权,在一个惩教机构一位公民可以代表一个在册政党进行投票。

选民声明

257 (1)向选民提供一个特殊的选票之前,如果选民没有这样做,惩教院所副主任应要求选民完成选民登记和申请特别投票,并在外信封上签名及签署声明。

给予选民特别选票

(2)若选民已在外信封上签署声明,副选举监察人须:

(a)签署外信封;

(b)给选民一张特殊的选票、一个内信封和外信封。

特别投票

258 (1)在选举监察人在场的情况下,选民通过将其选择的候选人的名字写在特别选票上进行投票,之后折叠特殊的选票:

(a)将选票密封在内信封内;

(b)将内信封置于外部的信封内,并密封外信封。

写下候选人的名字

(2)在特殊投票中候选人被选中是通过候选人名或首字母加上姓来确定的。如果两个或两个以上的候选人有相同的姓名,应当注明他们的党派。

作废的特殊投票

(3)如果一个选民在不经意间使得一张选票或一张特殊的选票不能使用,选民应将此选票返回给副选举监察人,副选举监察人应标记选票作废,并给选民另一张选票。

限制

(4)根据本条第(3)款选民不得被给予超过一张的特殊选票。

协助

259 (1)当无法阅读或者因为生理原因无法按照本段规定投票的选

民亲自去选举监察人的办事处时,副选举监察人应协助选民:

(a) 完成外信封上的声明签署,以及在署名处填写选民的姓名;

(b) 作出标记的选票由选民亲自指示并在投票办事员在场时完成。

在外信封上标注

(2) 副选举监察人及投票职员应当在外信封上标注选民接受了协助。

在投票后交付文件

260 在一个惩教机构完成投票后,副选举监察人应立即将以下文件交给该机构的联络官:

(a) 外信封中包含写过的特殊选票;

(b) 任何未使用的或损坏的外信封;

(c) 任何未使用或损坏的特别选票和未使用的内信封;

(d) 进行登记和特别投票的申请。

交回选举材料的截止日期

261 每个联络官应确保关于第 260 条的选举材料要在投票日下午 6:00 以前被交付给渥太华的特殊投票规则管理员。

整合成最终的选民名单

262 按照第 109 条,选民登记和特殊选票的申请应当整合成最终名单。

第 6 段
在总选举事务主任办公室计票

适用

263 除了第 7 段所述,本段适用于本部分中所有选票的统计。

管理

264 (1) 在特殊投票规则管理员的监督下,特殊选票由特殊的投票官员进行统计。

特别投票官员

（2）代表不同政党的特别投票官员应当配对一起工作。

指令

265　为了特殊选票、内信封、外信封以及所有其他选举文件的保管，总选举事务主任应按规定的安全指引接收、分类和统计特殊选票。

点票

266　总选举事务主任应该指定点票的日期，如果没有固定日期，则自投票日前5日的周三开始。

将外信封搁置

267　（1）在检查时，特别投票官员应将如下外信封搁置：

（a）外信封上所描述的有关选民的信息不符合申请登记和特殊选票上的信息；

（b）除根据第216条、第243条或第259条已投票选民的信封，没有选民签名的信封；

（c）包含选票的外信封上不能确定选民的正确选区；

（d）渥太华的特殊投票规则管理员在投票日下午6：00后收到的外信封；

（e）外信封涉及按照第77条规定的，选举被推迟的选区。

选民投票超过一次的程序

（2）在收到外信封后并统计外信封前，如果特别选举监察人确定选民已投票不止一次，他们就要将上述选民未开启的外信封搁置。

被搁置的外信封的处置

（3）按照本条第（1）或（2）款的描述，当一个未开封的外信封被搁置，那么：

（a）特殊投票规则管理员应在外壳上注明它被搁置的原因；

（b）至少有两个特别投票官员初步认可；

（c）根据本条第（1）款的规定，包含在一个被搁置的外信封内的选票被认为是一张被废票。

特别报告

（4）投票规则管理员应就此类别下那些被搁置的外信封准备一份报告说明。

特别投票官员

268　每次每对特别投票官员只能对一个选区或选区的一部分计算票数。

拒绝投票

269　（1）每对特别投票官员在检查时可以拒绝特殊选票，若：

（a）选票不是由总选举事务主任提供的；

（b）没有写票；

（c）标有候选人名单以外的其他候选人的姓名；

（d）标有多于一名候选人的姓名；

（e）没有任何可识别的文字或标记。

选民的意图

（2）如果投票选民的意图被清楚地表明，那么特殊的选票应被拒绝的唯一原因就是该选民写错候选人的姓名。

有争议的选票

（3）如果发生争议，特殊投票规则管理员可最终决定一张特殊选票的有效性。

争议的标注

（4）一些有争议的特殊投票选区的姓名和数量应被特别投票人员标注。

选票声明

270　（1）每对特别投票官员须准备规定形式的投票声明，并提供给特殊投票规则管理员。

保证安全

(2) 特殊投票规则管理员应安全保管选票声明，直至根据第280条投票结果交流进行之后。

给特别投票官员的副本

(3) 按照要求，在结果传达之后，特别投票官员可以得到准备好的选票声明的副本。

总选举事务主任被告知投票的结果

271 每个选区的选票在完成计数之后，特殊投票规则管理员应立即通知总选举事务主任：

(a) 每一个选区的每名候选人的选票数目；

(b) 各选区的选票数目；

(c) 各选区被拒绝的选票数。

向总选举事务主任发送材料

272 每一个选区的选票计数完成后，特殊投票规则管理员须切实迅速地用单独的信封向总选举事务主任投递：

(a) 选民名单；

(b) 来自指挥官、副选举监察人和特别投票官员的所有其他文件；

(c) 公职誓言；

(d) 他或她持有的完整的通信、报告和记录。

第7段
在选举监察人办公室点票

委任副选举监察人和投票职员

273 (1) 选举监察人须委任一名副选举监察人和投票职员以核实外信封、统计及收回本选区发出的选票。如果票数达到一定数量，则可委任超过一名副选举监察人和投票职员。

职责分配

（2）选举监察人须分配工作给副选举监察人和投票职员一起完成。副选举监察人是从本选区候选人最近大选中排名第一的政党推荐来的人员中选择的，投票职员是从本选区候选人最近大选中排名第二的政党推荐来的人员中选择的。

政党合并

（3）对于本条第（2）款的规定，在确定政党候选人是否在上次选举中排名第一或第二后，如果政党的选举结果是在同一个或更多的政党合并下得到的，那么，就将候选人归入到合并后的政党，那么在最近一次选举中，候选人票数就是合并后政党的投票数。

通知候选人

（4）选举监察人须尽快告知候选人副选举监察人和投票职员的姓名和地址。

候选人出席计票

274 候选人或其代表须在选举办公室中核查选举监察人收到的外信封和选票计数。

密封选票的保存

275 （1）在传递给副选举监察人之前，选举监察人须确保其办公室收到的选票被密封保存。

返回外信封

（2）收到所有的信封后，在规定的期限内应保持独立和密封，并须由选区副选举监察人标记他们收到的日期和时间。

验证信封

276 （1）副选举监察人和投票职员应验证外信封，在由总选举事务主任固定的时间内，根据总选举事务主任的指示，确定某选区的选民是否有权投票。

通知

（2）选举监察人须通知候选人核查的时间和地点。

给副选举监察人提供的材料

（3）副选举监察人应在截止日期前批准登记和特殊选票的申请及可能要求的所有材料。

搁置信封

277 （1）副选举监察人须在检查时搁置如下的未开封外信封：

（a）外信封所描述的有关选民的信息不符合申请登记和特殊选票上的信息；

（b）外信封上没有根据第 243 或 243.1 条附有选民的签名；

（c）已向选民发送超过一张选票；

（d）在规定的最后期限之后被接收的外信封。

登记异议

（2）当外信封验证时，投票职员根据选民的投票权利应采用指定的形式记录选民的异议。

搁置原因的标注

（3）对于本条第（1）款中所描述的被搁置的未开封的外信封，副选举监察人应标示拒绝的原因，副选举监察人和投票职员应签署信封。

统计外信封

278 （1）副选举监察人和投票职员应计算所有有效的外信封。

内信封

（2）副选举监察人和投票职员应打开外信封，并把所有的内信封投入选举监察人提供的投票箱。

点票

（3）投票站关闭后，副选举监察人须开启投票箱和投票职员一起打开内信封并计算票数。

拒绝的选票

279　（1）在计票时副选举监察人应当拒绝如下选票：

（a）并非为选举提供的；

（b）未写票；

（c）写的姓名是候选人以外的其他姓名；

（d）标记多于一名候选人；

（e）有任何文字或标记使得选民身份可被识别。

选民的意图

（2）如果投票选民清楚地表明了一张特殊的选票的投票意愿，副选举监察人不得拒绝选票的唯一理由是选民错误填写了一个候选人的姓名。

政治联系

（3）如果投票选民明确表示投票意愿，副选举监察人不得拒绝该选民选票的唯一理由是选票在写了候选人的姓名外还标示了候选人的政治隶属关系。

2000年，第9章，第279条；2001年，第21章，第15条

第8段
传达投票的结果

结果的通报

280　（1）在票站投票截止后，总选举事务主任应根据第6段规定立即告知每个副选举监察人选区的计票结果、每个候选人的票数和作废的选票数。

信息发布

（2）当选举监察人收到总选举事务主任发来的根据第6段规定得到的结果，选举监察人应按照特别投票规则添加上根据第7段规定的计数结果。

第9段

禁　止

禁止—加拿大境内或境外

281　在加拿大内外，任何人都不得：

（a）故意泄露选票或特殊选票是如何被选民写票的信息；

（b）故意干扰或企图干扰选民标记选票或特殊选票，或以其他方式试图取得任何选民正在投票或已经投票给某位候选人的信息；

（c）明知不允许却故意在申请登记和特殊选票时作出虚假陈述；

（d）明知该人无权获得选票或特别投票还提出申请；

（e）在副选举监察人签署前，明知不允许却在声明中作出虚假陈述；

（f）明知不允许却作出虚假的居住地址声明；

（g）在选举中故意阻止或努力防止选民投票；

（h）故意在点票时，试图获取信息或发布获得的点票信息，例如，某候选人在投票中得到了一张特定的选票或特别投票。

禁令—加拿大境外

282　任何人不得在加拿大境外：

（a）通过恐吓或胁迫手段，迫使个人投票或不投票或胁迫投票或不投票给本部分所指的特定候选人；

（b）以任何借口或诡计，包括代表选票或投票的方式已经不是秘密的，诱使他人投票或不投票、胁迫投票或不投票给本部分所指的特定候选人。

第12部分　计　票

投票站

计票

283　（1）投票站关闭后，副选举监察人应立即在投票职员和根据第

32.1 条任命的有责任在场的人士以及任何一个候选人或候选人代表在场的情况下计算票数,如果没有候选人或任何候选人代表在场,则应至少有两个选民在场。

总表

(2) 副选举监察人须根据本条第(1)款规定向投票职员和在场的以及提出申请的所有人提供总表。

须遵循的步骤

(3) 副选举监察人须按照以下顺序:

(a) 计算在投票站投票的选民人数以及根据第 161 条第(4)款授予证书的人数,在选民名单记录:"在此投票站投票的选民人数是(写上数字)"以及"在此投票站根据第 161 条第(4)款授予证书的人数是(写上数字)",然后在记录列表上签名,并放置在为以上目的提供的信封内;

(b) 点算废票,将它们放置在提供的信封内,在信封上注明废票数,并密封;

(c) 计数没有从选票本上分离的未使用的选票,将它们与使用了的选票一起放在为评估而提供的信封里,在信封上注明未使用的选票数,并密封;

(d) 归总以上第(a)(b)(c)项的数字,以确定副选举监察人提供的所有选票都已被统计;

(e) 开启投票箱,并将所有内含物都放到桌上;

(f) 检查每张选票,并向每个在场的人展示选票,同时要求投票职员在总表记录下除了投票的候选人姓名、每位候选人的得票数。

2000 年,第 9 章,第 283 条;2014 年,第 12 章,第 61 条

被拒绝的选票

284 (1) 检查选票时,副选举监察人应拒绝如下选票:

(a) 并非由本人提供的选票;

（b）没有在正确的候选人的姓名右侧标记圆圈；

（c）根据第 76 条认为无效；

（d）在正确的候选人的姓名右侧标记了多于一个圆圈；

（e）有任何文字或标记出的选民的选择。

限制

（2）只有副选举监察人认为选票没有任何文字、数字或标记，或没有移去存根，选票才能被拒绝。

存根遗留

（3）当发现选票的存根遗留，副选举监察人须在所有人在场时不去检查并隐去表上号码，然后删除和销毁存根。

没有副选举监察人姓名缩写的选票

285 如果副选举监察人确定选票上没有他或她的姓名缩写，那么副选举监察人则应该在投票职员和证人的见证下完成草签并且计票，如果他或她满足如下条件：

（a）选票是由副选举监察人本人提供；

（b）所有选票是由选举监察人提供并按第 283 条第（3）款第（d）项中所描述的对此负责。

有异议的选票

286 （1）副选举监察人应保留一份规定形式的记录，其中包括由候选人或其代表提出异议的选票，然后应核对其标注数字，并在选票上写下数目并草签。

副选举监察人的决定

（2）副选举监察人应决定与第（1）款所述的异议提有关的每一个问题，上述决定只有在重新计数或者根据第 524 条第（1）款规定提出申请才能被改变。

投票声明

287 （1）副选举监察人须按照规定的形式准备一份投票声明，其中包含赞成每名候选人的票数和弃权的选票数，并把原来的声明和它的副本放在单独的专用信封中。

投票声明的副本

（2）计票时，副选举监察人需将声明副本发给在场的每个候选人的代表。

已写过的选票

288　（1）副选举监察人应将每名候选人的选票放在单独的信封中，每个信封写上候选人的姓名及其所得票数并密封。副选举监察人和投票职员应在每个信封的封条上签字，证人也应签字。

被拒绝的选票

（2）副选举监察人须将被拒绝的选票、登记证和选民的名单放入不同的信封并密封。

将文件密封在一个大信封中

（3）副选举监察人须准备一个专门提供的大信封密封，用于包装：

（a）信封包含写过的选票、所有废票、未使用的选票或拒绝的选票，以及官方提供的选民名单；

（b）除了投票声明和登记证书之外的所有其他选举文件。

被放置在投票箱的文件

（4）在本条第（3）款所述的包含投票声明副本的大信封应放置在投票箱中。

密封投票箱

（5）副选举监察人须用总选举事务主任提供的封条密封投票箱。

宣誓

288.1　副选举监察人应当将依据第143条第（3）款或第161条第（1）款第（b）项或第169条第（2）款第（b）项所作的宣誓表格放入专用信封。

2014 年，第 12 章，第 62 条

投票选民的周期性声明

288.2　副选举监察人应将依据第 162 条第（1.1）条准备的所有文件副本置于一个专用信封中。

2014 年，第 12 章，第 62 条

预选投票

在投票日点票

289　（1）预先投票站的副选举监察人，应当在投票日投票站关闭时，连同投票职员在第 172 条第（a）项第（iii）目预先投票的通知中提到的地方出现并点票。

计票规则的应用

（2）为了计算预先投票的选票，第 283 条第（1）至（2）款，第 283 条第（3）款第（e）至（f）项和第 284 至 288 条可进行任何必要的修改，除非：

（a）在适用第 283 条第（3）款第（e）至（f）项时，副选举监察人应打开票箱并且将其中内容全部倒在桌上；

（b）在适用第 283 条第（4）款时，大信封以及包含投票声明的信封应被置于预选投票最后一天所用的票箱中。

禁止

（3）任何人不得在投票日的投票站预先投票结束前计算票数。

2000 年，第 9 章，第 289 条；2014 年，第 12 章，第 63 条

运送投票箱给选举监察人

将投票箱和信封寄给选举监察人

290　（1）一个投票站或预设投票站的副选举监察人，应在及时密封投票箱后，将包含原始投票声明的信封和包含登记证书的信封一并送给选

举监察人。

收集票箱

（2）选举监察人可以委任人员从投票站收集票箱和本条第（1）款中提到的信封，委任的所有人在向选举监察人投递材料时都要宣誓。

2000年，第9章，第290条；2014年，第12章，第64条

提供文件

291 选举监察人依据候选人及其代表或候选人所在党派代表的申请，在投票日后提供：

(a) 候选人所在选区每份投票声明的副本；

(b) 根据第162（1.1）条准备的文件副本。

保管投票箱

292 在收到投票箱后，选举监察人须

(a) 采取一切预防措施，以防止除了助理选举监察人以外的任何其他人接近；

(b) 检查和记录贴密封条的情况，如果有必要，贴上新的封条。

宣誓者名单

292.1 在收到第288条第（1）款所提到的信封后，选举监察人须建立一份所有根据第143条第（3）款或第161条第（1）款第（b）项或第169条第（2）款宣誓之人的名单，并应包括他们的地址。

2014年，第12章，第66条

第13部分　由选举监察人确认结果

确认结果

293 （1）在选举监察人收到所有票箱后，应于他的办公室在助理选举监察人在场的情况下，根据第62条第（c）项提供的时间，验证从原始投票声明中得来的投票结果和第280条提到的公告信息。

如果没有收到票箱或信息则延期

（2）按照第62条第（c）项所述的时间，如果选举监察人在当天还没有收到所有投票箱或第280条所规定的信息，选举监察人须将进程延后但不得超过七日。

进一步延后

（3）根据本条第（2）款延后的日期，如果因为任何原因导致选举监察人没有收到票箱或在该款所指的信息，选举监察人可进一步延期。进一步延期不得超过两个星期。

见证人验证

294 候选人及其代表可以参加结果验证，但如果他们都不在场，选举监察人须确保至少有两个选民在场，直到完成验证。

在特定情况下打开投票箱

295 （1）如果原来的声明丢失、出现错误、未完成、已经被改动或被候选人或其代表疑义，选举监察人应开启投票箱和包含选票声明的副本（若声明遗失，则是大信封）。

选票信封上的信息

（2）如果没有发现投票声明副本或副本对确认结果没有用，副选举监察人可使用包含信息的专门选票信封。

限制

（3）选举监察人不得打开包含选票的信封。

松散文件的重新密封

（4）如果副选举监察人打开大信封，须将其内容放到另一个信封并密封以及草签。

遗失或损毁票箱

296 （1）如果投票箱已被破坏或丢失，副选举监察人应查明破坏或损失的原因，并应以同样的方式使用原始声明副本完成类似于收到投票箱后的验证的结果。

召唤和检查的权力

（2）如果选举监察人无法获得原来的投票声明或投票箱，他或她：

（a）应确定其能够获得的每名候选人在投票站投票总数的任何证据；

（b）为了确定（a）项的投票总人数，可传召任何副选举监察人、投票职员或其他出现在他确定日期和时间之前的人，并携带他们所有的重要文件；

（c）可让副选举监察人、投票职员或其他人宣誓后讯问这一问题。

通知候选人

（3）如果适用第（2）款第（b）项，选举监察人须向选区候选人发出通知请他们在固定的日期和时间到场。

遵守传票的义务

（4）根据第（2）款第（b）项的规定，每名获发传票的人都须遵循。

投票证书

297　结果验证后，选举监察人须立即拟备一份规定形式的结果证明书，其中指明了每位候选人的得票数，还须向总选举事务主任提供证明原件，向每名候选人或其代表提供证明复印件。在第296条中所描述的情况下，证书上应注明每名候选人得到的选票数。

投票箱

298　选举结束后，各选举监察人须按照总选举事务主任的指示处理投票箱。

第14部分　司法复核

解释

"法官"的定义

299　（1）在本部中，"法官"是指坐在选举结果验证区的法官。

法官的权力

（2）按照第 300 条至 309 条，法官在授权的范围内可能会在他或她的司法管辖区之内或之外采取行动。

验票过程

选举监察人要求复核

300 （1）如果得票最多的候选人和投其他任何候选人的票数之间的差异小于选票的千分之一，在结果验证的四日后选举监察人须请求法官重新对计票结果进行验证。

通知候选人

（2）选举监察人须以书面形式通知各候选人或正式代理其提出的重新计票的要求。

自动验票

（3）法官在接收到该请求的四日后应指定重新计票的日期。

提供的文件

（4）选举监察人须参加重新计票，并应携带所有有关选举的材料，包括：

（a）投票箱；

（b）用来确认结果的投票声明；

（c）按照第 11 部分要求的所有投票和投票报表。

申请验票

301 （1）根据第 297 条，选民可在选举监察人颁发证书的四日后向法官申请重新计票。

验票的理由

（2）在一个可信的证人面前宣誓后，法官应为重新计票定出日期，当以下情况出现：

（a）副选举监察人计数错误或丢弃了选票，或在候选人的投票声明上写了不正确的票数；

（b）选举监察人在投票声明上错误地添加了数字。

押金

（3）申请人应向法院的事务员或法院书记缴付250元作为获得最多投票数的候选人损失的担保。

复核及传唤的日期

（4）订定的验票日期，应当在法官收到申请后四日之内。法官应召集选举监察人出席，并根据第11部分把相关的票箱和计数过的材料带回。

通知候选人

（5）法官应以书面形式通知各候选人或其正式代理人复核的时间和地点。法官可能会决定将通知通过电子邮件或邮寄或以其他任何方式投递。

选举监察人须参加

（6）根据本条第（4）款，选举监察人收到传票后应当服从并应出席整个复核程序。

2000年，第9章，第301条；2014年，第12章，第67条

多于一个的申请

302 如果法官收到不止一个选区重新计票的申请，法官应按收到申请的顺序进行处理。

303 [废除，2014年，第12章，第68条]

复核程序

304 （1）法官应以此方式进行复核，即加上声明或统计的有效投票或不由副选举监察人或总选举事务主任统计的所有选票。

可以检查的文件

（2）如果要求所有返回的选票重新计票，法官可能会打开包含用过的、经统计的、未使用的、被拒绝的或作废的选票的密封信封。法官不得

打开似乎包含其他文件或任何其他选举文件的信封。

法官采取的步骤

（3）重新计票，法官须：

（a）用副选举监察人或特别投票职员规定的方式点算选票；

（b）如果有必要核实或纠正每个结算表的选票；

（c）投票箱丢失或毁坏时，重新审查副选举监察人对有关候选人票数的决定。

法官的权力

（4）对于投票箱丢失或毁坏时查明事实，法官有关于选举监察人、证人出庭和受讯问的一切权力，如果没有人在场，则视为选举监察人拒绝或消极对待传唤。

法官的追加权力

（5）为了进行重新计票的目的，法官有权力传召任何副选举监察人或投票职员作为证人，并要求其宣誓作证，同时还可要求查阅法院的所有记录。

文书助理

（6）根据本部分规定，在总选举事务主任的批准下，法官可保留服务支持人员以协助履行他或她的职责。

2000年，第9章，第304条；2014年，第12章，第69条

法律程序须连续

305 除了必要的休息，法官应尽可能连续进行重新计票，除非法官命令，否则从下午6：00至9：00进行复核。

文件的安全

306 （1）在第305条中描述的休息期间，法官或其他任何拥有选票和其他选举文件的人，应保持包裹密封，并应当由法官签署和密封，也可由任何其他出席了会议的人签署。

监督密封

(2) 法官应亲自监督密封重新计票的选票和文件,并采取一切必要的预防安全措施。

法官可能会终止复核

307 除了第 300 条所指的情况外,若书面申请重新计票的人提出要求,法官可随时终止重新计票。

结果复核的程序

308 在重新计票结束后,法官须:

(a) 将每个投票站的选票密封在一个单独的信封中,及时准备规定形式的证书,写出每名候选人的票数;

(b) 将原来的证书投递给选举监察人并将副本给每名候选人。

(c) 向选举监察人交回选举文件或其他用于第 300 条第(4)款复核的选举材料,并同时交回有关复核过程的报告。

2000 年,第 9 章,第 308 条;2014 年,第 12 章,第 70 条

成本

309 (1) 如果重新计票不会改变投票的结果,法官须:

(a) 命令申请重新计票的人向票数最多的候选人支付损失;

(b) 向上述成本收税,但应依照程序尽可能地按照普通法官主持诉讼的费率表收取税费。

保证金和诉讼权利平衡

(2) 诉讼费的保证金应尽可能花费到本条第(1)款下认为值得的候选人身上,如果保证金不足以弥补成本,其支持的政党应采取行动来保持平衡。

申请报销费用

310 (1) 重新计票后,候选人可向总选举事务主任提出申请报销诉讼成本,申请中要明确费用的金额、性质以及它们是否是实际及合理产

生的。

总选举事务主任决定成本

（2）根据本条第（1）款的规定，在收到申请后，总选举事务主任应确定成本，并应要求税务局长报销。法官进行重新计票最多的一天或一天的某时段可报销500元。

从综合收益基金支付

（3）税务局长在收到总选举事务主任报销请求后，应当从税收中向候选人支付要求的金额。

法官复核的失效

311　（1）如果法官不遵从第300条到309条的规定，受害方可根据本条第（3）款在法官违反法令之后的八日之内，对一份命令提出申请：

（a）在安大略省，向高等法院法官申请；

（b）在魁北克省、新不伦瑞克省和阿尔伯塔省、育空地区、西北地区、努纳武特地区，向省或领地上诉法院法官申请；

（c）在新斯科舍省、不列颠哥伦比亚省，向省最高法院法官申请；

（d）在曼尼托巴省和萨斯喀彻温省，向王座法院法官申请；

（e）在爱德华王子岛、纽芬兰省，向省最高法院法官的审判庭申请。

使用宣誓书

（2）根据本条第（1）款的申请可能会被要求制作宣誓书，这不需要任何事项或原因的授权，只需要表明未能遵守的有关事实。

法官命令

（3）如果不遵守法令的诉讼出现，根据本条第（1）款提出申请的人，法官应作出命令：

（a）在随后八日的固定时间内听取申请；

（b）指示各方出席的时间和地点；

（c）为遵从命令以及宣誓的程序，判决未能遵守的法官和其他利害关系人。

在答复中提交誓章

（4）被投诉的法官和任何利害关系人可能会被法院法官的事务员、记录员、书记传唤到办事处与同在回复中提交誓章的人见面，提出申请的人被要求提供申请副本。

2000年，第9章，第311条；2002年，第7章，第93条；2014年，第12章，第71条

聆讯之后的法庭命令

312　（1）在聆听完法官和其他政党的控诉后，接到申请的法官或同一法院另一名法官应：

（a）驳回申请或命令未履行法令的法官遵从法令并尊重复核结果；

（b）可以就讼费作出命令。

法官遵守命令

（2）未履行法令的法官应及时遵守根据本条第（1）款作出的命令。

成本

（3）按照本条第（1）款第（b）项规定，弥补成本的救济和普通法费用相同。

第15部分　返回令状

当选者的统计

313　（1）副选举监察人应在验证完成后的第六日及时发布如下结果：第308条所指的证明接收后须宣布当选的候选人谁获得票数最多，并填写在规定的表格背面。

平等投票

（2）如果票数最多的候选人之间有一个平等的投票，选举监察人须在统计的令状上标明。

发送文件

314 （1）在完成令状后，副选举监察人应及时将所有的选举文件以及以下文件一起统计发送给总选举事务主任：

（a）一份规定形式的监察人报告，其中包括从副选举监察人处所得的选举文件的状态以及选举监察人的意见；

（b）以规定的形式，为每名候选人在每个投票站的票数所作的总结；

（c）在选举中使用的所有其他文件。

报告—投票箱消失等

（2）根据第296条所产生的任何情况，选举监察人特别是须在报告中提及投票箱丢失或缺失任何投票声明的情况，以及副选举监察人确定每名候选人票数的方式。

再次交回给每名候选人

315 （1）选举监察人须向每名候选人转出统计令状的副本。

提前交回

（2）提前交回不被视为已达到总选举事务主任处，直到它按照程序送到总选举事务主任处方为合规。

修正令状

（3）如果有必要，为完成或更正结果，总选举事务主任应向副选举监察人发回令状及所有有关选举的文件。

复核前制作的报告

316 （1）根据第311或312条的时间，选区的选举监察人根据第314条的法令，总选举事务主任在获得确定的副本命令后应向选举监察人发回所有有用的选举文件。

复核时监察人的职责

（2）在接受法官重新计票的结果的证书后，选举监察人须：

（a）如果重新计票的结果是被点名的人在原来的统计中重复统计，那么需要制作一个替代文书；

（b）若重新计票的结果是确认统计，就及时将文件发送回总选举事务主任，不需要替代文书。

替代交回的影响

（3）根据本条第（2）款第（a）项的替代交回会取消原有交回的效果。

317 收到每份交回的令状后，总选举事务主任为了表示接收，应当：

（a）由总选举事务主任记录在册，表示已收到；

（b）在加拿大官方公报公布当选的候选人的姓名。

平等投票

318 如果统计的文件表明候选人之间所得票数与数量最多的票数相当，总选举事务主任应及时：

（a）准备和发送给下议院议长，如果没有下议院议长，也可是众议院议员或宣布当选的两名候选人。应在报告中指出，因为选区的票数相等没有候选人被宣布当选；

（b）在加拿大官方公报公布：

（i）得票数相同的候选人之姓名；

（ii）由于在选区当选的票数相等没有候选人当选，按照《加拿大议会法案》第29条第（1.1）款通知补选。

第16部分 通讯

解释

定义

319 本节中的定义适用于本部分。

"选举广告"

选举广告是指以任何方式向公众传播的广告消息，提倡或反对注册的政党或候选人的选举，其中包括在需要的位置上做文章，为进一步明确，它不包括：

（a）向公众传输社论、辩论、演讲、采访、专栏或一封信件、一段评论或新闻；

（b）以不低于商业价值发行、销售或推广的一本书，如果该书早已列入出版计划，而无论其是否在选举期间出版；

（c）个人或一个小组直接传送文件给其成员、雇员或股东；

（d）个人在非商业基础的互联网传播其个人的政治观点。

（e）打电话给选民仅是为了鼓励他们投票。

"选举调查"

选举调查是指一项关于选民如何投票或将在选举中投票或相关在册政党或候选人态度的民意调查。

"网络"

网络是指《广播法》第2条第（1）款中定义的网络，但不包括临时网络操作。

"网络运营商"

网络运营商是指个人经过加拿大广播电视和电信委员会成立和经营网络许可下组织和运营的网络。

"黄金时间"

"黄金时间"对于一个广播电台来说，意味着上午6时至9时，正午至下午2时和下午4时至7时之间的时间，对于电视台来说是指下午6时至午夜12时。

2000年，第9章，第319条；2014年，第12章，第72条

选举广告

信息必须被授权

320 候选人或在册政党或代其行事的人所做的选举广告中所传递的

信息应被候选人的官方代理和政党的注册代理所授权。

政府的传播途径

321 （1）任何人不得在知情的情况下利用加拿大政府来做或使用其传播选举广告。

适用

（2）对于本条第（1）款的目的，个人也包括应属于第17部分含义内的群体。

选举广告海报

322 （1）业主或代其行事的人，可能会在租赁涉及的处所被禁止展示选举广告海报，没有共管公司或任何其代理人的一个公寓单位的业主租客可能会被禁止展示选举的广告海报。

许可限制

（2）尽管有本条第（1）款的规定，房东、个人、共管公司或代理人的公寓可设置显示合理尺寸或类型的选举广告海报，并可能禁止在公用地方显示选举广告海报。

管制期间

323 （1）任何人不得在投票日投票站关闭之前故意向公众选区发送选举广告。

解释

（2）为满足或听取政党的领导人向公众传播的意愿，而向政党的领导人发出的邀请按照本条第（1）款的规定，不算是选举广告。

"个人"的定义

（3）对于本条第（1）款的目的，个人包括第17部分所定义的一个政党和一个群体。

例外

324 第323条第（1）款不适用于：

（a）在该条款中管制时期之前并且在该时期内没有改变的情况下，向公众传播一条互联网上周知的消息；

（b）在此期间的小册子或张贴标志、海报或横幅的消息。

2000年，第9章，第324条；2001年，第21章，第16（E）条

禁止—阻止或妨碍传播

325（1）在没有同意与授权批准下，任何人不得妨碍或损害个人向公众传播选举广告的信息。

例外

（2）本条第（1）款不适用于：

（a）由公共权力定义的对非法传播的阻止或妨碍，而且已事先合理通知授权的传播人；

（b）张贴于危害公共安全的地方，被公共机关雇员移除的标志、海报或横幅。

选举意见调查

传播选举调查结果

326（1）除了第327条中所描述的人，向公众发送的选举调查结果的第一人或其他向公众传播此类信息的人们必须在首次发布信息后24小时内随结果提供以下信息：

（a）调查的赞助商的名称；

（b）进行调查的人或组织的名称；

（c）进行调查的日期或期间；

（d）受访者样本人数；

（e）参与调查的人数；

（f）如适用，有关数据的误差幅度。

其他信息—公布的调查

（2）除本条第（1）款中提到的信息，必须提供向公众传输的广播以

外的其他手段情况：

（a）为了获得有关数据的调查问题的措辞；

（b）在本条第（3）款所指的报告通过何种方式被获得。

关于调查结果的报告

（3）在选举期间选举调查的调查得出结果后，调查发起人应当根据本条第（1）款的规定提供调查结果的书面报告的副本。该报告应包括以下内容（如适用）：

（a）调查的赞助商的名称和地址；

（b）进行调查的人或组织的名称和地址；

（c）进行调查的日期或期间；

（d）该项调查收集数据所采用的方法，其中包括：

（i）抽样的方法；

（ii）抽选样本的人数；

（iii）初始样品的规模；

（iv）谁被要求参与调查、拒绝参加的调查、调查中没有资格参加的个人的数目和总数及其各自的百分比；

（v）采访当天的日期和时间；

（vi）考虑到表示没有意见、没有决定或没有回应或所有调查问题的参与者的调查结果，重新计算数据使用的方法；

（vii）任何的加权因素或使用规范化程序得出的调查结果。

（e）调查问题的措辞，如果适用的话，获得的数据的误差范围。

可收取的费用

（4）发起人可能会收取每页高达0.25元的费用作为第（3）款规定的报告副本印制成本费用。

公布并非基于公认统计方法的调查

327 若在选举期间向公众传播选举调查结果的第一人所发送的调查并非基于公认的统计方法，该人或其他任何传播此类信息的人应在第一次发送选举调查结果后 24 小时内标明其所传播的调查并非基于公认的统计方法。

禁止—导致在管制期间选举调查结果的传播

328 （1）在投票日该选区的投票站关闭以及没有向公众发送调查结果之前，任何人不得故意引导公众传播选举调查的结果。

禁止—在管制期间选举调查结果的传播

（2）在投票日该选区的投票站关闭以及没有向公众发送调查结果之前，任何人不得向公众传播选举调查的结果。

适用

（3）本节所指的个人包括第 17 部分含义内的一个群体。

329 ［废除，2014 年，第 12 章，第 73 条］

在加拿大境外传播

禁止—使用加拿大境外广播电台

330 （1）任何人不得在选举时意图影响他人投票或不投票，或投票或不投票给某候选人，使用、帮助、教唆、协商或促使使用境外广播电台广播任何影响到选举的事项。

禁止—在加拿大境外传播

（2）在选举期间，任何人不得在加拿大境外播出选举广告。

外国人不得干涉

禁止—被非本国居民利诱

331 不居住在加拿大的人，不应当在选举期间以任何方式诱使选民投票或不投票或投票或不投票给某候选人，除非该人是：

(a) 加拿大公民；

(b)《移民和难民保护法》第 2 条第（1）款所指的永久性居民。

2000年，第9章，第331条；2001年，第27章，第211条

政治广播

任命广播仲裁员

332　（1）根据第333条中所描述的协议，总选举事务主任应及时任命广播仲裁员。广播仲裁员应：

(a) 由在册政党代表一致决定；

(b) 如果磋商不能形成一个一致的决定，则由总选举事务主任任命。

任期

(2) 广播仲裁员的任职期限是在投票日大选后的六个月。

因故解职

(3) 总选举事务主任可能会因某些原因解雇广播仲裁员：

连任的资格

(4) 广播仲裁员的任期届满可获重新委任。

薪水

(5) 广播仲裁员须被支付选举事务主任指定的工资或其他报酬。

召集代表

333　（1）总选举事务主任应同时召集每个在册政党的两名代表举行会议，或议会被解散时，总选举事务主任以书面指定其党派的领导以举行磋商来选择广播仲裁员。举行会议须在：

(a) 大选投票日的90日之后；

(b) 广播仲裁员死亡、变得无行为能力、辞职或被免职后14日内，且开会日不是在大选期间。

主席

(2) 总选举事务主任应指定人选任本条第（1）款所指的会议以及所有后续协商会议的主席。

报告

（3）本条第（1）款所指的每个在册政党代表应向总选举事务主任签订一份磋商结果的报告，签订应不迟于

（a）本条第（1）款第（a）项提到的会议 6 周后；

（b）本条第（1）款第（b）项提到的会议 4 周后。

在选举期间的空缺

334 在广播仲裁员在大选期间死亡、丧失行为能力、辞任或罢免的情况下，总选举事务主任应及时委任一个新的广播仲裁员。

将提供给在册政党的广播时间

335 （1）在大选令状发出后和投票日前一日午夜之前，所有广播公司应当根据《广播法》的规定以及其许可的条件，让所有在册政党都可以购买传播政治公告和其他以在册政党名义制作的节目的时间，该时间处于黄金时间内的六个时段中，每个时段内可有一个半小时。

附属于网络的广播

（2）如果一个广播隶属于网络，广播时间可根据本条第（1）款，通过广播和网络运营商之间的协议确定的部分，由网络运营商在部分广播公司的黄金时间播出，具体时间则由网络运营商控制。

2000 年，第 9 章，第 335 条；2001 年，第 21 章，第 17 条

要求召开会议

336 （1）广播仲裁员应召开一次所有在册政党代表参加的会议，来协商根据第 335 条的广播时间分配，会议应在收到在册政党首席代理的书面请求后 30 日内，或在广播仲裁员上任六个月后召开，以较早者为准。

时间要求

（2）广播仲裁员就任后 60 日才可作出书面请求。

主席

（3）广播仲裁员应担任本条第（1）款所指的任何会议主席。

不得分配

337 (1) 在收到第 336 条第 (1) 款的会议通知后,在册政党不得分配的广播时间,政党:

(a) 以书面形式向广播仲裁员表明不希望被分配的广播时间;

(b) 未能向广播仲裁员传达其如何分配广播时间的意图,并且未有其代表出席会议。

分配协议

(2) 在在册政党的一致同意下,广播时间的分配对所有在册政党具有约束力。

没有协议的情况下广播仲裁员的决定

(3) 如果在第 336 条第 (1) 款所指的会议后四个星期内没有达成一致同意,广播仲裁员应分配的广播时间,对所有在册政党都具有约束力。

分配中的因素

338 (1) 根据本条第 (3) 至 (5) 款,在分配广播时间时,广播仲裁员应当同时考虑:

(a) 每个在册政党上次大选后在下议院持有的席位比例;

(b) 每个在册政党在以前的大选中民众投票的百分比。

除了本条第 (a) 及 (b) 项所言之广播仲裁员应当注意的每一个因素外,每个在册政党在上次大选的候选人数量的百分比也应得到重视。

合并政党的分配

(2) 根据本条第 (3) 至 (5) 款,在为两个或两个以上在册政党合并之后的政党分配广播时间时,广播仲裁员须:

(a) 根据本条第 (1) 款第 (a) 项的规定,确定由各党在以前的大选中席位的百分比,包括各党持有的席位总数;

(b) 根据本条第 (1) 款第 (b) 项的规定,确定由各党在以前的大选中得票的百分比,包括各党持有的席位总数;

(c) 根据本条第 (1) 款设定一半权重的规定,拥有最多候选人的被合并政党将被分配数名候选人。

分配不能超过 50%

（3）在任何情况下，广播仲裁员不得将总广播时间的 50% 以上分配到在册政党。

超过 50% 的时间分配

（4）根据本条第（1）款，总广播时间的 50% 以上将分配到在册政党，广播仲裁员应将超量的时间按比例分配给其他有权广播的在册政党。

自由裁量权的重新分配

（5）如果广播仲裁员认为，根据本条第（1）款确定的分配对在册政党是不公平的或违背公众利益，可以广播仲裁员认为合适的任何方式根据本条第（3）、（4）款修改分配时间。

分配的通知

（6）广播仲裁员须尽快将由广播仲裁员和在册政党所作的时间安排书面通知给：

（a）每个在册政党；

（b）每一个在分配之前或之后成为一个合资格的政党。

通知将发给本款（b）项所指的政党，该政党在收到通知后有 30 日的时间，用于要求向它提供广播时间，即根据第 339 条购买。

有权拥有广播时间的新政党

339　（1）根据本条第（4）款、第 338 条第（6）款第（b）项中提到的每个依据第 338 条第（6）款提出请求的合资格政党，在该款所提述的时间内有权购买广播时间，其数量应小于：

（a）根据第 335 条可分配给第 337 和 338 条提到的在册政党的广播时间的最小部分；

（b）六分钟。

无权广播的政党

（2）在本条中，第 338 条第（6）款第（b）项所指的符合资格的政

党无权拥有广播时间,如果:

(a) 以书面形式表示,它不希望根据本条拥有任何广播时间;

(b) 没有在第 338 条第（6）款中提到的时间内提出请求。

广播时间将提供新的合资格政党

(3) 除了根据第 335 条可用的广播时间以及该条提到的期限,所有广播公司应当根据《广播法》的规定以及其许可的条件,让所有在册政党都可以在黄金时段购买传播政治公告和其他以在册政党名义制作的节目的时间。

最长 39 分钟

(4) 合资格政党根据本条购买的广播时间最长为 39 分钟,一旦广播时间达到此长度,根据本条的所有权利应得到改变,并且有必要让所有合资格政党根据本条拥有相同的广播时间,并且不超过 39 分钟的限制。

注销登记情况下的重新分配

340 (1) 如果根据本部分分配广播时间的在册政党随后注销,广播仲裁员应在加拿大官方公报公布注销通知后的两周内召集余下在册政党的代表讨论广播时间的重新分配。

丧失资格情况下的重新分配

(2) 若合资格政党在根据第 339 条已分配了广播时间后不再符合资格,广播仲裁员应在资格终止后两周内召集余下在册政党的代表讨论广播时间的重新分配。

例外

(3) 如果根据本条第（1）或（2）款注销或停止资格发生在大选令状发出之后,那么被分配到广播时间的注销党派或已不再有资格的党派不得参与重新分配。

2000 年,第 9 章,第 340 条;2003 年,第 19 章,第 5 条

在合并的情况下重新分配

341 如果根据第 335 条分配了广播时间后,两个或两个以上的在册政

党发生合并，那么广播仲裁员应及时召集在册政党（包括合并后的政党）代表讨论广播时间的重新分配。

广播公司的通知

342 （1）在收到加拿大广播电视和电信委员会的请求后，广播仲裁员应将根据第337、338条的每一项分配以及根据第339条每一项权利尽快告知委员会，委员会则应在作出决定以及下次大选令状发出后，通知各广播公司和每一个网络运营商每一项分配以及每一项权利。

告知政党

（2）广播仲裁员应要求应当为第338条第（6）款第（b）项中提到的所有在册政党提供所有的广播公司和网络运营商的名称和地址。

年审

343 （1）在根据第337和338条分配广播时间的日历年后的每个日历年，或在合资格政党的要求下以及该政党已经根据第339条有权广播，广播仲裁员应召集和主持所有在册政党的代表会议，重审广播时间的分配或权利。

减少到6.5小时

（2）如在本条第（1）款中的会议上确定总的分配或要求播放的时间超过了6.5小时，广播仲裁员应根据比例原则减少已分配或要求的时间至6.5小时，而该减少的决定是终局的并对每个在册以及合资格政党有约束力。

定义

344 （1）本款的定义适用于第（2）至（5）款。

"商业时间"

商业时间是指一个等于或少于两分钟的用于播送一般的商业信息、公共服务公告或票站或网络识别的时间。

"节目时间"

节目时间是指一个多于两分钟的用于播送一般的商业信息、公共服务公告或票站或网络识别的时间。

党派偏好的公告

（2）每个根据本法有权购买广播时间的在册政党和合资格政党，应当在大选令状发出后不超过10日内，以书面形式将通知发送给打算购买广播时间的每个广播电台和各网络运营商处，告知其对于商业和节目时间的比例偏好和播出时间、时长，但没有党派可以在广播或网络运营商收到通知后的第5日之前获得广播时间。

协商达成协议

（3）根据本条第（2）款，收到通知的每一个广播或网络运营商须在收到后两日内，与发出通知的在册政党或合资格政党代表协商，以达成一项包含其请求的协议。

当没有协议时

（4）根据本条第（3）款所规定的协商开始后两日内如果没有达成协议，广播仲裁员应立即应要求作出决定，并将此决定通知广播或网络运营商和在册政党表或合资格政党的代表。

作出决定需考虑的因素

（5）在根据本条第（4）款作出决定时，广播仲裁员应考虑以下原则：

（a）每个在册政党、合资格政党应具备的自由和灵活性，以确定向它提供的商业时间和节目时间的比例和播出的时间和时段；

（b）任何向在册政党或合资格政党提供的广播时间，应覆盖整个黄金时间。

具有约束力的决定

（6）根据本条第（4）款，广播仲裁员的决定是终局的并对在册政党或合资格政党以及（视情况而定）广播或网络运营商有约束力。

免费广播时间

345　（1）在大选令状发出后至该选举投票日前一天午夜前，每一个网络运营商应根据《广播法》以及其许可条件的规定，向本条第（2）款所指的在册政党及合资格政党免费让它们发布政治公告及其他以上述政党名义制作的节目。如果网络是由以下网络运营商建造并运作，由本款确定的广播时间：

(a) 该广播网络可覆盖相同母语的大多数加拿大人；

(b) 获得超过某一特定系列或类型的节目的许可；

(c) 不涉及《广播法》第 2 条第（1）款所界定的分配承诺。

免费广播时间的确定

（2）根据本条第（1）款的规定，网络运营商提供的最低广播时间应不低于上次大选的免费广播时间，并应满足如下条件：

(a) 给予第 337 条第（1）款第（a）项的每个在册政党和第 339 条第（2）款第（a）项中每个合资格政党两分钟；

(b) 余下的时间按照比例原则（分配或请求可购买的广播时间与依据本条分配与申请的总广播时间的比例）分配给任何根据第 335 条拥有广播时间的在册政党以及根据第 339 条提出请求的所有合资格政党。

免费时间不是选举开支

（3）根据本条提供给在册政党的免费广播时间的价值不应计入第 376 条所指的选举开支。

覆盖人口的决定

（4）根据本条第（1）款的规定，一个网络被视为覆盖到：

(a) 属于该网络的广播电台服务区内居住的人：

(i) 对于 AM 广播电台来说，指的是夜间官方广播站的范围；

(ii) 对于 FM 广播电台来说，指的是官方广播站 50 毫伏/米的范围；

(iii) 对于电视台来说，指的是官方广播站 B 级的范围。

(b) 本款第（a）项以外的地区居住的人，隶属于该网络的广播电台的信号可通过由加拿大广播电视和电信委员会授权的分销商提供。

2000 年，第 9 章，第 345 条；2001 年，第 21 章，第 18 条；2014 年，

第12章，第74条

广播仲裁员准备指引

346 广播仲裁员应不迟于大选令状发出后两日，准备发送给加拿大广播电视和电信委员会的一套指引，其内容关于：

（a）根据该法分配广播时间或获得广播时间的权利；

（b）在册政党及合资格政党用于预订广播时间的程序；及

（c）任何依据本法可能与广播以及网络运营商相关的事宜。

加拿大广播电视和电信委员会准备并发送指引

347 加拿大广播电视和电信委员会应不得迟于大选令状发出后四日，通过适用《广播法》来准备一套准则以及依据本法制定广播公司和网络运营商在大选中的行为规则，并连同广播仲裁员根据第346条应发送的指引一道发送给所有广播公司和网络运营商。

与收费有关的禁止

348 任何人不得向在册政党、任何其他政党或候选人或以其名义行事的个人收取如下费用：

（a）在大选令状发出后至该选举投票日前一天午夜前，政党或候选人所获得的广播时间的费用超过对在该期间内因使用相同设施而购买同等时间的人所收取的最低费率；

（b）向公众出版及分发且在本条第（a）项中所指的时间内出版的期刊上刊载广告的费用不得低于在同一本期刊或其他几期在该时段内出版的期刊上购买相同广告版面的人所收取的最低费率。

2000年，第9章，第348条；2001年，第21章，第19条

第16.1部分 投票人联系呼叫服务

第1段 解释

定义

348.01 以下定义应用于本部分。

自动拨号通知设备

自动拨号通知设备指的是任何有存储或产生电话号码的自动设备，该设备可单独或与其他设备一道传播事先录好或人工合成的语音信息给上述电话号码。

呼叫

呼叫指的是以下电话号码的呼叫方式：

（a）实时语音呼叫；

（b）自动拨号设备所做的呼叫；

（c）结合本条第（a）与（b）项所提到的呼叫。

呼叫服务提供者

呼叫服务提供者是指一个业务范围包括以他人或其他组织名义拨打电话服务的个人或组织。

组织

组织指的是一个在册政党、注册协会、非法人工会、贸易组织或其他个人为了实现共同目标而基于互相同意所组成的组织。

内部服务

内部服务指的是：

（a）对于组织来说，是由其成员或雇员以及其他人免费提供的服务；

（b）对于候选人、提名竞选者或作为个人的第三方来说，是由其个人或雇员以及其他人免费提供给候选人、提名竞选者或第三方的服务；以及

（c）对于作为公司的第三方来说，是由其雇员以及其他人免费提供的服务。

官方代表

官方代表指的是：

（a）对于在册政党来说，是其主代理人；

（b）对于注册协会来说，是其财务代理人；

（c）对于候选人来说，是其官方代理人；

（d）对于提名竞选者来说，是其财务代理人；

（e）对于注册第三方来说，是其财务代理人；

（f）对于未注册的第三方公司来说，是拥有签署权的公司官员；

（g）对于未注册的第三方组织来说，是该组织的负责人。

注册的第三方

注册的第三方指的是依据第353条注册的第三方。

第三方

第三方指的是除了在册政党、注册协会、候选人或提名竞选者外的一个个人或组织。

选民联系呼叫服务

选民联系呼叫服务指的是包含在选举期间拨打电话的服务，出于以下有关选举的目的，包括：

（a）支持或反对一个在册政党、其领袖、候选人或一个提名竞选者或任何与该党或个人有关的议题立场；

（b）鼓励选民投票或不投票；

（c）提供选举信息，包括投票时间以及票站地址的信息；

（d）收集选民在过去选举中如和投票或将要在选举中如何投票或他们对在册政党、其领袖、候选人或一个提名竞选者或任何与该党或个人有关的议题立场的观点等信息；

（e）为一个在册政党、注册协会、候选人或一个提名竞选者筹款。

2014年，第12章，第75页

第1.1段　选民联系呼叫服务的规定
有关选民联系呼叫服务的协议

禁止——不得与呼叫服务提供者签订协议

348.02　个人或组织不得与呼叫服务提供者签订协议以获得选民联系

呼叫服务，除非：

（a）该个人或组织是在册政党、注册协会、一个提名竞选者或一个注册第三方，或作为公司或组织的未注册第三方，而且协议是由该个人或组织代表以其名义所签订；

（b）该个人是一名候选人，而且协议是其以自己名义或由其代表书面授权以其名义签署的；

（c）该个人是一个作为个体的注册第三方，而且协议是其以自己名义签署的。

2014 年，第 12 章，第 76 条

通知义务

348.03　在个人或组织与呼叫服务提供者签订协议以获得选民联系呼叫服务（不论是以其自己的名义还是以他人或组织的名义）之前，该人应告知呼叫服务提供者该协议是用于获得选民联系呼叫服务，并且应向服务提供者提供其姓名、地址、电话号码以及一份由加拿大广播电视和电信委员会授权的身份证明文件副本，其中应包含其姓名。

2014 年，第 12 章，第 76 条

获得身份证明信息的义务

348.04　（1）在呼叫服务提供者与个人或组织签订协议以提供选民联系呼叫服务之前，呼叫服务提供者应从缔约的个人（不论是以其自己的名义还是以他人或组织的名义）处获得其姓名、地址、电话号码以及一份由加拿大广播电视和电信委员会授权的身份证明文件副本，其中应包含其姓名。

保管身份证明信息的义务

（2）在选举结束后，呼叫服务提供者应准备一份获得信息的记录并且保管这份记录和身份证明副本至少一年。

2014 年，第 12 章，第 76 条

确认服务性质的义务

348.05 （1）签订协议以代表个人或组织提供呼叫服务的服务提供者应在选举期间按协议的第一通电话拨出之前，询问个人或组织按协议拨打电话是否是呼叫服务的一部分。

授权的义务等

（2）如果按协议拨打电话是呼叫服务的一部分，那么根据第348.02条获得授权签订获得呼叫服务协议的个人应在第一通电话拨出之前，授权按照协议的选民联系呼叫服务的提供，并向服务提供者提供其姓名、地址、电话号码以及一份由加拿大广播电视和电信委员会授权的身份证明文件副本，其中应包含其姓名。

获得身份信息的义务

（3）如果按协议拨打电话是呼叫服务的一部分，那么服务提供者应在第一通电话拨出之前，从依据本条第（2）款提供授权的人处获得其姓名、地址、电话号码以及一份由加拿大广播电视和电信委员会授权的身份证明文件副本，其中应包含其姓名。

保管身份信息的义务

（4）在选举结束后，呼叫服务提供者应准备一份获得信息的记录并且保管这份记录和身份证明副本至少一年。

2014年，第12章，第76条

填写的义务——登记通知

登记通知备案的义务

348.06 （1）根据协议向投票者提供联系呼叫服务的呼叫服务提供者应将登记通知向加拿大广播电视和电信委员会备案。

填写时间与内容

（2）对于每个协议所规定的选举期，登记通知应当根据协议在第一通电话播出后 48 小时内填写，并且应指明：

（a）呼叫服务提供者的名称；

（b）与呼叫服务提供者签订协议的人或组织名称；

（c）根据协议呼叫的类型。

2014 年，第 12 章，第 76 条

登记通知备案的义务—协议

348.07 （1）与呼叫服务提供者签订协议以获得呼叫服务的人或组织［根据情况，不论是以其自己的名义还是以他人或组织的名义，或根据基于第 348.05（2）条制定的协议提供一份提供呼叫服务的授权人］，应当将登记通知向加拿大广播电视和电信委员会备案。

填写时间与内容

（2）对于每个协议所规定的选举期，登记通知应当根据协议在第一通电话播出后 48 小时内填写，并且应指明：

（a）呼叫服务提供者的名称；

（b）与呼叫服务提供者签订协议的人或组织名称；

（c）根据协议呼叫的类型。

提供身份证明副本的义务

（3）在填写登记通知时提供通知备案文件的人应向委员会提供他们的姓名、地址和电话号码，以及一份由委员会授权的身份证明文件副本，其中应包含其姓名。

认定

（4）除了第 348.12 条的规定，如果信息和身份证明文件副本没有在填写登记通知时提供，登记通知可被认定为没有备案。

2014 年，第 12 章，第 76 条

登记通知备案的义务—其他呼叫

348.08 （1）如果在选举期间，一个个人或组织根据与选举的相关规定［包括第 348.01 条选民联系呼叫服务的定义中第（a）至（e）项］，

使用内部服务以使用自动拨号设备的方式拨打电话，该个人或组织的官方代表——或他们自己（如果该个人是一个作为个体的注册第三方）——应向加拿大广播电视和电信委员会备案。

填写时间与内容

（2）登记通知应当根据协议在第一通电话播出后 48 小时内填写，并且应指明：

（a）个人或组织的名称；

（b）官方代表或个人的姓名、地址和电话号码；

（c）个人或组织将用自动拨号设备的方式拨打电话的声明。

提供身份证明副本的义务

（3）在填写登记通知时提供通知备案文件的官方代表或个人应向委员会提供他们的姓名、地址和电话号码，以及一份由委员会授权的身份证明文件副本，其中应包含其姓名。

认定

（4）除了第 348.12 条的规定，如果信息和身份证明文件副本没有在填写登记通知时提供，登记通知可被认定为没有备案。

2014 年，第 12 章，第 76 条

<h3 style="text-align:center">加拿大广播电视和电信委员会的角色</h3>

管理与实施

348.09 （1）加拿大广播电视和电信委员会负责管理与实施本段规定。

电信法

（2）管理与实施本段规定应依照《电信法》第五部分。

2014 年，第 12 章，第 76 条

登记处

348.10 加拿大广播电视和电信委员会负责建立和维护一个名为选民

联系登记处的登记处，以保管根据第 348.06 条至第 348.09 条提供的所有文件。

2014 年，第 12 章，第 76 条

公布

348.11　投票日后 30 日内，加拿大广播电视和电信委员会应尽可能快地以其认为合适的方式公布与选举有关的登记通知。

2014 年，第 12 章，第 76 条

授权

348.12　（1）加拿大广播电视和电信委员会可以书面形式并且作出任何规定以授权任何个人以第 348.11 条至第 348.12 条提到的任何权力、责任以及职能。

废止

（2）委员会可以书面形式废止本条第（1）款的授权。

2014 年，第 12 章，第 76 条

身份证明类型的授权

348.13　加拿大广播电视和电信委员会可以根据第 348.03 条至第 348.05 条以及第 348.07 条至第 348.09 条的规定，授权身份证明及其副本的类型。

2014 年，第 12 章，第 76 条

向总选举事务主任公开

348.14　加拿大广播电视和电信委员会应当在总选举事务主任的请求下公开任何根据本段收到的，对于保证除本段外的本法其他规定的实施有必要的文件或信息。

2014 年，第 12 章，第 76 条

第2段　脚本与记录

呼叫服务提供者—协议

348.15　每个根据协议为选民提供呼叫服务的提供者都应将以下文件在选举后保管三年：

（a）一份每个根据协议用于语音通话的独特脚本的副本以及一份每个脚本使用日期的记录；

（b）每个由依据协议拨号的自动拨号设备播放的特殊信息的记录以及一份播放日期的记录。

2014年，第12章，第77条

个人或组织—协议

348.16　与呼叫服务提供者签订协议以获得呼叫服务的人或组织应将以下文件在选举后保管一年：

（a）一份每个根据协议用于语音通话的独特脚本的副本以及一份每个脚本使用日期的记录；

（b）每个由依据协议拨号的自动拨号设备播放的特殊信息的记录以及一份播放日期的记录。

2014年，第12章，第77条

个人或组织—内部服务

348.17　如果在选举期间，一个个人或组织为了任何有关选举目的［包括第（a）至（e）项有关第348.01条"选民联系呼叫服务"］使用内部服务以自动拨号设备打电话，此个人或组织应保管每个由依据协议拨号的自动拨号设备播放的特殊信息的记录以及一份播放日期的记录，保管期为选举后一年。

2014年，第12章，第77条

第三方公司或组织—内部服务

348.18　如果在选举期间，一个第三方公司或组织为了任何有关选举目的［包括第（a）至（e）项有关第 348.01 条"选民联系呼叫服务"］使用内部服务以自动拨号设备打电话,该第三方应（如果脚本已被使用）保管每个已使用的脚本以及一份播放日期的记录,保管期为选举后一年。

2014 年,第 12 章,第 77 条

第 17 部分 第三方选举广告

定义

349 本条中的定义适用于本部分。

"选举广告"

选举广告与第 319 条中的含义相同。

"选举广告开支"

选举广告费用是指有关以下的开支:

(a) 制造选举广告信息;及

(b) 向公众传递选举广告信息。

"费用"

费用是指:

(a) 支付的金额;

(b) 所产生的负债;

(c) 财产和除义务劳动外捐赠或提供的服务的商业价值;

(d) 支付的金额或负债产生的财产和服务以外的志愿劳动、财产和服务低于其商业价值时,他们的商业价值之间的差额。

"组织"

组织是指一个非法人工会、行业协会或其他为了一个共同的目的由个人在相互一致的基础上成立的团体。

"第三方"

第三方是指个人或一个群体,除了候选人、在册政党或在册政党的选

区协会。

消费限额

350 （1） 第三方不得在选举期间支付总金额超过15万元的广告费用。

消费限额—选区

（2） 在一场选举中，本条第（1）款所指的总金额不得超过3000元以支持或反对一个或多个候选人，其中包括：

（a） 命名；

（b） 展示自己的肖像；

（c） 确定他们各自的政治隶属关系；

（d） 与他们特别相关的问题采取的立场。

政党领袖的再支付费用

（3） 载于第（2）款的限制只适用于在册政党或合资格政党所用于支持或反对选举的金额。

消费限额—补选

（4） 根据第350条，第三方不得花费超过3000元，在用以一个给定的选区的补选中播放广告。

不可取消的花费

（4.1） 如果大选是在第56.1条第（2）款或第56.2条以外的时间举行，或补选正在举行，第三方不得在选举广告上有所花费，如果在令状发出后，广告的传播则不得取消。

第三方通胀调整因子

（5） 本条第（1）、（2）和（4）款所述的数额应再乘以第384条提到的通胀调整因子，该因子在令状发出后生效。

超过37日的选举期

（6） 如果选举期长于37日，那么本条第（1）、（2）和（4）款所述的数额可以通过加上以下的乘积得到增加：

（a）本条第（1）、（2）和（4）款所述数额的三十七分之一（依据情况）；以及

（b）选举期减去37。

2000年，第9章，第350条；2014年，第12章，第78条

不得组合以超过限制

351 第三方不得以任何方式规避或试图规避载于第350条的限制，包括以规避限制为目的，将自身分裂成两个或更多的第三方或与其他第三方串通以使得他们合并后的选举广告费用超过了限制。

禁止—外国的第三方

351.1 第三方不得在大选或补选（如果两个或以上补选的日期全部或部分重叠）期间支付总金额超过500元的广告费用，除非：

（a）如果第三方是个人，此人：

（i）是加拿大公民；

（ii）《移民与难民保护法》第2条第（1）款定义的永久性居民；或

（iii）居住在加拿大。

（b）如果第三方是组织，此组织的负责人：

（i）是加拿大公民；

（ii）《移民与难民保护法》第2条第（1）款定义的永久性居民；或

（iii）居住在加拿大。

2014年，第12章，第78.1条

澄清

351.2 为了更加确定，根据第350条第（1）款以及第（4）款和第351.1条的规定，如果选举广告在选举期间播放，那么它应在计算费用时考虑，而不论其是何时花费的。

2014年，第12章，第78.1条

广告必须提及第三方的姓名

352　第三方应在其所做的任何选举广告中确定自己身份,并指出它是得到授权的。

第三方的登记要求

353　(1) 根据第351.1条,第三方应当在500元的选举广告费用产生后立即登记,而且不得在令状发出之前登记。

申请登记

(2) 登记申请应当以规定的形式发送给总选举事务主任,并应包括:

(a) 若第三方是个人,该人的姓名、地址和电话号码,以及签名和他们的证书以证明其:

(i) 是加拿大公民;

(ii) 《移民与难民保护法》第2条第(1)款定义的永久性居民;或

(iii) 居住在加拿大。

(b) 如果第三方是一家公司,该公司签署授权书的官员的姓名、地址和电话号码,以及官员的签名和他们的证书以证明该公司的业务范围在加拿大。

(b.1) 如该第三方是组织,该组织负责人的姓名、地址和电话号码,以及负责人的签名和他们的证书以证明:

(i) 他们是加拿大公民;

(ii) 他们是《移民与难民保护法》第2条第(1)款定义的永久性居民;或

(iii) 他们居住在加拿大。

(c) 保存账册及记录的第三方办公室以及用以通信的办公室的地址和电话号码。

(d) 第三方的财务代理的名称、地址和电话号码。

陪同申请的财务代理的声明

(3) 本条第(2)款的申请必须连同由接受委任财务代理签署的声明

一起提交。

新的财务代理

（4）如果更换第三方的财务代理，应及时向总选举事务主任提供新的财务代理机构的名称、地址和电话号码，并签署了新的财务代理接受任命的声明。

工会或公司

（5）如果第三方是工会、公司或其他拥有一个管理机构的实体，那么申请必须包括管理机构授权花费播放选举广告的决议的副本。

申请的审查

（6）总选举事务主任收到申请后应立即决定是否满足了本条第（1）至（3）、（5）款的要求，随后应将通知签署申请的人（无论第三方是否已经注册）。总选举事务主任在拒绝登记的情况下，应给予拒绝的理由。

申请被拒绝

（7）若总选举事务主任这样认为，那么第三方不得以与候选人、在册政党、注册第三方或合资格政党的姓名混淆的名称登记。

登记结束

（8）第三方登记只适用于选举期间提出的申请，但第三方应根据第359条第（1）款规定继续提交选举广告的报告备案。

委任财务代理

354　（1）根据第353条第（1）款须登记的第三方，应委任财务代理，其可以是授权签署根据本条作出登记申请的人。

财务代理—不符合资格的个人

（2）以下的个人没有资格成为第三方的财务代理：

(a) 候选人或候选人的官方代理人；

(b) 首席代理、注册代理，以及在册政党；

(3) 选举官员或选举监察人的雇员；

（d）任何根据《移民和难民保护法》第 2 条第（1）款不是加拿大公民或永久居民的人。

2000 年，第 9 章，第 354 条；2001 年，第 27 章，第 212 条

要求委任审计师

355　（1）若第三方的选举广告开支总额在 5000 元或以上，则必须立即委任一名审计师。

合资格的标准

（2）以下人士有资格成为第三方的审计师：

（a）隶属于一个信誉良好公司、协会或专业会计师机构的个人；

（b）在伙伴关系中任一个合作伙伴隶属于一个信誉良好公司、协会或专业会计师机构。

不合资格的标准

（3）以下人士没有资格成为第三方的审计师：

（a）第三方的财务代理；

（b）任何签署依据第 353 条第（2）款提出的申请的人；

（c）选举监察人；

（d）候选人；

（e）候选人的正式代理；

（f）在册政党或合资格政党的首席代理；

（g）在册政党的注册代理。

任命通知

（4）在第三方审计师任命后，任何第三方应及时将审计师的姓名、地址、电话号码、职业和签署接受任命的声明告知总选举事务主任。

新审计师

（5）如果第三方更换审计师，其应及时将新审计师的姓名、地址、电话号码、职业和签署接受任命的声明告知总选举事务主任。

第三方登记处

356 总选举事务主任应在他或她认为适当的时间内，维持一个第三方登记处，其中记录着与每个第三方相关的，第353条第（2）款和第355条第（4）、（5）款提及的信息。

财务代理有关费用的授权等

357 （1）凡在选举期间，任何出于选举广告的目的给予注册第三方的捐赠必须被其财务代理接受，且第三方每个选举广告的开支都须经过其授权。

授权

（2）财务代理可授权个人来接受捐款或播放选举广告费用，但该授权不限制财务代理的责任。

禁止使用某些捐款

（3）任何第三方不得使用这样的选举广告的捐献，即第三方不知道捐献者的姓名和地址，或者是否则无法根据第359条第（6）款确定捐献类别。

禁止—使用外国捐款

358 任何第三方不得使用出于选举广告目的的捐赠，如果该捐赠来自：

（a）根据《移民和难民保护法》第2条第（1）款不是加拿大公民或永久性居民的个人；

（b）不在加拿大经营业务的公司或协会；

（c）未持有加拿大雇员谈判权的工会；

（d）外国政党；

（e）外国政府或代理人。

2000年，第9章，第358条；2001年，第27章，第213条

选举广告的报告

359 （1）每个须根据第353条第（1）款注册的第三方须在投票日

后四个月内以规定的形式向总选举事务主任提交选举广告报告。

报告内容

（2）选举广告报告应包含：

(a) 在大选的情况下：

(i) 在第350条第（2）款所指的广告开支的列表与广播或出版的时间和地点；

(ii) 除第（i）目所指的那些广告开支以外的其他全部费用的列表与广播或出版的时间和地点；

(b) 在补选的情况下，第350条第（4）款提到的选举广告费用列表，以及与广播或出版有关的时间和地点。

没有开支的情况

（3）如果第三方不产生本条第（2）款第（a）或（b）项提到的费用，这一事实应当在其选举广告报告中注明。

捐款

（4）选举广告报告应包括：

(a) 已按类别标注的捐款者在令状发出前六个月至投票日结束期间，出于选举广告的目的捐赠的数额；

(b) 对于在本款第（a）与（b.1）项提到的期间，每个出于选举广告的目的捐赠总金额超过200元的捐献者，他们的姓名、地址和类别，以及每笔捐款的金额；

(b.1) 在本款第（b）项提到的已统计的公司情况下，该公司行政总裁或总裁的名称；以及

(c) 除本款第（a）项捐赠数额外，由第三方自有资金支付的广告费用金额。

贷款

（5）根据本条第（4）款规定，捐赠还包括贷款。

分类

（6）对于本条第（4）款第（a）及（b）项，捐赠人的分类如下：

（a）个人；

（b）商号；

（c）商业组织；

（d）政府；

（e）工会；

（f）除工会以外无股本的公司；

（g）非法人工会组织或工会之外的协会。

必须提供名称

（7）如果第三方是无法识别的、捐赠的是本条第（4）款第（a）项所指的出于选举广告的目的而收到的捐款，必须根据第（4）款第（b.1）项列出在此期间捐赠总额超过200元的每一个捐献者的姓名和地址。

声明

（8）选举广告报告应包括财务代理签署的声明，如果与之不同的话，则应包括签署根据第353条第（2）款提出申请之人的签名，以表明该报告是准确的。

票据，收据

（9）在总选举事务主任的请求下，第三方应提供任何有关选举广告支出金额超过50元的票据、凭证或收据正本。

2000年，第9章，第359条；2001年，第21章，第20条

审计师报告（1）

360 （1）费用为5000元或更多的选举广告的第三方报告必须包括根据本条第（2）款作出的报告。

审计师报告（2）

（2）第三方的审计师须负责选举广告报告，并应做任何必要检查，以

让审计师来给出关于选举广告报告是否公正地展示了其所基于会计记录上的信息的意见。

声明

（3）审计师报告中应包括任何审计师认为有必要的声明，当：

（a）作为审计师报告主题的选举广告报告并未公正地展示其所基于的会计记录上的信息的意见；

（b）审计师并未收到来自第三方提供的所有必需的资料及解释；

（c）根据审计师的检查，第三方并未适当保存会计记录。

获得权

（4）审计师有权在任何合理的时间获得所有的第三方文件，若审计师认为必要，可要求第三方提供任何信息或解释。

更正选举开支报告

361　总选举事务主任可在第359条第（1）款提到的一份报告中作出修改，如果误差对报告实质内容不构成重大影响。

出版

362　总选举事务主任应以其认为适当的方式：

（a）发布注册第三方在注册时所登记的名称和地址；

（b）在令状发出后一年内，公布第359条第（1）款提到的报告。

第18部分　财务管理

第1段　总　则

捐赠

禁止—不合格的捐赠者

363　（1）除了加拿大公民或依据《移民与难民保护法》第2条第1款界定的永久性居民，任何个人或组织都不得向在册政党、注册组织、提名竞选者、候选人或领袖竞选者提供捐赠。

返还捐赠

（2）如果一个在册政党、注册组织、提名竞选者、候选人或领袖竞选者收到了来自不合格捐赠者的捐款，那么在册政党的首席代理、注册组织的财务代理、提名竞选者或候选人的官方代理或领袖竞选者依情况在意识到不合格之后 30 日内将未用的捐款交还给捐赠者，或在无法如此的情况下，向总选举事务主任支付等额货币——或非货币捐赠的情况下则按照同等的商业价值折算——总选举事务主任将把这笔钱转交给总收款人。

省级分支

（3）为了更加确定，向在册政党省级分支捐赠及其费用即为该党收到的捐赠及其费用。类似的，该分支的资金转移也是该党的资金转移。

注册代理

（4）在册政党省级分支可根据任何有关任命的特殊条款任命注册代理。若注册代理的任命是根据第 396 条第（1）款作出的，那么本法可对其适用。

2000 年，第 9 章，第 363 条；2014 年，第 12 章，第 86 条

捐赠—包含与排斥

364 （1）任何用于提名竞选者、候选人或领袖竞选者竞选的非自有资金都被认为是本法所言的捐赠。

排除物品与服务—在册政党、注册协会以及候选人

（2）提供物品与服务可得到保证并且不被视作本法规定的捐款，如果：

（a）从在册政党流向该党的选区协会或候选人；

（b）从注册协会流向附属于其的在册政党、另一个党的注册协会或该党的候选人；

（c）从在册政党或注册协会流向依据第 365 条第（1）款的提名竞选者或领袖竞选者；

（d）从在册政党的候选人流向该党或该党的注册协会；

（e）在同一场选举中候选人内部流动；

(f) 在《加拿大议会法》第 31 条第（3）款令状将撤销的情况下，从取消选举中的候选人处流向因议会解散导致的大选候选人。

排除资金—在册政党、注册协会以及候选人

(3) 资金转移可得到保证并且不被视作本法规定的捐款，如果：

(a) 从在册政党流向该党的选区协会或候选人；

(b) 从注册协会流向附属于其的在册政党、另一个党的注册协会或该党的候选人；

(c) 从在册政党的候选人流向该党或该党的注册协会；

(d) 在同一场选举中候选人内部流动；

(e) 在《加拿大议会法》第 31 条第（3）款令状将撤销的情况下，从取消的选举中候选人处流向因议会解散导致的大选候选人。

排除信托基金以外的资金—在册政党以及注册协会

(4) 排除信托基金以外的资金转移可得到保证并且不被视作本法规定的捐款，如果：

(a) 从在册政党流向该党的选区协会或候选人；

(b) 从注册协会流向附属于其的在册政党、另一个党的注册协会或该党的候选人。

排除资金—提名竞选者、领袖竞选者以及在册政党

(5) 资金转移可得到保证并且不被视作本法的捐款，如果：

(a) 从在册政党的提名竞选者流向该党、该党的注册协会或该党候选人在选区中的官方代理；

(b) 从在册政党的领袖竞选者流向该党和该党的注册协会；

(c) 从在册政党流向依据第 365 条第（3）款从捐赠中获得资金的领袖竞选者。

排除—带薪休假

(6) 雇主为了让雇员成为提名竞选者或候选人而提供给雇员的带薪休假不属于捐赠。

排除—党费

(7) 个人在少于 5 年的期间支付的每年不多于 25 元的在册政党党费不属于捐赠。

捐赠

(8) 为了更明确,个人支付或以其名义支付的参与在册政党年会、大会或领袖会议的费用属于对该党的捐赠。

2000 年,第 9 章,第 364 条;2014 年,第 12 章,第 86 条

特别转移的禁止

365 (1) 任何在册政党和在册政党的选区协会都不得提供物品、服务或资金转移给一名提名竞选者或领袖竞选者,除非物品或服务平等地提供给所有竞争者。

"直接捐赠"的定义

(2) 在本条中,直接捐赠指的是对一个在册政党的所有或部分捐赠金额以及捐赠者以书面形式请求转移给某个领袖竞选者的捐赠。

例外

(3) 本条第(1)款并不适用于由在册政党向领袖竞选者的直接捐赠,与转移金额一道,一份规定形式的声明需提供以载明捐赠者姓名、地址、捐赠数额和日期、直接捐赠数额、转移资金的数额和转移的日期。

前提

(4) 向领袖竞选者的直接捐赠数额计入捐赠者向捐赠者捐赠的数额。

2000 年,第 9 章,第 365 条;2014 年,第 12 章,第 86 条

收据的签发

366 (1) 任何以在册政党、注册协会、提名竞选者、候选人或领袖竞选者名义授权接受大于 20 元的捐赠的人应签发收据——此人需保留一份副本。

记录保存

（2）如果人均等于或低于 20 元的匿名捐赠是作为对在册政党、注册协会、提名竞选者、候选人或领袖竞选者的会议或筹款活动的大范围筹资的回应，授权接受捐款的人应记录以下事项：

(a) 捐赠收取会议的描述；

(b) 会议日期；

(c) 大致的参会人数；以及

(d) 所收匿名捐赠的总额。

2000 年，第 9 章，第 366 条；2004 年，第 24 章，第 3 条；2014 年，第 12 章，第 86 条

捐赠限制

367 （1）根据第 373 条第（4）款，任何个人捐赠不得超过：

(a) 总额 1500 元，在任何日历年捐给特定在册政党；

(b) 总额 1500 元，在任何日历年捐给注册协会、提名竞选者、在册政党候选人；

(c) 总额 1500 元，在一次选举中捐给非在册政党候选人；

(d) 总额 1500 元，在任何日历年一次特定的领袖竞选中捐给领袖竞选者。

遗嘱处分

（2）捐赠也可以通过遗嘱处分进行，如果捐赠只持续一年而且没有使得捐赠者超过本条第（1）款设置的限制，也必须考虑捐赠者生前的捐赠数额。

非相容遗嘱处分

（3）遗嘱处分提供的捐赠若使得捐赠者超过了本条第（1）款设置的限制，则应当解读为没有造成捐赠者超额的最高捐助额；若遗嘱处分提供的捐赠超过了在本款生效之后的一年，那么则应当解读为上述年中的第一年捐助。

特定捐赠者的性质

(4) 根据本条第（1）款规定，为某个向在册政党寻求提名的人捐助应被视为本条第（1）款第（b）项为政党候选人的捐赠，而为某个没有向在册政党寻求提名的候选人捐赠则可被视为本条第（1）款第（c）项的捐赠。

例外—提名竞选者对自己竞选的捐赠

(5) 提名竞选者从自有资金中拿出不超过 1000 元用于自己的竞选活动并不计入提名竞选者出于第（1）款第（b）项的捐赠。

捐赠—候选人与领袖竞选者

(6) 根据本条第（7）款，在异常选举中任何候选人以及任何领袖竞选者都不得从其自有资金中拿出钱来支持自己的竞选活动。

例外—自己竞选的特定捐助

(7) 下列捐赠是允许的：

（a）候选人从其自有资金中作出的用于一个特定选举中其自己的竞选活动的、总额不超过 5000 元的捐赠；

（b）领袖竞选者从其自有资金中作出的用于一个特定选举中其自己的竞选活动的、总额不超过 25000 元的捐赠。

第（1）款的捐赠不受影响

(8) 本条第（7）款的捐赠不会对候选人或领袖竞选者（视情况而定）根据本条第（1）款为其他候选人或领袖竞选者（视情况而定）所做的捐款数额进行削减。

2000 年，第 9 章，第 367 条；2014 年，第 12 章，第 86、87 条

禁止—绕开限制

368　（1）任何人或组织不得：

（a）绕开或试图绕开第 363 条第（1）款或第 367 条第（6）款的禁令或第 367 条第（1）或（7）款或第 371 条所设置的限制；或

（b）为了此目的，与他人勾结行事。

禁止—隐瞒捐赠来源

(2) 任何人或组织不得：

(a) 隐瞒或试图隐瞒本法所及的捐赠来源；

(b) 为了此目的，与他人勾结行事。

禁止—接受超额捐助

(3) 任何在本法下接受捐助的人都不允许故意接受超过本法限制的捐助额。

禁止的协议

(4) 任何人或组织都不得在一个为在册政党或提供物品或服务（直接或间接）支付的协议中载入以下条款：任何个人将直接或间接向在册政党、注册协会、提名竞选者、候选人或领袖候选人提供捐赠。

2000年，第9章，第368条；2004年，第24章，第4条；2014年，第12章，第86条

368.1　［废除，2014年，第12章，第86条］

禁止—征求或接受捐款

369　(1) 任何人或组织都不得以在册政党、注册协会或候选人的名义征求或接受捐款，如果个人或组织代表捐赠者或潜在捐赠者，其捐款的部分或全部将转给除了在册政党、候选人、领袖竞选者或一个选区协会。

禁止—勾结

(2) 任何人或组织不得以绕开本条第（1）款规定的禁令为目的与其他人或组织勾结。

2000年，第9章，第369条；2004年，第24章，第5条；2014年，第12章，第86条

禁止—作间接的捐赠

370　(1) 任何个人都不得以一个个人或组织的金钱、财产或服务来捐助一个在册政党、注册协会、提名竞选者、候选人或领袖竞选者。

例外—候选人和领袖竞选者

(2) 尽管有本条第（1）款的规定，一个候选人或一个领袖竞选者可依据第367条第（7）款以贷款的形式获得金钱而作出捐赠，该贷款是候选人或领袖竞选者通过书面方式，从一个符合《银行法》第2条定义的金融机构中以合理的市场利率获得的，且贷款并不获得任何证券（除了候选人或领袖竞选者自己的财产）。

2000年，第9章，第370条；2004年，第24章，第5条；2014年，第12章，第86条

现金捐赠的限制

371 任何个人不得在有关本段的所有捐赠中捐赠超过20元的现金。

2000年，第9章，第371条；2014年，第12章，第86条

捐赠的返还

372 如果一个在册政党、注册组织、提名竞选者、候选人或领袖竞选者收到的捐赠与第367条第（1）款或第368条第（4）款或第370或第371条相抵触，那么在册政党的首席代理、注册组织的财务代理、提名竞选者或候选人的官方代理或领袖竞选者依情况在意识到不合格之后30日内将未用的捐款交还给捐赠者，或在无法如此的情况下，向总选举事务主任支付等额货币——或非货币捐赠的情况下则按照同等的商业价值折算——总选举事务主任将把这笔款项转交给总收款人。

2000年，第9章，第372条；2003年，第19章，第8条；2014年，第12章，第86条

贷款、担保与保证人资格

不合资格的出借人和担保人

373 (1) 除了本条允许外，任何个人或组织都不得：

(a) 借款给一个在册政党或注册协会；

(b) 借款给一个正在进行自己竞选活动的提名竞选者、候选人或领袖

竞选者；或

（c）为本条第（a）或（b）项的借款提供担保。

不合资格的借款人

（2）除了本条允许的贷款外，任何在册政党的首席代理和注册组织的财务代理不得以党或协会的名义借款，而提名竞选者或候选人的官方代理或领袖竞选者也不得为其竞选活动借款。

例外—金融机构

（3）符合《银行法》第2条定义的金融机构可以书面形式以合理的市场利率给出本条第（1）款所指的贷款。

例外—个人

（4）加拿大公民或依据《移民与难民保护法》第2条第1款认定的永久居民可以书面形式给出本条第（1）款所指的贷款或为此类贷款担保。但是，下述金额在任何时候不得超过第367条第（1）款第（a）至（b）项、第367条第（5）款以及第367条第（7）款第（a）和（b）项规定的与个人相关的捐赠限制：

（a）个人捐赠的数额；

（b）在相关捐赠期内个人贷款的数额，不包括任何贷款返还的金额；

（c）在相关捐赠期内个人担保的贷款数额，不包括任何不再拥有信誉的个人所担保的数额。

例外—特定贷款

（5）贷款须以书面形式并由如下主体作出：

（a）由在册政党向该党的注册协会或候选人作出；

（b）由该党的注册协会向其所属的在册政党、另一个党的注册协会或该党的候选人作出。

例外—特定担保和保证人资格

（6）在册政党或注册协会可以书面形式为以书面形式向政党、协会或根据本条第（5）款允许捐赠的候选人发出的贷款作担保。

2000 年，第 9 章，第 373 条；2014 年，第 12 章，第 86 条

禁止—间接捐赠

374 任何个人不得以任何个人或组织的金钱、财产或服务向在册政党、注册组织、提名竞选者、候选人或领袖竞选者贷款。

2000 年，第 9 章，第 374 条；2014 年，第 12 章，第 86 条

374.1 ［废除，2014 年，第 12 章，第 86 条］

开 支

选举竞选开支

375 候选人的选举竞选开支是由选举引发的合理开支，包括：

（a）选举开支；

（b）个人开支；以及

（c）候选人审计员的费用，以及任何由候选人选区重新计票所引起的花费，而且上述花费没有得到来自总收款人的补偿。

2000 年，第 9 章，第 375 条；2003 年，第 19 章，第 9 条；2014 年，第 12 章，第 86 条

选举开支

376 （1）选举开支包含如下：

（a）任何由在册政党或候选人引发的成本或收到的非货币捐赠，并直接用于支持或反对一个在册政党、其领袖或选举期间的候选人；

（b）任何在册政党或候选人所接受的根据第 364 条第（2）款规定的物品或服务，并直接用于支持或反对一个在册政党、其领袖或选举期间的候选人。

例外—特定的筹资以及提名

（2）筹资活动的花费和直接支持提名某人为候选人或选择某人作为在册政党的领袖的花费，除了本条第（3）款第（a）和（b）项所指的与筹资、支持行为有关的花费，不属于第（1）款所指的选举开支。

包含

(3) 本条第(1)款所指的选举开支包括以下引致的花费、有关的非货币捐赠或有关的物品或服务:

(a) 制作广告或支持材料;

(b) 选举期内在任何媒体或以其他方式(包括使用资本资产)分发、播放或公布上述材料;

(c) 支付补偿以及官方代理以个人或在册政党或其他单位的名义提供服务的花费;

(d) 保证一个会议空间或提供茶歇;

(e) 政府、国企或其他公共机构提供的任何产品或服务;

(f) 选举期内开展选举调查或其他调查或研究。

"引发的成本"的定义

(4) 在本条第(1)款中,"引发的成本"意味着在册政党或候选人引发的花费,不论其已支付还是未支付。

2000年,第9章,第376条;2003年,第19章,第10条;2014年,第12章,第86条

为了售票筹款活动的捐赠

377 如果一个筹款活动的初衷是为在册政党、注册协会、提名竞选者、候选人或领袖竞选者吸收金钱捐赠,且这种活动是通过售票的形式进行,那么货币捐赠的数额就是票价与合理市场价值之间的差价。

2000年,第9章,第377条;2003年,第19章,第11条;2014年,第12章,第86条

个人开支—候选人

378 候选人的个人开支包括:

(a) 差旅费;

(b) 照看孩子的花费;

(c) 照顾身体或精神残疾人士的费用;

（d）残疾候选人的额外支出。

类别与最大值

（2）总选举事务主任可建立个人花费的类别并且给出每个类别中固定的最大数额。

2000 年，第 9 章，第 378 条；2004 年，第 24 章，第 9 条；2014 年，第 12 章，第 86 条

与候选人代表相关的费用

379　任何候选人用于补贴根据第 136 条第（1）款和第 237.1 条第（2）款的代表的花费均被视为候选人的个人开支。

2000 年，第 9 章，第 379 条；2014 年，第 12 章，第 86 条

支付证据—50 元以上

380　（1）如果以在册政党、注册协会、提名竞选者、候选人或领袖竞选者的名义或由代理人或其他依本法得到授权的人士所支出的花费大于 50 元，那么代理人或其他人士需保管一份由提供服务或物品的个人准备的发票。

支付证据—50 元以下

（2）如果像本条第（1）款中的开支低于 50 元，那么支付金钱的人士应保留花费性质的记录和已支付的证明。

2000 年，第 9 章，第 380 条；2014 年，第 12 章，第 86 条

380.1　［作废，2014 年，第 12 章，第 86 条］

小额开支

381　（1）某人可为办公用品、邮资、货运以及其他偶然费用支付小额开支，该开支需得到以下人士的书面授权：

（a）费用以在册政党的名义产生，在册政党的注册代理；

（b）费用以注册协会的名义产生，协会的选区代理；

（c）提名竞选费用，提名竞选者的财务代理；

（d）选举竞选费用，候选人的官方代理；

(e) 领袖竞选费用,领袖竞选者的竞选代理。

授权的最大数额

(2) 本条第(1)款所指的书面授权应指明个人可支付的小额支出的最大总额。

支付的声明与证据

(3) 可支付小额支出的个人应在以下情况出现的三个月内提供授权给他的代理人一份支付声明以及第380条所指的文件:

(a) 小额支出以在册政党的名义产生,为产生当天;

(b) 小额支出以注册协会的名义产生,为产生当天;

(c) 小额支出以提名竞选者的名义产生,为产生当天;

(d) 小额支出以候选人的名义产生,为投票日;

(e) 小额支出以领袖竞选者的名义产生,为产生当天。

禁止

(4) 任何可支付小额支出的个人支付总数都不得超过受权支付的最大限额。

2000年,第9章,第381条;2004年,第24章,第11条;2014年,第12章,第86条

381.1 〔废除,2014年,第12章,第86条〕

竞选统计以及竞选开支统计的公布

382 (1) 总选举事务主任应以其认为合适的方式公布在册政党的竞选统计以及候选人的竞选开支统计,也包括对于该统计的修正:

(a) 原始统计,在令状发出后的一年内;

(b) 修正版本的统计,在收到后立即修正;

(c) 第477.59条第(10)、(11)、(12)或(15)款的文件,或上述文件的修正版本,在收到后立即修正。

公布财务交易统计

(2) 总选举事务主任应当在收到后立即以其认为合适的方式公布以下

信息：

（a）在册政党以及注册协会的财务交易统计以及任何修正版本的统计；

（b）提名竞选者的提名竞选统计，任何第 476.75 条第（10）、（11）、（12）或（15）款的文件，以及统计和文件的任何修正版本；

（c）领袖竞选者的领袖竞选统计，任何第 478.8 条第（10）、（11）、（12）或（15）款的文件，以及统计和文件的任何修正版本，依据第 478.81 条索要的捐赠者有关的统计，里面包含了第 478.3 条第（2）款第（d）项的捐赠者。

候选人选举花费的统计小结

（3）在收到竞选统计后［任何第 477.59 条第（10）、（11）、（12）或（15）款的文件，以及统计和文件的任何修正版本］，总选举事务主任应立即以其认为合适的方式公布小结报告，其中包含了最大选举数额（对个人或选区来说）：

（a）总选举花费；

（b）总个人花费；

（c）捐赠者数量和捐赠金额；

（d）官方代理的姓名；

（e）审计师的姓名；

（f）若适用，表明审计师当有的资格已具备。

公布非在册政党的统计

（4）在从非在册政党中收到第 420 条第（a）项第（i）目所提到的财务交易统计，总选举事务主任应当以其合适的方式公布周知。

交付监察人

383　（1）总选举事务主任应在收到第 477.59 条第（1）款的选区文件之后尽可能快地将它们交给选区的选举监察人。

公众公开

(2) 收到本条第(1)款中文件的选举监察人应当要求将它们公开六个月以供公众及时查验。获得文件的复印费用最高为每页 0.25 元。

保管

(3) 在本条第(2)款提到的六个月期限结束后,收到本条第(1)款中文件的选举监察人应将它们保管三年,或总选举事务主任认为更短的时间。

2000 年,第 9 章,第 383 条;2014 年,第 12 章,第 86 条

通胀调节因子

通胀调节因子

384 在每年的 4 月 1 日前,总选举事务主任应在加拿大官方公报上发布一年有效期的通胀调节因子,它是一个分数:

(a) 分子是加拿大统计局根据《统计法》发布的上一年的年度平均 CPI(1992 年的基数为 100)。

(b) 分母是 108.6,它是加拿大统计局根据《统计法》发布的 1998 年的年度平均 CPI(1992 年的基数为 100)。

2000 年,第 9 章,第 384 条;2004 年,第 24 章,第 15 条;2014 年,第 12 章,第 86 条

384.1 [废除,2014 年,第 12 章,第 86 条]

第 2 段　政党

分段 a　政党注册

注册申请

申请注册

385 (1) 一个政党的领导人可以向总选举事务主任申请成为在册政党。

申请内容

(2) 注册申请必须包括：

(a) 政党的全名；

(b) 为了在选举文件上显示党派短名，或者其缩写（如果有的话）；

(c) 党派的标志（如有）；

(d) 政党领袖的姓名和地址，以及政党领袖认证的关于委任领导和其他官员的决议副本；

(e) 记录保管及通信的办公地址；

(f) 党派官员的姓名和地址，及其签署的履职同意书；

(g) 党派审计师的姓名和地址，及其签署的履职同意书；

(h) 党派首席代理的姓名和地址，及其签署的履职同意书；

(i) 以规定的形式声明为党员并拥护党派注册申请的250名选民的姓名和地址；

(j) 规定形式的领袖声明，在考虑所有的因素——包括第521.1（5）条中描述的——确定党派的根本目的之一是赞同参与公共事务的其成员作为候选人中的一个或多个，并支持其竞选。

附加信息

(3) 要确认本条第（2）款第（j）项中所指的目的是党派的根本目的之一，总选举事务主任可要求党派的领导人提供任何相关信息，其中包括第521.1条第（5）款描述的信息。

2000年，第9章，第385条；2003年，第19章，第13条；2004年，第24章，第16条；2014年，第12章，第86条

385.1　[废除，2014年，第12章，第86条]

385.2　[废除，2014年，第12章，第86条]

申请的撤回

386　已根据第385条第（1）款提出申请的领袖可在登记前任何时间通过发送签名的请求给总选举事务主任以撤回申请。

2000年，第9章，第386条；2003年，第19章，第14条；2014年，

第 12 章，第 86 条

注册资格

387　其领袖已根据第 366 条第（1）款提出申请登记的政党可获得注册资格，若：

（a）它的姓名、缩写名称、缩写或标志没有：

（i）在总选举事务主任看来，其与其他在册政党或合资格政党的名称、缩写名称、缩写或标志相同或混淆；

（ii）在总选举事务主任看来，其所提供的"独立"一词，或一个类似于"独立"的词产生混淆。

（b）除了领袖外，政党拥有至少三名官员，并任命了一名首席代理和审计师。

（c）政党提供了根据第 366 条第（2）款所需的资料和信息且是准确的，总选举事务主任对此表示满意。

2000 年，第 9 章，第 387 条；2003 年，第 19 章，第 15 条；2014 年，第 12 章，第 86 条

保留名称

388　注销政党后 30 日内：

（a）不得有另一个申请成为在册政党的请求可以被接受——根据第 405 条所有报告无效——如果申请或报告允许另一个政党使用的名称、短名、缩写或标志在总选举事务主任看来可能会与被注销政党混淆；

（b）如一个新的申请的注册是以被注销党派在注销时的名称、短名、缩写和标识提出的，那么总选举事务主任不得以不符合第 387 条第（a）款第（i）项的理由拒绝其申请。

2000 年，第 9 章，第 388 条；2003 年，第 19 章，第 16 条；2014 年，第 12 章，第 86 条

资格的通知

389　（1）总选举事务主任须在切实可行范围内，于收到申请后，通

知一个已提出申请的政党领袖其政党是否有资格根据第 387 条规定予以登记。如果当事人不符合资格，他或她也应标明该条的哪些要求没有得到满足。

失去资格

（2）一个符合本条第（1）款规定资格的政党可被告知失去了它的资格，如果：

（a）违反第 391 条、395 条第（1）款、第 399 条至 402 条、405 条第（1）（3）（4）款及第 406 条第（1）款和第 407 条；

（b）一名官员根据第 395 条第（2）款不合资格以及该党未遵守第 395 条第（3）与（4）款；

（c）其首席代理根据第 376 条不合资格以及该党未遵守 400 条；

（d）其审计师根据第 398 条不合资格以及该党未遵守 400 条；

2000 年，第 9 章，第 389 条；2003 年，第 19 章，第 17 条；2014 年，第 12 章，第 86 条。

389.1　［废除，2014 年，第 12 章，第 86 条］

389.2　［废除，2014 年，第 12 章，第 86 条］

注册

390　（1）符合资格政党可成为在册政党，若在一场选举中至少有一个候选人的提名已被证实，以及其申请注册是在选举令状前至少 60 日作出的且令状没有被撤回。

逾期申请

（2）在本条第（1）款所指的 60 日后提出申请的合资格政党可在下届大选（或任何之前的补选）中成为在册政党，如果它是符合该款对于本次选举的规定。

通知

（3）总选举事务主任须在提名期结束后的 48 小时内，尽快：

（a）告知一个合资格党派的领袖，党派已满足本条第（1）款的要求而注册；

(b) 在大选的情况下，通知不符合本条第（1）款要求的党派领袖，其政党未注册。

失去资格

(4) 合资格政党，除了本条第（2）款所指以外，可根据本条第（3）款第（b）项被告知失去了注册资格。

合资格党派视为注册

(5) 出于第363、367、376、430、437以及第444条的目的，根据本条第（1）款成为在册政党的合资格政党，可被视为在令状发出之日起已经注册。

2000年，第9章，第390条；2003年，第19章，第19条；2014年，第12章，第86条

合资格政党代理的报告

391 合资格政党在根据第369条第（1）款被告知有资格后30日内，向总选举事务主任提供一份由其领袖或首席代理认证的书面报告，其中应包含任何获委任作为其注册代理的人的姓名和地址，和任何委任应遵循的条款及条件。总选举事务主任，应当在合资格政党登记时，在政党注册表中注册该信息。

2000年，第9章，第391条；2003年，第19章，第19条；2014年，第12章，第86条

资产负债声明

392 成为在册政党后半年内，在册政党应向总选举事务主任提供：

(a) 登记生效之日起的前一天，按照一般公认会计原则编制的一份声明，包含其资产及负债，包括任何盈余或赤字；

(b) 该声明中的由在册政党审计师向总选举事务主任所做的报告，包含审计师认为这种声明是否按照一般公认会计原则合理呈现其信息；

(c) 在册政党的首席代理以规定的形式就声明的完整性与准确性的

宣示。

2000 年，第 9 章，第 392 条；2003 年，第 19 章，第 20 条；2014 年，第 12 章，第 86 条

年度财政期

393　（1）在册政党的年度财政期是日历年。

调整年度财政期

（2）一个政党在注册后应立即，如果有必要，改变其财政期，使其在日历年的年底结束。调整后的财政期不得少于 6 个月或超过 18 个月。

2000 年，第 9 章，第 393 条；2014 年，第 12 章，第 86 条

政党注册处

394　总选举事务主任各方应维护一个政党注册处，其中应包含在第 385 条第（2）款第（a）至（h）项以及第 396 条第（2）款和第 418 条第（2）款所指的资料。

官员、注册代理、审计师及党员

最低的官员人数

395　（1）根据本条第（3）款的规定，除了领袖外，在册政党及合资格政党须至少有三个官员。

资格—官员

（2）只有选民且日常居住在加拿大的个人有资格成为在册政党或合资格政党的官员。

替代委任

（3）在册政党或合资格政党的官员在发生死亡、丧失行为能力、辞职、无资格或撤销委任时，政党应（如果剩余的官员数目少于四个）在 30 日内委任替代人选。

任命报告

（4）替代委任后 30 日内，在册政党或合资格政党应当根据第 382 条

第（1）款向总选举事务主任提供一份报告。

2000 年，第 9 章，第 395 条；2014 年，第 12 章，第 86 条

注册代理

396 （1）注册的政党可根据其设定的任何条款和条件，委任他人作为其注册代理。

任命报告

（2）在一个注册代理任命后的 30 日内，在册政党应向总选举事务主任提供一份由领导者或首席代理认证的书面报告，其中应包括注册代理人的名称和地址以及其委任所参照的任何条款和条件。总选举事务主任须将上述信息载入该党的注册表中。

2000 年，第 9 章，第 396 条；2014 年，第 12 章，第 86 条

代理—企业

397 （1）根据加拿大法律注册成立的公司或一个省有资格成为：

(a) 在册政党的首席代理或注册代理；

(b) 合资格政党的首席代理或代理。

代理—不合资格

（2）以下人士没有资格成为首席代理、注册代理或代理人：

(a) 选举官员或选举监察人的雇员；

(b) 候选人；

(c) 依据本法任命的审计师；

(d) 根据本条第（1）款的规定不是选民的人；

(e) 未获解除破产的破产人；

(f) 在其常住省没有全部缔约能力的任何人。

2000 年，第 9 章，第 397 条；2014 年，第 12 章，第 86 条

审计师—资格

398 （1）只有符合下列资格才能成为一名在册政党或合资格政党的审计师：

（a）信誉良好的公司、协会或专业会计师机构的成员；

（b）伙伴关系中的每一个合伙人都是一个信誉良好的公司、协会或专业会计师机构的成员。

审计师—不符合资格

（2）以下人员没有资格成为一名审计师：

（a）选举监察人或成员的选举监察人的工作人员；

（b）候选人或其官方代理人；

（c）在册政党或合资格政党的官员；

（d）在册政党或合资格政党的首席代理；

（e）在册政党的注册代理；

（f）注册协会的选区代理；

（g）提名竞选者和他们的财务代理；

（h）领袖竞选者和领袖竞选代理；

（i）注册第三方的财务代理。

2000 年，第 9 章，第 398 条；2014 年，第 12 章，第 86 条

同意

399　在册政党及合资格政党须取得其任命的官员、首席代理和审计师签字同意才能采取行动。

2000 年，第 9 章，第 399 条；2014 年，第 12 章，第 86 条

首席代理和审计师的替代

400　（1）在其首席代理或审计师死亡、丧失行为能力、辞职或撤销任命的情况下，在册政党或合资格政党应及时委任替代者。

任命报告

（2）根据本条第（1）款的规定委任替代者之后 30 日以内，在册政党或合资格政党应当根据第 382 条第（1）款向总选举事务主任提供一份报告。

只有一个首席代理及审计师

401 在册政党或合资格政党应同时只有一名首席代理和一名审计师。

2000年,第9章,第401条;2014年,第12章,第86条

最少的成员人数

402 在册政党及合资格政党须有至少250名选民的成员。

2000年,第9章,第402条;2003年,第19章,第22条;2014年,第12章,第86条

禁止—官员

403 (1) 任何没有资格成为在册政党或合资格政党官员的人都不得行使相似职责。

禁止—代理

(2) 任何没有资格成为在册政党或合资格政党首席代理或注册代理的人都不得行使相似职责。

禁止—审计师

(2) 任何没有资格成为在册政党或合资格政党审计师的人都不得行使相似职责。

2000年,第9章,第403条;2001年,第21章,第21条;2014年,第12章,第86条

403.01至403.42条 [废除,2014年,第12章,第86条]

禁止—根本目的

404 (1) 根据本条第(2)款的规定,任何人不得出任或继续担任在册政党或合资格政党的官员,如果:

(a) 他们知道,该党的根本目的之一是没有通过支持其成员中的一个或多个作为候选人和支持他们的竞选从而参与公共事务;

(b) 政党未根据第414条提出注销申请。

例外

(2) 在本条第(1)款提到的人可根据第414条签署一份注销申请。

2000 年，第 9 章，第 403 条；2001 年，第 21 章，第 214 条；2003 年，第 19 章，第 24 条；2014 年，第 12 章，第 86 条

404.1　［废除，2006 年，第 9 章，第 43 条］

404.2 至 404.4　［废除，2014 年，第 12 章，第 86 条］

更改政党的信息

更改信息

405　（1）在册政党或合资格政党在政党注册表中的信息在变更后 30 日内，该党应以书面形式报告总选举事务主任变更详情。该报告必须经党派领袖认证。

新名称，缩写或标志

（2）在第 395 条第（2）款第（a）至（c）项提到的信息变更报告应包括一份政党更改信息的决议副本。如果更改后的信息符合第 368 条第（a）项第（i）或（ii）目，那么这种变化生效规则如下：

（a）在选举期间作出报告的情况下，投票日当天后生效；

（b）在任何其他情况下，于该报告提出的当天生效。

新领袖

（3）党派领袖改变的报告必须包括党派任命新领导人的决议副本，该副本须有党派的新领袖和另一名官员认证。

新官员、首席代理或审计师

（4）如果报告涉及更换官员、首席代理或审计师，其应包括一份第 399 条所指的经签名的同意书副本。

变更登记

（5）总选举事务主任须在各政党的注册表中载入任何本条提到的信息变动。

将选区协会载入注册表中

（6）总选举事务主任应在注册表中载入本条第（2）款所指的选区协

会的任何信息变化。

2000年，第9章，第405条；2003年，第19章，第25条；2006年，第9章，第46条；2014年，第12章，第80、86条

405.1至405.4　［废除，2014年，第12章，第86条］

大选信息的确认

406　（1）在册政党及合资格政党应在大选令状发出后10日内，向总选举事务主任提供：

（a）由其领袖认证的、证实党派在注册表中信息有效性的一份声明；

（b）如果有上述信息的变化，则按第382条第（1）款提供报告。

支持候选人

（2）在册政党及合资格政党的领导人指定代表来推举大选的候选人，在册政党或合资格政党须包括本条第（1）款所提到的声明或报告，以及一份由其领导人认证的指定代表姓名的声明。

2000年，第9章，第406条；2014年，第12章，第86条

每年登记确认

407　（1）在每年的6月30日或之前，在册政党及合资格政党应向总选举事务主任提供：

（a）由其领袖认证的、证实党派在注册表中信息有效性的一份声明；

（b）如果有上述信息的变化，则按第405条第（1）款提供报告。

确认成员

（2）在每一个第三年的6月30日或之前（从2016年开始），在册政党及合资格政党应向总选举事务主任提供250名选民的姓名和地址及他们以规定形式作出的声明，证明他们是党派成员。

领袖宣言

（3）每年6月30日或之前，一个在册政党和资格政党应向总选举事务主任提供一份规定形式的领袖声明，证明其已经考虑过所有有关确定党派的宗旨因素——包括第521.1条第（5）款提到的那些——党派的根本

宗旨之一是由第 385 条第（2）款第（j）项所描述。

2000 年，第 9 章，第 407 条；2003 年，第 19 章，第 26 条；2014 年，第 12 章，第 86 条

禁止—虚假或误导信息（领袖）

408　（1）任何政党的领导者都不应向总选举事务主任提供他们明知的虚假或具误导性的有关第 366 条的信息。

禁止—虚假或误导信息（党派）

（2）任何在册政党或合资格政党都不应向总选举事务主任提供他们明知的虚假或具误导性的有关第 405 条至 407 条的信息。

禁止—由领袖认证

（3）任何在册政党或合资格政党的领袖不得在第 405 条至 407 条下，认证任何明知包含虚假或误导性信息的报告或声明。

禁止—领袖的声明

（4）任何政党的领袖都不得在做第 385 条、405 或 407 条的声明时，提供他们明知的虚假或误导性信息。

禁止—成员的声明

（5）任何一个党派的成员不得在做第 385 条或 407 条的声明时，提供他们明知的虚假或误导性信息。

2000 年，第 9 章，第 408 条；2003 年，第 19 章，第 27 条；2014 年，第 12 章，第 86 条

注销在册政党

注销—没有候选人

409　总选举事务主任应在第 71 条第（1）款提到的大选提名确认的期限届满时，注销在那个时候没有推出大选候选人的在册政党。

2000 年，第 9 章，第 409 条；2014 年，第 12 章，第 86 条

409.1　[废除，2014年，第12章，第86条]

注销—官员或成员

410　（1）如果总选举事务主任认为，在册政党不符合第395条第（1）款或第402条的行为，他或她应以书面形式通知政党其应当：

(a) 在收到通知后60日内作出符合第395条第（1）款的行为；或

(b) 在收到通知后90日内作出符合第402条的行为。

延长

（2）如果总选举事务主任对政党在通知设定的时间内已作出合理努力去遵守第395条第（1）款或第402条感到满意，他或她可以书面形式通知当事人，可获得另一段长达60日或90日（视情况而定）的遵守期。

注销

（3）总选举事务主任应当注销在册政党，若它不符合根据本条第（1）或（2）款的通知精神（视情况而定）。

2000年，第9章，第410条；2003年，第19章，第28条；2014年，第12章，第86条

注销的通知

411　总选举事务主任应根据第409或410条向在册政党及其首席代理提供注销登记的通知，并可根据第417条注销注册协会及其财务代理。

2000年，第9章，第411条；2003年，第19章，第29条；2014年，第12章，第86条

注销—未能提供文件

412　总选举事务主任可注销在册政党，如果其未能提供：

(a) 根据第392条规定的文件；

(b) 第396条第（2）款提到的有关任命注册代理的报告；

(c) 在第400条第（2）款或第405条第（1）或（4）款中提到的更换审计师或接收代理的文件；

(d) 在第405条第（1）或（3）款中提到的改变其领导人的文件；

（e）根据第 405 条第（2）款改变名称、短名、缩写或第 385 条第（2）款第（a）至（c）项提到的标志等注册信息的报告；

（f）根据第 382 条第（1）款任何其他注册信息发生变化的报告；

（g）根据第 406 条第（1）款或第 407 条注册信息有效性的确认；

（h）根据第 476.1 条第（1）款在册政党需要备案的报告；

（i）第 478.1 条第（1）或（2）款规定的报告。

2000 年，第 9 章，第 412 条；2003 年，第 19 章，第 30 条；2014 年，第 12 章，第 86 条

注销—统计及审计师报告未能备案

413 总选举事务主任可注销在册政党，如果其首席代理不能向总选举事务主任提供：

（a）根据第 432 条第（1）款的一个财年的文件；

（b）根据第 437 条第（1）款的大选文件。

2000 年，第 9 章，第 413 条；2014 年，第 12 章，第 86 条

自愿注销

414 根据在册政党的注销申请（除了在大选选举期间），由领导和该党的任何两名官员签字，总选举事务主任可注销政党。

2000 年，第 9 章，第 414 条；2014 年，第 12 章，第 86 条

非自愿注销的程序

415 （1）如果总选举事务主任根据合理理由认为在册政党、其领袖、其首席代理或其他官员未能履行第 412 或 413 条规定的义务，总选举事务主任须以书面形式通知该党及其在注册处的官员，政党及官员必须：

（a）根据第 386 或 387 条纠正遗漏履行的上述义务；

（i）未能遵守第 383 条第（1）款的情况下，于收到通知后 5 日内，或

（ii）在任何其他情况下，于收到通知后 30 日内；

（b）说服总选举事务主任遗漏并非疏忽或缺乏诚信的结果。

延长或豁免

(2) 如果本条第(1)款第(b)项适用,总选举事务主任可以修改通知,通过:

(a) 通知收件人全部或部分豁免根据第412条或413条所应遵守的义务;

(b) 指定本条第(1)款第(a)项第(i)或(ii)目中提到的要求遵守的时间(视情况而定)。

注销

(3) 总选举事务主任可注销在册政党,如果它的领袖、首席代理或官员之一未能遵守本条第(1)款所指的通知,或根据本条第(2)款修订的通知。

2000年,第9章,第415条;2014年,第12章,第86条

注销通知

416 (1) 如果总选举事务主任将要根据第414条或第415条第(3)款注销一个在册政党,则其应书面通知该党及其注册协会。

注销日期

(2) 通知应指明注销生效日期,其应该在通知发出后至少15日。

服务证明

(3) 根据本条第(1)款的通知应以挂号信邮寄或快递服务的方法邮寄,并提供证明,即在运输过程中的记录以及交付的记录。

2000年,第9章,第416条;2003年,第19章,第31条;2014年,第12章,第86条

在册政党注销的效力

417 如果在册政党被注销,其注册的协会也被注销。

2000年,第9章,第417条;2014年,第12章,第86条

注销的通知

418 (1) 总选举事务主任应立即将在册政党及其注册协会的注销通

知刊登在加拿大官方公报上。

在注册表上写入注销

（2）总选举事务主任应当在政党的注册表中表明政党已办理注销登记。

2000 年，第 9 章，第 418 条；2014 年，第 12 章，第 86 条

为有限目的的继续注册状态

419 根据第 420 条规定，被注销的在册政党继续拥有在册政党的义务。

2000 年，第 9 章，第 419 条；2014 年，第 12 章，第 86 条

财务期以及统计

420 注销政党的首席代理应当在注销后六个月内，向总选举事务主任提供：

（a）第 432 条第（1）款所述的文件：

（i）其注销当天结束时目前的财务期的部分；以及

（ii）根据该款规定无法提供的任何较早财务期的文件；

（c）第 437 条第（1）款提到的文件，即根据该款规定无法提供的任何有关选举的文件。

2000 年，第 9 章，第 420 条；2014 年，第 12 章，第 86 条

在册政党合并

合并的适用

421 （1）两个或两个以上的在册政党可在除发出选举令状后至投票日结束的前 30 日内，向总选举事务主任申请合并成为一个单一的在册政党。

内容

（2）申请合并两个或多个在册政党必须：

（a）由合并各方领导人认证；

（b）附上一份拟合并各党批准合并的决议；

（c）除第 385 条第（2）项第（i）目中提到的信息外，提供从政党到在册政党所需的信息。

2000 年，第 9 章，第 421 条；2014 年，第 12 章，第 86 条

合资格的被合并政党的注册

422 （1）总选举事务主任应修改政党注册表，用合并后政党的名称替换各党的名称，若：

（a）申请合并不在第 421 条第（1）款所指的期间提出；

（b）总选举事务主任认为满意：

（i）被合并政党根据该法有资格登记为一个政党；

（ii）合并方已经根据该法履行完毕其义务，其中包括它们汇报金融交易及其选举开支并保持有效和最新注册信息的义务。

通知

（2）总选举事务主任应书面通知被合并，各党的官员政党注册表是否已根据本条第（1）款修改。

在加拿大官方公报上通知

（3）如果总选举事务主任修订各党的注册表，他或她应安排予以在加拿大官方公报上公布通知，载明在注册表中被合并各党的名称已被合并后政党的名称替换。

2000 年，第 9 章，第 422 条；2003 年，第 19 章，第 32 条；2014 年，第 12 章，第 86 条

合并的生效日期

423 （1）在册政党的合并在总选举事务主任根据第 422 条第（1）款修订各方的注册表的当天生效。

合并的后果

（2）在两个或两个以上的在册政党合并后：

（a）合并后政党是合并各方的继任者；

（b）合并后政党成为在册政党；

（c）各合并方的资产属于合并后政党；

（d）合并后政党负责各合并方的负债；

（e）合并后政党负责各合并方合并生效之前任何期间的金融交易和选举开支报告的义务；

（f）合并后政党在任何法律程序中（不论是民事或刑事）取代了合并方；

（g）任何涉及合并方的司法或准司法性质的决定，可对合并政党予以强制执行。

注册协会合并的效力

（3）在册政党合并后，合并方的任何注册协会即被注销，尽管第 447 条第（c）项规定，可将货物或者资金在合并后六个月内转给合并后政党或合并后政党的注册协会。任何这类转让并非本法所指的捐赠。

2000 年，第 9 章，第 423 条；2014 年，第 12 章，第 86 条

423.1　［废除，2014 年，第 12 章，第 86 条］

统计

424　合并后六个月内：

（a）各合并方应向总选举事务主任提供第 432 条第（1）款所指的文件：

（i）其注销当天结束时的财务期的部分；以及

（ii）根据该款规定无法提供的任何较早财务期的文件；

（b）合并后政党应向总选举事务主任提供：

（i）按照一般公认会计原则编制的一份包含其资产及负债，包括自合并之日起任何盈余或亏损的声明；

（ii）提交给合并后政党首席代理的审计师报告，包括声明内容是否公正以及所基于的信息是否按照一般公认会计原则给出；

（c）由合并后政党的首席代理以规定的形式提出的，证明上述声明是完整及准确的宣示。

2000 年，第 9 章，第 424 条；2003 年，第 19 章，第 34 条；2014 年，第 12 章，第 86 条

424.1　［废除，2014 年，第 12 章，第 86 条］。

分段 b　在册政党的财务管理
总　则

首席代理的职责

425　在册政党的首席代理负责监管其财务交易和依据本法对其监督。

2000 年，第 9 章，第 425 条；2003 年，第 19 章，第 35 条；2006 年，第 9 章，第 50 条；2014 年，第 12 章，第 86 条

禁止—支付开支

426　(1) 除了在册政党的注册代理或根据第 381 条第（1）款授权的人士外，任何组织和个人不得支付在册政党的开支。

禁止—引发开支

(2) 根据第 348.02 条，除了在册政党的注册代理，任何组织和个人不得引发在册政党的开支。

禁止—接受捐赠、借款

(3) 除了在册政党的注册代理，任何组织和个人不得以该党的名义接受给在册政党的捐赠和借款。

禁止—接受或提供物品、服务或资金

(4) 除了在册政党的注册代理，任何组织和个人不得以该党的名义：

(a) 接受物品、服务或资金，若上述内容根据第 364 条是允许的；

(b) 提供物品、服务或资金，若上述内容根据本条是允许的。

2000 年，第 9 章，第 426 条；2003 年，第 19 章，第 36 条；2014 年，第 12 章，第 86、155 条

债务声明的复原

债务声明

427　若有人声称一个在册政党对其负有债务,其应当向在册政党或其注册代理提供发票或其他文件证明此声明。

2000 年,第 9 章,第 427 条;2014 年,第 12 章,第 86 条

三年内支付

428　如果一个开支声明被第 427 条提到的发票或其他文件证实,此声明将在到期后三年内得到支付。

2000 年,第 9 章,第 428 条;2014 年,第 12 章,第 86 条

继续恢复支付

429　一个寄出发票或其他文件来证明第 427 条声明的人员可启动司法程序追索任何未支付的数额:

(a)　在任何时间,若注册代理拒绝支付或对其可支付性存在异议;或

(b)　在第 428 条提到的期限结束之后(视情况而定)。

2000 年,第 9 章,第 429 条;2014 年,第 12 章,第 86 条

最大选举开支

最大选举开支

430　(1)在册政党在一场选举中的最大开支数额为以下的乘积:

(a)　0.735 元乘上该党提出候选人的各选区的初步选民名单上的选民数,或乘上上述选区修订选民名单上的选民数。

(b)　由总选举事务主任依据第 384 条,在选举令状发布后公布的通胀调节因子。

长于 37 日的选举期

(2)如果选举期长于 37 日,那么本条第(1)款所述的数额可以通过加上以下的乘积得到增加:

(a) 本条第（1）、（2）和（4）款所述数额的三十七分之一（依据情况）；以及

(b) 选举期减去37。

未纳入选举开支的数额

(3) 根据本条第（1）与（2）款的规定，在册政党的选举开支不包括：

(a) 以其名义转账给候选人的钱款；

(b) 通过注册代理，或根据第381条第（1）款授权的人士（其并不受政党权威约束）引发的开支。

2000年，第9章，第430条；2003年，第19章，第38条；2014年，第12章，第86条

禁止—选举开支超过最大值

431 （1）任何在册政党的首席代理不得以该党名义引发超过第430条规定最大数额的选举开支。

禁止—勾结

(2) 任何在册政党或第349条定义的第三方都不得相互勾结以避开本条第（1）款所提到的数额限制。

2000年，第9章，第431条；2014年，第12章，第86条

财务报告

财务交易统计表

432 （1）在册政党每个财务期，其首席代理应向总选举事务主任提供：

(a) 一份规定形式的在册政党财务交易统计表；

(b) 根据第435条第（1）款制定的统计表审计报告；

(c) 一份规定形式的首席代理对统计表完整及真实性的声明。

统计表的内容

(2) 一份财务交易统计表应包含：

(a) 在册政党收到的捐赠总额；

(b) 捐赠者数量；

(c) 每个给在册政党捐款超过 200 元的捐赠者姓名、地址、捐赠总额、每笔捐赠额以及政党收到捐赠的日期；

(d) 每个给在册政党捐款包括第 365 条第（2）款的直接捐款的捐赠者姓名、地址、捐赠总额、直接捐赠额以及政党收到捐赠的日期；

(e) 按照一般公认会计原则编制的一份声明，包含其资产及负债，包括任何盈余或赤字，包括如下声明：

(i) 第 429 条规定的债务债权；

(ii) 未偿付的债务债权，包括根据第 373 条给在册政党贷款所导致的。

(f) 按照一般公认会计原则编制的一份声明，其中包含在册政党的收支；

(g) 一份声明，其中包含每个选区在册政党向候选人或选区协会提供的物品、服务的商业价值以及资金数额；

(h) 一份声明，其中包含第 365 条第（2）款定义的直接捐赠之外的转给领袖竞选者的数额、本条第 2 款第（d）项中与捐赠者相关的信息，以及该领袖竞选者的姓名。

(i) 一份声明，其中包含在册政党从任何选区协会、提名竞选者、候选人或领袖竞选者处得到的物品、服务的商业价值以及资金数额；

(j) 一份财务期补选引发的选举开支统计表，其中包括：

(i) 一份在册政党引发的开支（支付与未支付）声明，包括一份第 348.01 条选民呼叫服务引发的开支声明，其中应标明服务提供者的名称和上述开支的数额；以及

(ii) 一份声明，其中包含已使用的非货币捐赠。

(k) 一份声明，其中包含根据第 373 条给在册政党贷款的条款，包括

贷款数额、利率、借款人姓名和地址、偿还本金和利息的金额和日期，以及若有担保人，则还有担保人的姓名、地址和担保额；

（1）一份声明，其中包含在册政党收到但又全额或部分返还给捐赠者或依据本法处理的捐赠。

报告

（3）如果本条第（2）款第（k）项声明的信息作了修改，包括给予担保或保证人资格，那么在册政党的首席代理应立即为总选举事务主任提供规定形式的修改报告。

公布

（4）在收到信息或报告后，总选举事务主任应尽快以其认为适当的形式公布本条第（2）款第（k）项的声明信息以及任何根据本条第（3）款提供的报告。

提供文件的时间

（5）本条第（1）款汇总提到的文件应在财务期结束后六个月内向总选举事务主任提供。

未支付的债务声明

（6）本条第（2）款第（e）项第（ii）目提到的未支付债务声明应包括如下信息：

（a）声明中前一个财务期的每个未支付债务应全额支付；

（b）每个在到期后 18 个月内未支付的债务以及到期后 36 个月内未支付的债务。

未支付的债务——18 个月及以上

（7）声明中应包括以下有关本条第（6）款第（b）项所指之债务的信息：

（a）未支付部分的金额是否存在争议，若有，政党该采取什么步骤解决；

（b）债务是否符合第 429 条的规定；

（c）贷款未支付部分的金额是否符合安全支付的规定，或是否存在未支付部分的争议；

（d）党是否同意支付计划，如果是，偿还是否也依据此计划；

（e）未支付部分是否被信贷员根据正常会计实践划定为无法收回的债务；

（f）任何其他用于解释未支付部分的信息。

2000 年，第 9 章，第 432 条；2014 年，第 12 章，第 86 条

季报

433　（1）如果一个在册政党最近大选的候选人得到 2% 的总有效选票和 5% 的选区选票，该党的首席代理应在每个财务期的一个季度向总选举事务主任提供一份报告，其中包括第 432 条第（2）款第（a）至（d）、(i) 项以及第（1）款的信息。

提供报告的时间

（2）季报应在其有关的实践结束后 30 日内提供。

2000 年，第 9 章，第 433 条；2014 年，第 12 章，第 86 条

转给总收款人的捐赠

434　如果给在册政党捐款超过 20 元的捐赠者姓名或给在册政党捐款超过 200 元的捐赠者姓名和地址未知，那么该党的一个注册代理应当立即向总选举事务主任支付等额的钱款，后者需将此转交给总收款人。

2000 年，第 9 章，第 434 条；2014 年，第 12 章，第 86 条

审计报告

435　（1）在册政党的审计师应告知党的首席代理党的财务交易报告并且应当根据公认的准则检查，并以此让其给出报告的意见，以说明报告是否公正地展现了财务记录中的信息。

声明

（2）审计师应当在报告中纳入任何有必要的声明，若：

（a）随附的财务交易报告根据公认的准则，未能公正地展现财务记录

中的信息；

（b）审计师没有收齐所要求的信息与解释；或

（c）基于检查，在册政党未保管适当的财务记录。

获取的权利

（3）审计师可在任何合理时间内获得党的文件，并且可要求政党的注册代理和官员提供任何对于准备报告有必要的信息或解释。

2000年，第9章，第435条；2003年，第19章，第39条；2014年，第12章，第84，86条

435.01至435.47　　［废除，2014年，第12章，第86条］

禁止——虚假、误导或不完整文件

436　在册政党的首席代理根据第432条第（1）款第（a）项向总选举事务主任提供的文件不得有以下情况：

（1）首席代理知道或应当知道包含了材料声明有虚假或误导性内容；或

（2）没有实质上给出根据第432条第（2）款的信息或在第432条第（2）款第（e）项第（ii）目所指的未偿付债务声明下没有实质上给出根据第432条第（6）或（7）款的信息。

2000年，第9章，第436条；2014年，第12章，第86条

报告选举开支

选举开支报告

437　（1）对于大选来说，在册政党的首席代理应当向总选举事务主任提供：

（a）一份规定形式的选举开支报告；

（b）根据第438条第（1）款关于开支报告的审计报告；以及

（c）一份首席代理给出的规定形式的关于开支报告完整性与准确性的宣示。

报告

(2) 选举开支报告应提供选举的如下开支：

(a) 在册政党引发的开支，不论是支付还是未支付，包括一份关于第 348.01 条的选民呼叫服务引发的开支的声明，该声明需标明提供者的名称以及开支数额；以及

(b) 在册政党作为选举开支使用的非货币捐赠。

提供文件的时间

(3) 在册政党的首席代理应在大选投票日八个月内向总选举事务主任提供本条第（1）款所指的文件。

2000 年，第 9 章，第 437 条；2003 年，第 19 章，第 41 条；2014 年，第 12 章，第 86 条

审计报告

438 （1）大选后在册政党审计师应尽可能快地向总选举事务主任其报告开支情况并且应当根据公认的准则检查，并以此让他给出报告的意见，以说明报告是否公正地展现财务记录中的信息，以及在册政党和首席代理是否遵守本部分第 1 段和本段的规定。

声明

(2) 审计师应在本条第（1）款的报告中纳入任何其认为有必要的声明，若：

(a) 作为报告主题的统计表并没有公正地展现财务记录中的信息；

(b) 审计师未收到其所要求的所有信息和解释；

(c) 检查发现在册政党没有保留适当的财务记录；或

(d) 检查发现在册政党和首席代理没有遵守本部分第 1 段和本段的规定。

获取的权利

(3) 审计师可在任何合理时间内获得党的文件，并且可要求政党的注册代理和官员提供任何对于准备报告有必要的信息或解释。

2000 年，第 9 章，第 438 条；2003 年，第 19 章，第 42 条；2014 年，第 12 章，第 86 条

禁止—错误、误导或不完整文件

439　任何在册政党不得向总选举事务主任提供第 437 条第（1）款第（a）项的文件：

（a）首席代理明知或应当知道包含虚假或具误导性的材料；

（b）没有实质性提供第 437 条第（2）款要求的信息。

2000 年，第 9 章，第 439 条；2014 年，第 12 章，第 86 条

修改、修正以及扩展报告期

小修改—总选举事务主任

440　（1）若修改不会实质上影响其内容，总选举事务主任可修改第 432 条第（1）款或第 437 条第（1）款提到的文件。

应总选举事务主任要求修改或修正

（2）总选举事务主任可以书面形式要求一个在册政党的首席代理在一定时间内修改或修正第 432 条第（1）款或第 437 条第（1）款提到的文件。

修改或修正的截止期

（3）若总选举事务主任要求修改或修正，在册政党的首席代理应在一定时间内向其提供修改或修正后的文件。

2000 年，第 9 章，第 440 条；2014 年，第 12 章，第 86 条

扩展—总选举事务主任

441　（1）在在册政党的首席代理或（首席代理缺席或无法履职时）领袖提出书面申请后，总选举事务主任应授权扩展第 432 条第（5）款或第 437 条第（3）款提到的时限，除非其认为首席代理未提供文件是出于故意或疏忽大意。

截止日期

（2）申请需在第432条第（5）款或第437条第（3）款提到的时限内作出或在该期限到期后两周内作出。

2000年，第9章，第441条；2001年，第21章，第22条；2014年，第12章，第86条

修改或修正—总选举事务主任

442 （1）在在册政党的首席代理或（首席代理缺席或无法履职时）领袖提出书面申请后，如果认为申请人所提交的证据证明修改或修正是必要的，总选举事务主任应授权修改或修正第432条第（1）款或第437条第（1）款提到的文件。

立即申请

（2）申请应在申请人意识到修改或修正的必要性之后立即作出。

修改或修正的截止期

（3）申请人应在得到修改或修正授权后30日内向总选举事务主任提供修改或修正后的文件，或根据本条第（4）或（5）款获得延期。

新的截止期

（4）总选举事务主任在本条第（3）款提到的30日期限到期后两周内收到书面申请后应授权扩展时限，除非其认为首席代理未提供文件是出于故意或疏忽大意。

扩展新的截止期

（5）总选举事务主任在本条第（4）款或本款提到的扩展期限到期后两周内收到书面申请后，应授权再次扩展时限，除非其认为首席代理未提供文件是出于故意或疏忽大意。

2000年，第9章，第442条；2007年，第21章，第34条；2014年，第12章，第86条

扩展、修改或修正—法官

443 （1）在册政党的首席代理或（首席代理缺席或无法履职时）领

袖可向法官申请一份命令：

（a）以豁免首席代理履行根据第 440 条第（2）款提出的申请所设之义务；

（b）授权第 441 条第（1）款所指的扩展；

（c）授权第 442 条第（1）款所指的修改或修正。

申请人应通知总选举事务主任申请已作出

截止日期

（2）申请的作出应：

（a）根据本条第（1）款第（a）项，在第 440 条第（2）款所指的期限内或在此期限结束后两周内作出。

（b）根据本条第（1）款第（b）项，在以下情况下，在两周内作出：

（i）如果延期申请未在第 441 条第（2）款规定时限内（即该条中提到的时限到期后两周内）向总选举事务主任提出申请；

（ii）根据第 441 条作出的延期被拒绝；

（iii）第 441 条第（1）款提到的延期后时限终结。

（d）根据本条第（1）款第（c）项，在根据第 442 条提出的修改或修正申请被拒后两周内。

理由——豁免遵守

（3）若法官认为申请人所提交的证据证明修改或修正是非必要的，并无遵守本法的必要，法官可颁布命令豁免首席代理履行根据第 440 条第（2）款提出的申请所设之义务。

理由——扩展

（4）法官可颁布命令授权扩展，除非法官认为首席代理未提供文件是出于故意或疏忽大意。

理由——修改或修正

（5）法官可颁布命令授权修改或修正，若法官认为申请人所提交的证据证明修改或修正是必要的，且应遵守本法的规定。

命令的内容

（6）命令可要求申请人满足法官认为实现本法目的有必要的条件。

2000 年，第 9 章，第 443 条；2014 年，第 12 章，第 86 条

补偿选举开支

证书

444 （1）在从在册政党处收到第 437 条第（1）款所指的文件后，总选举事务主任应向总收款人提供一份证书，载明在册政党 50% 的选举开支是由其大选开支统计表中的注册代理支付的，若：

（a）总选举事务主任认为——即便第 438 条第（1）款的报告中包含了第 438 条第（2）款第（d）项提到的在册政党审计声明——在册政党及其首席代理遵守了第 437 至 443 条的规定；

（b）审计报告未包括一份第 438 条第（2）款第（a）至（c）项所指的声明；

（c）在册政党的申请人收到至少：

（i）选举中 2% 的有效选票；

（ii）提出候选人的选区中 5% 的有效选票。

补偿削减

（2）若在选举开支统计中所给出的选举开支超过了第 430 条设定的最高标准，那么本条第（1）款中提供的数额需按照以下规则削减：

（a）未超过 5% 的部分每多 1 元扣除 1 元；

（b）超过 5% 但未到 10% 的部分每多 1 元扣除 2 元；

（c）超过 10% 但未到 12.5% 的部分每多 1 元扣除 3 元；

（d）超过 12.5% 的部分每多 1 元扣除 4 元。

补偿

（3）在收到证书后，总收款人应从共同收入基金中向在册政党支付钱

款以补偿证书中设置的金额。

季度津贴

季度津贴

445 （1）总选举事务主任在每年的每个季度应决定向在册政党支付的津贴的数额，但该党的候选人在最近的大选中收到：

(a) 选举中2%的有效选票；

(b) 提出候选人的选区中5%的有效选票。

基金的计算

（2）季度津贴基金是本条第（1）款中大选的有效票数与以下数字的乘积：

(a) 对于开始于2013年4月1日的季度及其后三个季度，0.255元；

(b) 对于开始于2014年4月1日的季度及其后三个季度，0.1275元。

政党津贴的计算

（3）每个在册政党季度津贴都是津贴基金的一部分，并应根据选举中得票数进行折算。

政党合并

（4）合并后的政党有权将合并前各方应得的津贴集中。

2000年，第9章，第445条；2014年，第12章，第86条

证书

446 （1）在季末，总选举事务主任应尽可能快地向总收款人提供一个证书，载明向在册政党提供季度津贴的数额。

未遵守的延迟

（2）如果一个在册政党未提供第432、433以及437条要求的所有文件，总选举事务主任应延迟提供证书，直至该党能够提供文件。

支付

（3）在收到证书后，总收款人应从共同收入基金中拿出钱款支付给

在册政党证书上载明的数额。可依据领袖批准的党内省级规章全部或部分支付。

"省级规章"的定义

(4) 在本法中,"省级规章"指在册政党的省级或地区分支,该机构与政党领袖提供给总选举事务主任如下信息:

(a) 分支以及所在省或地区的名称;

(b) 政党名称;

(c) 用于保管记录以及传播信息的办公地址;

(d) 该分支首席执行官和其他官员的姓名和地址;

(e) 该分支注册代理的姓名和地址;

(f) 政党领袖签署的声明,证明该分支属于该党。

本法对本条所提到信息的适用可参照第385条第(2)款第(a)至(h)项的规定。

信息更改报告

(5) 本条第(4)款提到的信息在修改后15日内,省级分支的首席执行官应当将更改以书面形式向在册政党的首席代理汇报。

2000年,第9章,第446条;2014年,第12章,第86条

第3段 选区协会

分段a 选区协会注册

登记

禁止——未登记便接受捐款等

447 除非已注册,否则在册政党的选区协会不得:

(a) 接受捐款;

(b) 提供商品或者服务,或者向在册政党认可的候选人转移资金;

(c) 提供商品或服务或将资金转移到一个在册政党或注册协会;

（d）接受提名竞选者盈余的提名竞选资金，或接受领袖竞选者盈余的领袖竞选资金。

2000年，第9章，第447条；2014年，第12章，第86条

申请的内容

448　（1）在册政党的选区协会注册的申请可提交给总选举事务主任，申请需包括：

（a）协会和选区的全名；

（b）在册政党的全名；

（c）该协会保管记录及通信的办公室地址；

（d）首席执行官及其他官员的名称和地址；

（e）获委任的审计师的名称和地址；

（f）财务代理的名称和地址。

随附文件

（2）申请必须附有：

（a）财务代理的签字同意书；

（b）审计师的签字同意书；

（c）党派领袖签署的声明，证明选区协会是该党的选区协会。

申请的审查

（3）总选举事务主任可注册满足本条第（1）和（2）款要求的一个选区协会。在拒绝登记的情况下，总选举事务主任应告知哪些要求没有得到满足。

注册日期

（4）自总选举事务主任写入选区协会的注册表之日起选区协会便得到注册。

2000年，第9章，第448条；2014年，第12章，第86条

每区只有一个注册协会

449　在册政党在一个选区不得有一个以上的注册协会。

2000 年，第 9 章，第 449 条；2014 年，第 12 章，第 86 条

禁止—选举期的选举广告

450 （1）在册政党的选区协会在选举期间不得引致第 319 条中的广告费用。

不可取消之开支

（2）如果大选是在第 56.1 条第（2）款或第 56.2 条规定以外的时间举行，或补选正在举行，选区协会不得在第 319 条定义的选举广告上产生费用，如果在令状发出后，广告的传播则不得取消。

资产负债表

451. 注册协会成立后半年内，该协会应向给总选举事务主任提供：

（a）一份按照一般公认会计原则编制的声明，其内容截止日期是协会登记生效之日的前一天，在声明中，其标明协会的资产和负债，包括任何盈余或赤字；

（b）注册协会财务代理以规定形式的声明，证明上述声明是完整和准确的。

2000 年，第 9 章，第 449 条；2003 年，第 19 章，第 44 条；2006 年，第 9 章，第 52 条；2014 年，第 12 章，第 86 条

禁止—关于声明的宣示

452 注册协会的财务代理应不得作出第 451 条第（b）项所指的声明，如代理知道或理应知道第 451 条第（a）项提及的声明是不完整、不准确的。

2000 年，第 9 章，第 452 条；2003 年，第 19 章，第 45 条；2006 年，第 9 章，第 53 条；2014 年，第 12 章，第 86 条

年财政期

453 注册协会的财务期为公历。

2000 年，第 9 章，第 453 条；2003 年，第 19 章，第 46 条；2014 年，第 12 章，第 86 条

财政期调整

454 成为注册协会后,如有必要,注册协会应立即改变其财务期,使其在公历年底结束。调整后的财政期不得少于6个月或超过18个月。

2000年,第9章,第454条;2014年,第12章,第86条

选区协会的注册处

455 总选举事务主任应持有包含第448条第(1)款、第456条第(2)款以及第471条第(2)款所指信息的选区协会注册表。

2000年,第9章,第455条;2004年,第24章,第19条;2014年,第12章,第86条

选区代理和审计师

任命

456 (1)注册的协会可任命选区代理授权为协会接受捐款,以及产生或支付费用。任命需遵守任何特别的条款。

任命报告

(2)在选区代理任命后30日内,注册协会应向总选举事务主任提供由其财务代理认证的书面报告,其中应包括获委任的人的姓名和地址以及其委任所需的条款及条件。总选举事务主任可在选区协会注册表中输入上述信息。

2000年,第9章,第456条;2014年,第12章,第86条

代理—公司

457 (1)根据加拿大或省法律注册成立的公司,有资格成为注册协会的财务代理或选区代理。

代理—不符合资格人士

(2)以下人员没有资格成为财务代理或选区代理:

(a)选举监察人或选举监察人的工作人员;

（b）候选人；

（c）本法案所要求聘任的审计师；

（d）根据本条第（1）款规定的非选民；

（e）未解除破产的破产人；

（f）在其常住省份没有能力签署本省合同的个人。

合伙成员任命为代理

（3）任何人可被委任为代理，即使该人是合伙的成员且已在依照本法规定的在册政党的注册协会中获委任为审计师。

2000年，第9章，第457条；2014年，第12章，第86条

审计师—资格

458　（1）只有下列人士才有资格成为注册协会的审计师：

（a）信誉良好的公司、协会或专业会计师机构的成员；

（b）伙伴关系中每一个合伙人都是信誉良好的公司、协会或专业会计师机构的成员。

审计师—不符合资格

（2）以下人士不符合注册协会审计师的资格：

（a）选举官员或副选举监察人的工作人员；

（b）在册政党或合资格政党的首席代理及注册代理；

（c）候选人和候选人的正式代理；

（d）在册政党的注册代理；

（e）注册协会的选区代理；

（f）提名竞选者和他们的财务代理；

（g）领袖竞选者和领袖竞选代理；

（h）注册第三方的财务代理。

2000年，第9章，第458条；2014年，第12章，第86条

同意

459　注册协会在任命时，应取得财务代理或审计师签字同意。

2000 年，第 9 章，第 459 条；2014 年，第 12 章，第 86 条

财务代理或审计师的替代

460　死亡、丧失行为能力、辞职或撤销委任的财务代理或审计师，注册协会应及时委任替代者。

2000 年，第 9 章，第 460 条；2014 年，第 12 章，第 86 条

只有一个财务代理及审计师

461　注册协会不得同时拥有超过一个财务代理和一名审计师。

2000 年，第 9 章，第 461 条；2014 年，第 12 章，第 86 条

禁止—代理

462　（1）注册协会的任何不符合资格的财务代理人或选区代理不得从事相关业务。

禁止—审计师

（2）注册协会的任何不符合资格的审计师不得从事相关业务。

2000 年，第 9 章，第 462 条；2014 年，第 12 章，第 86 条

注册协会的信息更改

信息更改

463　（1）第 488 条第（1）款第（b）项所指的信息在更改后 30 日内，注册协会应将更改书面告知总选举事务主任。该报告须由协会的首席执行官认证。

新审计师或财务代理

（2）若涉及更换注册协会的审计师或财务代理，则报告必须包括根据第 459 条签字同意的副本。

变更登记

（3）总选举事务主任应将本条中提到的信息的任何变化载入选区协会的注册表中。

2000年，第9章，第463条；2014年，第12章，第86条

每年登记确认

464 在每年5月31日前（除非竞选过程中，截止日期应是7月31日），注册协会应向总选举事务主任提供：

（a）一份声明，证实其首席执行官已确认选区协会在注册表中涉及该协会信息有效性的声明；

（b）如在该信息中有一个变化时，根据第463条第（1）款的变化所作的报告。

2000年，第9章，第464条；2003年，第19章，第48条；2014年，第12章，第86条

注册协会注销

注销—未能提供文件

465 总选举事务主任可注销注册的协会，如果其未能提供：

（a）根据第451条之规定，确认登记信息有效性的文件；

（b）第456条第（2）款关于选区代理的委任报告；

（c）第463条第（1）或（2）款提到的任何更换其审计师或财务代理的文件；

（d）根据第463条第（1）款任何其他注册信息发生变化的报告；

（e）第464条提到的有效性确认文件；

（f）根据第476条第（1）款须提交的报告。

2000年，第9章，第465条；2003年，第19章，第49条；2014年，第12章，第86条

撤销注册—未备案

466 总选举事务主任注销注册协会，如果其财务代理未能按照第475.4条第（1）款提供一个会计年度文件给总选举事务主任。

2000年，第9章，第466条；2003年，第19章，第50条；2007年，

第 21 章，第 35 条；2014 年，第 12 章，第 86 条

自愿撤销注册

467 （1）其行政总裁及财务代理签署并递交注销申请，总选举事务主任可注销该协会。

党派申请注册

（2）申请的注册人，有其领导人和其两名人员签署注销申请，则其注册的协会可被总选举事务主任注销。

例外

（3）本条第（1）和（2）款不适用于选举期间注册的选区协会。

2000 年，第 9 章，第 467 条；2001 年，第 21 章，第 23（F）条；2003 年，第 19 章，第 50 条；2014 年，第 12 章，第 86 条

非自愿撤销注册的程序

468 （1）如果总选举事务主任认为有合理的理由，注册协会或财务代理未履行任何义务，在第 465 条或第 466 条汇总，总选举事务主任应当以书面形式通知首席执行官以及财务代理，协会或财务代理必须：

（a）收到通知后 30 日内履行上述义务纠正遗漏；

（b）让总选举事务主任确信并非遗漏疏忽或缺乏诚信的结果。

延长或豁免

（2）如果适用本条第（1）款第（b）项，总选举事务主任可以修改的通知：

（a）全部或部分豁免遵守第 465 条或第 466 条义务的通知；

（b）第（1）款第（a）项中提到的指定期间遵守的义务。

通知副本

（3）任何根据本条第（1）或（2）款通知或修订的副本将被发送给在册政党的注册协会的领导者和首席代理。

注销

（4）总选举事务主任可注销注册的协会，如果协会或财务代理未能遵

守本条第（1）款所指的通知或修订根据第（2）款的通知。

2000年，第9章，第468条；2003年，第19章，第51条；2014年，第12章，第86条

《选区边界调整法》

469 （1）如果根据"选区边界调整法"第25条进行选区边界调整，那么，注册协会在该条第（1）款付诸实施前，给总选举事务主任上报的选区边界和人员调整文件将被作为一个特殊选区通告继续执行。该通告还需在该选区注册的政党领袖附署。

效力等同

（2）根据本条第（1）款行文的通告，在选举令状实施之日，注册协会继续享有原注册协会所应有的权利、履行其应尽的义务。

注销

（3）任何注册协会，其选区边界根据"选举边界调整法"第25条确定的选举令状作出的调整规定而予以调整。如果没有根据第25条第（1）款发出选区边界调整通告，则该通告于选举之日当天注销。尽管根据第447条第（c）款的规定，可以在此后的60日内向该选区的注册政党或者注册协会提供商品、转移资金。但是，这种转移绝非出于本边界调整法令的目的而进行的捐赠。

预登记

（4）只要发出公告，是根据《边界调整法》第25条的选举有关的表示顺序的，申请可能会根据第448条创建一个选区协会的注册——或边界是修订的结果——的顺序。由此产生的任何登记不生效的命令生效之前。

申请人被视为选区协会

（5）总选举事务主任在收到申请之日起，申请人在本条第（4）款所指的申请中被视为一个选区协会。

2000年，第9章，第469条；2003年，第19章，第52条；2014年，第12章，第86条

注销登记的通知

470 （1）如果总选举事务主任根据第467条或第468条第（4）款注销已注册某协会，总选举事务主任应书面通知隶属于在册政党的协会：以挂号邮件或快递服务的方法，提供邮寄证明以及在运输交付过程中的记录。

注销登记日期

（2）通知应规定注销登记生效在通知被发送后15日内。

服务证明

（3）通知应以挂号信邮寄或快递服务的方法邮寄，并提供证明，即在运输过程中的记录以及交付的记录。

2000年，第9章，第470条；2003年，第19章，第53条；2014年，第12章，第86条

发布

471 （1）如果注册协会以在册政党申请注销之外的任何理由撤销注册，总选举事务主任应毫不迟延地把注销通知刊登在加拿大公报上。

注册表中写入选区协会撤销

（2）总选举事务主任应将任何注销的注册协会写入注册表。

2000年，第9章，第471条；2003年，第19章，第54条；2014年，第12章，第86条

注销登记的影响

472 已撤销注册的选区协会继续负有第473条规定的注册协会的义务。

2000年，第9章，第472条；2014年，第12章，第86条

财务期和统计表

473 已撤销注册的选区协会的财务代理人应于撤销注册日后六个月内，向总选举事务主任提供第475.4条第（1）款所指的文件：

（a）其撤销当天结束的当前财政期部分；

（b）按照规定，任何较早财政期内尚未提供的文件。

2000 年，第 9 章，第 473 条；2003 年，第 19 章，第 55 条；2014 年，第 12 章，第 86 条

分段 b 注册协会的财务管理
一般

财务代理的责任

474 注册协会的财务代理根据该法的规定，负责管理其金融交易和报告的人员。

2000 年，第 9 章，第 474 条；2014 年，第 12 章，第 86 条

禁止—支付费用

475 （1）除注册协会的选区代理外，任何人或实体，不得支付注册协会的开支。

禁止—引发任何费用

（2）注册协会的选区代理外，任何人或实体不得产生任何费用。

禁止—接受捐款、借款

（3）除选区代理外，任何人不得接受注册协会的捐献及借款。

禁止—接受或提供物品、服务或资金

（4）除财务代理以外，任何人不得代表协会：

（a）接受或转让货物或资金，除非其由第 364 条规定是允许的；

（b）提供货物或服务或转移资金，除非其是允许的。

2000 年，第 9 章，第 475 条；2014 年，第 12 章，第 86 条

债务声明的复原

债务声明

475.1 若有人声称一个在册政党对其负有债务，其应当向在册政党或

其注册代理提供发票或其他文件证明此声明。

2014 年，第 12 章，第 86 条

三年内支付

475.2　如果一个开支声明被第 475.1 条提到的发票或其他文件证实，此声明将在到期后三年内得到支付。

2014 年，第 12 章，第 86 条

继续恢复支付

475.3　一个寄出发票或其他文件来证明第 475.1 条声明者可启动司法程序追索任何未支付的数额：

（a）在任何时间，若注册代理拒绝支付或对其可支付性存在异议；或

（b）在第 475.2 条提到的期限结束之后（视情况而定）。

2014 年，第 12 章，第 86 条

财务报告

金融交易统计表

475.4　（1）注册协会的财务代理应在每个财务期向总选举事务主任提供：

（a）该协会的金融交易基本规定形式的回执；

（b）根据第 475.6 第（1）款，如果需要，则提供财务交易回执的审计师报告；

（c）财务代理提供的完整和准确的、规定格式的金融交易统计。

统计表内容

（2）金融交易统计表必须载明：

（a）注册协会收到的捐款表；

（b）捐献人数；

（c）捐款总额超过 200 元的每一个捐献者的名称和地址、注册的协会、总金额以及每一这类捐助的金额和日期，它是收到由协会

（d）按照一般公认会计原则编制的一份声明，包含其资产及负债，包括任何盈余或赤字，包括如下声明：

（i）第475.4条规定的债务；

（ii）未偿付的债务（包括根据第373条给在册政党贷款所导致的）。

（e）根据一般公认会计准则的注册协会的收入与开支报告，包括一份关于第348.01条规定的，由选民呼叫服务引发的开支的声明，该声明需标明提供者的名称以及开支数额。

（f）包含由注册协会向另一个注册协会或在册政党或其候选人的商品或服务的商业价值和资金转让的声明；

（g）声明提供的商品或服务的商业价值和资金转移到注册协会在册政党，另一注册协会、候选人、领袖竞选者或提名的竞选者的声明；

（h）一份声明，其中包含根据第373条给在册政党贷款的条款，包括贷款数额、利率、借款人姓名和地址、偿还本金和利息的金额和日期，以及若有担保人，还有担保人的姓名、地址和担保额；

（i）一项陈述收到贷款或安全注册的协会，包括对他们的任何条件。

报告

（3）如果第（2）款第（h）项声明的信息作了修改，包括给予担保或保证人资格，那么注册协会财务代理应立即为总选举事务主任提供规定形式的修改报告。

公布

（4）在收到信息或报告后，总选举事务主任应尽快以其认为适当的形式公布第（2）款第（h）项的声明信息以及任何根据第（3）款提供的报告。

提供文件的时间

（5）第（1）款汇总提到的文件应在财务期结束后五个月内向总选举事务主任提供。

未支付的债务声明

(6) 本条第(2)款第(d)项第(ii)目提到的未支付债务声明应包括如下信息:

(a) 声明中前一个财务期的每个未支付债务应全额支付;

(b) 每个在到期后 18 个月内未支付的债务以及到期后 36 个月内未支付的债务。

未支付的债务——18 个月及以上

(7) 声明中应包括以下有关第(6)款第(b)项所指之债务的信息:

(a) 未支付部分的金额是否存在争议,若有,政党该采取什么步骤解决;

(b) 债务是否符合第 475.3 条的规定;

(c) 贷款未支付部分的金额是否符合安全支付的规定,或是否存在未支付部分的争议;

(d) 政党是否同意支付计划,如果是,偿还是否也依据此计划;

(e) 未支付部分是否被信贷员根据正常会计实践划定为无法收回的债务;

(f) 任何其他用于解释未支付部分的信息。

2014 年,第 12 章,第 86 条

转给总收款人的捐赠

475.5 如果给注册协会捐款超过 20 元的捐赠者姓名或给注册协会捐款超过 200 元的捐赠者姓名和地址未知,那么该协会的财务代理应当立即向总选举事务主任支付等额的钱款,后者需将此转交给总收款人。

2014 年,第 12 章,第 86 条

审计报告

475.6 (1) 若在财务期内,有接受超过 5000 元的捐款或引发 5000 元以上的开支,注册协会的审计师应告知首席代理,其财务交易报告应当根据公认的准则检查,并以此让他给出报告的意见,以说明报告是否公正

地展现了财务记录中的信息。

声明

（2）审计师应当在报告中纳入任何有必要的声明，若：

（a）附着于报告的财务交易报告根据公认的准则检查未公正地展现财务记录中的信息；

（b）审计师没有收齐所要求的信息与解释；或

（c）基于检查，注册协会似乎未保管适当的财务记录。

获取的权利

（3）审计师可在任何合理时间内获得协会的文件，并且可要求协会的选区代理和官员提供任何对于准备报告有必要的信息或解释。

2014 年，第 12 章，第 86 条

禁止—虚假、误导或不完整文件

475.7 注册协会的一个财务代理向总选举事务主任根据第 475.5 条第（1）款第（a）项提供的文件不得有以下情况：

（1）财务代理知道或应当知道包含了有虚假或误导性的材料声明；或

（2）没有实质上给出第 475.5 条第（2）款规定的信息或在第 475.4 条第（2）款第（d）项第（ii）所指的未偿付债务声明下没有实质上给出根据第 475.4 条第（6）或（7）款规定的信息。

2014 年，第 12 章，第 86 条

支付审计费用

证书—审计费用

475.8 （1）在第 475.4 条第（1）款所指的文件的收据和一份审计师的发票，总选举事务主任须提供总收款员证书，表明第 475.6 条第（1）款引发的审计金额，最高为 1500 元。

付款方式

（2）在收到证书后，总收款员向审计师支付其上的金额。

2014年，第12章，第86条

修改、修正和扩展报表期

小修改—总选举事务主任

475.9 （1）若修改不会实质上影响其内容，总选举事务主任可修改第475.4条第（1）款提到的文件。

应总选举事务主任要求修改或修正

（2）总选举事务主任可以书面形式要求一个注册协会的财务代理在一定时间内修改或修正第475.4条第（1）款提到的文件。

修改或修正的截止期

（3）若总选举事务主任要求修改或修正，注册协会的财务代理应在一定时间内向他或她提供修改或修正后的文件。

2014年，第12章，第86条

扩展—总选举事务主任

475.91 （1）在注册协会的财务代理或（首席代理缺席或无法履职时）领袖书面提出申请后，总选举事务主任应授权扩展475.4（5）条提到的时限，除非其认为财务代理未提供文件是出于故意或疏忽大意。

截止日期

（2）申请需在第475.4条第（5）款提到的时限内作出或在该期限到期后两周内作出。

2014年，第12章，第86条

修改或修正—总选举事务主任

475.92 （1）在注册协会的财务代理或（财务代理缺席或无法履职时）领袖书面提出申请后，总选举事务主任应授权修改或修正第475.4条第（1）款提到的文件，如果其认为申请人所提交的证据证明修改或修正是必要的。

立即申请

(2) 申请应在申请人意识到修改或修正的必要性之后立即作出。

修改或修正的截止期

(3) 申请人应在得到修改或修正授权后 30 日内向总选举事务主任提供修改或修正后的文件，或可以根据本条第（4）或（5）款获得延期。

新的截止期

(4) 总选举事务主任在本条第（3）款提到的 30 日期限到期后两周内收到书面申请后应授权扩展时限，除非其认为财务代理未提供文件是出于故意或疏忽大意。

扩展新的截止期

(5) 总选举事务主任在第（4）款或本款提到的扩展期限到期后两周内收到书面申请后，应授权再次扩展时限，除非其认为财务代理未提供文件是出于故意或疏忽大意。

2014 年，第 12 章，第 86 条

扩展、修改或修正—法官

475.93　(1) 注册协会的财务代理或（在财务代理缺席或无法履职时）领袖可向法官申请一份命令：

(a) 以豁免首席代理履行根据第 475.9 条第（2）项所设之义务；

(b) 授权第 475.91 条第（1）项所指的扩展；

(c) 授权第 475.92 条第（1）项所指的修改或修正。

申请人应通知总选举事务主任申请已作出

截止日期

(2) 申请的作出应：

(a) 根据本条第（1）款第（a）项，在第 475.9 条第（2）款所指的期限内或在此期限结束后两周内作出。

（b）根据本条第（1）款第（b）项，在以下情况下两周内作出：

（i）如果延期申请未在第 475.91 条第（2）款规定时限内（即该条中提到的时限到期后两周内）向总选举事务主任提出申请；

（ii）根据第 475.91 条作出的延期被拒绝；

（iii）第 475.91 条第（1）款提到的延期后时限终结。

（c）根据本条第（1）款第（c）项，在根据第 475.92 条提出的修改或修正申请被拒后两周内。

理由——豁免遵守

（3）若法官认为申请人所提交的证据证明修改或修正是不必要的，且并无遵守本法的必要，法官可颁布命令豁免首席代理履行根据第 475.9（2）款提出的申请所设之义务。

理由——扩展

（4）法官可颁布命令授权扩展，除非法官认为财务代理未提供文件是出于故意或疏忽大意。

理由——修改或修正

（5）若法官认为申请人所提交的证据证明修改或修正是必要的，且应遵守本法的规定，则法官可颁布命令授权修改或修正。

命令的内容

（6）命令可要求申请人满足法官认为实现本法规定的必要条件。

2014 年，第 12 章，第 86 条

第 4 段　提名竞选者
释义

定义

476　以下定义适用于本段。

个人开支

个人开支，包括由其竞选提名人引发或相关的开支，包括：

（1）差旅费；

（2）照看孩子的花费；

（3）照顾身体或精神残疾人士的费用；

（4）残疾候选人的额外支出。

选择日期

选择日期

指已决定的提名竞选日期。

2000年，第9章，第476条；2003年，第19章，第56条；2014年，第12章，第86条

分段 a 提名竞选的报告
提名竞选的通知

476.1 （1）当提名竞选举行时，如果该竞选是由协会举办，那么已登记注册的政党或协会应在竞选日期开始后的30日内，向首席选举官提交的报告文件，应列明：

（a）提名竞选关注的选区、已注册登记的政党、协会的名称；

（b）提名竞选开始的日期和竞选日期；

（c）每一个提名竞选者选择日期及其财务代理的名称和地址；

（d）在提名竞选中参加选举的人的姓名。

通知

（2）首席选举官以其所认为适当的方式，将本条第（1）款的内容和信息传达给每个参与提名竞选活动的竞选者。

发布

（3）首席选举官以其所认为的适当的方式发布本条第（1）款所提及的各项内容。

2014年，第12章，第86条

视同

476.2 本部分规定，提名的竞争者，在其接受了捐助，或招募了提名竞选费用之时，将被视为已被提名竞选者。

2014 年，第 12 章，第 86 条

任命财务代理的职权

476.3 在进行与其提名竞选相关活动时，提名竞选者须在接受捐款或招募提名竞选活动的费用之前，委任财务代理。

2014 年，第 12 章，第 86 条

财务代理—无资格

476.4 （1）以下之人没有资格担任提名竞选者财务代理人：

（a）选举官员或全体参选人员的监察官员；

（b）候选人或被提名的竞选者；

（c）被该法律任命的审判员；

（d）没有选举权的人；

（e）未依法偿还债务的破产者；

（f）在其常住的地区，不受合同法约束的人。

如果合伙人被任命为审计师

（2）根据该法律对登记的规定，个人可能被任命为一个被提名竞选竞争者的代理人，尽管这个人作为其合伙团体的成员之一且已经被任命为选举监察人。

2014 年，第 12 章，第 86 条

同意

476.5 一个提名竞选者必须从聘用的财务代理或选举监察人处获取其签署的针对此条例的同意意见。

2014 年，第 12 章，第 86 条

财务代理的替代

476.6 在任命的财务代理人或选举监察人发生死亡、无行为能力、辞

职或被撤职时，提名竞选人应立即任命新的替代者。

2014 年，第 12 章，第 86 条

只有一个财务代理

476.61　提名竞选者一次只能有一个财务代理。

2014 年，第 12 章，第 86 条

禁止—财务代理

476.62　没有资格成为提名竞选者财务代理的人员不得以本法案之规定行事。

2014 年，第 12 章，第 86 条

已报告事项的改变

476.63　（1）在第 476.1 条第（1）款第（c）项中所提到的信息发生变化之后的 30 日之内，领袖竞选者应以书面形式向总选举事务主任报告此变化。

新财务代理

（2）根据本条第（1）款的规定，涉及更换提名竞选者的财务代理所应递交的报告必须包括根据第 476.5 条签字同意的副本。

2014 年，第 12 章，第 86 条

提名竞选者的财务管理
财务代理的权力，职责及职能

财务代理的职权

476.64　提名竞选者的财务代理负责管理竞选者为其提名竞选活动而进行的金融交易，并根据该法律条文的规定汇报上述交易。

2014 年，第 12 章，第 86 条

银行账户

476.65　（1）为了提名竞选活动的唯一目的，提名竞选者的财务代

理应在"银行法"第2条所规定的加拿大金融机构里,或在这一节中所规定的一个经授权的外资银行中,开设一个独立的银行账户,这个银行账户不受该法律第524条第(2)款的限制和要求。

户主姓名

(2) 该账户必须以如下的方式命名账户持有人(财务代理机构的名称)、财务代理。

支付与发票

(3) 关系到竞争者的提名竞选的提名竞选者的所有金融交易,涉及支付或收取的钱要支付或存入账户。

银行账户关闭

(4) 选择日期后,提名竞选资金已按照本法处理,一旦出现任何未付的赔款或盈余,提名竞选者的财务代理须关闭账户。

银行账户的最后声明

(5) 关闭账户,财务代理须向总选举事务主任提供账户的决算表。

2014年,第12章,第86条

禁止——接受捐款与借款

476.66 (1) 除提名竞选者的财务代理以外,任何竞争者不得接受捐款及借款参与提名竞选。

禁止——接受物品、服务与资金转移

(2) 除了提名竞选者的财务代理,任何组织和个人,都不得以竞争者的名义:

(a) 接受物品、服务或资金,除非上述内容根据第364条是允许的;

(b) 提供物品、服务或资金,除非上述内容根据本条是允许的。

禁止——接受一定的捐献

(3) 提名竞选者的财务代理须接受转让的注册人或注册协会。

禁止—支付提名竞选费用

（4）任何人士或实体，除提名竞选者的财务代理外，不得支付除个人开支以外的提名竞选费用。

禁止—招致提名竞选费用

（5）根据第348.02条，除去其他的提名竞选者或其财务代理，任何个人或实体均应募集提名竞选费用。

禁止—竞争者的个人开支

（5）任何人，除一个提名竞选者或其财务代理外，都应当支付竞争者的个人开支。

2014年，第12章，第86条

限制开支

476.67 提名竞选费用（除个人开支以外），一个选区的提名竞选者所允许的限制量是：

（a）如果根据第477.49条规定的选区边界从那时起没有改变，则允许在紧接此前举行选举的大选选区内举行随后的选举，候选人的选举开支限制在20%以内；

（b）总选举事务主任决定的任何其他情况。

2014年，第12章，第86条

禁止—开支超过最大值

476.68 （1）任何提名竞选者以及提名竞选者的财务代理不得以该竞争者名义发生超过第476.67条规定最大数额的选举开支。

禁止—勾结

（2）任何人或组织不得

（a）规避或试图规避在第476.67条提到的限制；

（b）与其他人或实体为此目的勾结。

2014年，第12章，第86条

第一部分 宪法、全国性涉党法律

追讨索赔

索赔付款

476.69 （1）若有人声称一个提名竞选者对其负有债务，其应当向提名竞选者或其财务代理提供发票或其他文件证明此声明。

2014 年，第 12 章，第 86 条

三年内支付

476.7 （1）如果一个开支声明或贷款被第 476.69 条或第 373 条提到的发票或其他文件证实，此债务将在第 476.75 条第（1）款规定的选择日期到期后的三年内得到支付。

禁止——无授权支付

（2）未经提名的候选人并没有任何财务代理人，在本条第（1）款所提述的，除非根据第 476.72 条或第 476.73 条的规定，否则将按第 476.74 条所规定的诉讼程序进行。

2014 年，第 12 章，第 86 条

无法执行的合同

476.71 涉及提名竞选开支有关提名竞选者的合同是不能对竞争者强制执行的，除非订立者自己或由竞争者的财务代理出面处理。

2014 年，第 12 章，第 86 条

不规则的索赔或付款——总选举事务主任

476.72 （1）在个人声称应得到提名竞选费用的相关支付，在这种说法中，竞争者要求写书面申请，总选举事务主认可，在确信有合理理由书面授权支付，这样，通过竞争者的财务代理支付其书面金额，如果

（a）索赔的发票或其他证明文件不是按照第 373 条发送；

（b）参照第 476.7 条第（1）款支付。

条件

（2）总选举事务主任可能施加的任何条款或条件，其根据本条第（1）

款授权付款认为是适当的。

2014 年，第 12 章，第 86 条

不规则的索赔和付款—法官

476.73　当某人声称，其有权索要提名竞选的相关费用，或声明其钱款是根据第 373 条之规定借出的，如果法官认同这一主张，则命令相关财务代理人按约定数额还款，如果

（a）申请人根据第 476.72 条第（1）款进行的赔付申请已被拒绝，或者根据第 476.7 条第（1）款之规定，其支付并非是在三年的赔付期内发生的；

（b）根据第 476.72 第（1）款，申索的金额尚未按照获得的授权支付。申请人因某些超出其控制与授权的原因而不能守约。

申请人应当通知总选举事务主任已申请。

2014 年，第 12 章，第 86 条

继续恢复支付

476.74　一个寄出发票或其他文件来证明第 476.69 条声明的人可启动司法程序追索任何未支付的数额：

（a）在任何时间，如果提名的竞争者或其财务代理对应付金额存在争议拒绝支付的金额；

（b）在第 476.7 条第（1）款第 476.72 条第（1）款或第 476.73 条规定的授权期间或任何延期期末，或任何其他情况。

提名竞选统计

提名竞选统计

476.75　（1）财务代理已接受 1000 元或以上的捐款总额或招致提名的竞选费用共 1000 元或以上的提名竞选者，须向总选举事务主任提供以下有关提名活动：

（a）提名竞选统计，基本上以规定的形式融资和提名竞选费用；

(b) 倘委任审计师，须根据第476.77条第（1）款、第476.8条作出的统计提交审计师报告；

(c) 以规定的形式证明，由财务代理的统计是完整和准确的；

(d) 在声明中，提名竞选者以规定的表格表明统计是完整和准确的。

统计目录

（2）提名竞选统计应包括以下方面的提名竞选者：

(a) 提名竞选费用表；

(b) 根据第476.74条规定的有争议的债权声明；

(c) 一份未付赔款，或可能是第373条涉及的钱款；

(d) 一份声明，其中包含根据373条给在册政党贷款的条款，内容为贷款数额、利率、借款人姓名和地址、偿还本金和利息的金额和日期，若有担保人，则还有担保人的姓名、地址和担保额。

(e) 提名竞选者收到的捐款总人数；

(f) 捐款人数；

(g) 每个出于选举广告的目的捐赠总金额超过200元的捐献者，他们的姓名、地址和类别，以及每笔捐款的金额；

(h) 由被提名人做出的，向注册协会或候选人提供的商品或服务的商业价值转移的陈述；

(i) 注册人或注册协会提供给提名人的商品或服务的商业价值的声明；

(j) 从自己的能力角度作为候选人提供的商品或服务的商业价值的声明；

(k) 全部或部分地退回给该人或以其他方式处理的所收到的捐款清单。

支持文件

（3）连同提名竞选统计，提名竞选者财务代理应给首席选举官提供证明费用的统计文件包括银行对账单、存款单、注销的支票和竞争者的书面声明以及第476.82条第（1）款所载的有关个人开支。

额外的证明文件

（4）如果总选举事务主任认为，本条第（3）款规定的文件是不够的，总选举事务主任可要求财务代理在指定日期提供任何额外的文件。

报告

（5）如果有在一份声明信息的任何修正案中提到的本条第（2）款第（d）项，包括有关给予在贷款方面的担保或保证，提名竞选者的财务代理应及时向总选举事务主任提供规定格式的修改报告。

公布

（6）总选举事务主任须以其认为适当的方式，将本条第（2）款所指声明中的资料刊登，以及根据本条第（5）款提供的任何报告，须在收到资料或报告后尽快刊登。

期间提供文件

（7）本条第（1）款所述文件必须在选择日期后四个月内向总选举事务主任提供。

提名竞选者宣言

（8）提名的竞争者，应在选择日期后四个月内，将第（1）款第（d）项送至其财务代理处。

提名竞选者视为

（9）如果在第（8）款所指的期限内没有发送统计表，提名竞选者视为：

（a）他或她被视为已将按照该款进行统计；

（b）财务代理视为根据第（1）款的规定已经向总选举事务主任发出统计表。

未支付债务的支付

（10）根据本条第（1）款第（a）项规定，该提名人的财务代理人须向总选举事务主任提供一份报告，说明该付款是在 30 日内支付的，并且说明该款项的来源。

第一次更新

（11）按照本条第（2）款第（c）项规定，提名竞选者的财务代理人应在选择日期后 18 个月到 19 个月之间，向总选举事务主任提供最新版本的清单。其中，应包括有关未付款项的下列信息：

（a）任何部分的未付款额是否有争议，如有，则有关各方已采取何种措施来解决这一争端；

（b）该未付款项是否为第 476.74 条所规定的诉讼主题；

（c）贷款的未付款额是否为确保支付的法律诉讼主题，或对已支付的款额或未付款额的争议；

（d）是否有双方约定的还款计划和还款，如有，是否正在按计划进行；

（e）是否未付金额已被债权人按会计惯例作为坏账而注销；及

（f）有助于解释未付款额的任何其他有关资料。

第二次更新

（12）按照第（2）款第（c）项之规定，提名竞选者的财务代理人应在选择日期后 36 个月到 37 个月之间，向总选举事务主任提供最新版本的清单。其中应包括第（11）款第（a）至（f）项所述的资料。

支持文件

（13）在本条第（11）和（12）款中提到的更新版本的未付款清单，提名竞选者的金融代理人应向总选举事务主任提供第（11）款第（a）至（f）项中所述事项的证明文件。如果第（11）款第（d）项适用，还应包括一份还款计划。

额外支持文件

（14）如果首席选举事务主任认为根据本条第（13）款规定的文件是不充分的，他或她可能要求金融代理提供一个指定日期，并有必要为财务代理遵守该款规定附加任何文件。

非常规债务与支付

（15）提名人的财务代理人须向总选举事务主任按规定的形式向被授权支付者根据第 476.72 或 476.73 条支付要求提供支付的款项，以及为根据第 476.74 条而引起的诉讼及其赔偿金的报告。财务代理人须在支付款项之日起 30 日内提供该报告，并说明支付该款项的资金来源。

选择日期

（16）在应用本条第（7）款、第（8）款、第（11）和（12）款时，如果一个候选人的选择日期在该选举区的竞选周期内或其前 30 日，则该"选择日期"须理解为参考"投票日"。

当捐款转出到总收款人

476.76 提名竞选者的财务代理人应及时支付与竞争者收到的捐献金额相等的价值，须向总选举事务主任转出给总收款人，如果该捐献者捐献 20 元以上，或已经捐献，捐款总金额超过 200 元的，还须提交其姓名或地址。

2014 年，第 12 章，第 86 条

委任审计师

476.77 （1）提名的竞争者接受捐款总计超过 10000 元或产生的提名竞选费用超过该数额，其必须及时委任审计师。

审计师——合格标准

（2）审计师当具备以下资格：

(a) 个人应是信誉良好的公司、协会或专业会计师机构的成员；

(b) 合伙的每一个合作伙伴，均为信誉良好的公司、协会或专业会计师机构的成员。

审计师——不合资格

（3）以下人员不符合提名竞选者的审计师资格：

(a) 选举官员和选举监察人的工作人员；

(b) 主代理在册政党或合资格政党及注册代理在册政党；

(c) 候选人和候选人的正式代理；

(d) 选区代理注册团体；

(e) 领袖竞选者和领袖竞选者代理商；

(f) 提名竞选者和他们的财务代理；

(g) 财务代理注册的第三方。

任命通知

（4）每名提名竞选者必须毫无延迟地向总选举事务主任提供委任审计师的姓名、地址、电话号码、职业和接受委任的审计师签署的声明。

新审计师

（5）如果更换提名竞选者的审计师，竞争者必须及时向总选举事务主任提供新任审计师的名称、地址、电话号码、职业和签署的接受任命的声明。

2014 年，第 12 章，第 86 条

只有一个审计师

476.78 提名竞选者在一次竞选中应不超过一个审计师。

2014 年，第 12 章，第 86 条

禁止—审计师

476.79 不符合资格的人员无法履行审计师的职责。

2014 年，第 12 章，第 86 条

审计师报告

476.8 （1）提名竞选者根据第 476.77 条第（1）款的规定委任审计师，选择尽快可行的日期报告提名竞选者的财务代理的提名竞选统计，并按照一般公认审计准则检验审计师报告中提出意见的统计所呈现的信息是否包含了财务记录的基本内容。

声明

（2）审计师报告应包括审计师认为有必要的，如果任何声明

(a) 不存在统计的财务记录；

(b) 本审计师已收到提名的竞争者或其财务代理所有的信息和解释；

(c) 适当的会计记录，没有被财务代理保存。

访问权

(3) 审计师有权在任何合理的时间访问提名竞选者的所有文件，并可能要求竞争者及其财务代理提供任何信息或解释。

不符合条件的准备报告

(4) 第 476.77 条第（3）款提及的合伙人或联营公司的审计师，或在该审计师事务所的合伙人或联营公司的雇员，不得参与第（3）款规定的审计师报告编制。

2014 年，第 12 章，第 86 条

在加拿大境外的提名竞选者

476.81　（1）根据第 476.75 条第（7）款规定，提名的竞争者是加拿大以外的，应当在 14 日内返回加拿大如下内容：第 476.75 条第（1）款第（a）至（c）项中提到的其他文件，总选举事务主任的提名竞选者的声明，第 476.75 条第（1）款第（d）项所指的关于他或她的提名竞选统计信息。

财务代理豁免义务

(2) 尽管有第 476.75 条第（1）款规定，金融代理人无须向第 476.75 条第（1）款第（d）项所提述的候选人在第（1）款所规定的情况下提供代理人的统计信息。

2014 年，第 12 章，第 86 条

个人开支表

476.82　（1）提名的竞争者，应选择日期后三个月内，送呈其财务代理一份规定形式的书面声明：

(a) 载明其个人费用和个人开支的细节，包括付款文件；

(b) 宣布其没有支付任何个人开支。

竞争者死亡

（2）本条第（1）款并不适用于在选择期死亡的提名竞选者，并且其未发送相关的书面声明。

2014年，第12章，第86条

修改、修正和扩展报表期

小修改—总选举事务主任

476.83 （1）若修改不会实质上影响其内容，总选举事务主任可修改第476.75条第（1）、（10）、（11）、（12）或（15）款提到的文件。

应总选举事务主任要求修改或修正

（2）总选举事务主任可以书面形式要求一个提名竞选者的财务代理在一定时间内修改或修正第476.75条第（1）、（10）、（11）、（12）款或第（15）款提到的文件。

修改或修正的截止期

（3）若总选举事务主任要求修改或修正，提名竞选者的财务代理应在一定时间内向其提供修改或修正后的文件。

2014年，第12章，第86条

扩展—总选举事务主任

476.84 （1）在提名竞选者的财务代理或（首席代理缺席或无法履职时）提名竞选者书面提出申请后，总选举事务主任应授权扩展第476.75条第（1）、（10）、（11）、（12）或（15）款提到的时限，除非其认为财务代理未提供文件是出于故意或疏忽大意。

截止日期

（2）申请需在第476.75条第（1）、（10）、（11）、（12）或（15）款提到的时限内作出或在该期限到期后两周内作出。

2014年，第12章，第86条

修改或修正—总选举事务主任

476.85 （1）在提名竞选者的财务代理或（财务代理缺席或无法履职时）领袖提出书面申请后，如果其认为申请人所提交的证据证明修改或修正是必要的，总选举事务主任应授权修改或修正第 476.75 条第（1）、（10）、（11）、（12）或（15）款提到的文件。

立即申请

（2）申请应在申请人意识到修改或修正的必要性之后立即作出。

修改或修正的截止期

（3）申请人应在得到修改或修正授权后 30 日内向总选举事务主任提供修改或修正后的文件，或可以根据第（4）或（5）款获得延期。

新的截止期

（4）总选举事务主任在第（3）款提到的 30 日期限到期后两周内收到书面申请后应授权扩展时限，除非其认为财务代理未提供文件是出于故意或疏忽大意。

扩展新的截止期

（5）总选举事务主任在第（4）款或本款提到的扩展期限到期后两周内收到书面申请后，应授权再次扩展时限，除非其认为财务代理未提供文件是出于故意或疏忽大意。

2014 年，第 12 章，第 86 条

扩展、修改或修正—法官

476.86 （1）提名竞选者的财务代理或（财务代理缺席或无法履职时）领袖可向法官申请一份命令：

（a）以豁免首席代理履行根据第 476.83 条第（2）款提出的申请所设之义务；

（b）授权第 476.84 条第（1）款所指的扩展；

（c）授权第 476.85 条第（1）款所指的修改或修正。

申请人应通知总选举事务主任申请已作出截止日期

（2）申请的作出应：

（a）根据本条第（1）款第（a）项，在第476.83条第（2）款所指的期限内或在此期限结束后两周内作出。

（b）根据本条第（1）款第（b）项，在以下情况下，于两周内作出：

（i）如果延期申请未在第476.84条第（2）款规定时限内（即该条中提到的时限到期后两周内）向总选举事务主任提出申请；

（ii）根据第476.84条提出的延期被拒绝；

（iii）第476.84条第（1）款提到的延期后时限终结。

（d）根据本条第（1）款第（c）项，在根据第476.85条提出的修改或修正申请被拒后两周内。

理由—豁免遵守

（3）法官可颁布命令豁免首席代理履行根据第476条第（2）款提出的申请所设之义务，若法官认为申请人所提交的证据证明修改或修正是非必要的，则并无遵守本法的必要。

理由—扩展

（4）法官可颁布命令授权扩展，除非法官认为财务代理未提供文件是出于故意或疏忽大意。

理由—修改或修正

（5）法官可颁布命令授权修改或修正，若法官认为申请人所提交的证据证明修改或修正是必要的，且应遵守本法的规定。

命令的内容

（6）命令可要求申请人满足法官认为本法要求的必要条件。

2014年，第12章，第86条

财务代理出现在法官面前

476.87　（1）法官根据第476.86条或第476.88条确信一个提名竞选

者或财务代理提供的文件中提到第476.75条第（1）、（10）、（11）、（12）或（15）款因为拒绝按照本法处理与申请，或未能委任金融代理或财务代理的前任要求财务代理，或者前任出现在法官面前。

展示原因命令

（2）除非他或她的外表上显示财务代理或前任导致为何不应该被发出书面命令，否则法官应以书面命令的形式规定：

（a）做任何事情，法官认为足以弥补损失；

（b）检查涉及损失的任何信息。

2014年，第12章，第86条

竞争者追索财务代理错误

476.88 提名竞选者可能因以下行为和后果而向法官申请命令，解除提名竞选者的关系：

（a）发生未经其知晓或默许；

（b）他或她已尽应尽其努力，以避免其发生。

竞争者或其财务代理应通知总选举事务主任，追索已申请。

2014年，第12章，第86条

销毁文件—法官

476.89 本条第（1）款的提名竞选者或其财务代理，可因以下行为和后果而向法官申请命令，解除提名竞选者的关系，以及根据第476.75条第（1）、（10）、（11）、（12）或（15）款所指的文件重新计票。提名竞选者或财务代理应通知总选举事务主任已申请解除命令。

理由

（2）法官不得发出命令，除非他或她在确信申请人不能提供文件，因为遭遇不可抗力，包括水灾、火灾或其他灾害。

日期救济

（3）本法案规定，免除申请人在第（1）款所指的义务之日起的命令。

2014年，第12章，第86条

禁止—虚假、误导或不完整的文件

476.9 提名竞选者和财务代理不得向总选举事务主任提供第 476.75 条第（1）、(10)、(11)、(12) 或 (15) 款所涉及的文件：

（a）竞争者或财务代理，视情况可能是，知道或理应知道材料包含了上述虚假或具误导性的陈述；

（b）不能实质性地提供第 476.75 条第（1）款、第（2）款要求的信息，或需要更新第 476.75 条第（10）、(11)、(12) 或 (15) 款要求的信息。

2014 年，第 12 章，第 86 条

提名竞选资金盈余

提名竞选资金盈余

476.91 提名竞选资金盈余是根据该法第 364 条第（5）款第（a）项所指的转让，即提名竞选者在提名竞选中产生的资金盈余。

2014 年，第 12 章，第 86 条

评估及估计剩余竞选资金的通知

476.92 （1）如果总选举事务主任估计，提名竞选者提名竞选资金有剩余，则总选举事务主任向竞争者的财务代理发出估计资金剩余的通知。

盈余处置

（2）竞选者的财务代理机构应在收到盈余估计通知的 60 日内处理相关资金盈余。

自行处置盈余

（3）如果有剩余竞争者提名竞选资金，但其财务代理机构并未收到相关通知，应在 60 日内处理后，向首席选举官提供与竞争者提名竞选的统计信息。

2014 年，第 12 章，第 86 条

处置剩余资金的方法

476.93 提名竞选者财务代理须出售提名竞选资金盈余,在接到通知后60日内将盈余的提名竞选资金转入。

(a) 候选人正式代理由在册政党认可的选区提名竞选活动;

(b) 在册政党主办提名竞选活动和注册的协会。

2014年,第12章,第86条

处置盈余的通知

476.94 (1) 提名竞选者财务代理须在七日内处置竞争者的盈余提名竞选资金后,通知总选举事务主任规定的金额和日期以及盈余被转移的去向信息。

公布

(2) 实际可行情况下尽快出售提名竞选者的竞选资金盈余后,总选举事务主任,以其认为适当的任何方式,发布在第(1)款所指的通知中。

2014年,第12章,第86条

第5段 候选人

分段a 官方代理和审计师

视同

477. 本段规定,除第477.89至477.95条外,候选人被认为是接受根据该条提供的货物或服务的候选人,接受根据该段的资金转移,接受捐款,根据第373条或364条所规定的费用即第375条所指的选举活动费用。

2000, c.9, s.477; 2014, c.12, s.86.

任命官方代理的职权

477.1 (1) 候选人在接受部分364条规定的货物或服务前,应在接受第373条规定的资金转移,或在第375条所指的选举活动费用下,在该条款规定的条件下,接受一项转移资金。

任命审计师

(2) 候选人须委任一名审计师、一名正式代理人。

2014, c. 12, s. 86.

官方代理人——不合资格

(2) 以下人士没有资格成为官方代理人:

(a) 选举官员或选举监察人的雇员;

(b) 候选人;

(c) 依据本法任命的审计师;

(d) 根据本条第 (1) 款的规定不是选民的人;

(e) 未获解除破产的破产人;

(f) 在其常住省没有完全缔约能力的人。

2014, c. 12, s. 86.

审计师——合资格

477.3 (1) 以下有资格成为候选人的审计师:

(a) 个人或是信誉良好的公司、协会或专业会计师机构的成员;

(b) 团体内的每位成员均为信誉良好的公司、协会或专业会计师机构的成员。

审计师——不合资格

(2) 以下的人没有资格做审计师:

(a) 总选举事务主任或总选举事务主任的工作人员;

(b) 候选人或任何其他候选人;

(c) 该候选人或任何其他候选人的正式代理人;

(d) 注册方或有资格的一方的总代理;

(e) 注册方的注册代理人;

(f) 注册协会的选区代理人;

(g) 领袖竞选者及其领袖竞选代理人;

(h) 提名人及其代理人;及

(i) 注册第三方的财务代理。

2014，c. 12，s. 86.

合伙人被任命为审计师

477.4 除第477.2和477.3条外，一个人可以被指定为正式代理人或审计师，即使该人根据本法已被任命为作为审计师的合作伙伴的成员：

(a) 候选人在选举区以外的候选人的选举区，被委任为候选人；或

(b) 在册政党。

2014，c. 12，s. 86.

同意

477.41 候选人须获得正式代理人或审计师资格方得委任并签署同意书。

替代官方代理或审计师

477.42 若正式代理人或审计师死亡、失去能力、不合格或被撤销，申请人应立即指定一个继任者。

只有一名官方代理或审计师

477.43 候选人不得超过一名官方代理和一名审计师。

禁止—官方代理

477.44 (1) 无资格者不得成为一个候选人的官方代理人。

禁止—审计师

(2) 无资格者不得成为一个候选人的审计师。

2014，c. 12，s. 86.

分段 b 候选人的财务管理

官方代理的权力，职责及职能

官方代理职责

477.45 候选人的官方代理对管理竞选候选人为有关选举的活动而进

行的金融交易负有责任，同时对根据本法律的规定撰写的相关的交易报告负责任。

银行账户

477.46　（1）候选人的官方代理应在"银行法"第 2 条所规定的加拿大金融机构里，或在这一节中所规定的一个经授权的外资银行中，开通一个独立的银行账户，这个银行账户不受该法律第 524 条第（2）款的限制和要求。

户主姓名

（2）该账户必须以如下的方式命名账户持有人："（官方代理机构的名称），官方代理人"。

支付与发票

（3）与候选人的竞选活动有关的所有金融交易，涉及支付或收取的费用都要进行支付或存入该账户。

银行账户关闭

（4）在竞选活动结束，候选人退出或死亡之后，根据本法律，一旦任何未支付的赔偿或选举资金的盈余处理完毕后，候选人的官方代理机构应关闭该账户。

最终账户声明

（5）在关闭账户时，财务代理人应向选举主任提供该账户的最后信息。

禁止—接受捐款或借款

477.47　（1）除了候选人官方代理之外的任何人，都不能接受候选人的竞选捐款和借款。

禁止—发出税票

（2）根据《所得税法》第 127 条第（3）款的规定，除了候选人官方代理之外的任何人，都不应当向以选举为目的向候选人提供金钱捐献的捐献者提供正式收据。

禁止—接受物品、服务资金

（3）任何组织和个人，除了一个在册候选人的官方代理，都不得以该人的名义：

（a）接受物品、服务或资金，除非上述内容根据第 364 条是允许的；

（b）提供物品、服务或资金，除非上述内容根据本条是允许的。

禁止—支付选举开支

（4）除了候选人官方代理之外的任何人或团体，都不应当支付与候选人有关的竞选活动的费用，第 381 条所规定的零用开支和候选人的个人开支除外。

禁止—承担选举开支

（5）除了候选人，其官方代理或根据第 477.5 条第（c）项订立合同的授权人之外的任何人或团体，都不应当承担有关候选人的竞选开支。

禁止—候选人的个人开支

（6）除了候选人或其官方代理之外的任何人，都不应当支付候选人的个人开支。

例外

（7）本条的第（4）款或第（5）款，视情况而定，对于一个和竞选活动息息相关的已登记政党的领袖的费用或开支并不适用。

提名会议的开支限制

限制

477.48 （1）在选区选举期间以提名候选人为主要目的的会议通知产生的费用，不得超过最大选举花销的 1%。

（a）如果选区的边界没有改变的话，候选人的选举则是紧接着上一届进行；

(b) 在一些情况下，首席选举官可决定开支费用的金额。

禁止——官方代理、候选人以及授权人士

(2) 候选人，官方代理或根据第477.5条第（c）项签订的合同的授权人，都不应承担超过根据第（1）款所厘定的金额。

选举开支限额

最大选举开支

477.49 （1）在一个选区内被允许的候选人选举的开支金额是根据第477.5条和第384条的通胀调整因素决定的，以当天产品基本金额的费用为限制。

长于37日的选举期

(2) 如果选举期长于37日，那么本条第（1）款所述的数额可以通过加上以下的乘积得到增加：

(a) 第（1）款所述数额的1/37（依据情况）；以及

(b) 选举期减去37。

候选人选举开支基准

477.5 （1）候选人在一个选区的基本选举开支金额基于以下两个方面：

(a) 按照本条第（3）款至第（6）款的规定计算，主要是基于选区中选民的初步名单；

(b) 按照本条第（7）款至第（0）款的规定计算，主要是基于选区中选民的修订名单。

候选人死亡

(2) 如果由登记的政党提名的某选区的候选人在下午2:00开始期间去世，在提名结束和选举结束前的第5日，选举的基本款项将会增加50%。

用初步选民名单计算

(3) 在本条第（1）款的第（a）项提到总额是下列金额的总和，根据选民初步名单上的选民数总和计算：

(a) 第一批的 15000 名选民，每人 2.1735 元；

(b) 第二批的 10000 名选民，每人 1.092 元；

(c) 剩下的选民，每人 0.546 元。

少于平均选民数—大选

(4) 如果选区的初步选民名单上的选民人数少于初步选民名单之内的所有选民在大选中的平均数，那么，根据第（3）款的规定，即被视为在初步选民名单中的选民数量与平均数量之间的一半。

少于平均选民数—补选

(5) 在补缺选举的过程中，如果选区初步选民名单上的选民数量低于平均的初步大选选民名单上的人数，那么，根据第（3）款的规定计算，即被视为在初步选民名单中的选民数量与平均数量之间的一半。

低密度人口区

(6) 根据选区选民的初步名单进行计算，如果每平方公里的选民数量小于 10，那么根据第（3）款计算，每平方公里增加的金额少于 0.31 元，即增加了 25% 的费用。

使用修订选民名单计算

(7) 在本条第（1）款第（b）项提到总额是下列金额的总和，根据选民修订名单上的选民数总和计算：

(a) 第一批的 15000 名选民，每人 2.1735 美元；

(b) 第二批的 10000 名选民，每人 1.092 美元；

(c) 剩下的选民，每人 0.546 美元。

少于平均选民数—大选

(8) 如果选区修订后的选民名单上的选民人数少于修订选民名单之内

的选民在平均数之内,在随后的大选中,那么根据第(7)款的规定计算,即被视为在修订的选民名单中的选民数量与平均数量之间的一半。

少于平均选民数——补选

(9) 在补缺选举的情况下,如果修订后的选区的选民名单上的选民人数低于修订选民名单之内的选民的平均数,那么,在紧接的大选中,根据第(7)款的规定计算,即被视为在修订的选民名单中的选民数量与平均数量之间的一半。

低密度人口区

(10) 根据选区选民的初步名单进行计算,如果每平方公里的选民数量小于10,那么根据第(7)款计算,每平方公里增加的金额少于0.31美元,增加了25%的费用。

估计开支

477.51 (1) 在每年的11月15日,根据各选区的选民登记册的选民名单,首席选举官应计算第477.49条提到的最高金额,就视之为当时正在举行选举。

估计的公布

(2) 一个选区的最高金额必须送至

(a) 一经要求的任何人;

(b) 在上一次选举中,代表选区和在册政党在选区内的每一个注册的议员。

最大保证金额

(3) 根据本条第(1)款计算的最高金额只是一个估计值,就其本身而论,在随后的选举期间,选区可能会增加或减少。

例外

(4) 如果在选举期间(11月15日),或者如果在六个月前就已举行大选投票,那么本条款不适用。

禁止—开支超过限额

477.52 (1) 候选人、官方代理或根据第 477.55 条第（c）项订立合同的授权人开支不得多于根据第 477.49 条所计算的选举开支限额的金额。

禁止—勾结

(2) 没有哪个候选人、官方代理或根据第 477.55 条第（c）项订立合同的授权人或第三方，在第 349 条所赋予表达的含义之内，不得相互串通以规避根据第 477.49 条所计算的选举开支限额。

追讨索赔

索赔付款

477.53 若有人声称一个提名竞选者对其负有债务，其应当向提名竞选者或其官方代理提供发票或其他文件证明此声明。

三年内支付

477.54 (1) 如果一个开支声明或贷款被第 477.53 条提到的发票或其他文件证实，此债务将在第 374 条的选择日期到期后三年内得到支付。

禁止—无授权支付

(2) 未经提名的候选人并没有任何官方代理人，在本条第（1）款所提述的，除非根据第 477.56 条或第 477.57 条的规定，将按第 477.58 条所规定的诉讼程序进行。

2014 年，第 12 章，第 86 条

无法执行的合同

477.55 涉及候选人提名竞选开支的合同不能对竞争者强制执行，除非由以下人员订立：

(a) 候选人自己；

(b) 该候选人的正式代理人；或

(c) 正式代理人以书面授权的人,有权订立合同。

2014 年,第 12 章,第 86 条

不规则的索赔或付款—总选举事务主任

477.56 (1) 在个人声称应得到提名竞选费用的相关支付时,竞争者要求写出书面申请,总选举事务主认可,在确信有合理理由书面授权支付,这样,按照第 477.54 条第 (1) 款之规定,应当通过竞争者的财务代理支付其书面金额。

条件

(2) 总选举事务主任可能施加的任何条款或条件,如果其认为是适当的,则根据本条第 (1) 款授权付款。

2014 年,第 12 章,第 86 条

不规则的索赔和付款—法官

477.57 某人声称其有权索要提名竞选的相关费用,或声明其钱款是根据第 373 条之规定借出的,如果法官认同这一主张,则命令相关财务代理人按约定数额还款,如果:

(a) 申请人根据第 476.72 条第 (1) 款进行的赔付申请已被拒绝,或者根据第 476.7 条第 (1) 款之规定,其支付并非是在三年的赔付期内发生的;

(b) 根据第 476.72 条第 (1) 款,申索的金额尚未按照获得的授权支付。申请人因某些超出其控制与授权的原因而不能守约,申请人应当通知总选举事务主任。

2014 年,第 12 章,第 86 条

继续恢复支付

477.58 一个寄出发票或其他文件证明第 477.53 条声明的人可启动司法程序追索任何未支付的数额:

(a) 在任何时间,如果提名的竞争者或其官方代理拒绝支付欠债金额或争议债务,那么它是应付的;

(b) 在第 477.54 条第（1）款或第 477.56 条第（1）款或 477.57 条，在任何其他情况下，授权期间或任何延期简称期末。

竞选统计

竞选统计

477.59 （1）候选人的官方代理应向首席选举官提供以下有关选举活动的信息：

（a）规定形式的竞选活动，大体上包括候选人竞选活动的筹资和竞选费用；

（b）根据第 477.63 条规定，提供竞选监察人的反馈报告；

（c）在规定的形式内，由官方代理进行的相关统计；

（d）在规定的形式内，由候选人进行的相关统计。

内容

（2）竞选统计应当包括下列内容：

（a）选举费用清单，包括在该条中规定的一个呼叫服务供应商在该段所规定的选民联络呼叫服务所招致的选举开支的陈述，指明该供应商的名称及费用的数额；

（b）一份选举活动费用清单，除选举开支外，包括在本条中所规定的一个呼叫服务供应商所规定的选民联络呼叫服务所发生的选举活动费用清单，并指明该供应商的名称及所需费用的金额；

（c）根据第 477.58 条所规定的诉讼标的清单；

（d）一份无薪声明，包括对根据第 373 条作出的对该候选人提出的贷款的陈述；

（e）包括根据第 373 条款候选人作出的贷款条件清单，含有贷款金额、利率、贷款人的姓名和地址、日期和利息的本金和支付的还款金额，在每个日历年年底的剩余未付本金，以及如果有担保人，则记录担保人的名称、地址和担保额；

（f）候选人收到的捐款总额；

（g）捐献者的数目；

（h）每名作出捐献的人的姓名和地址及其对该候选人捐献的总金额，以及每名候选人收到的捐款金额和日期；

（i）由候选人提供的商品或服务的商业价值清单，以及由候选人注册团体或以其作为候选人身份的注册团体的基金；

（j）向注册人、注册团体或提名人转让的商品或服务的商业价值清单；及

（k）收到的捐款清单，但全部或部分捐款已按本法规定退给该人。

支持文件

（3）在竞选活动统计的同时，候选人的官方代理机构应向总选举事务主任提供相关支付的证明文件以阐明其行为，包括银行对账单、存款单、注销的支票和第477.64条第（1）款规定中候选人个人开支的书面清单。

额外支持文件

（4）如果首席选举官员认为，第（3）款规定的文件是不够的，首席选举官员可要求官方代理机构在指定日期提供任何额外的文件。

报告

（5）如果有在一份声明中的信息的任何修正案中提到本条第（2）款第（d）项，包括有关给予在贷款方面的担保或保证，提名候选人的官方代理应及时向总选举事务主任提供规定格式的修改报告。

公布

（6）总选举事务主任须以其认为适当的方式，将本条第（2）款所指的清单，以及根据本条第（5）款提供的任何报告，须在收到资料或报告后尽快刊登。

提供文件期间

（7）在选择日期后四个月内必须向总选举事务主任提交本条第（1）款所述文件。

候选人宣言

（8）提名的竞争者应在选择日期后四个月内，将第（1）款第（d）项提及的清单送其官方代理。

候选人死亡

（9）如果在本条第（8）款所指的期限内没有发申请，候选人死亡时：

（a）他或她被视为已将按照该款申报；

（b）官方代理视为已经根据第（1）款的规定向总选举事务主任发出申请。

（c）总选举事务主任视为已按第477.73、477.75和477.76条规定，收到申报。

未支付债务的支付

（10）如果根据本条第（1）款第（a）项规定向总选举事务主任按要求提供，该项提名人的官方代理人须向总选举事务主任提供一份报告，说明该付款是在30日内支付的，并说明资金的来源。

第一次更新

（11）按照本条第（2）款第（d）项规定，提名竞选者的财务代理人应在选择日期后18个月到19个月之间，向总选举事务主任提供最新版本的清单。其中应包括有关未付款项的下列信息：

（a）任何部分的未付款额是否有争议，如有，则有关各方已采取何种措施来解决这一争端；

（b）该未付款项是否为第477.58条所规定的诉讼主题；

（c）贷款的未付款额是否为确保支付的法律诉讼主题，或对已支付的款额或未付款额的争议；

（d）是否为双方约定的还款计划和还款，如有，是否正在按计划进行；

（e）是否未付金额已被债权人按会计惯例作为坏账而注销；及

（f）有助于解释未付款额的任何其他有关资料。

第二次更新

(12) 根据本条第（2）款第（c）项规定，提名竞选者的财务代理人应在选择日期后 36 个月到 37 个月之间，向总选举事务主任提供最新版本的清单，其中应包括第（11）款第（a）至（f）项所述的资料。

支持文件

(13) 在更新版本的未付款的声明中提到的第（11）和（12）款，提名竞选者的官方代理人应提供总选举事务主任证明第（11）款第（a）至（f）项所述事项的文件，如果第（11）款第（d）项适用，还需一份还款计划。

额外支持文件

(14) 如果首席选举事务主任认为根据本条第（13）款规定的文件是不充分的，他或她可能要求官方代理提供一个指定日期，并有必要为官方代理遵守该款规定任何附加文件。

非常规债务与支付

(15) 提名竞选者的官方代理人须向总选举事务主任提供按规定的形式向被授权支付根据第 477.56 条或第 477.57 条支付的要求而支付的款项，以及为根据第 477.58 条引起的诉讼而支付的赔偿金的报告。官方代理人须在付款之日起 30 日内提供该报告，并将其包括在该款项中，指明所使用的资金来源。

477.6 （1）如果根据第 477.59 条第（11）款和第（12）款要求，提供未付索赔清单的更新版本，如贷款未付金额已被债权人与银行按一般会计惯例作为坏账注销，而且候选人是一个注册的党的候选人，则选举官员应及时通知贷款人，如果注册方有一个候选人的选举区注册协会，则登记的一方为注册协会。

(2) 总选举事务主任须给贷款人、注册方及注册协会向其作出陈述的机会。

(3) 总选举事务主任应在收到申请后，及时确定未付金额是否已由债权人按一般会计惯例注销为坏账。并且，他或她应将其决定通知给贷款人、候选人、注册方和注册协会。

（4）如果总选举事务主任决定，未付金额已由债权人按一般会计惯例注销为坏账，随后，注册协会，如果没有注册协会，注册政党视情况而定对未付金额负责。

477.61　如果给候选人捐款超过 20 元的捐赠者姓名或给候选人捐款超过 200 元的捐赠者姓名和地址未知，则该候选人的官方代理应当立即向总选举事务主任支付等额的金钱，后者需将此款转交给总收款人。

审计报告

477.62　（1）候选人的审计师应向政党的首席财务代理作出交易报告，并且应当根据公认的准则检查，以此让他给出报告的意见，以说明报告是否公正地展现了财务记录中的信息。

（2）审计报告应包括一份规定形式的、完整的清单。

（3）审计师应当在报告中纳入任何必要的清单，若

（a）根据公认的准则，检查后认为附着于报告的财务交易记录未公正地展现财务记录中的信息。

（b）审计师没有收齐所要求的信息与解释；或

（c）基于检查，候选人未保管适当的财务记录。

获取的权利

（4）审计师可在任何合理时间内获得政党的文件，并且可要求政党的官方代理和官员提供任何对于准备报告有必要的信息或解释。

（5）如果第 477.3 条第（3）款提及的人是合伙人或联营公司的审计师或是该审计师事务所的合伙人或联营公司的雇员，除第（4）款的规定外，不得参与审计师报告的编制。

477.63　（1）尽管有第 477.59 条第（7）款，在第 477.59 条第（1）款第（a）至（c）项所提及的文件在第 477.59 条第（1）款第（d）项所规定的期限内，但如果候选人不将其发送到其正式代理人，则该候选人须

于当天返回加拿大后向总选举事务主任提交相关文件。

（2）尽管有第477.59条第（1）款的规定，但如果该候选人并没有将其发送至正式代理人，正式代理人不必为在第（1）款规定的情况下，将第（1）款所提述的候选人声明提交给总选举事务主任。

477.64 （1）候选人须在投票之后三个月内，按照规定的形式，向其官方代理发送一份书面清单，包括：

（a）其花费的任何费用和个人消费的细节，包括他们的支付文件；

（b）公布其没有支付的任何个人开支。

候选人死亡

（2）对于该款所指的书面声明中提到的三个月结束前没有送达就已死亡的竞选者，第（1）款并不适用。

修改、修正和扩展报表期

小修改—总选举事务主任

477.65 （1）若修改不会实质上影响其内容，总选举事务主任可修改第477.59条第（1）、（10）、（11）、（12）或（15）款提到的文件。

应总选举事务主任要求修改或修正

（2）总选举事务主任可以书面形式要求一个候选人的官方代理在一定时间内修改或修正第477.59条第（1）、（10）、（11）、（12）或（15）款提到的文件。

修改或修正的截止期

（3）若总选举事务主任要求修改或修正，候选人的官方代理应在一定时间内向他或她提供修改或修正后的文件。

2014年，第12章，第86条

扩展—总选举事务主任

477.66 （1）在候选人的官方代理或（在首席代理缺席或无法履职时）候选人书面提出申请后，总选举事务主任应授权扩展第477.59条第

(1)、(10)、(11)、(12)或(15)款提到的时限,除非他或她认为官方代理未提供文件是出于故意或疏忽大意。

截止日期

(2)申请需在第477.59条第(1)、(10)、(11)、(12)或(15)款提到的时限内作出或在该期限到期后两周内作出。

2014年,第12章,第86条

修改或修正—总选举事务主任

477.67 (1)在候选人的官方代理或(官方代理缺席或无法履职时)领袖书面提出申请后,如果他或她认为申请人所提交的证据证明修改或修正是必要的,总选举事务主任应授权修改或修正第477.59条第(1)、(10)、(11)、(12)或(15)款提到的文件。

立即申请

(2)申请应在申请人意识到修改或修正的必要性之后立即作出。

修改或修正的截止期

(3)申请人应在得到修改或修正授权后30日内向总选举事务主任提供修改或修正后的文件,或可以根据第(4)或(5)款获得延期。

新的截止期

(4)总选举事务主任在本条第(3)款提到的30日期限到期后两周内收到书面申请后应授权扩展时限,除非他或她认为官方代理未提供文件是出于故意或疏忽大意。

扩展新的截止期

(5)总选举事务主任在本条第(4)款或本款提到的扩展期限到期后两周内收到书面申请后,应授权再次扩展时限,除非他或她认为官方代理未提供文件是出于故意或疏忽大意。

2014年,第12章,第86条

扩展、修改或修正—法官

477.68 (1)候选人的官方代理或(官方代理缺席或无法履职时)

领袖可向法官申请一份命令：

(a) 以豁免首席代理履行根据第477.65条第（2）款提出的申请所设之义务。

(b) 授权第477.66条第（1）款所指的扩展。

(c) 授权第477.67条第（1）款所指的修改或修正。

申请人应通知总选举事务主任申请已作出

截止日期

（2）申请的作出应：

(a) 根据本条第（1）款第（a）项，在第477.65条第（2）款所指的期限内或在此期限结束后两周内作出；

(b) 根据本条第（1）款第（b）项，在以下情况下于两周内作出：

(i) 如果延期申请未在第477.66条第（2）款规定时限（即该条中提到的时限到期后两周内）内向总选举事务主任提出申请；

(ii) 根据第477.66条作出的延期被拒绝；

(iii) 第477.66条第（1）款提到的延期后时限终结。

(d) 根据本条第（1）款第（c）项，在根据第477.67条提出的修改或修正申请被拒后两周内。

理由—豁免遵守

（3）法官可颁布命令豁免首席代理履行根据第477.65条第（2）款提出的申请所设之义务，若法官认为申请人所提交的证据证明修改或修正是非必要的，并无遵守本法的必要。

理由—扩展

（4）法官可颁布命令授权扩展，除非法官认为官方代理未提供文件是出于故意或疏忽大意。

理由—修改或修正

（5）法官可颁布命令授权修改或修正，若法官认为申请人所提交的证据证明修改或修正是必要的，且应遵守本法的规定。

命令的内容

（6）命令可要求申请人满足法官认为的、本法规定的必要条件。

2014 年，第 12 章，第 86 条

官方代理出现在法官面前

477.69 （1）法官根据第 477.68 或 477.7 条，确信候选人或官方代理未能提供第 477.59 条第（1）、（10）、（11）、（12）或（15）款提及的文件，按照本法规定，法官可要求其现任或前任官方代理亲自前往。

展示原因命令

（2）除非其代理人或前任出示相关证据，表明法官不应当发出命令，否则法官应命令代理人：

（a）尽其所能，减少损失；

（b）彻查造成损失的相关信息。

2014 年，第 12 章，第 86 条

候选人追索官方代理错误

477.7 候选人可向法官申请命令，重新计票以减轻任何责任、后果，或根据任何其他议会法案撤换其官方代理人，如果申请候选人证实：

（a）未经其知晓或默许；

（b）他或她已尽应尽的努力，以避免其发生。

候选人或其官方代理应通知总选举事务主任，已申请。

2014 年，第 12 章，第 86 条

销毁文件—法官

477.71 （1）候选人或其官方代理，可通过提供第 477.59 条第（1）、（10）、（11）、（12）或（15）款所指的文件，向法官申请解除官方代理义务。候选人或官方代理应通知总选举事务主任，已提出申请。

理由

（2）法官不得发放的命令，除非其在确信申请人因为不可抗力，包括

水灾、火灾或其他灾害而不能提供文件。

日期救济

(3) 本法案规定,免除申请人在本条第(1)款所指的义务之日起的命令。

2014年,第12章,第86条

禁止—虚假、误导或不完整的文件

477.72 (1) 任何候选人和官方代理候选人不得向总选举事务主任提供第477.59条第(1)、(10)、(11)、(12)或(15)款所指的文件。

(a) 候选人或官方代理,不得在知晓或理应知晓的情况下,材料包含上述虚假或具误导性的陈述;

(b) 不能实质性地展现第477.59条第(1)款、第(2)款要求的信息,或按照第477.59条第(10)、(11)、(12)或(15)款要求,提供更新的文件。

2014年,第12章,第86条

(2) 如选举主任根据第477.59条第(1)款、第477.67条第(11)、(12)、(10)或(15)款规定须提供的文件,未在第477.66条第(1)款或第477.68条第(1)款授权的期限内提供,或是在第477.67条第(3)款所规定的修正或修订时,须向总选举事务主任通知下议院和下议院的议员。

(3) 如果选举事务主任根据第477.65条第(2)款所规定的修正或修订,在指定的时间内作出更正或修订,则不在规定的时间内作出更正或修订,直至该修正或修订已作出,该候选人无权修正或修订。

继续作为下议院议员的成员

(a) 第477.68条第(2)款第(a)项所述的两周的结尾,如该候选人或其代理人不适用于根据第477.68条第(1)款第(a)项而作出的命令的法官;或

(b) 如该候选人或其正式代理人适用于根据第477.68条第(1)款第

(a) 项规定的命令作出的判决，则该申请最后的一天拒绝该项申请。

（4）一旦当选的候选人没有资格继续投票为下议院议员，根据第（3）款的规定，总选举事务主任须告知下议院议长。

补偿选举开支和个人开支

477.73 （1）在接收到选区统计的令状之后，首席选举官应及时向总收款人提供此证书，阐述以下内容：

(a) 当选的候选人的姓名，如有；

(b) 收到有效票数10%以上投票的任何候选人的姓名；

(c) 第477.49条限定的本金额15%的选举开支限额。

（2）在收到证书后，税务局长一般应支付的金额载于综合收入基金，正式代理证书作为候选人的选举开支和个人开支的部分报销。任何候选人付款均应由官方代理支付。

（3）候选人的官方代理应及时将其根据本条第（2）款规定接收的以下超过总数60%反馈给税务局长：

(a) 候选人个人已支付的费用；

(b) 候选人官方代理机构已支付的有关选举的开支，如候选人的竞选活动的回报。

477.74 （1）关于根据第477.59条第（1）款中提到的接收文件，或以候选人命名的证书中，首席选举官应向税务局长提供以下证书：

(a) 首席选举官认为候选人和其官方机构满足第477.56条第（2）款和第477.59条至477.71条的要求；

(b) 选举监察人报告中没有包括在内的，第477.62条第（3）款提到的清单；

(c) 该候选人已产生超过由第477.49条指定的30%选举开支限额的费用；

(d) 阐明候选人最后一期的选举开支和个人开支还款额的数量。

（2）本条第（1）款第（d）项中所指的金额是少于以下：

(a) 总额的60%用于支付候选人的选举开支和个人费用，扣除根据第

477.73 条的部分后可报销。

（b）根据第 477.49 条，以选举开支 60% 为限额，根据第 477.73 条，缺少的部分予以偿还。

（3）若在选举开支统计中所给出的选举开支超过了第 477.49 条设定的最高标准，那么本条第（2）款中提供的数额需按照以下规则削减：

（a）未超过 5% 的部分，每多 1 元扣除 1 元；

（b）超过 5% 但未到 10% 的部分，每多 1 元扣除 2 元；

（c）超过 10% 但未到 12.5% 的部分，每多 1 元扣除 3 元；

（d）超过 12.5% 的部分，每多 1 元扣除 4 元。

（4）在收到证书后，税务局长应从合并收入基金中，向候选人代理支付相应金额。款项也可付给官方代理指定的人员。

477.75　在收到第 477.59 条第（1）款所指的文件、选举监察人的报告以及选举监察人关于此报告费用清单的副本后，首席选举官应向税务局长提供以下证书：

（a）审计产生的费用金额，最多也只能是少于候选人的选举开支的 3% 和 1500 元；

（b）250 元。

477.76　在收到证书后，税务局长应从综合收入基金中，向选举监察人支付相应金额的钱款。

477.77　（1）首席选举官应向税务局长提供以下名单：

（a）候选人名单，其中包括根据第 74 条第（1）款已撤销的；首席选举官根据第 451 条已提供的名单，并根据第 477 条已退回的任何未使用的名单；根据第 478 条第（2）款；

（b）在投票点关闭前已经去世的候选人。

（2）在收到证书后，税务局长应向各候选人支付其存入综合收入基金的相应金额，款项应由官方代理支付。

（3）在本条第（1）款第（b）项所描述的情况下，如果没有官方代理，那么首席选举官则有可能将提名存款返回其认为适当的任何人。

（4）根据本条规定，未返还的任何提名存款将被没收，这是女王在加拿大的权利。

477.78 如果由登记的政党提名的某选区的候选人在提名结束和选举结束前的第5日的下午2：00去世：

（a）根据第477.73条的规定，作为一名候选人，他或她被视为获得10%有效选票。

（b）首席选举官必须根据第477.73条第（1）款所提述的证明书中阐明是此选区的其他候选人的22.5%。

477.79 本部分适用于以下修改，以根据第59条第（1）款的令状被撤销或《议会法》第31条第（3）款被视为撤回的选区候选人的竞选开支：

（a）选举被视为在投票当天撤回加拿大官方公报中公布的通知的撤回；

（b）各候选人被视为已获得10%的选票，该选票被视为有效。

选举基金盈余

477.80 （1）候选人选举接收的选举资金的盈余量是候选人根据本条第（3）款提到的选举收入，金额超过由其支付候选人的选举竞选费用和第（4）款所指的转让。

（2）在选举资金的剩余数额按照第477.81和477.82条进行处理前，候选人应将其所获得的任何资产转移费用转移到已批准该人的注册人或该当事人的注册协会，或按照第375条规定，以其公平的市场价值出售。

（3）选举候选人代表性的收入包括以下几个方面：

（a）资金捐赠；

（b）选举开支或候选人根据本法律报销的个人费用；

（c）可报销的候选人的提名存款；

（d）本条第（2）款所指的资本资产的转售价值；及

（e）任何其他由候选人为其竞选活动接受的不需要偿还的资金。

（3）由候选人作出的转移如下：

（a）候选人在竞选期间的任何资金需转移给已登记的政党或已登记的协会；

（b）在本条第（3）款第（b）和（c）项规定中，候选人可报销的资金需转移给已登记的政党；

（c）由候选人根据第364条第（3）款第（d）项作出的资金转移。

477.81 （1）如果首席选举官评估候选人的竞选活动资金有盈余，那么首席选举官应就此评估的盈余数量向候选人的官方代理机构发出通知。

（2）候选人的正式代理人须在收到该通知的盈余通知后60日内处置选举基金盈余。

（3）如果候选人的竞选活动资金有盈余，但一直没有收到根据本条第（1）款的规定而进行的评估盈余通知，官方机构应在竞选活动统计后60日内评估该盈余，视以下的情况而定：

（a）候选人的选举开支和个人开支，以及候选人的实名存款在最后的期限内被偿还了；

（b）如果候选人没有接收到本款第（a）项中提及的偿还，那么关于候选人竞选活动的统计条款也无法发挥作用。

477.82 选举盈余资金必须被候选人的官方代理转移到：

（a）在候选人的选区内已登记在册的政党或协会；

（b）在任何其他情况下，转移给税务局长。

477.83 （1）候选人的官方代理机构必须在处理竞选资金盈余后的七日内，以特定的形式，就盈余的金额、处理的日期和被转移的对象告知首席选举官。

（2）处理竞选活动资金后，在首席选举官以其所认为的适当的任何方式，尽快发布由本条第（1）款规定的通知。

477.84 （1）按第477.82条第（b）项处置的候选人的选举资金盈余，且随后必须为此支付候选人的选举开支的官方代理人，可能适于向首席选举官支付还款数额，这个还款数额不超过后续付款和选举剩余的资金。

（2）收到从首席选举官处接收的还款申请，税务局长在申请中向官方代理机构支付综合收入基金申请中的金额。

477.85　没有登记的政党登记代理机构，已登记协会的财务代理机构或提名竞选者的财务代理机构，应在投票日结束后将资金转移给候选人，与候选人竞选活动有关的金额赔偿除外。

表格的形式和使用

477.86　候选人和其官方代理应以规定的形式，向捐献者提供正式的收据，以实现"所得税法"第127条第（3）款所列的目的。

477.87　总选举事务主任应向每个选举监察人提供规定的表格副本。

477.88　（1）选举官须为每个在其选区的候选人和官方代理提供合理数量的表单副本。

（2）候选人及其官方代理根据第477.86条的规定，应在投票后的一个月内，将任何未使用的表格退回。

（3）首席选举官可以指定那些可能提供的候选人的官方代理，这些候选人的提名根据第71条第（1）款提供。

分段c　礼物或其他好处

477.89　根据第477.9条至第477.95条之规定，一个候选人被认为已成为候选人的早期是指：

(a) 他们在提名比赛中被选中的一天；以及

(b) 为选举发出的文书的一天。

477.9　（1）如果候选人当选，在这段时间内候选人不得接受任何可能合理地被视为影响其履行其职责和职能的礼物或其他利益。

(a) 他们被认为是候选人的候选期；及

(b) 目的：

(i) 根据第74条第（1）款撤回的时间；

(ii) 他们在选举中成为下议院议员的时间；或

(ⅲ) 投票日（在任何其他情况下）。

（2）尽管有本条第（1）款之规定，一名候选人可以接受一个相对或作为礼节或协议的正常表达的礼物或其他利益。

（3）申请人应以规定的形式提供总选举事务主任公开声明，如果在这段时期候选人接受来自同一个人或实体机构所有的礼物或其他利益超过总额 500 元，则按规定作出以下记录：

（a）每个礼品或其他利益的性质，其商业价值和成本；

（b）馈赠或其他利益的人或实体机构的名称和地址；及

（c）礼品和利益的赠与条件。

（4）为施行第（3）款，记录该候选人占有的服务或财产、使用财产或金钱的财产、财产的商业价值或使用财产或金钱的商业价值，及其商业价值之间的差额。

（5）候选人须在四个月后向总选举事务主任提供清单：

（a）投票日；或

（b）于该日在加拿大宪报刊登的，根据第 59 第（2）款或第 551 条规定的，关于选举撤回或视为撤回的公告。

（6）以下定义适用于本节。

"普通法伙伴关系"意味着两人以夫妻关系、同居关系，同居一年以上。

"礼物或其他好处"的意思

（a）免除偿还义务的钱款；及

（b）服务或财产，或使用财产或金钱，而不收取费用或收费低于其商业价值。

它不包括根据本部分第（1）款的规定：对不超过该部门规定的候选人的正式代理人作出的贡献或提供的货物或服务，或根据第 364 条规定的资金转移。"亲戚"，就一个候选人，意味着一个人与候选人有婚姻、普通法伴侣、出生或之类的亲密关系。

477.91 （1）在候选人的官方代理或（官方代理缺席或无法履职时）

候选人书面提出申请后,总选举事务主任应授权扩展第 432 条第(5)款或第 437 条第(3)款提到的时限,除非他或她认为官方代理未提供文件是出于故意或疏忽大意。

(2)申请需在第 477.9 条第(5)款提到的时限内作出或在该期限到期后两周内作出。

477.92 (1)在候选人的官方代理书面提出申请后,总选举事务主任应授权修改或修正提交的文件,如果他或她认为申请人所提交的证据证明修改或修正是必要的。

(2)申请应在申请人意识到修改或修正的必要性之后立即作出。

(3)申请人应在得到修改或修正授权后 30 日内向总选举事务主任提供修改或修正后的文件,或可以根据本条第(4)或(5)款获得延期。

(4)总选举事务主任在第(3)款提到的 30 日期限到期后两周内收到书面申请后应授权扩展时限,除非他或她认为官方代理未提供文件是出于故意或疏忽大意。

(5)总选举事务主任在第(4)款或本款提到的扩展期限到期后两周内收到书面申请后,应授权再次扩展时限,除非他或她认为官方代理未提供文件是出于故意或疏忽大意。

477.93 (1)候选人的官方代理或(官方代理缺席或无法履职时)候选人可向法官申请一份命令:

(a)授权第 477.91 条第(1)款所指的扩展;

(b)授权第 477.92 条第(1)款所指的修改或修正。

申请人应通知总选举事务主任申请已作出截止日期

(2)申请的作出应:

(a)根据本条第(1)款第(a)项,在以下情况下,在两周内作出:

(i)如果延期申请未在第 477.91 条第(2)款规定时限(即该条中提到的时限到期后两周内)内向总选举事务主任提出申请。

(ii)根据第 477.91 条作出的延期被拒绝;

(iii)第 477.91 条第(1)款提到的延期后时限终结。

(b) 根据本条第（1）款第（b）项，在根据第477.92条提出的修改或修正申请被拒后两周内。

理由——扩展

(3) 法官可颁布命令授权扩展，除非法官认为官方代理未提供文件是出于故意或疏忽大意。

理由——修改或修正

(4) 法官可颁布命令授权修改或修正，若法官认为申请人所提交的证据证明修改或修正是必要的，且应遵守本法的规定。

命令的内容

(5) 命令可要求申请人满足法官认为实现本法要求的必要条件。

477.94 （1）总选举事务主任须在统计令状发出后的一年内持有第477.9条第（3）款规定的财产清单。

(2) 选举事务主任须将根据第477.9条第（3）款所规定的陈述予以保留。

(3) 本条第（2）款并不禁止检查该款所提述的清单，为纠察犯罪，也可向相关人员提供该清单。

477.95 候选人无须向总选举事务主任提供一份第477.9条第（3）款所指的清单：

(a) 候选人知道或应该合理地知道其中包含虚假或误导的资料；或

(b) 无需根据该款规定的资料。

第6段 领袖竞选者

释义

478 个人开支，包括由其竞选领袖引发或相关的开支，包括：

(a) 差旅费；

(b) 照看孩子的花费；

(c) 照顾身体或精神残疾人士的费用；

（d）残疾候选人的额外支出。

478.01 至 478.09　　［废除，2014，c.12，s.86］

分段 a　领袖竞选者的注册

478.1　（1）如果在册政党提议举行领袖竞选，党派的首席代理人应当提交总选举事务主任一项陈述，列明领袖竞选开始和结束的日期。

变异及注销

（2）在册政党提出改变领袖竞选期间或取消领袖竞选，须提交一份声明，其中规定了视情况而定的修订开始日期或结束日期或事实上由其总选举事务主任注销。

出版

（3）总选举事务主任，在他或她认为以适当的方式，在第（1）和（2）款规定的通知中发布包含的信息。

478.11 至 478.19　　［废除，2014，c.12，s.86］

登记责任

478.2　（1）谁接受捐款，他或她的竞选注册党派领袖的关系，以及招致领袖的竞选费用，应作为一个领袖竞选者注册。

视同

（2）按本部分规定，从他或她接受了捐献的竞选费用之时，就被视为竞选者。

478.21 至 478.29　　［废除 2014，c.12，s.86］

应用内容

478.3　（1）作为一个领袖竞选者的申请登记必须包括以下内容：

（a）领袖竞选者的姓名；

（b）该地址记录的领袖竞选者保持通信的地方；

（c）包含有名称和地址的领袖竞选者的财务代理；

（d）领袖竞选者的姓名和地址的委任审计师。

随附文件

（2）申请必须附有如下信息：

（a）财务代理签字同意；

（b）审计师签字同意；

（c）由举办领导人竞选活动的注册政党的首席代理人确认，接受申请者作为其政党领导人；

（d）在一份声明中包含的信息——第478.8条第（2）款第（d）至（g）项已注册申请前收到的捐款。

申请的审查

（3）总选举事务主任应按要求在第（1）和（2）款注册一个领袖竞选者。在拒绝登记的情况下，总选举事务主任表示，上述要求没有得到满足。

478.31 至 478.39　　［废除，2014，c.12，s.86］

注册表

478.4　总选举事务主任告知领袖竞选者应保持注册表包含第435.06条第（1）款所指的信息。

478.41 至 478.42　　［废除，2014，c.12，s.86］

任命

478.5　（1）领袖竞选者，竞选者所指定的任何条款和条件，任命领导的竞选代理人有权接受捐款和领袖竞选费用的承担及支付。

任命报告

（2）委任领袖竞选之后30日内，领袖竞选者应提供一份书面报告，报告总选举事务主任竞争者的财务代理、包含的名称和地址、领袖竞选代理认证的任何条款和条件。总选举事务主任在注册表中的领袖竞选者项内输入上述信息。

代理—不符合资格

478.6　以下之人不符合作为财务机构代表或作为一个领袖竞选者的领

袖竞选活动代表所应具备的条件：

（a）选举官员或全体参选人员的监察官员；

（b）领袖竞选者；

（c）被该法律任命的审判员；

（d）没有选举权的人；

（e）未依法偿还债务的破产者；

（f）在其常住的地区，不受合同法约束的人。

478.61　（1）只有以下的人有资格成为领袖竞选者的监察人：

（a）在企业、协会或专业会计师机构中具有良好声誉的成员；

（b）在企业、协会或专业会计师机构中每一个合伙人都具有良好声誉的合伙团体。

（2）以下之人没有资格成为领袖竞选者的审判员：

（a）选举官员和作为全体参选人员的监察官；

（b）已登记政党或合法政党的首席代理以及已登记政党的代表；

（c）候选人和候选人的官方代表；

（d）已登记协会的选区代表；

（e）领袖竞选者和他们领袖竞选活动代表；

（f）提名竞选者和他们的财务代表；

（g）已登记的第三方金融机构代表。

（3）根据该法律对登记的规定，个人可能会被任命为一个领袖竞选者的代理人，尽管这个人作为其合伙团体的成员之一，并且已经被任命为监察人。

478.62　领袖竞选者必须从聘用的财务代理人或选举监察人处，获取其签署的针对此条例的同意意见。

478.63　在任命的财务代理人或选举监察人发生死亡、无行为能力、辞职或被撤销事件时，领袖竞选者应立即任命新的替代者。

478.64　一个领袖竞选者一次只能有一个财务代理人和一个选举监察人。

478.65 （1）没有资格做财务代理人或领袖竞选者的竞选活动代理人的人，不得履行相关职能。

（2）没有资格成为领袖竞选者的监察人的人，不得从事相关工作。

478.66 （1）在第478.3（1）条提到的信息发生变化之后的30日内，领袖竞选者应以书面形式向总选举事务主任报告此变化。

（2）本条第（1）款所涉及的关于选举监察人或领袖竞选者财务代理人进行替换的报告，必须包括一份根据第478.62条规定的签字同意书。

（3）总选举事务主任应将该节中涉及信息的任何变化登记在领袖竞选者的登记表中。

478.67 一个从领袖选举竞选中退出的领袖竞选者应以书面形式向总选举事务主任提交一份清单，以声明其退出，标明退出的日期。总选举事务主任应在领袖竞选者的登记表中标明其退出。

478.68 已登记的政党从其领袖竞选活动的承诺中退出，应以书面形式向总选举事务主任提交一份声明文件，用以声明由该党派首席代理人签署退出的情况，并标明退出的时间。总选举事务主任应在竞选领导者的登记表中标明其退出。

478.69 依据第478.67条退出的领袖竞选者或依据第478.68条退出而被接受的领袖竞选者义务的解除，根据第478.81条统计其退出的情况。

478.7 总选举事务主任应及时监察已登记政党的领袖竞选者存在不遵守本法律的情况，并应据实报告给该党派。

分段b 领袖竞选者的财务管理

财务代理人的权力、职责及职能

478.71 领袖竞选者的财务代理负责管理竞选者为了其领袖竞选活动而进行的金融交易，并根据该法律条文的规定汇报上述交易。

478.72 （1）为了竞选活动这唯一的目的，领袖竞选者的财务代理应在"银行法"第2条规定的加拿大金融机构里，或在这一节中所规定的一个经授权的外资银行中，开设一个独立的银行账户，这个银行账户不受该法律第 524 条第（2）款的限制和要求。

（2）该账户必须以如下的方式命名账户持有人："（财务代理机构的名称），财务代理"。

（3）与领袖竞选者的领袖竞选活动有关的所有金融交易，涉及支付或收取的费用都要从该账户进行支付或存入。

（4）在领袖竞选活动结束、竞选者退出或死亡之后，领袖竞选者的财务代理机构应关闭该账户。

（a）根据该法律，处理领袖竞选活动的盈余资金；

（b）在领袖竞选活动结束时若有未付的钱款，应按照该法律处理上述欠款。

（5）在关闭账户时，财务代理人应向总选举事务主任提供该账户的最后明细。

478.73 （1）除了领袖竞选者的领导活动代理人外，任何人都不应接收针对竞选者的竞选活动的捐献。

（2）除了在册政党的注册代理外，任何组织和个人，都不得以该党的名义接受给在册政党的捐赠和借款。

（3）除了在册政党的注册代理外，任何组织和个人，都不得以该党的名义

（a）接受第 364 条允许的物品、服务或资金。

（b）第 364 条是允许的物品、服务或资金。

禁止——接受一定的捐献

（3）提名竞选者的财务代理须接受注册人或注册协会的转让。

禁止——支付提名竞选费用

（4）除领袖竞选者的竞选代理以外，任何个人或实体，不得支付个人开支以外的提名竞选费用。

禁止—招致领袖竞选费用

（5）除提名竞选者或其财务代理外，任何个人或实体，不得引起提名竞选者的竞选费用。

禁止—竞争者的个人开支

（6）除提名竞选者或其财务代理以外，任何人都不得缴纳的竞争者的个人开支。

追讨索赔

索赔付款

478.74 若有人声称一个领袖竞选对其负有债务，其应当向领袖竞选者或其财务代理提供发票或其他文件证明此声明。

三年内支付

478.75 （1）如果一个开支声明或贷款被第 478.74 条提到的发票或其他文件证实，此债务将在 373 条的选择日期到期后三年内得到支付。

禁止—无授权支付

（2）在本条第（1）款所提述的未经领袖候选人、任何财务代理人授权，除非根据第 478.77 条或第 478.78 条的规定，否则将按第 478.79 条所规定的诉讼程序进行。

2014 年，第 12 章，第 86 条

无法执行的合同

478.76 涉及领袖竞选开支有关候选人的合同是不能对竞争者强制执行的，除非由以下人员订立：

（a）候选人自己；

（b）该候选人的正式代理人；或

（c）正式代理人以书面授权的人，有权订立合同。

2014 年，第 12 章，第 86 条

不规则的索赔或付款—总选举事务主任

478.77 （1）个人声称应得到支付提名竞选费用，领袖竞选者要求写书面申请，总选举事务主认可，在确信有合理理由书面授权支付，这样，通过领袖竞选者的财务代理按照第478.75条第（1）款支付其书面金额。

条件

（2）总选举事务主任可能施加的任何条款或条件，他或她认为适当的根据第（1）款的授权付款。

2014年，第12章，第86条

不规则的索赔和付款—法官

478.78 当某人声称，其对于提名竞选的费用有权追索赔偿时，如果法官认为这样做有合理理由，则通过竞争者的财务代理，授权支付书面金额，如果

（a）申请人已拒绝根据第478.77条第（1）款授权或支付索赔的发票，或其他证明文件未于四个月的期限内按照第478.75第（1）款发送；

（b）尚未支付申索的金额，根据第478.77第（1）款获得授权，申请人由于超出了他们的控制与授权的原因而不能遵守。

申请人应当通知总选举事务主任已申请。

2014年，第12章，第86条

继续恢复支付

478.79 寄出发票或其他文件来证明第478.74条声明的人，可启动司法程序追索任何未支付的数额：

（a）如果领袖竞选者或其财务代理拒绝支付的金额或对应付款额存在争议；

（b）根据第478.75条第（1）款、第478.77条第（1）款或第478.78条的规定，在授权期间或任何延期期末的任何时间内。

领袖竞选统计

竞选统计

478.8 （1）领袖竞选者的财务代理应向首席选举官提供以下有关选举活动的统计：

（a）以规定的形式作出的竞选活动统计，主要包括领袖竞选者竞选活动的筹资和竞选费用；

（b）根据第478.83条第（1）款的规定，需提供竞选举监察人的统计报告；

（c）以规定的形式，由财务代理陈述相关统计；

（d）以规定的形式，由领袖竞选者陈述相关统计。

内容

（2）竞选统计应当包括下列内容：

（a）选举费用的清单，包括在该条中规定的、由呼叫服务供应商提供的选民联络呼叫服务所引起的选举开支的清单，并指明该供应商的名称及费用的数额；

（b）一份选举活动费用清单，除选举开支外，包括在本条中规定的进行选民联络呼叫服务所发生的选举活动费用清单，并指明该供应商的名称及所需费用的金额；

（c）根据第477.58条规定的诉讼标的清单；

（d）包括根据第373条候选人作出的贷款在内的未付清单；

（e）包括根据第373条候选人作出的贷款在内的贷款条件清单：贷款金额、利率、贷款人的名字和地址、日期和利息的本金和支付的还款金额、在每个日历年的年底剩余的未付本金；如果有担保人，则记录担保人的名称、地址和担保额；

（f）候选人收到的捐款总额；

（g）捐献者的数目；

（h）每名捐献者的姓名和地址、对该候选人捐献的总金额以及每名候选人收到的捐款金额和日期；

（i）由候选人提供的商品或服务的商业价值清单，以及由候选人向注册团体或以其作为候选人身份的注册团体的基金；

（j）向注册人、注册团体或提名人转让的商品或服务的商业价值清单；及

（k）收到的捐款的清单，但全部或部分捐款已按本法退回给该人。

支持文件

（3）在竞选活动统计的同时，领袖竞选者的财务代理机构应向首席选举官提供相关支付的证明文件以阐明其行为，包括银行对账单、存款单、注销的支票和第478.85条第（1）款规定的领袖竞选者个人开支的书面清单。

额外支持文件

（4）如果首席选举官员认为，第（3）款规定的文件是不够的，则首席选举官员可要求财务代理机构在指定日期提供任何额外的文件。

报告

（5）如果清单中的信息有任何本条第（2）款第（d）项提到的修正案，包括有关给予贷款方面的担保或保证，其财务代理应及时向总选举事务主任提供规定格式的修改报告。

公布

（6）总选举事务主任须以其认为适当的方式，将第（2）款第（d）项所指的一份清单中的资料刊登，以及根据第（5）款提供的任何报告，须在收到资料或报告后尽快刊登。

期间提供文件

（7）必须向总选举事务主任提交选择日期后四个月内本条第（1）款所述文件。

领袖竞选者文件

（8）提名的领袖竞选者，应在选择日期后四个月内，送其财务代理本条第（1）款第（d）项提及的文件。

领袖竞选者死亡

（9）如果在本条第（8）款所指的期限内没有发送文件，领袖竞选者死亡

（a）他或她被视为已将按照该款提交；

（b）财务代理视为已经向总选举事务主任根据第（1）款的规定发送。

未支付债务的支付

（10）如果根据本条第（1）款第（a）项规定向总选举事务主任提供支付款项，该项提名人的财务代理人须向选举主任提供一份报告，说明30日内支付该款的资金来源。

第一次更新

（11）按照本条第（2）款第（d）项规定，提名竞选者的财务代理人应在选择日期后18个月到19个月之间，向总选举事务主任提供最新版本的清单。其中应包括有关未付款项的下列信息：

（a）任何部分的未付款额是否有争议，如有，则有关各方已采取何种措施来解决这一争端；

（b）该未付款项是否为第477.58条所规定的诉讼主题；

（c）贷款的未付款额是否为确保支付的法律诉讼主题，或对已支付的款额或未付款额的争议；

（d）是否为双方约定的还款计划和还款，如有，是否正在按计划进行；

（e）是否未付金额已被债权人按会计惯例作为坏账而注销；及

（f）有助于解释未付款额的任何其他有关资料。

第二次更新

（12）按本条第（2）款第（c）项规定，提名竞选者的财务代理人应

在选择日期后 36 个月到 37 个月之间，向总选举事务主任提供最新版本的清单，其中应包括本条第（11）款第（a）至（f）项所述的资料。

支持文件

（13）在更新版本的未付赔款的声明中提到的本条第（11）和（12）款，提名竞选者的官方代理人应向总选举事务主任提供根据第（11）款（a）至（f）项所述事项的文件［如果第（11）款第（d）项适用］，包括一份还款计划。

额外支持文件

（14）如果首席选举事务主任认为，根据本条第（13）款规定的文件是不充分的，他或她可能要求官方代理提供一个指定日期，并有必要要求官方代理提供该款规定的任何附加文件。

非常规债务与支付

（15）提名人的官方代理人须根据第 477.56 或 477.57 条规定的支付款项，向总选举事务主任提供按规定向被授权者支付款项的文件，以及因根据第 477.58 条发生的诉讼而支付的赔偿金的报告。官方代理人须在付款之日起 30 日内提供该报告，并说明在该款中指明所使用的资金来源。

478.81（1）领袖竞选者的财务代理人应在领袖竞选结束前四周内，向总选举事务主任提供一个包括第 478.8 条第（2）款第（d）至（k）项的信息。如果领袖竞选者在此期间接受超过 10000 元的捐款，总费用超过 10000 元，则本期结束后一周内，金融代理人须提供相关统计。

（2）本条第（1）款所指的时间，以及在领袖竞选结束前一周内，领袖竞选者的财务代理人还应在选举结束前两日，向首席选举事务官提供相关统计。

（3）本条第（1）款所述的领袖竞选者的财务代理人，须向选举主任提供相关统计，其中包括在领袖竞选期间的信息。财务代理人须在领袖竞选结束前两日内提供相关统计。

公布

(6) 总选举事务主任须以其认为适当的方式,将本条第(2)款第(d)项所指的一份清单中的资料刊登,以及根据第(5)款提供的任何报告,须在收到资料或报告后尽快刊登。

期间提供文件

(7) 必须向总选举事务主任提交选择日期后四个月内本条第(1)款所述文件。

领袖竞选者文件

(8) 提名的领袖竞选者,应在选择日期后四个月内,送其财务代理本条第(1)款第(d)项提及的文件。

领袖竞选者死亡

(9) 如果在第(8)款所指的期限内没有发送文件,领袖竞选者死亡:

(a) 他或她被视为已按照该款提交;

(b) 财务代理视为已向总选举事务主任根据本条第(1)款的规定发送。

未支付债务的支付

(10) 如果根据本条第(1)款第(a)项规定向总选举事务主任提供的支付款项,该项提名人的财务代理人须向总选举事务主任提供一份报告,说明30日内支付该款的资金来源。

第一次更新

(11) 按照本条第(2)款第(d)项规定,提名竞选者的财务代理人应在选择日期后18个月到19个月之间,向总选举事务主任提供最新版本的清单。其中应包括有关未付款项的下列信息:

(a) 任何部分的未付款额是否有争议,如有,则有关各方已采取何种措施来解决这一争端;

(b) 该未付款项是否为第477.58条所规定的诉讼主题;

（c）贷款的未付款额是否为确保支付的法律诉讼主题，或对已支付的款额或未付款额的争议；

（d）是否为双方约定的还款计划和还款，如有，是否正在按计划进行；

（e）是否未付金额已被债权人按会计惯例作为坏账而注销；及

（f）有助于解释未付款额的任何其他有关资料。

第二次更新

（12）按本条第（2）款第（c）项规定，提名竞选者的财务代理人应在选择日期后36个月到37个月之间，向总选举事务主任提供最新版本的清单，其中应包括本条第（11）款第（a）至（f）项所述的资料。

支持文件

（13）在更新版本的未付赔款的声明中提到的本条第（11）和（12）款，提名竞选者的官方代理人应向总选举事务主任提供根据本条第（11）款（a）至（f）项所述事项的文件（如果第（11）款第（d）项适用），包括一份还款计划。

额外支持文件

（14）如果首席选举事务主任认为，根据本条第（13）款规定的文件是不充分的，他或她可能要求官方代理提供一个指定日期，并有必要要求官方代理提供该款规定的任何附加文件。

非常规债务与支付

（15）提名竞选者的官方代理人须根据第477.56或477.57条规定的支付款项，向总选举事务主任提供按规定向被授权者支付款项的文件，以及因根据第477.58条发生的诉讼而支付的赔偿金的报告。官方代理人须在付款之日起30日内提供该报告，并说明在该款中指明所使用的资金来源。

478.81（1）领袖竞选者的财务代理人应在领袖竞选结束前四周内，向总选举事务主任提供一个包括第478.8条第（2）款第（d）至（k）项的信息。如果领袖竞选者在此期间接受超过10000元的捐款，总费用超过

10000元，则本期结束后一周内，金融代理人须提供相关统计。

（2）本条第（1）款所指的时间，以及在领袖竞选结束前一周内，领袖竞选者的财务代理人还应在选举结束前两日，向首席选举事务官提供相关统计。

（3）本条第（1）款所述的领袖竞选者的财务代理人，须向选举主任提供相关统计，其中包括在领袖竞选期间的信息。财务代理人须在领袖竞选结束前两日内提供相关统计。

478.82　如果给领袖竞选者捐款超过20元的捐赠者姓名或给领袖竞选者捐款超过200元的捐赠者姓名和地址未知，则该领袖竞选者的一个财务代理应当立即向总选举事务主任支付等额的金钱，后者需将此转交给总收款人。

审计报告

478.83　（1）在领袖竞选结束后，一位已接受5000元或以上的领袖竞选者的审计师，应向领袖竞选者的财务代理对该竞选活动进行费用统计，并按照一般公认的审计标准作出检查，以此形成报告，评估统计是否提供公正的信息和财务记录。

（2）审计师应当在报告中纳入任何有必要的清单，若：

（a）附着于报告的财务交易报告根据公认的准则检查，未能公正地展现财务记录中的信息；

（b）审计师没有收齐所要求的信息与解释；或

（c）基于检查，领袖竞选者未保管适当的财务记录。

获取的权利

（3）审计师可在任何合理时间内获得党的文件，并且可要求政党的财务代理和官员提供任何对于该报告有必要的信息或解释。

（4）第477.3第（3）款规定的合伙人或联营公司的审计师的提名竞选者或该审计师，或在该审计师事务所的合伙人或联营公司的雇员，除本条第（4）款的规定外，不得参与相关审计。

478.84　（1）尽管有第477.59条第（7）款、第477.59条第（1）款第（a）至（c）项所提及的文件在第477.59条第（1）款第（d）项所述期间内，无须将其正式代理人的声明视为第477.59条第（7）款的规定项目，但如果领袖竞选者不将其发送到其正式代理人处，则该领袖竞选者须于当天返回加拿大后返给加拿大的总选举事务主任。

（2）尽管有第478.8条第（1）款，金融代理人仍可根据第478.8条第（1）款第（d）项的规定，不向总选举事务主任提供相关文件。

478.85　（1）领袖竞选者须在投票之后五个月内，按照规定的形式，向其财务代理发送一份书面清单，包括：

（a）他或她花费的任何费用和个人消费的细节，包括相关支付文件；

（b）其未支付的个人开支。

领袖竞选者死亡

（2）对于该款所指的书面清单中提到的，在五个月结束前没有送达就已死亡的领袖竞选者，本条第（1）款并不适用。

修改、修正和扩展报表期

小修改—总选举事务主任

478.86　（1）若修改不会实质上影响其内容，总选举事务主任可修改第478.8条第（1）、（10）、（11）、（12）或（15）款提到的文件。

应总选举事务主任要求修改或修正

（2）总选举事务主任可以书面形式要求领袖竞选者的财务代理在一定时间内修改或修正第478.8条第（1）、（10）、（11）、（12）或（15）款提到的文件。

修改或修正的截止期

（3）若总选举事务主任要求修改或修正，领袖竞选者的财务代理应在一定时间内向他或她提供修改或修正后的文件。

2014年，第12章，第86条

扩展—总选举事务主任

478.87 （1）在领袖竞选者的财务代理或（财务代理缺席或无法履职时）领袖竞选者书面提出申请后，总选举事务主任应授权扩展第478.8条第（1）、（10）、（11）、（12）或（15）款规定的时限，除非他或她认为财务代理未提供文件是出于故意或疏忽大意。

截止日期

（2）申请需在第478.8条第（1）、（10）、（11）、（12）或（15）款规定的时限内作出或在该期限到期后两周内作出。

2014年，第12章，第86条

修改或修正—总选举事务主任

478.88 （1）在领袖竞选者的财务代理或（财务代理缺席或无法履职时）领导书面提出申请后，总选举事务主任应授权修改或修正第478.8条第（1）、（10）、（11）、（12）或（15）款提到的文件，如果他或她认为申请人所提交的证据证明修改或修正是必要的。

立即申请

（2）申请人应在意识到修改或修正的必要性之后，立即作出申请。

修改或修正的截止期

（3）申请人应在得到修改或修正授权后30日内，向总选举事务主任提供修改或修正后的文件，或可以根据本条第（4）款或第（5）款获得延期。

新的截止期

（4）总选举事务主任在本条第（3）款提到的30日期限到期两周内收到书面申请后，应授权扩展时限，除非他或她认为财务代理未提供文件是出于故意或疏忽大意。

扩展新的截止期

（5）总选举事务主任在本条第（4）款或本款提到的扩展期限到期两

周内收到书面申请后,应授权再次扩展时限,除非他或她认为财务代理未提供文件是出于故意或疏忽大意。

2014 年,第 12 章,第 86 条

扩展、修改或修正——法官

476.86 (1) 领袖竞选者的财务代理或(财务代理缺席或无法履职时)领袖可向法官申请一份命令:

(a) 以豁免财务代理履行根据第 478.86 条第(2)款提出的申请所设之义务。

(b) 授权第 478.87 条第(1)款所指的扩展。

(c) 授权第 478.88 条第(1)款所指的修改或修正。

申请人应通知总选举事务主任,申请已作出。

截止日期

(2) 申请的作出应:

(a) 根据第(1)款第(a)款,在第 478.86 条第(2)款所指的期限内或在此期限结束后两周内作出;

(b) 根据第(1)款第(b)项,在以下情况下于两周内作出:

(i) 如果延期申请未在第 478.87 条第(2)款规定时限(即该条中提到的时限到期后两周内)内向总选举事务主任提出申请;

(ii) 根据第 478.87 条作出的延期被拒绝;

(iii) 第 478.87 条第(1)款提到的延期后时限终结。

(c) 根据本条第(1)款第(c)项,在根据第 478.88 条提出的修改或修正申请被拒后两周内。

理由—豁免遵守

(3) 法官可颁布命令豁免财务代理履行第 478.86 条第(2)款提出的申请所设之义务,若法官认为申请人所提交的证据证明修改或修正是非必要的,且并无遵守本法的必要。

理由—扩展

（4）法官可颁布命令授权扩展期限，除非法官认为财务代理未提供文件是出于故意或疏忽大意。

理由—修改或修正

（5）法官可颁布命令授权修改或修正，若法官认为申请人所提交的证据证明修改或修正是必要的，且应遵守本法的规定。

命令的内容

（6）法官可通过命令，要求申请人满足本法规定的必要条件。

2014年，第12章，第86条

财务代理出现在法官面前

478.9　（1）法官根据第478.89或478.91条，确信候选人或官方代理未能提供第478.8条第（1）、（10）、（11）、（12）或（15）款提及的文件，按照本法规定，法官可要求其现任或前任官方代理亲自前往。

展示原因命令

（2）除非其代理人或前任提出命令不应被执行的原因，否则法官应命令其代理人或前任：

(a) 尽其所能，减少损失；

(b) 彻查造成损失的相关信息。

2014年，第12章，第86条

竞选者追索财务代理错误

478.91　候选人可向法官申请命令，重新计票以减轻任何责任、后果，或根据任何其他议会法案撤换其官方代理人，如果申请候选人证实：

(a) 发生未经其知晓或默许；

(b) 其已尽应尽的努力，以避免错误的发生。

候选人或其官方代理应通知总选举事务主任，已作出追索申请。

2014年，第12章，第86条

销毁文件—法官

478.92　（1）候选人或其官方代理，可通过提供第 478.8 条第（1）、(10)、(11)、(12) 或（15）款所指的文件，向法官申请解除官方代理义务。候选人或官方代理应通知总选举事务主任，已作出申请。

理由

（2）法官只有在确信申请人而不能提供文件——时才可以批准销毁文件。因为他们遇到了不可抗力，包括水灾，火灾或其他灾害。

日期救济

（3）根据本法案规定，免除申请人本条第（1）款所指的义务之日起的债务。

2014 年，第 12 章，第 86 条

禁止—虚假、误导或不完整的文件

478.93　领袖竞选者及其财务代理不得向总选举事务主任提供第 478.8 条第（1）、(10)、(11)、(12) 或（15）款所指的文件，如果

（a）竞选者或财务代理，知道或理应知道材料包含了上述虚假或具误导性的陈述（视情况而定）；

（b）不能实质性展现第 478.8 条第（1）款、第（2）款要求的信息，或需要更新第 478.8 条第（10）、(11)、(12) 或（15）款所要求的信息。

2014 年，第 12 章，第 86 条

领袖竞选资金盈余

领袖竞选资金盈余

478.94　领袖竞选资金盈余，是指第 365 条第（3）款所述金额和其他款项接受的领袖竞选活动资金捐赠之和，超过了第 364 条第（5）款第（b）项规定的竞选经费之和。

2014 年，第 12 章，第 86 条

估计剩余竞选资金的通知

478.95 （1）如果总选举事务主任估计，领袖竞选者竞选资金有剩余，总选举事务主任应发出通知，令其财务代理估计盈余金额。

盈余处置

（2）领袖竞选者有竞选资金的盈余，但一直没有收到根据本条第（1）款规定的估计盈余的通知，则估计盈余事宜须于领袖竞选统计后60日内进行。

自行处置盈余

（3）如果领袖竞选资金盈余，但其金融代理机构未收到估计剩余的通知，应在60日内处理后，向首席选举官提供相关统计。

2014年，第12章，第86条

处置剩余资金的方法

478.96 领袖竞选者的财务代理机构应将剩余的资金转移至相关注册协会。

2014年，第12章，第86条

处置盈余的通知

478.96 （1）领袖竞选者财务代理须在七日内处置竞选者的竞选资金盈余后，以规定的形式通知总选举事务主任金额、日期以及盈余被转移的情况。

公布

（2）在切实可行的情况下，尽快转移领袖竞选者的竞选资金盈余后，总选举事务主任以其认为适当的任何方式，按照本条第（1）款所规定的通知要求将之公布。

2014年，第12章，第86条

第19部分 执 行

选举的和平与良好秩序

有责任维持秩序

479 (1) 在负责维持秩序投票时,每名选举监察人应按照第11部分的相关条款,在其办公室待命。

其他选举官员的责任

(2) 根据第9或第10部分的规定,副选举监察人、中央投票监事及根据第124条第(1)款第(b)项获委任的人,是负责维持投票秩序的工作人员。

驱逐(无需命令)

(3) 根据本条第(1)款或第(2)款,在选举官员执行其职责期间,如果有人触犯第5款第(a)项、第7款或第167条第(1)款第(a)项的相关规定,或根据该法或任何其他国会法令规定,对秩序构成威胁的,选举官员可无需持有手令即可直接将其威胁秩序者逮捕或驱逐。

命令必须被遵守

(4) 任何被驱逐的人,都必须遵守相关命令,不得延误。

驱逐的权力

(5) 如果驱逐的命令没有得到立即执行,可将不服从命令的人强制驱逐出去。

逮捕后

(6) 根据本条第(3)款的规定,工作人员、监事或指定的抓捕工作人员应及时

(a) 建议当事人聘请律师,并给予其聘请法律顾问的权利;

(b) 将要处理的人员扭送至规定的地点。

(7) 根据第124条第(1)款第(b)项规定,如果获委任选举监察

人、副选举监察人、中央民调主管或负责人认为,某工作人员已经违反了第166条第(1)款第(a)或(b)项的相关规定,相关工作人员可能因此被驱离投票站。

工作人员安全保障

(8) 根据本条规定,在履行职责时,所有工作人员的安全都受到法律的保护。

罪　行

总　则

妨碍选举

480　(1) 出于拖延或阻碍选举进程的意图,违反本法规定,违反本条第(2)款或第481或482条,或违反第483至499条的规定。

公众集会

(2) 在选举投票日后,企图阻止选举、进行公众集会场所煽动他人或共谋扰乱秩序的行为,属于违法行为。

行贿

481　(1) 在选举期间,直接或间接提供贿赂,影响选民投票的行为,属于违法行为。

接受贿赂

(2) 在选举期间,接受或同意接受本条第(1)款所述的贿赂,属于违法行为。

恐吓等

482　下列行为属于违法行为:

(a) 以恐吓或胁迫手段,在选举中强迫改变选民个人投票意愿;

(b) 在选举中,以任何借口或诡计诱使个人改变其投票意愿,包括泄露候选人得票情况的行径。

第 1 部分确定的罪行（选举权）

罪行规定—双程序

483 以下行为被视为犯罪：

（a）第 5 条第（a）项（无投票权而投票时）或第（b）项（诱导没有投票资格的人投票）；

（b）第 7 条（投票超过一次）。

第 3 部分确定的罪行（选举官员）

严格责任罪行—简易程序定罪

484 （1）前选举官员违反第 43 条第（c）项（未交还选举文件和选举材料），即属犯罪。

（2）出现下列行为时，每个人即属犯罪：

（a）选举监察人故意违反第 24 条第（3）款（未能及时采取任何必要的选举程序）；

（b）违反第 43.1 条第（1）款（拒绝进入建筑物或社区）。

罪行规定—双程序

（3）下列行为属于犯罪：

（a）违反第 22 条第（6）款规定（作为选举官员明知不符合要求）；

（b）违反第 23 条第（2）款规定（未得到授权而透露相关信息）；

（c）选举监察人违反第 24 条第（6）款规定（从事政治党派的行为）；

（d）选举监察人或助理选举监察人，故意违反第 31 条规定（以其他身份行事）；

（e）违反第 43 条第（a）项（妨碍选举官员），或故意违反第 43 条第（b）项之规定；

（f）作为前选举官员，故意违反第 43 条第（c）项（未能交还选举文件和选举材料）。

2000年，第9章第484条；2007年，第21章第36条。

第4部分确定的罪行（选民登记）

要求意向—经循简易程序定罪

485 （1）任何人违反第56条第（e）项（未经授权使用选民登记册中记录的个人信息），即属犯罪。

罪行规定—双程序

（2）违反第56条第（a）至（d）项（选民登记的禁止行为），即属犯罪。

根据第6条的罪行（候选人）

486 （1）候选人违反第83条第（1）款（未任命正式代理）、第83条第（2）款（未委任审计师）、第87条（未委任替代官方代理或审计师）、第92.2条第（1）款（禁止接受礼物或其他利益）、第92.2条第（5）款（未能在期限内提供必要的清单）或第92.6条第（b）项提供不完整的清单，即属犯罪；

（2）每个违反第81条第（1）款（拒绝进入建筑物或社区）或第81.1条第（1）款（拒绝向公众开放的访问），即属犯罪。

罪行规定—双程序

（3）具有下列行为的，即属犯罪：

(a) 违反第89条（签署提名书时，不符合资格）；

(b) 故意违反第90条第（1）款（不符合资格的人作为正式代理）或第90条第（2）款（不符合资格的人担任审计师）；

(c) 违反第91条（候选人作出虚假陈述）；

(d) 违反第92条（撤回候选人的虚假陈述）；

(e) 作为候选人，故意违反第92.2条第（1）款（禁止接受礼物或其他利益）；

(f) 作为候选人，故意违反第92.2条第（5）款（未能在期限内提供必要的清单）；

（g）作为候选人，违反第92.6条第（a）项（提供的函件当中载有虚假或误导性信息），或明知而违反第92.6条第（b）项（提供不完整的清单）。

2000年，第9章第486条；2006年，第9章第56条；2007年，第21章第37条。

以前的版本

第7部分确定的罪行（修订选民名单）

487 （1）违反下列规定属于犯罪：

(a) 第111条第（b）或（c）项（将不符合资格者列入选民名单）；

(b) 第111条第（f）项（未授权使用选民名单中包含的个人信息）。

罪行规定—双程序

(2) 违反第111条第（a）、（d）或（e）项（选民名单中禁止的行为），即属犯罪。

2000年，第9章第487条；2007年，第21章第37.1条。

第8部分确定的罪行（准备投票）

488 （1）违反第126条第（b）项（非法印刷选票），即属犯罪。

罪行规定—双程序

(2) 违反下列规定属于犯罪：

(a) 授权的印刷者打印选票时，故意违反第116条第（5）款（未交还选票或者未使用的选票）；

(b) 违反第126条第（a）项（伪造选票），第126条（c）项（明知而打印额外的选票），第126条（d）项（印刷选票，企图影响投票）或第126条（e）项（制造含有秘密隔间的投票箱等）。

第 9 部分确定的罪行（有投票权）

严格责任罪行—经循简易程序定罪

489　（1）下列行为被视为有罪：

（a）第 132 条第（1）款（未能保障投票时间）或第 133 条第（1）款雇主（克扣员工在投票时间的工资）；

（b）第 165 条（禁止使用扬声器）；

（c）第 166 条第（1）款第（b）项（在投票站佩戴徽章等）。

（2）下列行为即属犯罪：

（a）违反第 143 条第（5）款（担保一个以上的选民）；

（a.1）违反第 143 条第（6）款（担保与自己相同的住所）；

（a.2）违反第 155 条第（2）款（作为朋友协助一个以上选民）；

（a.3）违反第 161 条第（6）款（担保一个以上选民）；

（a.4）违反第 161 条第（7）款（担保与自己相同的住所）；

（b）身为选民，违反第 164 条第（2）款（未能保守保密）；

（c）违反第 166 条第（1）款第（a）条（在投票站泄露竞选信息）；

（d）违反第 169 条第（5）款（担保一个以上选民）；

（e）违反第 169 条第（6）款（自我担保）。

罪行规定—双程序

（3）下列行为视为有罪：

（a）身为雇主，违反第 134 条（耽误员工的投票时间）；

（b）身为朋友或亲戚的选民，故意违反第 155 条第（4）款（泄露投票信息）；

（c）身为候选人、选举官员或代表候选人，违反第 164 条第（1）款（未能保守保密）；

（d）违反第 166 条第（1）款第（c）项（影响投票站投票）；

（e）违反第 167 条第（1）款第（a）至（d）项（重复选票）或第

(2）款第（a）至（d）项（重复投票或影响投票）；

（f）副选举监察人，违反第 167 条第（3）款第（a）项（意图影响投票而草签的选票）；

（g）副选举监察人，违反第 167 条第（3）款第（b）项（将识别标志放置在选票上）。

2000 年，第 9 章第 489 条；2007 年，第 21 章第 38 条。

第 10 部分确定的罪行（预先投票）

罪行规定—双程序

490 下列行为属于犯罪：

（a）触犯第 169 条第（4.1）款第（a）到（d）项的行为（预投票注册禁止的行为）；

（a.1）身为选举官员，在明知相关规定的情况下，违反第 174 条第（1）款（阻挠他人投票）。

（b）身为投票工作人员，故意违反第 174 条第（2）款（未记录选票）；

（c）身为副选举监察人，违反第 175 条（预先投票于投票箱和选票处理不当）；统计人员，违反第 176 条第（2）款、第（3）款；或副选举监察人，违反第 176 条第（3）款（未能划掉选民名单中的名字），意图接收重复投票或阻碍投票。

第 11 部分确定的罪行（特别投票的规则）

491 （1）选举官员，违反第 275 条（未能在选举和特殊选举中采取必要的措施），即属犯罪。

（2）违反第 281 条（a）至（f）项（投票的特别规则下禁止的行为），即属犯罪。

罪行规定—双程序

（3）下列情况属于犯罪：

(a) 身为副选举监察人，违反第 212 条、第 213 条第（1）款和第（4）款、第 214 条第（1）款、第 257 条和第 258 条第（3）款（未能履行收缴选票的职责），造成重复计票或漏计；

(b) 特殊的选票人员，违反第 267 条第（1）款和第（2）款、第 268 条、第 269 条第（1）款和第（2）款（未能履行计票职责），造成重复计票或漏计；

(c) 身为副选举监察人或投票工作人员，违反第 276 条第（1）款；副选举监察人，违反第 277 条第（1）款；投票工作人员，违反第 277 条第（2）款；选举统计副主任，违反第 277 条第（3）款；选举监察人或投票的副主任，违反第 278 条第（1）款或第（3）款；选举统计副主任，违反第 279 条（未能履行计票职责）无意间导致重复计票或漏计；

(d) 违反第 281 条第（g）或（h）项（投票特别规则禁止的行为）；

(e) 违反第 282 条第（a）或（b）项（恐吓或诱使投票的特别规则）。

第 12 部分确定的罪行（计票）

严格责任罪行—经循简易程序定罪

492 （1）选举监察人违反第 292 条（未能保障投票箱作用的发挥），即属犯罪。

罪行规定—双程序

(2) 以下行为即属犯罪：

(a) 身为副选举监察人，违反第 283 至 288 条（未能履行计票职责），造成重复计票或漏计；

(b) 违反第 289 条第（3）款（过早统计预先投票的票数）。

第 13 部分确定的罪行（由选举监察人确认结果）

493 故意违反第 296 条第（4）款（未能出现在选举监察人处），即属犯罪。

第 15 部分确定的罪行（文件交还）

罪行规定—双程序

494 选举监察人的下列行为视为有罪：

(a) 第 313 条第（1）款（未通报候选人当选）；

(b) 第 314 条（未能发送选举文件）。

第 16 部分确定的罪行（通讯）

严格责任罪行—经循简易程序定罪

495 （1）下列情况可被定为有罪：

(a) 身为候选人、注册政党及其代理人，违反第 320 条（未能出示选举广告授权书）；

(b) 违反第 326 条第（1）款或第（2）款（未能提供选举调查信息），即选举调查规定；赞助商违反第 326 条第（3）款（未能提供选举调查结果报告）；

(c) 违反第 327 条（未能进行非官方数据方式的调查）。

(2) 以下行为视为有罪：

(a) 业主或共管法人，故意违反第 322 条（禁止在住宅物业张贴选举广告海报）；

(b) 违反第 325 条（拆除选举广告）。

(3) 故意违反第 331 条（诱导外国人），即属犯罪。

(4) 以下行为视为有罪：

(a) 故意违反第 326 条第（1）款或第（2）款（未能提供选举调查信息），赞助商故意违反第 326 条第（3）款（未能提供选举调查结果的报告）；

(b) 故意违反第 327 条（未能进行非官方数据方式的调查）；

(c) 故意违反第 328 条第（2）款（在管制期间传播选举结果）；

(d) 故意违反第 329 条（过早传播选举结果）；

(e) 故意违反第 330 条第（1）款或第（2）款（海外宣传）；

(f) 广播公司故意违反第 335 条第（1）款，或者网络运营商故意违反第 335 第（2）款（未能妥善安排广播时间）；

(g) 广播公司故意违反第 339 条第（3）款（未能安排更多的广播时间）或第 339 条第（4）款（未能调整播出时间），或者网络运营商故意违反第 345 条第（1）款（未能提供免费广播时间）；

(h) 故意违反第 348 条（未对相关广告收取最低费用）；

(i) 广播公司或网络运营商，在广播时间分配上未能遵守本法；

(j) 广播公司或网络运营商为某一注册政党或合格政党分配了比第 335 条第（1）款规定的更多的广告时间，而未能根据第 337 和 338 条或第 339 条之规定，或根据最初的分配方案，向其他政党提供统一的服务。

罪行规定—双程序

(5) 违反下列规定视为有罪：

(a) 第 321 条第（1）款（使用政府的传媒手段进行选举广告）或第 323 第（1）款（在管控期间进行选举广告）；

(b) 第 328 条第（1）款（在管控期间传播选举结果）。

第 17 部分确定的罪行（第三方的选举广告）

496 (1) 作为第三方，违反下列规定即为犯罪：

(a) 第 350 条第（1）款、第（3）款（超出选举经费限额）；

(b) 第 352 条（未能在广告中表明自身身份）；

(c) 第 353 条第（1）款（未注册）；

(d) 第 354 条（未委任财务代理）或第 355 条第（1）款（未委任审计师）；

(e) 第 357 条第（3）款（使用匿名捐款）或第 358 条（使用外国捐款）；

(f) 第 359 条第（1）款（未提交选举广告报告）或第 359 条第（9）款（未能提供账单或要求的收据）。

罪行规定—双程序

(2) 作为第三方，故意违反下列条款视为有罪：

(a) 第 350 条第（1）款、第（3）款，或第 351 条（超过或绕过选举广告开支限额）；

(b) 第 353 条第（1）款（未注册）；

(c) 第 359 条第（1）款（未提交选举广告报告）。

第 18 部分规定的罪行（财经）

497　（1）以下行为视为有罪：

(a) 在册政党违反第 372 条（未能提供资产负债表或相关文件）；

(b) 在册政党违反第 375 条第（3）款，在册政党或合资格政党违反第 374.1 条第（4）款、第 378 条、第 379 条第（1）款和（2）款、第 380 条（未按要求委任行政代理、注册代理或审计师）；

(c) 在册政党违反第 382 条第（1）款或第（4）款（知情不报，更改在册政党信息）；

(d) 作为在册政党违反第 384 条（未能确认党派信息的有效性）；

(e) 作为首席代理，已撤销注册的政党，违反第 392 条（未能提供金融交易统计、选举开支明细或相关文件）；

(f) ［废除，2003 年，第 19 章第 58 条］

(g) ［废除，2003 年，第 19 章第 58 条］

(h) 合并在册政党的首席代理，违反第 403 条规定（未能提供金融交易统计或相关文件）；

(h.01) 选区协会，违反第 403.01 条规定（未注册）；

(h.02) 选区协会的在册政党的财务活动，违反第 403.04 条规定（在选举期间）；

(h.03) 注册协会，违反第 403.05 条规定（未能提供资产及负债表或相关文件）；

（h.031）注册协会的财务代理，违反第403.051条规定（作出错误的统计）；

（h.04）注册协会，违反第403.09条第（2）款规定（不遵守要求重新委任选区）；

（h.05）注册协会，违反第403.12条、第403.13条或403.14条规定（未能按要求重新委任财务代理或审计师）；

（h.06）注册协会，违反第403.16条第（1）款规定（未申报更改注册协会信息）；

（h.07）注册协会，违反第403.17条规定（未能确认有关协会信息的有效性）；

（h.08）财务代理的选区协会撤销注册，违反第403.26条规定（未能提供财务期的金融交易明细或相关文件）；

（h.09）财务代理的注册协会，违反第403.35条第（1）款、第（2）款或第（4）款规定（未能提供金融交易统计或相关文件）；

（h.10）注册协会的财务代理，违反第403.36条规定（未能转出一定的捐款）；

（h.11）注册协会的财务代理，违反第403.38条（b）项规定（提供不完整的金融交易统计）；

（i）个人或实体，违反第404条第（1）款规定（作出不合格的捐款）；

（i.1）在册政党的首席代理，注册协会的财务代理，正式候选人或领袖竞选者的财务代理或提名的竞选者，违反第404条第（2）款规定（未做统计或支付不合格的捐款）；

（i.2）在册政党或选区协会，违反第404.3条第（1）款规定（禁止转让）；

（i.3）授权的注册政党、注册协会、候选人、领袖竞选者或提名的竞选者，违反第404.4条，接受捐款（未发出收据）；

（i.4）个人或实体，违反第405.2条第（1）款规定（规避捐款限额）；

（i.5.xi）个人或实体，违反第405.2条第（2）款规定（隐瞒捐款来源）；

（i.6）个人，违反第405.3条规定（间接捐款）；

（i.7）根据该法授权的人接受捐款，违反第405.4条规定（未统计收付金额）；

（j）违反第410条第（1）款或第（2）款规定（未提供支付文件）；

（k）被授权人支付小额费用，违反第411条第（3）款（未能提供支付文件）或第（4）款规定（支付过多的小额开支）；

（l）首席代理，违反第423条第（1）款（超出选举开支限额）；在册政党或第三方，违反第423条第（2）款规定（串通规避选举开支限额）；

（m）首席代理，违反第424条规定（未能提供金融交易统计或相关文件）；

（m.1）首席代理，违反第424.1条规定（未提供季度统计）；

（n）注册代理，违反第425条规定（未能转出捐款盈余）；

（o）首席代理，违反第427条第（b）项规定（提供不完整的金融交易统计）；

（p）[废除，2003年，第19章第58条]

（q）首席代理，违反第429条规定（未能提供选举开支明细或相关文件）；

（q.01）首席代理，违反第431条第（b）项规定（提供不完整的选举开支申报）；

（q.011）省级部门，违反第435.02条第（5）款规定（省级区划变更后知情不报）；

（q.02）在册政党，违反第435.04条第（1）款或第（2）款规定（未进行相关的变动通知）；

（q.03）个人，违反第435.05条第（1）款规定（未注册为领袖竞选者）；

（q.04）领袖竞选者，违反第 435.08 条第（2）款、第 435.11 条、第 435.12 条、第 435.13 条规定（未按要求委任竞选代理、财务代理或审计师）；

（q.05）领袖竞选者，违反第 435.15 条第（1）款或第（2）款规定（对领袖竞选者信息知情不报）；

（q.06）领袖竞选者，违反第 435.16 条规定（未能撤回相关文件）；

（q.07）在册政党，违反第 435.17 条规定（未能收回统计表）；

（q.08）领袖竞选者的财务代理，违反第 435.21 条规定（未能满足银行账户要求）；

（q.09）领袖竞选者或财务代理，违反第 435.24 条规定（未能及时支付欠款）；

（q.10）领袖竞选者的财务代理，违反第 435.3 条第（1）款、第（2）款或第（6）款规定（未能提供领袖竞选活动的统计或相关文件）；

（q.11）财务代理或领袖竞选者，未能遵守第 435.3 条第（4）款，未能满足总选举事务主任的要求；

（q.12）领袖竞选者，违反第 435.3 条第（7）款规定（领袖竞选活动统计代理发送错误统计）；

（q.13）作为领袖竞选者的财务代理，违反第 435.31 条第（1）款至第（3）款规定（未能提供捐款的统计或相关文件）；

（q.14）作为领袖竞选者的财务代理，违反第 435.32 条规定（未能转出一定的捐款）；

（q.15）作为领袖竞选者的财务代理，违反第 435.35 条第（1）款或第（3）款规定（未能提供最新的财务报告文件）；

（q.16）领袖竞选者或财务代理，违反第 435.43 条（b）项规定（提供不完整的财务统计）；

（q.17）领袖竞选者的财务代理，违反第 435.45 条第（2）款或第 435.46 条规定（未能妥善处置剩余的领袖竞选资金）；

(r) 官方代理,违反第 437 条规定(未能满足银行账户要求);

(s) 官方代理、候选人或授权的个人,违反第 446 条第(c)项、第 439 条第(2)款(费用超过最高限额)款、第 443 第(1)款(超出选举开支限制)、第 446 条第(c)项(为官方代理、候选人、授权的个人授权),违反第 443 条第(2)款规定(串通规避选举开支限额);

(t) 官方代理,违反第 445 条第(1)款规定(未能及时支付欠款);

(u) 官方代理,违反第 451 条第(1)款、第(2)款、第(3)款或第(4)款规定(未能提供竞选统计或相关文件);

(u.1) 官方代理,没有遵守第 451 条第(2.2)款规定(未能满足总选举事务主任的要求);

(w) 候选人,违反第 451 条第(5)款规定(未发送竞选统计);

(w) 官方代理,违反第 452 条规定(未缴纳增值税,不能退还的捐款);

(x) 官方代理,违反第 455 条规定(未能提供更新的竞选活动统计或相关文件);

(y) 官方代理,违反第 463 条第(1)款第(b)项规定(提供竞选不全统计);

(z) 官方代理,违反第 472 条第(2)款或第 473 条规定(未能转出盈余选举资金);

(z.1) 注册代理、财务代理,违反第 476 条规定(不当或擅自转让基金);

(z.2) 官方代理,违反第 478 条第(2)款规定(未能统计未使用的所得税收入);

(z.21) 注册人或注册协会,第 478.02 条第(1)款规定(未能通知提名竞选者);

(z.22) 被提名竞选者,违反第 478.04 条规定(未能委任财务代理);

(z.23) 被提名竞选者,违反第 478.06 条、第 478.07 条、第 478.08 条规定(未按要求重新委任财务代理);

（z.24）被提名竞选者，违反第 478.1 条第（1）款或第（2）款规定（对提名竞选者信息的变化知情不报）；

（z.25）提名竞选者的财务代理，违反第 478.12 条规定（未能满足银行账户要求）；

（z.26）被提名竞选者或财务代理，违反第 478.15 条第（1）款规定（超过提名竞选开支上限）；

（z.27）被提名竞选者或财务代理，违反第 478.17 条第（1）款规定（未能及时支付欠款）；

（z.28）被提名竞选者的财务代理，违反第 478.23 条第（1）款、第（2）款或第（6）款规定（未能提供提名竞选统计或相关文件）；

（z.29）被提名竞选者的财务代理，未能遵守根据第 478.23 条第（4）款规定（未能满足总选举事务主任的要求）；

（Z.3）被提名竞选者，违反第 478.23 条第（8）款规定（未发送提名竞选统计）；

（z.31）提名竞选者的财务代理，违反第 478.24 条规定（未能转出一定的捐款）；

（z.32）被提名竞选者，违反第 478.25 条第（1）款规定（未能委任审计师）；

（z.33）被提名竞选者，违反第 478.25 条第（4）款、第（5）款或第 478.26 条规定（不按要求重新委任审计师）；

（z.34）被提名竞选者的财务代理，违反第 478.3 条第（1）款或第（3）款规定（未能提供最新的财务报告文件）；

（z.35）被提名竞选者的财务代理，违反第 478.38 条第（b）项规定（提供的财务统计信息不完整）；

（z.36）被提名竞选者的财务代理，违反第 478.4 条第（2）款或第 478.41 条规定（未能转出盈余提名竞选资金）。

（2）以下行为即属犯罪：

（a）注册协会的选区代理外的人士或实体，明知而违反第 403.28 条第（1）款或第（2）款规定（支付或产生不合法的注册协会开支）；

（a.1）作为一个选区代理或注册代理，明知而违反第403.28条第（3）款或第416条第（3）款规定（接受合法的捐款）；

（a.2）注册协会的财务代理，明知而违反第403.28条第（4）款规定（接受或转让不合法的捐赠）；

（b）非首席代理、注册代理或授权者，根据第446条第（c）项，明知而违反第416条规定（支付或产生在册政党的费用）。

罪行规定—双程序

（3）以下行为视为有罪：

（a）在册政党，故意违反第372条规定（未能提供资产负债表或相关文件）；

（b）故意违反第381条第（1）款、第（1.1）款或第（2）款规定（不符合资格的人担任总监、代理人、注册代理人或审计师）；

（b.1）作为军官，违反第381.1条规定；

（b.2）作为领导者，违反第384.1条第（1）款、第（3）款或第（4）款规定（提供或证明虚假或具误导性的资料，或作出虚假声明）；

（b.3）在册政党或合资格政党，违反第384.1条第（2）款规定（提供虚假或具误导性的信息）；

（b.4）作为党派的成员，违反第384.1条第（5）款规定（作出虚假声明）；

（c）已撤销注册的政党的首席代理，故意违反第392条规定（未能提供最终的交易统计或选举开支申报或相关文件）；

（d）[废除，2003年，第19章第58页]

（e）[废除，2003年，第19章第58页]

（f）合并在册政党的首席代理，故意违反第403条规定（未能提供金融交易统计或相关文件）；

（f.01）选区协会，故意违反第403.01条规定（未注册）；

（f.02）选区协会的在册政党的金融活动，故意违反第403.04条规定

(在选举期间);

（f.03）注册协会，故意违反第403.05条规定（未能提供资产负债表或相关文件）；

（f.031）财务代理的注册协会，故意违反第403.051条规定（作出错误的声明）；

（f.04）注册协会，故意违反第403.09条第（2）款规定（不遵守要求重新委任选区代理人）；

（f.05）个人故意违反第403.15条第（1）款或第（2）款规定（无资格从事财务代理人的相关业务）；

（f.06）财务代理已撤销注册的选区协会，故意违反第403.26条规定（未能提供金融交易统计的财务期或相关文件）；

（f.07）注册协会的财务代理，故意违反第403.35条第（1）款、第（2）款或第（4）款规定（未能提供金融交易统计或相关文件）；

（f.08）注册协会财务代理，故意违反第403.36条规定（未能转出一定的捐款）；

（f.09）注册协会的财务代理，违反第403.38条第（a）项规定（金融交易统计包含虚假或误导性信息）；

（f.1）个人或实体，故意违反第404条第（1）款规定（作出不合法的捐款）；

（f.11）在册政党或选区协会，故意违反第404.3条第（1）款规定（禁止转让）；

（f.12）个人、注册协会、候选人、领袖竞选者或提名竞选者，故意违反第404.4条规定（未能发出收据）接受捐款；

（f.13）个人，故意违反第405条第（1）款规定（超出捐款限额）；

（f.14）个人或实体，故意违反第405.2条第（1）款规定（规避捐款限额）；

（f.15）个人或实体，故意违反第405.2条第（2）款规定（隐瞒捐款来源）；

（f.16）有权根据本法接受捐款的人，违反第 405.2 条第（3）款规定（故意接受过多的捐款）；

（f.161）个人或实体，故意违反第 405.2 条第（4）款规定（进入被禁协会）；

（f.162）个人或实体，违反第 405.21 条第（1）款规定（索取或收受捐款）；

（f.163）个人或实体，违反第 405.21 条第（2）款规定（勾结）；

（f.17）个人或实体，故意违反第 405.3 条规定（间接捐款）；

（f.18）个人或实体，故意违反第 405.31 条规定（超过现金捐款限额）；

（f.19）根据该法授权的人接受捐款，故意违反第 405.4 条规定（未能统计或支付供款金额）；

（g）首席代理，故意违反第 423 条第（1）款规定（超出选举开支限额）；

（h）注册的政党或第三方，故意违反第 423 条第（2）款规定（串通规避选举开支限额）；

（i）首席代理，故意违反第 424 条规定（未能提供金融交易统计或相关文件）；

（i.1）首席代理，故意违反第 424.1 条规定（未提供季度统计）；

（j）注册代理，故意违反第 425 条规定（未能转出剩余的捐款）；

（k）首席代理，违反第 427 条第（a）项规定（提供的金融交易统计包含虚假或误导性陈述）；

（l）［废除，2003 年，第 19 章第 58 条］

（m）首席代理；

（i.1）故意违反第 429 条规定（未能提供选举开支申报或相关文件）；或

（i.2）违反第 431 条第（a）项规定（选举开支申报包含虚假或误导性陈述）；

第一部分 宪法、全国性涉党法律

（m.01）在册政党，故意违反第 435.04 条第（1）款或第（2）款规定（未能发出领袖竞选者或相关变动通知）；

（m.02）个人，故意违反第 435.05 条第（1）款（未注册为领袖竞选者）；

（m.03）个人，故意违反第 435.14 条第（1）款或第（2）款规定（无资格作为财务代理）；

（m.04）领袖竞选者，故意违反第 435.16 条规定（未能撤回文件）；

（m.05）在册政党，故意违反第 435.17 条规定（未能提交统计表格）；

（m.06）领袖竞选者代理人之外的个人，故意违反第 435.22 条第（1）款规定（无资格接受捐款）；

（m.07）领袖竞选代理人，故意违反第 435.22 条第（2）款规定（接受违禁捐款）；

（m.08）个人或实体，故意违反第 435.22 条第（3）款或第（4）款规定（支付或产生指定用途的不合法的费用）；

（m.09）个人，故意违反第 435.22 条第（5）款规定（不具备领袖竞选者资格而支付个人开支）；

（m.1）领袖竞选者的财务代理，故意违反第 435.3 条第（1）款、第（2）款或第（6）款规定（未能提供领导活动统计或相关文件）；

（m.11）领袖竞选者的财务代理，故意违反第 435.3 条第（4）款规定（总选举事务主任的要求）；

（m.12）领袖竞选者，故意违反第 435.3 条第（7）款规定（未能发送相关统计）；

（m.13）领袖竞选者的财务代理，故意违反第 435.31 条第（1）款至第（3）款规定（未能提供捐款的统计或相关文件）；

（m.14）领袖竞选者的财务代理，故意违反第 435.32 条规定（未能转出一定的捐款）；

（m.15）领袖竞选者的财务代理，故意违反第 435.35 条第（1）款或第（3）款规定（未能提供最新的财务报告文件）；

（m.16）领袖竞选者或财务代理，违反第435.43条第（a）项或故意违反第435.43条第（b）项规定（提供文件含有虚假或具误导性的信息，或者文件不完整）；

（m.17）领袖竞选者的财务代理，故意违反第435.45条第（2）款或第435.46条规定（未能处置剩余的领袖竞选资金）；

（n）个人以外的官方代理，违反第438条第（2）款或第（3）款规定（接受或发出捐款收据），即个人或实体，除候选人、正式代理或授权人士外，根据第446条第（c项）和第（n）项规定，违反第438条第（4）款或第（5）款规定（支付承担竞选费用），或者其他个人，违反第438条第（6）款规定（支付候选人的个人开支）；

（o）候选人、正式代理或授权人士根据第446条第（c）项，故意违反第439条第（2）款规定（超过注册协会的最大开支限额）；

（p）官方代理、候选人或授权人士，根据第446条（c）项，故意违反第443条第（1）款规定（超出选举开支限额）；

（q）官方代理、候选人或授权人士或第三方，根据第446条第（c）项，违反第443条第（2）款（串通规避选举开支限额）；

（r）官方代理，故意违反第451条第（1）款、第（2）款、第（3）款或第（4）款规定（未能提供竞选统计或相关文件）；

（r.1）官方代理，故意不遵守根据第451条第（2.2）款规定（总选举事务主任的要求）；

（s）候选人，故意违反第451条第（5）款规定（未能发送竞选活动统计）；

（t）官方代理，故意违反第452条规定（未支付多余的捐款）；

（u）官方代理，故意违反第455条规定（未能提供更新的竞选活动统计或相关文件）；

（v）官方代理，违反第463条第（1）款第（a）项或故意违反第463条第（1）款第（b）项规定（提供的竞选统计包含虚假或误导性陈述或者文件不完整）；

（w）官方代理，故意违反第472条第（2）款或第473条规定（未能转出盈余选举资金）；

（x）注册代理、财务代理，故意违反第476条规定（未经授权或不当的资金转移）；

（y）在册政党或注册的协会，故意违反第478.02条第（1）款规定（未能发出提名竞选通知）；

（z）故意违反第478.09条规定（无财务代理资格）；

（z.01）提名竞选者财务代理以外的人士，故意违反第478.13条第（1）款规定（接受不合法的捐款）；

（z.02）提名竞选者的财务代理，明知而违反第478.13条第（2）款规定（接受违禁捐款）；

（z.03）个人或实体，故意违反第478.13条第（3）款、第（4）款或第（5）款规定（产生不合法的指定用途支付费用或支付个人开支）；

（z.04）提名竞选者或财务代理，故意违反第478.15条第（1）款规定（超过提名竞选开支上限）；

（z.05）个人或实体，违反第478.15条第（2）款规定（规避提名竞选开支上限）；

（z.06）提名竞选者的财务代理，故意违反第478.23条第（1）款、第（2）款或第（6）款规定（未能提供提名竞选统计或相关文件）；

（z.07）提名竞选者的财务代理，故意不遵守根据第478.23条第（4）款规定（满足总选举事务主任的要求）；

（z.08）提名竞选者的财务代理，故意违反第478.23条第（8）款规定（未能发送相关统计报告）；

（z.09）提名竞选者的财务代理，故意违反第478.24条规定（未能转出一定的捐款）；

（z.1）个人，故意违反第478.27条规定（无资格成为审计师）；

（z.11）提名竞选者的财务代理，故意违反第478.3条第（1）款或第

(3) 款规定（未能提供最新的财务报告文件）；

(z.12) 提名竞选者或财务代理，违反第 478.38 条第（a）项或明知而违反第 478.38 条第（b）项规定（提供文件含有虚假或具误导性的信息，或者文件不完整）；

(z.13) 提名竞选者的财务代理，故意违反第 478.4 条第（2）款或第 478.41 条规定（未能转出提名竞选资金盈余）。

(4) 在法律程序申请的延长期限内，根据该法有关期间届满前未能提供报表或其他文件，可向总选举事务主任进行申请。

2000 年，第 9 章第 497 项；2003 年，第 19 章第 58 项；2004 年，第 24 章第 21 项；2006 年，第 9 章第 57 项；2007 年，第 21 章第 39 项。

本部所定罪行（执法）

执法规定—双程序

498　故意违反第 479 第（4）款（拒绝服从驱逐命令）即属犯罪。

第 21 部分所定的罪行（总则）

499　（1）违反第 548 条第（1）款规定（撕毁公布的选举文件），即属犯罪。

罪行规定—双程序

(2) 以下行为视为犯罪：

(a) 故意违反第 549 条第（3）款（假誓）或第（4）款规定（强迫或诱使假誓）；

(b) 作为候选人，故意违反第 550 条规定（签署文件，在议会的行动自由限制）。

惩 罚

惩罚—严格责任罪行

500 (1) 违反第484条第 (1) 款,即属犯罪,以及违反第486条第 (1) 款、第489条第 (1) 款、第491条第 (1) 款、第492条第 (1) 款、第495条第 (1) 款、第496条第 (1) 款、第497条第 (1) 款和第499条第 (1) 款的行为,定罪如下:罚款不超过1000元或为期不超过三个月的监禁,或二者并罚。

(2) 违反第485条第 (1) 款、第487条第 (1) 款第 (a) 项、第488条第 (1) 款、第489条第 (2) 款、第491条第 (2) 款、第493条和第495第 (2) 款,即属犯罪,循简易程序定罪,可处罚款不超过1000元或为期不超过三个月的监禁,或二者并罚。

(3) 触犯第484条第 (2) 款、第486条第 (2) 款、第495条第 (3) 款和第497条第 (2) 款的行为,即属犯罪,经循简易程序定罪,可处罚款不超过2000元或为期不超过六个月的监禁,或二者并罚。

(3.1) 触犯第487条第 (1) 款第 (b) 项,即属犯罪,经循简易程序定罪,将被判罚款不超过5000元或为期不超过一年的监禁,或二者并罚。

(4) 触犯第495条第 (4) 款,即属犯罪,循简易程序定罪,罚款不超过25000元。

(5) 触犯第480条第 (1) 款第 (2) 款、第481至483条、第484条第 (3) 款、第485条第 (2) 款、第486条第 (3) 款、第487条第 (2) 款、第488条第 (2) 款、第489条第 (3) 款、第490条、第491第 (3) 款、492第 (2) 款、第494条、第495条第 (5) 款、第496条第 (2) 款、第497条第 (3) 款、第498条和第499条第 (2) 款,即属犯罪。

(a) 经循简易程序定罪,可被罚款不超过2000元或为期不超过一年的监禁,或二者并罚;

(b) 经循公诉程序定罪,可处罚款不超过5000元罚款或不超过五年的监禁,或二者并罚。

（6）触犯第 496 条第（1）款（a）项、第（2）款（a）项，除第（1）款规定处罚或第（5）款外，即属犯罪，可处第三方超额选举广告费用高达五倍的罚款。

501 （1）当个人被裁定的罪名成立，法院可根据其罪行的性质和情况，围绕其佣金方面，除了根据该法可能施加的任何其他处罚外，还可通过命令，令其

（a）可以指定任何合理条件，履行社会服务；

（a.1）按照"所得税法"第 127 条第（3）款之规定，收缴其犯罪所得经济利益；

（b）补偿因其犯罪而受到损失的人员；

（c）履行相关义务，以降低犯罪发生的概率；

（d）采取其他合理措施，以维护本法权威。

（2）如果注册的政党，其首席代理或注册代理机构（人员）已被定罪，按本条第（3）款的规定，法院可考虑其犯罪的性质、情节，施加本法允许的其他惩罚：

（a）直接由总选举事务主任注销该党派；

（b）如该党派按照第（a）项规定注销，法官可命令其首席代理或由法院指定的另一人清算该党派的资产；

（c）如按第（b）项进行清算，则法官可命令注册协会的财务代理或由法院指定的另一人清算协会注册的资产。

（3）对于本条第（2）款的规定：

（a）第 497 条第（3）款第（b.2）项（提供或证明虚假或具误导性的资料，或作出虚假声明）；

（b）第 497 条第（3）款第（b.3）项（提供虚假或具误导性的信息）；

（c）第 497 条第（3）款第（f.07）项（未能提供金融交易统计或相关文件）；

（d）第 497 条第（3）款第（f.161）项（缔结禁止的协议）；

(e) 第 497 条第（3）款第（f.162）项（接受捐款）；

(f) 第 497 条第（3）款第（f.163）项（勾结）；

(g) 第 497 条第（3）款第（i）项（未能提供金融交易的统计或相关文件）；

(h) 第 497 条第（3）款第（k）项（提供的金融交易统计包含虚假或误导性陈述）；

(i) 第 497 条第（3）款第（m）（ii）项（选举开支统计包含虚假或误导性陈述）；

(j) 第 497 条第（3）款第（v）项（提供竞选统计含有虚假或误导性陈述或是不完整的）。

(4) 首席代理或指定的人应在第（2）款的规定下，将党派的资产变现后六个月内，向总选举事务主任提供：

(a) 按照一般公认会计原则编制的清单，对当天党派的资产及负债的公允市场价值进行清算；

(b) 党派的审计师、首席代理或指定的人来进行统计，依照一般公认审计准则，评估上述资产和负债的公允市场价值；

(c) 由首席代理或指定的人来进行相关声明。

(5) 在提供第（4）款规定文件后的三个月内，首席代理或指定的人要将党派资产的净值汇至相关部门。

(6) 行政代理或指定的人承担第（5）款所指的汇款责任。

(7) 款注册协会的注销参考第（4）款、（6）款的政党注销规定。其中，"党派"和"代理主任"应变更为"注册协会的参考"和"财务代理"。

非法行为和腐败行为

502 （1）以下行为即属犯罪：

(a) 候选人或其官方代理，违反第 92 条规定（出版物中作出虚假陈述撤回候选）；

(b) 候选人或其官方正式代理，违反第 330 条第（2）款规定（境外广播）；

（c）官方代理、候选人或获授权人士根据第 446 条第（c）项，故意违反第 443 条规定（超出选举开支限额）；

（d）候选人或其官方代理，违反第 480 条第（1）款（妨碍选举过程）或 480 条第（2）款规定（煽动，阴谋破坏秩序）；

（e）候选人，违反第 549 条第（3）款（假誓）或第 549 条第（4）款规定（强迫或诱使假誓）；

（f）候选人，违反第 550 条规定（签署限制议会行动自由的文件）。

（2）以下行为属于舞弊犯罪：

（a）候选人或候选人的官方代理，违反第 7 条规定（投票超过一次）；

（b）候选人或候选人的官方代理，违反第 43 条第（a）项规定（妨碍选举官员）；

（c）候选人或候选人的官方代理，故意违反第 43 条第（b）项规定（自行撤换代理）；

（d）候选人或候选人的官方代理，违反第 56 第（b）项规定（虚假陈述，从选民登记册中删除人名）；

（e）候选人或候选人的官方代理，违反第 56 条第（c）或（d）项规定（选民登记中的禁止行为）；

（f）违反第 89 条规定（签署提名书时，不符合资格）；

（f.1）候选人，故意违反第 92.2 条第（1）款规定（禁止接受礼物或其他利益）；

（g）违反第 111 条第（a）、（d）或（e）项规定（选民名单项下的禁止行为）；

（h）违反第 167 条第（1）款第（a）项规定（以假名申请选票）；

（i）候选人或候选人的官方代理，违反第 481 条第（1）款规定（提供贿赂）。

（3）被裁定有违法行为，或有舞弊行为的人，根据该法，除了按照本法律所规定的其他处罚，或规定该罪行的任何其他处罚形式外，有舞弊行

为的情况下,未来五年内,或在其被定罪后七年内,无权进行以下活动:

(a) 列席下议院或当选下议院议员;或

(b) 持有任何官方或地方议会议员的提名资格。

其他规定

503 (1) 政党,如果某政党在选举期间办理注销登记前,已经超过第 350 条所载的开支上限,则该政党在选举期间注销并不触犯第 496 条第 (1) 款第 (a) 项或第 (2) 款第 (a) 项的规定。

(2) 如果有资格的政党在大选期间的广告开支超出了第 370 条第 (4) 款规定的上限,则该政党不能成为注册政党;此间,该政党不应触犯第 496 条第 (1) 款第 (a) 项或第 (2) 款第 (a) 项的相关规定。

(3) 如果第 (1) 款或第 (2) 款适用,产生的选举广告开支在注销登记前或在第 (2) 款所指的前一天,应适用第 350 条对开支所载的限制,如果已经超出该限制,该政党不得产生任何额外的选举广告费用。

504 在司法诉讼期或协议期,有关有资格的政党、注册的政党、已撤销注册的政党或选区协会

(a) 其党派或协会将被视为个人;

(b) 其政党或协会的官员、官方代理的行为,将被视为该政党或协会的行为。

505 (1) 如果第三方组织触犯第 496 条的相关规定,即属犯罪。其组织负责人或其官方代理同样被视为构成犯罪。

(2) 如果第三方被相关人员根据第 496 条起诉,第三方则被视为个人。根据第 353 条第 (2) 款之规定,签署相关协议的代理人或授权者的行为将被视为第三方的行为。

(3) 如果第三方触犯了第 496 条第 (1) 款第 (c) 项的规定,一经定罪,可处不超过 1 万元的罚款,以此替代载于第 500 条第 (1) 款的处罚。

(4) 如果第三方触犯了第 496 条第 (2) 款第 (b) 项的规定,一经定罪,可处不超过 25000 元的罚款,以此代替第 500 条第 (5) 款所载的处罚。

506 如果已注销政党的首席代理，触犯第 497 条第（1）款第（e）项或第（3）款第（c）项之规定，即属犯罪。相关政党将被处以不超过 25000 元的罚款。

507 在册政党的首席代理触犯第 497 条第（1）款第（l）、（m）、（n）、（o）、（q）和（q.01）项及第（3）款第（g）、（i）、（j）和（m）项之规定，即属犯罪，经循简易程序定罪，将处以不超过 25000 元的罚款。

508 根据该法的罪行提出检控，在证据不充足的情况下，选举监察人的书面声明可作为证明在册候选人的充分证据。

加拿大选举专员

509 总选举事务主任须委任一名加拿大选举专员，其职责是确保该法的权威和执行。

510 选举专员可主动进行调查，也可因回应诉讼而进行相关调查。

511 （1）如果选举专员以合理的理由认为，违反该法的罪行正在发生，该专员可将此事转介刑事检控专员，并决定是否提出公诉。

（2）如果署长决定提出检控，则其可要求选举专员基于"刑法典"第 2 条中的规定宣誓或郑重声明。署长须要求该专员提供书面资料。

（3）"刑法典"第 487 条规定，负责选举管理工作的人员被视为公职人员。

512 （1）根据本法提出的罪行检控，必须有刑事检察处处长和主任的事先书面同意。

（2）本条第（1）款不适用于选举官员已根据第 479 条第（3）款采取措施的有关罪行。

（3）凡是根据本条第（1）款主任同意的文件均视为已经具备效力，该主任的上级认为其存在问题的情况除外。

513 专员出于维护公众的利益，根据该法可能会采取措施，产生费用，包括查询、强制令或缔结协议来进行调查。

514 （1）根据该法提出的罪行检控，可能会在任何时候提起，追溯时效不超过五年，时效不超过十年。

（2）如果因为罪犯已经超出法院管辖范围而不能提起起诉，则适用诉讼时效中断条款，检察机关仍可在一年内提起诉讼。

（3）在诉讼可能发生时，委员颁布的文件声明可在没有其他反证的情况下，作为充分证据。

515 （1）任何刑事管辖权的法院可以责令由被告支付检察机关提起诉讼而造成的费用。

（2）法庭不得发出本条第（1）款之命令，除非检察官在陈述信息之前，进入具保结案阶段，其条件是两个充分保证人担保，金额500元，在法院判定其无罪的情况下，可以将费用返还给被告。

（3）针对违反本法规定的情况下，如果法院宣判被告，被告有权从检察官处收回所产生的费用，其费用应当由作出判决的法院的相关人员征收。

禁令

516 （1）如果选举专员有合理理由相信，已承诺的个人，即将发生违反本法规定的行为或疏忽，在选举期间，专员在考虑其性质和严重性之后，以确保选举过程的公正性和公共利益，有权向法院申请第525条第（1）款第（2）款中描述的禁令。

（2）如果选举专员根据第（1）款的规定，有合理理由相信，已承诺的个人，即将发生违反本法规定的行为或疏忽，在选举期间，选举专员在考虑其性质和严重性之后，以确保选举过程的公正性和公共利益，法院可以发出禁令，命令指定人员

（a）避免犯任何违背本法的行为；

（b）本法案要求的相关行为。

（3）禁令不能凌驾于第（2）款，除非在不违背公共利益的前提下，至少提前48小时向指定人员发出通知，或者是紧急状况。

合规协议

517 （1）除本条第（7）款的规定，如选举专员有合理理由相信该

人已犯罪，或其行为或疏忽可能构成犯罪的，根据该法，专员可与相关人员订立协议，旨在确保其遵守本法。

（2）协议可能包含专员认为有必要的任何条款和条件，以确保符合本法规定。

（3）遵守协议订立之前，专员须

（a）建议当事人聘请律师，并给予其聘请法律顾问的权利；

（b）根据第521条的规定，征得当事人同意，以公布该协议。

（4）遵守协议可能包括一项声明，由当事人承认其行为或疏忽可能构成犯罪。

（5）签订的协议以及第（4）款所指的任何声明，不得被接纳为当事人民事或刑事诉讼的证据。

（6）如果案件尚未被移交刑事检察专员，除非协议被撕毁，否则该协议无效。

（7）如果案件已经移交至检察长，无论刑事检控是否启动，如果专员与检察长协商后，专员认为，遵守协议，将更好地服务于公共利益，则将案件退回，另作处理。

（8）协议生效后，当事人可能构成犯罪的行为或疏忽被停止，除非其撕毁协议，否则刑事检察处长应搁置起诉。

（9）专员和当事人在协议未完全执行期间，均可提出要求，重新商议协议条款。

（10）根据本条第（9）款重新谈判后，专员须立即向缔约者提供协议的副本。如果案件已移交至检察长，专员也应向检察长提供一份协议的副本。

518 （1）如果专员认为合规协议已遵守，则其应通知缔约方当事人。如果案件已移交至检察长，专员应一并通知检察长。

（2）协议生效通知，将终止任何基于行为或疏忽而对订约方进行的起诉，同时终止检查人员发起相关的诉讼。

519 如果专员认为缔约一方当事人不遵守合规协议，专员应向其送达违约通知，专员可将案件交由刑事检察处处长，如果控方由于第 517 条第（8）款之规定，搁置了相关起诉，则其可再次提起诉讼。如果案件已移交刑事检控专员，专员也应进行通知。

520　如果其已完全遵守合规协议，或考虑到缔约方的表现，认为诉讼是不公平的，法院应驳回对缔约当事人的诉讼要求。

第 521 专员需要以其认为适当的方式，发布通知，公布缔约方的名称、其行为或疏忽以及合规协议的文本。

注销登记

521.1　（1）如果专员有合理理由怀疑，在册政党不具备以参与公共事务作为根本宗旨，并支持其一名以上的成员竞选，专员须以书面形式通知该政党，令其表明其根本宗旨。

（2）在给予政党表明根本宗旨的机会后，专员仍怀疑该政党不具备第（1）款所述之根本宗旨，则专员可以按第 525 条第（1）款之规定，向法院申请第（3）款所述命令。

（3）如果法院认为该党派没有第（1）款所述之根本宗旨，法院应命令直接注销党派的总选举事务主任，并且可能会

（a）命令其首席代理，或由法院指定的其他人清算该党派的资产；

（b）如根据（a）项指示清算，命令每个注册的协会财务代理或由法院指定的其他人清算注册协会的资产。

（4）政党有义务在法庭上证明第（1）款所述政党之根本宗旨。

（5）法院在作出决定时，应考虑所有相关的因素来确定党派的宗旨，包括（如适用）如下：

（a）党章、相关条款或任何其他可能表明上述宗旨的信件；

（b）政党的纲领、年度报告、筹款计划、广告材料和政策说明；

（c）政党、注册协会和候选人的活动，包括他们参与竞选活动的性质和程度及其支持其他政党或候选人的公开声明；

（d）政党、注册协会及其候选人收到的资金，其来源和用途，包括选举开支；

（e）该政党与其他非政党组织的关系：政党是否在其他组织的控制之下，或其他组织为该政党提供资金支持；

（f）该政党是否是一个非营利性的实体。

（6）如果法院认为，出于公共利益的需要确保公平的选举过程，法院可能免征政党及其注册协会的所得税。如果授予豁免，法院可能对政党及其协会的活动施加其认为合理的条件。

（7）根据第（3）款的规定，如果由首席代理、财务代理或由法院指定的人负责清算政党资产，则其应根据第501条第（4）款、第（7）款执行。

第20部分　有争议的选举

522　（1）除非出现本部分的情况，否则，选举结果的有效都是非争议性的。

（2）有争议的选举不会改变任何候选人所拥有的权利和所承担的义务。

523　根据第65条之规定，如果该人没有资格成为候选人，则对该人的选举是无效的。

524　（1）有资格在选区投票的选民，在其候选人所在的选区内，可到有管辖权的法院申请争议裁决：

（a）根据第65条，当选者没有资格成为候选人；

（b）有违规、欺诈、舞弊或非法行为，影响选举结果。

（2）根据第301条第（2）款的规定，在需要重新投票的情况下，申请可能无效。

525　按照本部分规定，下列法院是第（1）款规定的有管辖权的法院：

（a）在第（2）款所列的法院；

（b）联邦法院。

（2）本条第（1）款（a）项规定的法院有：

（a）安大略省高级法院；

（b）魁北克省高级法院；

（c）新斯科舍省和不列颠哥伦比亚省、育空地区和西北省新界最高法院；

（d）新不伦瑞克省、马尼托巴省、萨斯喀彻温省和阿尔伯塔省省高等法院；

（e）爱德华王子岛和纽芬兰最高法院审判庭；

（f）努纳武特地区法院。

（3）申请应以简易方式被立即处理。然而，法院可允许在听证会上于特殊情况下要求出示证据。

526 （1）申请必须加以 1000 元的担保，必须由加拿大总检察长、总选举事务主任、选举问题区统计人员和所有该选区候选人中的一员作担保。

（2）法院可能在其认为合理的情况下，增加担保金额。

527 根据第 524 条第（1）款第（b）项所载条件，申请必须在以下情况的 30 日之内提交（以较迟者为准）：

（1）选举的结果公布于加拿大官方公报之日；

（2）申请人知道或应该知道涉嫌违规、欺诈、舞弊行为或非法行为发生之日。

528 申请未经法院许可，不得擅自撤回。

529 第 526 条第（1）款提及的人员，可在 15 日内向法院送达书面通知，以表明其是否希望参加诉讼。

530 在与申请有关的诉讼中，必须有充分的证据证明选举参与者的身份，如无其他证据，则选举监察人提供的书面声明可作为充分证据。

531 （1）如果法院认为申请是无理取闹、琐屑无聊或缺乏诚信的，法院可随时驳回申请。

（2）申请陈述完毕后，若第 524 条第（1）款第（a）或（b）项的条件不成立，则法院可驳回申请；若其成立，则法院应宣布选举无效或撤销选举。

(3) 法庭书记员须

(a) 将法院判决书副本送至第 526 条第 (1) 款中提到的人以及任何相关者和下议院议长的手中;

(b) 根据第 532 第 (1) 款规定,通知下议院议长是否法院已提交上诉。

(4) 除非根据第 532 条第 (1) 款提出上诉,否则下议院议长应在限期内将决定报送下议院。

532 (1) 由于法律或事实问题,根据第 531 条第 (2) 款决定上诉至加拿大最高法院,并须在决定后八日之内提交申请。

(2) 最高法院应立即以建议方式处理上诉。

(3) 最高法院书记员应将法院判决书副本送至第 526 条第 (1) 款中提到的人以及任何相关者和下议院议长的手中。

(4) 下议院议长应及时将决定报送下议院。

第21部分 大　纲

总选举事务主任的报告

533　总选举事务主任,在大选中应及时(在递补选举的情况下,则应在令状发出后的 90 日内)以其认为合适的方式公布以下信息:

(a) 投给每个候选人的票数、被拒绝的选票数与选民的最终名单;

(b) 总选举事务主任认为有关的任何其他信息。

534　(1) 在大选的情况下,总选举事务主任应在第 57 条第 (2) 款规定的日期后 90 日以内,向下议院议长报告以下内容:

(a) 自上次报告以来,在管理过程中,其认为应该引起下议院关注的任何事项或事件;

(b) 根据第 17 条第 (1) 款或第 (3) 款或第 509 到 513 条,任何已采取的措施。

(2) 如果本年度存在一次或多次补选，总选举事务主任应在一年结束后 90 日内，向下议院议长报告如下内容：

(a) 自上次报告以来，在管理过程中，其认为应该引起下议院关注的任何事项或事件；和

(b) 根据第 17 条第（1）款或第（3）款、第 178 条第（2）款或第 509 至 513 条就补选的规定，任何已经采取的措施。

535　总选举事务主任，应当在大选后尽快向下议院议长就更有效实施本法案的意见作报告。

535.1　［废止，2014 年，第 12 章，第 114 条］。

535.2　根据第 24 条第（1.1）款，不论何时，总选举事务主任都可规定选举监察人的资格或者制定任命和解除的程序，上述程序和过程都以有效的方式制定，总选举事务主任应及时向下议院议长作出报告。

536　下议院议长应及时收到总选举事务主任根据第 534、535 条或 535.2 条向下议院提交的报告。

536.1　在第一次大选后，根据第 535 条向下议院提交报告后，本款的相关规定即被视为立即生效。

537　(1) 每名候选人，候选人的官方代理，在册政党或合资格政党的官方代理均可向总选举事务主任发送书面声明，用以对选举过程进行投诉或提出相关的改善建议。

(2) 如果总选举事务主任认为适当，总选举事务主任可能在报告中包括第 534 或 535 条的任何文件或一部分，或根据第（1）款所涉及的投诉或建议而进行的总结。

投票部门

538　(1) 除非总选举事务主任同意，否则每个投票站应包含至少 250 名选民。

(2) 除本条第（3）款的规定外，大选中的选举投票站应与前次大选保持相同。

(3) 总选举事务主任可命令选区的选举监察人修改任何一个投票站的

界限，并可设置完成日期。

（4）选举监察人须按照总选举事务主任的指示修改投票站的边界，并且应当考虑到市级和省级的授权和投票站对选民的便利性。

（5）经总选举事务主任批准，选举监察人可在投票站部门设立两个或两个以上的老年人或残疾人投票点。

修改附表3

539 （1）按本条第（2）款的规定，总选举事务主任可通过以下情况修改附表3所载的选区：

（a）增加选区：

（i）根据选区边界修正案进行修改；

（ii）包含1971年7月15日设定的选区的全部或部分；

（b）删除第（a）项第（ii）目所指的任何选区，第（a）项第（i）目中并未提及其名称。

（2）修订附表3所载的选区的修正应不迟于命令发出后的第七日，直到相关通知已刊登在加拿大公报上，选区修正命令即告正式生效。

选举文档的监管和有关注册的选民的文件

540 （1）总选举事务主任须保留选举监察人发送给他的选举文件，如果选举没有争议，资料至少要保留一年，如果选举存在异议，则争议出现后的一年内必须保留资料。

（2）总选举事务主任须至少要在接到文件后，用影片或电子形式，将更新选民登记册的所有文件保留两年。

（3）在总选举事务主任根据第（1）款或第（2）款保管涉及建立或更新选民登记册的文件期间，如无最高法院法官的命令，任何文件不得被调查或翻印。

（4）本条第（3）款不禁止总选举事务主任、任何获授权的成员及其工作人员或选举专员检查文件。

（5）当上级法院的法官已下令公布选举文件时，除非法官另有命令，否则总选举事务主任不需要亲自出庭,但须保证通过快递业务员或法庭书记员送达文件;法官完成查阅之后,必须将选举文件返还给总选举事务主任。

(6) 总选举事务主任认证的文件可被视为证据而无需进一步证明。

(7) 在任何根据该法进行的诉讼程序中,文件的打印稿、照相底片,或总选举事务主任担保的、由文档的电子版永久保存的记录文档,可以被视为证据,无需额外的书面担保。

(8) 法官可根据本条第(3)款宣誓作证,该款所指的文件检查或使用是出于开始或持续进行调查的需要,并根据第524条第(1)款之规定,提出使用申请。

(9) 检查或使用有关更新选民登记册的选举文件可能会附带法官认为合适的条件,可能针对人员、时间、地点和方式对文件进行检查或使用。

541　(1) 第403.35、424、429、435.3、435.35、451、455、478.23或478.3条中提到的所有文件,除从选举官员处收到的选举文件以外,其他所有的报告或声明或其他有关本法对应的公共记录,在正常工作时间内,任何人均可要求查阅。

(2) 任何人可摘录本条第(1)款所指的文件,其纸质版可按照每页0.25元收取费用。

(3) 本条第(1)款中总选举事务主任声明的任何文件的副本,均可被视为证据而无需进一步证明。

选举人员的费用和支出

542　(1) 按照本法案,根据总选举事务主任的建议,地方议会的议长能够决定费用列表的修订,或者负责提供选举的官员及其相关雇佣人员有关选举费用、成本、津贴的支付。

(2) 地方议会的议长需要提供细化的费用列表细则,列表[根据第(1)款的规定]必须是在其生效的前一天作出。

(3) 根据第(1)款经过修订的费用列表及其修改意见的副本,应在下议院对费用列表进行公开讨论的前15日内提交。

543 所有选举费用，必须从税务局长处开出单独的支票进行支付，并直接发送到每个有权利支付的个人手中。

544 （1）可向选举事务主任预付一笔资金，以支付办公室和其他杂费，但必须根据第542条第（1）款下的费用列表来确定可能批准的金额。

（2）选举监察人应以规定的形式，准备向总选举事务主任提交所有账户，并负责其正确性。

545 [废除，2014年，第12章，第121条]

546 （1）总选举事务主任须按照第542条第（1）款制定的费用列表，向所有有关选举的账户收税，并及时将其转出到税务局长处。

（2）尽管存在本条第（1）款的相关规定，但是债权人按照法律程序追索欠款的权利不受侵害。

通告

547 （1）当选举官员由该法授权或规定要求出示通告且无特殊格式要求，则按照总选举事务主任统一规定的方式予以通告。

（2）按照本法规定，可能要求张贴通告及其他文件，加拿大任何省或市的法令和规定，不得与之相对抗。

548 （1）未经授权，任何人不得删除、掩盖或改变依本法授权或规定张贴的任何通告、选举文件或其他文件。

（2）通知必须通俗易懂，并张贴在靠近选举的地点。任意删除、掩盖或更改张贴的选举文件是严重的犯罪行为。选举通知张贴的形式遵照本条第（1）款的规定。

宣誓和宣誓书

549 （1）宣誓或宣誓书按本法规定的授权或命令进行，应当由本法规定的人员进行管理，如果没有，则由总选举事务主任或其指定的授权者、法官、选举监察人、助理选举监察人、统计人员、投票职员、公证人、省法院法官、检察长管理宣誓书。

（2）根据该法规定，所有宣誓或宣誓书，应予免费。

（3）依本法规定，任何人不得进行虚假宣誓。

（4）依本法规定，任何人不得强迫、诱使或试图迫使或诱使任何其他人进行虚假宣誓。

550　候选人不得在颁发令状和投票日之间的时间内，签署书面文件，向任何人提出需求或要求。比如文件要求参选人按照一定的程序行动，以此来妨碍其在议会中的行动自由。

补缺选举

551　如果令状被视为已经取消，并根据《加拿大议会法案》第 31 条第（3）款撤回，则总选举事务主任应在加拿大官方公报上公布撤销令状，并取消选举的通知。

表单

552　第 424 条第（1）款第（a）项或第 429 条第（1）款第（a）项规定的表单须在完成后的 15 日内提交。

综合收入基金

553　下列欠款应由综合收入基金的闲置资金支付：

（a）根据第 15 条规定的应付款项；

（b）根据第 20 条、第 19 条第（1）款应予支付的雇员薪资，以及总选举事务主任行使其权力和履行职责产生的行政开支；

（c）第 46 第（1）款第（b）项所指的总选举事务主任获取信息所产生的开支；

（d）第 542 条第（1）款所指的费用、成本、津贴或开支；

（e）总选举事务主任的编制准备及印刷选料和采购选举物资的开支；

（f）[废除，2014 年，第 12 章，第 123 条]

修正案

554　（1）在选举期间，本法并未出台修正案。修正案通过后六个月内，其令状生效。除非在令状生效之前，总选举事务主任就已在加拿大公报上发布公告，宣称此前已作出了修正案的相关准备，则修正案即时生效。

（2）本法修正案一经通过，总选举事务主任应履行以下职责：在总选举事务主任网站上发布本法的最新版本；校对因修正案而受影响的出版物；校对一经完成，立即在加拿大公报上发布相关公告。

（原文来自英法对照加拿大选举法，2015年8月4日）

（郝诗楠 译）

第二部分

主要政党内部规章制度

加拿大自由党章程

该章程于 2006 年 11 月 30 日至 12 月 1 日举行的全国代表大会上通过并修订，并于 2009 年 5 月 2 日在温哥华举行的全国代表大会、2011 年 6 月 18 日举行的特别会议以及 2012 年 1 月 14 日至 15 日在渥太华举行的全国代表大会上进一步修订，由全国理事会依据章程第八十四条第六款的规定于 2012 年 8 月 21 日批准。

第一部分 本 党

前 言

加拿大自由党是一个遵从本章程所示原则之成员的联合体，本党成员通过选举成为众议院的候选人从而实现前述之原则。

加拿大自由党坚信，在民主社会中，尊重每个个体的尊严是基本准则，也是所有政治组织和政治活动的首要目标。

加拿大自由党长久以来坚持的立党原则是：在一个公平社会框架中的个人自由、责任和人类尊严，以及在一个有意义的大众参与框架下的政治自由。自由党受加拿大宪法以及《加拿大权力和自由宪章》的约束并致力于：实现每个人的机会平等、强化我们独特且多元的文化社群、承认英语和法语都是加拿大的官方语言以及在全球社会中保护加拿大人的身份认同。

基于此，加拿大自由党承认法治社会中人的基本权利和自由，坚持这些基本价值观，并依据现代加拿大社会不断变化的需求及时调整。

加拿大自由党认为，民主制度中人类尊严的实现有赖于所有公民都可获取有关党的政策以及领导层的完整信息，并有机会参与对党的政策以及领导层的公开评估，以及在他们认为有必要的时候对两者进行变更，从而促进加拿大政治、经济、社会、文化以及加拿大人民整体福祉的发展。

为实现此目标，加拿大自由党致力于为所有加拿大公民提供一个灵活、民主的社会结构，使所有公民都能够获得充足信息，参与公开评估，并通过公开交流、自由对话以及参与选举和非选举活动来推动社会改革。本章程规定了加拿大自由党的机构设置、组织制度和议事程序。本党将与下属的各省及地区组织和选区协会合作，代表所有党员努力实现上述理想。

第一章 总 纲

第一条 组织与名称

本党名为"加拿大自由党"，在本章程中简称为"本党"。

第二条 目标

第一款 党的基本目标包括：

1. 通过支持党员成为本党参加众议院选举的候选人并支持他们竞选参与加拿大的公共事务[①]；

2. 宣传并拥护自由主义的理念、原则和各项政策；

3. 促进本党吸收党员；

4. 为实现本党的基本目标筹集资金；

5. 为党员提供自由发言并影响本党各项政策和纲领的平台；

6. 协调本党支持者的各项活动；

7. 确保原住民在本党的各级组织中都拥有平等代表权；以及

8. 致力于形成加拿大各省和地区居民相互理解的共同基础。

---

① 政党注册成立的规定之一可见《加拿大选举法》第三百六十六条第二款第（j）项，亦可见《加拿大选举法》第五百二十一条第一款第（5）项。

第二款 在追求基本目标以及开展各项活动的过程中,本党必须促进各级党组织中每一个人的平等参与。

第三款 英语和法语都是本党的官方语言,而且两种语言在本党所有联邦级机构中的使用方面具有平等的地位、权利与权益。在追求基本目标以及开展各项活动的过程中,本党必须保障并促进英语和法语的地位、权利与权益。

第三条 本章程的效力

本章程对本党各项事务都具有规范作用,而党内的任何争议最终都须依据本章程解决。本党在处理联邦级事务时,若本章程与任何组成机构的章程发生冲突,则以本章程为准。

第二部分　本党的结构

第二章　党　员

第四条 党员资格

党员资格向所有人开放,任何人都不得因种族、国籍或族群背景、肤色、宗教、性别、性取向、年龄或精神及身体残疾而受到歧视。欲成为本党的党员需满足以下条件:

1. 年满14周岁;

2. 认同本党的目标;

3. 依据《加拿大选举法》第十一条规定拥有投票资格的选民,或常住加拿大①;

4. 不是加拿大任何其他联邦级政党的党员;而且

5. 在成为本党党员后,除由本党推荐外,不得公开表达参选众议院议员的意愿。

---

① 申请人需符合本项中的任一条件;有关常住居民的标准可参见本章程第八十五条第八款。

第五条　申请与批准

第一款　本党党员的申请人需填写入党申请表并将该表提交①至全国理事会指定的办公室或者以全国理事会规定的方式提交电子版入党申请书。

第二款　本党必须尽快批准任何依照第五条第一款规定提出申请、已缴纳当年党费并符合第四条规定的申请人入党。

第三款　尽管第五条第二款中已有规定，但本党若有充分理由认为申请人不符合第四条的规定，则可拒绝批准其成为党员。

第六条　党费

第一款　经与主席会议磋商，全国理事会可规定党员党费和选区协会成员会费的标准。

第二款　每名党员必须由其个人缴纳本人的党费。

第三款　经与主席会议磋商，全国理事会将决定如何在省及地区组织和选区协会之间分配所有党费；不过，本党有权将这些党费收入用于招募党员及维持全国在册党员所产生的合理且直接的支出。

第七条　全国党员的登记

第一款　全国办公室负责维护全国党员的登记信息。

第二款　依据全国理事会为确保遵守相关的隐私法案所制定的合理程序，各组成机构都有权适当使用全国党员登记信息中有权参与该机构事务的所有党员的个人信息，而且若兼任本党众议院议员以及本党议会党团成员的党员有权适当使用全国党员登记信息中有关能够参与该议员所在选区的选区协会事务的所有党员信息。

第八条　党员资格的期限和延续

第一款　党员资格从全国理事会规定的日期起开始生效，该日期不得晚于申请人在向其居住的省或地区或在全国理事会规定的时间段内常住的

---

① 关于如何递交文件的规定，参见本章程第八十五条第九款。

省或地区提交党员申请表之后的一个工作日。

第二款 在其党员资格期满之前的任何时间，仍符合第四条规定的党员可通过填写党员申请表延续其党员资格，并将该表格及当年党费提交①至全国理事会指定的办公室，或者以全国理事会规定的方式提交电子版党员申请表。

第三款 党员资格的延续在当前党员资格期满后立即生效，并与在该日开始的新党员资格具有相同的有效期。

第四款 依据第八条第二款规定，未延续党员资格的党员可依据第五条规定再次申请入党。

第九条 党员资格的失效

出现以下情况之一，党员资格将终止：

1. 当前的党员资格期限已到；

2. 该党员不再符合第四条的所有规定；

3. 党员资格被全国理事会终止；

4. 退党；或

5. 死亡。

第十条 党员的权利

第一款 党员有权从本党与以下机构获得新闻通讯、信息、党员服务及党的全体会议和其他活动的通知：省及地区组织②、选区协会、其所属的所有委员会或委员俱乐部，及其拥有准会员资格的选区协会。

第二款 依据本章程的相关条款③，党员有权：

---

① 关于如何递交文件的规定，参见本章程第八十五条第九款。

② 见本章程第八十五条第八款；请注意，任何众议院议员、议员候选人与该议员共同居住的任何党员或候选人享有所有权利，并与居住在该议会众议院议员代表的选区或该候选人寻求当选的选区的党员享有的权利相同。参见《加拿大选举法》第十条。

③ 其他的规定可参见本章程第六十六条（候选人选举会议）及第七十条第四款（代表选举会议）。

1. 出席其选区协会①或其所属的任何委员会或委员俱乐部的全体会议，并在会上发言和投票；

2. 出席其拥有准会员资格的任何选区协会的全体会议并发言，但没有投票权；

3. 被选举为党的②或其所属的任何委员会的代表大会或全体会议的代表或候补代表；

4. 依据其所属的省及地区组织章程的相关条款，被选举为该组织的任何代表大会或全体会议的代表或候补代表；

5. 被选举担任任何党内职务；

6. 依据其所属的省及地区组织章程的相关条款，被选举担任组织的任何职务；

7. 依据其所属省及地区组织章程及举行职务选举的选区协会章程（若有）的相关条款，被选举担任该党员所在省或地区选区协会的任何职务，无论该党员是否居住在此选区协会所代表的选区；

8. 参与其所在选区协会组织的领袖选举③和领袖认可投票；

9. 依据其所属省及地区组织章程的相关条款，向该省及地区组织设立的上诉仲裁委员会提出上诉，上诉内容可包括与该省及地区组织章程、选区协会章程（若有）或其担任准会员的选区协会章程（若有）相关的所有问题；

10. 向常设上诉委员会提出上诉④；

11. 用英语或法语与全国办公室沟通，并从该办公室获得相关服务。

第三款 党员是本党的当然支持者，并享有支持者的所有权利。

第四款 依据第十三章的规定，党员有权成为本党的众议院议员候选人。

---

① 请注意本章程第八十五条第十款的"隔代教养"条款。
② 代表选举的详细流程见本章程第十七章。
③ 领导层选举的相关规定见本章程的第十五章。
④ 上诉程序见本章程第十一章。

第十一条　附则

第一款　全国理事会可依据本章程第三十四条规定的程序制定任何附则，对入党申请程序、党员资格的延续或终止作出规定，但是全国理事会制定的任何附则必须与本章程保持一致。

第二款　第十一条第一款中提及的附则包括但不限于：

1. 授权省及地区组织处理入党申请以及授权省及地区组织及其他机构作为入党申请表及党员资格延续申请表的接收机构；

2. 有关电子版入党申请表及延续党员资格申请表的事务；

3. 入党申请及党员资格延续申请的表格形式；

4. 将那些在全国办公室保存的全国党员登记信息中的邮寄地址不是当前地址的党员资格设定为"不活跃"；

5. 仅适用于作为省级党组织的省及地区组织的其他有关党员资格的规定。

第三章　支持者①

第十二条　支持者的资格

若要成为本党的支持者，需拥有本党的党员资格或者：

1. 年满18岁；

2. 支持本党的目标；

3. 依据《加拿大选举法》第十一条规定拥有投票资格的选民，或常住加拿大②；

4. 未拥有其他加拿大联邦级政党的党员资格。

第十三条　申请与批准

第一款　本党支持者的申请人需填写申请表并将该表提交至全国理事

---

① 党员即当然的支持者，见本章程第十条第三款。
② 须符合此项中的任一条件；有关常住居民的标准可参见本章程第八十五条第八款。

会指定的办公室或者以全国理事会规定的方式提交电子版申请书。

第二款 本党必须尽快批准任何依照第十三条第一款规定提出申请并符合第十二条规定的申请人成为本党的支持者。

第三款 尽管第十三条第一款中已有规定，但本党若有充分理由认为申请人不符合第十二条的规定，则可拒绝批准其成为本党支持者。

第十四条　全国支持者的登记

第一款 全国办公室负责维护全国本党支持者的登记信息。

第二款 依据全国理事会为确保遵守相关的隐私法案所制定的合理程序，各组成机构都有权适当使用全国支持者登记信息中有权参与该机构事务的所有支持者的个人信息，而且若兼任本党众议院议员以及本党议会党团成员的党员有权适当使用全国支持者登记信息中有关能够参与该议员所在选区的选区协会事务的所有支持者的信息。

第十五条　支持者资格的期限

支持者资格从全国理事会规定的日期起开始生效，该日期不得晚于申请人在向其居住的省或地区或在全国理事会规定的时间段内常住的省或地区提交申请表之后的一个工作日。

第十六条　支持者资格的丧失

出现以下情况之一，支持者资格将终止：

1. 支持者不再符合第十二条的规定；
2. 支持者资格被全国理事会终止；或
3. 支持者向本党提出不再成为支持者的请求。

第十七条　支持者的权利

依据本章程的相关条款，支持者有权参与其所在选区协会组织的领袖选举。

第十八条　附则

第一款 全国理事会可依据本章程第三十四条规定的程序制定任何附则，对申请成为支持者的程序作出规定，但是全国理事会制定的任何附则必须与本章程保持一致。

第二款 第十八条第一款中提及的附则包括但不限于：

1. 授权省及地区组织处理申请以及授权省及地区组织及其他机构作为支持者申请表的接收机构；

2. 有关电子版支持者申请表的事务；

3. 支持者申请表格的形式；

4. 将那些在全国办公室保存的全国支持者登记信息中的邮寄地址不是当前地址的支持者资格设定为"不活跃"；

5. 仅适用于作为省级党组织的省及地区组织的其他有关支持者资格的规定。

第四章 选区协会

第十九条 选区协会的目标、章程及批准

第一款 每个选区协会都有责任积极完成以下目标和任务：

1. 通过支持来自该选区的党的候选人参加议会众议院竞选来参与公共事务，确保该协会已做好选举筹备和计划，并实施该计划；

2. 为其成员提供发言和影响本党各项政策和纲领的平台，并鼓励其成员参与本党政策制定过程；

3. 为支持本党基本目标及该选区协会的目标和活动而筹集资金；

4. 定期与本选区内的党员和公众进行交流。

第二款 若一个选区协会有独立的章程，则其章程必须与本章程及其所在省及地区组织的章程保持一致，而且必须：

1. 体现第十九条第一款设定的目标及序言中所示的原则，并依据第二条的规定明确其目标；

2. 若所在的省及地区组织章程未依据第十条的规定为本选区协会成员提供相应权利，则必须为其成员提供这些权利；

3. 通过所有成员的投票表决，对该选区协会的首要负责人（即选区协会主席）及主要负责该选区协会的资金募集、党员招募及政策制定的干部

（即选区协会筹款主席、选区协会党员招募主席及选区协会政策主席）的选举制定规则；

4. 对涉及该选区协会的任何行动或决议，以及与该选区协会的任何会议相关的任何不法行为的上诉程序制定规则，常设上诉委员会的上诉程序除外；

5. 为财务记录、会议记录和通信内容的编写和保管制定规则；及

6. 依据公认的会计准则为完整的财务信息披露制定规则。

第三款 领袖可依据《加拿大选举法》①拒绝批准未满足以下标准的任何协会成为党的选区协会：

1. 若该协会有独立章程，则其章程应符合第十九条第二款的规定，而且其章程的条款不得与本章程或其所在省及地区组织的章程相违背；

2. 该协会已经向全国办公室提交一份经该选区协会主席批准的选区协会章程的副本（若有）；

3. 该协会为满足《加拿大选举法》之要求，已任命经党的首席财务官书面批准的人担任该协会的财务负责人；

4. 该协会为满足《加拿大选举法》之要求，已任命经党的首席财务官书面批准的人担任该协会的审计师；

5. 作为一个选区协会的干部，该选区协会主席及该选区协会政策主席由该选区协会的全体会议选举产生，在其未经全体会员投票表决而再次当选该职务的情况下，其任期不得超过27个月；

6. 该协会的所有职务都由党员担任；及

7. 该协会拥护本党目标，并依据本章程、其所属省及地区组织的章程及该协会的章程（若有）开展工作。

第四款 如果存在以下情况，经由领袖和两名属下官员签字批准，本党可依据《加拿大选举法》②撤销一个选区协会：

---

① 见《加拿大选举法》第403条第2款第（c）项。
② 见《加拿大选举法》第403条第2款。

1. 该协会不符合第十九条第三款规定的标准；

2. 该协会没有依据第二十条的规定履行任何职责；

3. 该协会未提交《加拿大选举法》要求一个选区协会提交的文件；或

4. 该协会、该协会的财务负责人或审计师没有完全遵守《加拿大选举法》的规定。

第二十条　选区协会的权利和责任

第一款　依据本章程的相关条款，选区协会有权派代表参加本党的任何代表大会或全体会议。

第二款　选区协会必须每两年至少召开一次由其所有成员参加的全体会议。全体会议必须在上次全体会议之后的27个月内召开。选区协会必须立即向全国办公室递交①全体会议召开通知的副本。

第三款　选区协会必须按本章程规定举行代表选举会议和候选人选举会议。

第四款　选区协会必须按《加拿大选举法》规定递交选区协会应递交的所有文件，并立即向全国办公室递交这些文件的副本，而且必须符合本党所定之附则规定的所有财务报告和内部控制要求，以确保符合联邦法律的规定。

第二十一条　选区协会的准会员资格

第一款　只有党员才可加入一个选区协会。若该党员不居住在该选区协会所代表的地区，则其可通过向全国理事会指定的办公室提交申请，或以全国理事会规定的方式提交电子申请表并缴纳当年会费，从而成为该选区协会的准会员。

第二款　选区协会的准会员资格在全国理事会规定的日期生效，在全国理事会规定的时期内保有此资格，并且可依据全国理事会规定的程序延续此资格。

---

① 关于如何递交文件的规定见本章程第八十五条第九款。

第三款 选区协会的准成员与其他党员拥有相同的权利，但在该选区协会的任何全体会议（包括该选区协会的代表选举会议或候选人选举会议）上投票或为该选区协会进行的任何领袖选举或领袖认可投票的权利除外。

第四款 党员只可成为一个选区协会的准成员，但可以通过向全国理事会指定的办公室提交书面申请或以全国理事会规定的方式提交电子申请，从一个选区协会转移至另一个选区协会。

第五款 当一名成员从一个选区协会转移至另一个选区协会时，其在上一个协会的准会员资格终止，其在下一个协会的准会员资格将生效；终止与生效的日期由全国理事会规定。

第五章 省及地区组织

第二十二条 联盟

第一款 加拿大自由党是一个由以下省及地区组织构成的联盟：

纽芬兰与拉布拉多省自由党；

爱德华王子岛自由党；

新斯科舍省自由党；

新不伦瑞克省自由党；

加拿大（魁北克省）自由党；

加拿大（安大略省）自由党；

加拿大（曼尼托巴省）自由党；

加拿大（萨斯喀彻温省）自由党；

加拿大（亚伯达省）自由党；

加拿大（不列颠哥伦比亚省）自由党；

加拿大（育空地区）自由党；

加拿大（西北极地区）自由党；

加拿大（努勒维特地区）自由党。

第二款 省及地区组织负责以下事务①：

1. 所在省或地区的党员组织、选举筹备及政策制定，在全党范围内代表其所在省或地区，并在其所在省或地区实施本党的纲领和计划；

2. 与所在省或地区的党员共同制定该省或地区的年度战略计划，包括党员招募、资金筹集、政策制定、选区协会合规、选区协会组织、选举筹备及政策制定、某委员会的省及地区组织（即"省及地区组织委员会"）地点的确定、省及地区组织委员会合规、省及地区组织委员会组织、选举筹备及政策制定、党内选举活动管理（包括领袖选举、领袖认可投票、候选人选举会议及代表选举会议）及选举筹备；

3. 定期与所在省或地区的党员和公众交流党的省或地区事务。

第三款 省及地区组织必须制定章程，该章程必须与本章程保持一致，并且：

1. 体现序言中所示的原则，并依据第二条和第二十二条第二款的规定明确其目标；

2. 坚持男女平等参加其组织和各项活动的原则；

3. 坚持原住民在其组织和各项活动中享有平等代表权的原则；

4. 确保党员在其所在省或地区享有第十条规定的各项党员权利；

5. 确保选区协会有权参与省及地区组织的各项事务；

6. 确保省及地区组织委员会有权参与省及地区组织的各项事务；

7. 定期召开全体会议并向该省或地区的所有党员发出会议通知，及为该省及地区组织的干部——尤其是省及地区组织执行委员会的首要负责人（即"省及地区组织主席"）及主要负责政策制定的省及地区组织干部（即"省及地区组织政策主席"）——选举制定规则；在此选举的过程中，该省或地区的所有党员都有机会直接投票，或作为代表参加全体会议；

---

① 见加拿大自由党红丝带工作小组报告：《一个致力于实现所有人利益和成功的党》（2006年8月），第17页。

8. 制定涉及该省及地区组织、该省或地区的任何选举机构的任何行动或决议，以及与省及地区组织或选举机构的任何会议相关的任何不法行为的上诉程序规则，常设上诉委员会的上诉程序除外；

9. 为财务记录、会议记录和通信内容的编写和保管制定规则；

10. 为依据公认的会计准则进行完整财务信息披露制定规则；

11. 为决定省及地区组织和代表该省或地区各选区的选区协会之间的收入分配程序制定规则。

第四款 若一个省及地区组织是一个省级党组织，则依据本条款规定，任何非本党党员之人士都可参与该省及地区组织的各项事务，但他们没有在依据本章程规定召开的任何会议（包括代表选举会议和候选人选举会议）或领袖选举上投票的权利。

第五款 若该省及地区组织的章程对选区协会的设立和管理进行了规定，那么该章程的相关条款必须与第十九条第二款保持一致。

第六款 若该省及地区组织的章程对省及地区组织委员会的设立和管理进行了规定，那么该章程的相关条款必须与第四十一条第三款保持一致。

第二十三条　权利

第一款 各省及地区组织都有权向以下组织机构指派代表：

1. 全国理事会（依据第三十条规定）；
2. 常设上诉委员会（依据第五十一条规定）；
3. 领袖开支委员会（依据第六十一条第三款规定）；
4. 领袖选举委员会（依据第六十一条第三款规定）；
5. 依据本章程或本党附则设立的其他委员会。

第二款 依据第八十四条的规定，各省及地区组织都可提议对本章程进行修订。

第三款 除非本章程另有规定或获得主席会议同意，否则省及地区组织不得行使第二十三条第一款和第二款所规定的权利，除非该省及地区组织已经：

1. 向全国办公室递交经省及地区组织主席批准的该省及地区组织现有章程的副本；

2. 在过去的 27 个月内召开了全体会议，并向全国办公室递交了该会议的记录副本；并

3. 符合党的附则规定的所有财务报告和内部控制要求，以确保符合联邦法律的规定。

第六章　主席会议

第二十四条　主席会议的构成

第一款　主席会议的构成如下：

1. 以下有投票权的成员：

全国理事会中有投票权的成员①；

各选区协会的主席；

各委员会的省或地区部门主管（或，如果该机构有一名以上主席，则由该机构选择一名主席）。

2. 以下有权出席主席会议并在会议上发言但无法投票的无投票权成员：全国理事会的无投票权之成员②。

第二款　选区协会的执行委员会可通过决议任命一名执行委员代表该选区协会主席出席主席会议并在会上发言和投票，该执行委员由该选区协会全体会议选举产生。

第二十五条　职责与权力

第一款　主席会议负责审议③：

1. 全国理事会制定的党的年度战略、组织和资金募集计划；

---

① 关于全国理事会有投票权之成员名单的规定见第三十条第一款第（1）和（2）项。请注意，决策委员会的一名代表须是全国理事会的一名有投票权的成员。
② 关于全国理事会无投票权之成员名单的规定见第三十条第一款第（3）项。
③ 另可参见第三十条第一款第（7）项。

2. 各委员会的年度战略、组织和资金募集计划；

3. 全国收入委员会制定的资金募集计划；

4. 全国选举筹备委员会制定的选举筹备计划；

5. 全国政策与纲领委员会制定的政策制定流程；

6. 全国政策与纲领委员会的政治政策战略小组委员会制定的年度政策制定计划；

7. 全国理事会制定的党费标准和党费缴纳程序；

8. 全国理事会关于在本党、省及地区组织、选区协会及各委员会之间分配党费和其他收入的决议。

第二款 主席会议可依据第八十四条的规定提议对本章程进行修改。

第二十六条 主席会议的官员

第一款 主席会议的主任应从在任的选区协会主席或委员会主席中挑选，并由主席会议根据主席会议制定的附则选举产生。

第二款 主席会议可任命一名副主任（应从在任的选区协会主席或委员会主席中挑选）协助主任开展工作。

第三款 主席会议的主任主要负责以下工作：

1. 主持主席会议；

2. 经与领袖磋商，制定主席会议年度各项会议的计划，并规定主席会议各次会议召开的时间和地点；

3. 将主席会议各次会议召开的时间和地点通知所有成员，并在会议召开前至少41日在本党的公共网站上发出公告；并

4. 在会议召开前至少27日，向主席会议的所有成员发送主席会议各次会议的初步议程。

第四款 主席会议的副主任负责以下工作：

1. 按要求协助主席会议主任开展工作；并

2. 完成主席会议分配的任何其他任务。

第五款 主席会议的书记负责以下工作：

1. 依据第三十一条第一款第4项第（6）目之规定，在任命首席选举

官之前知会全国理事会。首席选举官负责规划、组织以及妥善安排主席会议各官员的选举活动；

2. 管理主席会议的会议记录；以及

3. 依据第二十九条第二款的规定，批准主席会议通过的附则。

第二十七条　主席会议的开会

第一款　主席会议在每个日历年必须至少召开一次会议并且在本党全国代表大会召开时须一并召开。

第二款　根据以下人员的要求，主席会议可随时召开特别会议，但须至少提前6日①发出通知：

1. 主席会议主任；

2. 本党领袖；或

3. 主席会议的任何50名成员，其中须包括来自3个不同省或地区的各至少10名党员。

第三款　只有在至少以下人员到场的情况下，才可召开或继续召开主席会议：

1. 100名选区协会主席（或相当职务）；及

2. 4名全国理事会成员。

第四款　领袖必须在主席会议的各次会议上报告工作。

第五款　全国主席、首席财务官、全国政策主席、全国竞选活动联合主席、全国收入主管、全国理事会和全国管理委员会都必须在主席会议的各次会议上提交一份书面报告，而且全国理事会的所有成员都必须参加主席会议的各次会议，并根据要求在会上做口头报告。

第六款　本党不负担选区协会主席（或相当职务）或各委员会的省及地区组织主席参加主席会议的所有差旅开支，但是依据全国管理委员会的决议，本党必须为部分与会人员的部分开支提供合理的补贴。

第七款　主任可准许任何党员参加主席会议的任何会议。

---

① 此期间的计算规则见第八十五条第六款。

第二十八条 主席会议的下设委员会

第一款 依据本党的附则,主席会议可建立若干下设委员会,这些委员会的成员如下:

1. 主席(必须由选区协会主席担任);及

2. 若干名党员。

第二款 主席会议可随时收回或剥夺授予依据第二十八条第一款建立的任何委员会的权利或其执行任何行动的权利。

第三款 依据第二十八条第一款建立的任何委员会都可随时召开会议,并根据以下的总体要求制定工作准则:

1. 各委员会主席负责定期召开该委员会的会议,并在会议召开之前至少 6 天①通知所有委员;

2. 在要求召开委员会会议之前,或为使该会议继续进行,必须至少有多数委员会委员出席;

3. 任何委员会会议上的问题都将由与会人员以投票表决的方式解决,会议主席可对任何问题投票,但若投票数相同,则会议主席不得进行第二次或决定性投票;

4. 若在决议生效之前已通知该委员会的所有委员,则该委员会的大多数投票委员书面批准的决议将与该委员会在适当召开的会议上通过的决议具有同等效力;

5. 各委员会必须保留其会议的日常记录,并且必须随时应主席会议的要求在其会议上及主席会议的其他活动上作报告。

第二十九条 主席会议的附则

第一款 主席会议可制定任何附则来管理主席会议的各项事务,但是其制定的任何附则都必须与本章程和本党的附则保持一致。

第二款 根据相关会议制定的新附则或经修订的附则开展的事务,相

---

① 此期间的计算规则见第八十五条第六款。

关附则或附则的修订和撤销对相关事务具有效力，但经主席会议书记批准的副本提交至全国办公室前，相关附则或附则的修订和撤销对于其他事务不具有效力。

第七章　全国理事会

第三十条　全国理事会的构成

第一款　全国理事会的构成如下：

1. 以下有投票权的成员（本章程中称为"执行官员"）：

全国主席；

全国副主席（英语人士）；

全国副主席（法语人士）；

全国政策主席；

全国党员书记。

2. 以下有投票权的其他成员：

领袖；

上届全国主席，即除了现任全国主席外，最近当选为全国主席的人；

各省及地区组织的主席；

议会党团的一名代表；

各委员会的主席（或，若一个委员会有一名以上主席，则须选出一名主席）。

3. 以下有权出席全国理事会并在会议上发言但没有投票权的无投票权成员：

主席会议主任；

首席财务官[①]；

加拿大自由党联邦代理机构的首席执行官；

全国收入主管；

---

① 首席财务官由全国理事会依据第三十一条第一款第 4 项第（2）目的规定任命。

2 名全国竞选活动联合主席；

本党的全国理事长；

2 名章程及法律顾问。

第二款　全国理事会的所有成员都必须是党员。全国副主席（法语人士）必须由讲法语人士担任；全国副主席（英语人士）必须由讲英语人士担任。

第三款　依据党的附则规定的程序，党必须在党的全国代表大会上以不记名投票的方式选举出执行委员。

第四款　在党的下届全国代表大会上选举出新任者之前，执行委员将始终担任该职务。该职务的最长任期不超过两届。

第五款　已辞去全国主席职务的人不能成为上任全国主席，除非其重新当选为全国主席。

第六款　若以下职位出现空缺，则按其后所示之方法递补：

1. 全国主席空缺时由全国副主席之一（由全国理事会决定）承担全国主席的职责；及

2. 任何其他执行官员空缺时，全国理事会必须立即选举出一名党员承担空缺职位的职责，但被选举出承担全国副主席职责的任何党员必须为讲该职位所要求之语言的人士。

第七款　承担空缺职位职责的党员的任期为其前任剩余的任期。

第八款　一个省及地区组织或一个委员会的执行委员会可通过决议任命一名委员担任以下职务（该委员由该省及地区组织或委员会的全体会议选举产生）：

1. 候补委员，代表该省及地区组织主席或该委员会主席出席全国理事会会议，并在会上发言和投票；

2. 全国理事会有投票权的其他成员，只要该省及地区组织主席或该委员会主席是一名执行官员。

第九款　全国理事会有投票权的成员所享受的任何财务安排和费用补贴需参照作为全国理事会成员的主席会议主任所享受之待遇来确定。

第三十一条　责任与权力

第一款　依据本党代表大会所发布的指令，全国理事会负责：

1. 管理或监督本党各项活动和事务；

2. 管理或监督本党财务管理；

3. 采取所有必要或适当的行动，执行本章程的各项条款并实现党的目标；

4. 经全国主席和领袖的同意，任命：

（1）常设上诉委员会的联合主席；

（2）本党的首席财务官（本章程称为"首席财务官"）；

（3）本党的首席执行官（本章程称为"全国理事长"）；

（4）本党的首席代理人①；

（5）任何代表大会或特设委员会的主席；

（6）本党代表大会和全体会议的首席选举官；及

（7）两名章程及法律顾问；其中一人必须为讲英语人士，另一人必须为讲法语人士；其中一人必须为民法专业人士，另一人必须为普通法专业人士；其中一人必须为女性，另一人必须为男性；以及

（8）本党的首席筹款官（本章程称为"首席收入官"）。

5. 批准全国性竞选活动的预算；

6. 向主席会议的各次会议提交书面工作报告；

7. 向主席会议提交年度战略计划并待其审议；

8. 向本党所有党员提交年度报告，该报告须于本党公众网站上发布或在全国理事会的批准后于每年的 6 月 30 日之前发布，该报告应包含以下内容：

（1）经审计的上年度财务状况；

（2）本党在年度战略计划执行进展方面的评估；以及

（3）对本党在选区协会、省及地区以及全国层面上的财务与组织状况

---

① 见第五十条。

所进行的历史与比较分析。

9. 依据本章程、省及地区组织章程或《加拿大选举法》，将无法履行其义务的选区协会置于本党的监管之下，此决议须依据省及地区组织通过的规则和程序首先经由该省及地区组织批准；

10. 确定全国办公室的地址，并向党员公布该地点；

11. 在全国范围内，定期与党员和公众沟通党的各项事务。

第二款　全国理事会可以：

1. 降低本章程设定的任何时间标准，例如，在某个时期内，一个人必须已是党员或一个委员俱乐部的成员；

2. 减少本章程规定的任何候选人选举会议或代表选举会议的通知次数；

3. 减少一个选区协会或一个委员俱乐部必须召开代表选举会议的间隔天数。

第三款　全国理事会可依据第八十四条的规定提议对本章程进行修订。

第三十二条　官员的职责

第一款　全国主席是全国理事会的主席和主席会议的主任，同时也是各委员会的执行委员会和本党所有委员会的非投票委员，其负责如下工作：

1. 主持全国理事会和主席会议的所有会议及本党的全体会议；

2. 监督党的各项事务并负责管理本党行政事务；

3. 经与全国理事会磋商，确定本党全国代表大会召开的时间和地点，并在本党的公共网站上公布会议时间和地点。[①]

第二款　全国副主席负责如下工作：

1. 按照规定协助全国主席开展工作；

2. 在全国主席缺席，或全国主席辞职、死亡或被撤职的情况下，履行

---

① 关于召开代表大会的详细规定见第七十二条。

全国主席的职责；及

3. 完成全国理事会分配的任何其他工作。

第三款 首席财务官负责如下工作：

1. 确保本党财产得到谨慎管理，并适当保存本党全国办公室的所有银行账户的账簿；

2. 确保不产生未经全国理事会授权或党的附则未作出规定的支出；

3. 向党的全国代表大会提交经审计的财务报表；

4. 每年向全国理事会提交预算；及

5. 确保本党及所有组成机构都符合《加拿大选举法》关于财务报告的规定。

第四款 全国党员书记负责：

1. 监管全国党员登记信息；及

2. 确保本党遵守与党员登记信息相关的所有义务，包括但不限于依据第七条第二款及时提供获取党员信息的途径。

第五款 首席收入官负责如下工作：

1. 向全国理事会提出本党综合性年度收入计划的建议案；及

2. 监督由全国理事会批准的年度收入计划的有效执行。

第三十三条 全国理事会的会议

第一款 全国理事会必须至少每年召开两次会议，其中一次必须与主席会议同时召开。

第二款 全国理事会可要求召开会议，或者以任何电子通讯方式交流，从而使所有相关人员都能够互相沟通。

第三款 以下人员可提前 72 小时发布全国理事会会议的开会通知：

1. 全国主席；或

2. 任何 5 名具有投票权的全国理事会成员。

第四款 在召开或继续召开全国理事会会议之前，必须有 10 名具有投票权的全国理事会成员出席。

第五款 全国理事会会议上的任何问题都将由具有投票权的与会人员

以投票表决的方式解决。全国主席可对任何问题投票，但若投票数相同，全国主席不得进行第二次或决定性投票。

第六款 若在决议生效之前已通知所有全国理事会成员，则全国理事会多数投票成员书面批准的决议将与全国理事会在适当召开的会议上通过的决议具有同等效力。

第三十四条 本党的附则

第一款 全国理事会可制定任何附则来管理本党各项联邦事务（包括但不限于第十一条、第六十四条、第七十五条和第七十七条中的附则），但全国理事会制定的任何附则都必须与本章程保持一致。

第二款 全国理事会必须立即向全国办公室提交附则或对一项附则的修订或废除案。

第三款 在一项附则在本党公共网站上首次公布之后召开的会议上，主席会议可通过普通决议对该附则进行修订或废除。

第四款 全国主席必须向本党下一次的代表大会提交一项附则或对附则的修订或废除案，而且党必须通过普通决议确认、修订或拒绝批准该附则。

第五款 从全国理事会的决议副本在党的公共网站上首次公布之日起，一项附则或对一项附则的修订或废除开始生效，直到该附则被主席会议或党的代表大会修订或拒绝批准，或者直到该附则被废除。经修订的附则将继续有效，直到该附则被废除。

第六款 若主席会议或党拒绝批准一项附则或对一项附则进行修订或废除，则全国理事会随后作出的制定、修订或废除一项具有相同目的或效力的附则的决议无效，直到该决议获得党的批准或修订。

第八章 各委员会

第三十五条 党的常设委员会

第一款 党的常设委员会包括：

1. 全国管理委员会；

2. 全国收入委员会；

3. 全国选举筹备委员会；

4. 全国政策与纲领委员会。

第二款 在召开或继续召开常设委员会会议之前，必须有至少四分之一委员出席；但若一个委员会的委员人数不足 12 人，则必须至少有 3 名该委员会委员出席。

第三款 常设委员会主席可随时要求召开该委员会的会议。

第四款 各常设委员会必须向本党全国代表大会提交书面工作报告，而且各常设委员会必须向全国理事会提交书面工作报告。

第三十六条 新委员会的设立

第一款 依据附则，全国理事会可设立：

1. 若干委员会，这些委员会由全国理事会的成员构成，全国理事会可向这些委员会授予任何其可行使的权力，但不包括：

（1）变更一个委员会的资格或填补该委员会空缺的权力；或

（2）任命或开除官员的权力；及

2. 若干其他委员会，这些委员会由党员构成，目的是行使任何相关权力，但全国理事会按规定行使的权力除外。

第二款 在向全国理事会所设立的一个委员会分配任务的过程中，必须遵守男女平等参与的原则，并认可英语和法语是加拿大及相关地理区域的官方语言。

第三款 由于其所担任的职务，全国主席和领袖通常是全国理事会设立的各委员会的委员。

第四款 全国理事会可随时解散一个委员会，或收回和剥夺依据本条款授予该委员会的权利或其执行任何行动的权利。

第三十七条 委员会的工作准则

各常设委员会及依据第三十六条规定设立的所有委员会可随时召开会

议，并可依据以下总体性规定制定工作准则：

1. 各委员会主席负责定期召开该委员会的会议，并必须在每次会议召开之前至少 6 日①通知其所有委员；

2. 在要求召开或继续委员会会议时，必须至少有绝大部分该委员会委员出席；

3. 委员会会议上的任何问题都将由具有投票权的与会人员以投票表决的方式解决。会议主席可对任何问题投票，但若投票数相同，则会议主席不得进行第二次或决定性投票。

4. 若在决议生效之前已通知所有委员会委员，则该委员会的大多数投票委员书面批准的决议将与该委员会在适当召开的会议上通过的决议具有同等效力；

5. 各委员会必须保留其定期会议记录，并且必须随时向以下机构报告其会议和其他活动：

（1）依据第三十六条规定设立的各委员会都必须随时按照理事会的要求向全国理事会报告工作；

（2）全国选举筹备委员会必须随时按照理事会和领袖的要求向全国理事会和领袖报告工作。

第三十八条　全国管理委员会

第一款　全国管理委员会的构成如下：

1. 以下有投票权的委员：

全国主席；

领袖；

全国副主席（英语人士）；

全国副主席（法语人士）；

全国政策主席；

全国党员书记；

---

① 此期间的计算规则见第八十五条第六款。

首席财务官；

首席收入官；

从省及地区组织主席中选举出来的两名省及地区组织主席（任期年数由其自行决定；其中一人必须能流利使用法语，另一人必须流利使用英语）；

4名委员会主席之一（由全国理事会从其所有成员中选举产生，任期年数由其自行决定）；

1名全国竞选活动联合主席。

2. 作为无投票权委员的全国理事长。

第二款 依据全国理事会的指令，全国管理委员会可行使全国理事会可行使的所有权力，任命或开除干部的权力除外。

第三款 全国管理委员会必须提前至少一年安排每个日历季度所召开会议（即"季度会议"）的时间。全国管理委员会与会人员的签到记录必须向每届全国代表大会披露。

第四款 全国管理委员会会议上的任何问题都将由具有投票权的与会人员以投票表决的方式解决。全国主席可对任何问题投票，但若投票数相同，则全国主席不得进行第二次或决定性投票。

第五款 全国管理委员会负责向全国理事会的各次会议提交工作报告。

第六款 全国管理委员会可通过决议为任何目的设立若干附属委员会。全国管理委员会附属委员会的构成如下：

1. 主席，必须由全国管理委员会的委员担任；及

2. 若干名其他委员。

第三十九条　全国选举筹备委员会

第一款 全国选举筹备委员会的构成如下：

1. 两名全国竞选活动联合主席

（1）1名全国竞选活动联合主席依据第三十条第三款选举产生；

（2）另1名全国竞选活动联合主席则由领袖依据以下原则任命：保证

2 人中至少一人必须为男性，至少一人必须为女性，至少一人必须为讲英语人士，而且至少一人必须为讲法语人士；

2. 全国主席；

3. 依据相关省及地区组织附则选举产生的来自该组织的一名省或地区竞选活动联合主席；

4. 若干名其他党员（经领袖和全国理事会磋商，由全国竞选活动联合主席依据男女平等参与的原则以及认可英语和法语都是加拿大和各地理区域官方语言的原则任命）。

第二款　全国选举筹备委员会负责如下工作：

1. 经与领袖和全国理事会磋商，准备全面的选举筹备计划；

2. 协助各选区协会开展选举筹备和选举管理工作；

3. 制定党员组织和选举筹备培训的全面计划，并确保这些计划得以实施；

4. 依据第六十七条规定制定相关规则，对竞选议会众议院的党的候选人选举程序进行监管。

第三款　经与领袖磋商，全国选举筹备委员会必须通过决议设立全国竞选活动委员会作为其附属委员会，并可通过决议为任何目的设立若干其他附属委员会。全国选举筹备委员会附属委员会的构成如下：

1. 主席，必须由全国选举筹备委员会的委员担任；及

2. 若干名其他委员。

第四十条　全国政策与纲领委员会

第一款　全国政策与纲领委员会的构成如下：

1. 全国政策主席[①]；

2. 全国政策副主席，由领袖依据以下标准任命：

（1）若全国政策主席为女性，则全国政策副主席必须为男性；若全国政策主席为男性，则全国政策副主席必须为女性；

---

① 全国政策主席在全国代表大会上选举产生，见第三十条第三款。

（2）若全国政策主席为讲法语人士，则全国政策副主席必须为讲英语人士；若全国政策主席为讲英语人士，则全国政策副主席必须为讲法语人士；

（3）若全国政策主席不是议会众议院议员，则全国政策副主席必须是议会众议院议员；及

（4）若全国政策主席是议会众议院议员，则全国政策副主席不得是议会众议员或加拿大参议院议员；

3. 领袖；

4. 全国理事长；

5. 全国竞选活动联合主席；

6. 各委员会的一名代表，依据该委员会的章程任命；

7. 最多四名党员，由领袖任命为本委员会的其他委员；

8. 议会党团的四名成员，由议会党团依据以下标准任命：

（1）其中一名成员必须是加拿大参议院议员；

（2）至少两名成员必须是枢密院成员；

（3）两名成员必须是女性；

（4）两名成员必须是男性；

（5）两名成员必须为讲英语人士；且

（6）两名成员必须为讲法语人士。

9. 代表一个省的省及地区组织的政策主席①；

10. 代表三个地区的省及地区组织的政策主席之一。

第二款 全国政策与纲领委员会负责如下工作：

1. 为党员提供发言并影响本党的各项政策和纲领的平台；

2. 在各省和地区间协调政策制定程序，从而适时发布本党的各项政策的书面声明（"本党的各项政策"），该程序与领袖和议会党团的贡献一起

---

① 请注意第二十三条第三款第（6）项中的规定：省及地区组织政策主席必须由该组织的全体成员选举产生。

构成了本党用于开展下次大选的平台（"本党的平台"）；

3. 建立政策制定流程的书面程序，并在本党的公共网站上公布这些程序；

4. 在本党的公共网站上发布本党的各项最新政策；

5. 依据领袖的全部或部分否决权（包括逐条否决权），起草本党的纲领并在选举期间发布，且在本党的公共网站上公布本党的纲领。

第三款 无论谁担任全国政策主席和全国政策副主席，都将由一名议会众议院议员负责协调本党纲领的起草。

第四款 领袖负责指派一名全国政策与纲领委员会委员（该委员应为议会党团成员；若领袖是加拿大总理，则该委员应是加拿大内阁成员）担任"议会党团责任官员"，由其向主席会议和党的全国代表大会报告议会党团对党的各项政策的执行情况。若领袖未依据本条款规定作出任命，或若议会党团责任官员未依据本条款规定提交报告，那么领袖必须向本党下一届的全国代表大会报告上述事实。

第五款 任何党员（包括议会党团成员和众议院议员候选人）都不可以用任何形式将一项政策或纲领描述为党的政策或党的纲领的一部分，除非该政策或纲领已经被下列人士批准：

1. 由全国主席、两名全国副主席、全国政策主席以及全国政策副主席所构成之小组（即"政策批准附属委员会"）的多数成员；或

2. 领袖（经与政策批准附属委员会磋商）。

第六款 政治政策战略委员会作为全国政策与纲领委员会的附属委员会而设立。政治政策战略委员会的构成如下：

1. 全国政策主席；

2. 全国政策副主席；

3. 议会党团责任官员；

4. 全国政策与纲领委员会选举出的其他4名该委员会委员。

政治政策战略委员会负责制定有关政策制定过程的综合性年度计划，并向每年召开的主席会议提交该计划。

第七款 全国政策与纲领委员会可通过决议为任何目的设立若干附属委员会。全国政策与纲领委员会设立的各附属委员会（政策批准小组委员会和政治性政策战略委员会除外）的构成如下：

1. 主席，必须由全国政策与纲领委员会委员担任；及

2. 若干名其他委员。

第九章　各专门委员会

第四十一条　专门委员会的设立、目标和章程

第一款　本党已设立的专门委员会有：

1. 原住民党员委员会；

2. 全国妇女党员委员会；

3. 加拿大青年自由党委员会；

4. 资深党员委员会。

第二款　上述专门委员会负责积极实现并开展以下目标和活动：

1. 通过支持党员作为自由党候选人参加议会众议院竞选来参与公共事务；

2. 为委员提供发言和影响本党各项政策和纲领的平台，并鼓励他们参与本党政策制定的过程；

3. 为实现委员会的目标和开展活动筹集资金。

第三款　上述专门委员会必须制定各自的章程，其章程应与本章程保持一致，并：

1. 体现第四十一条第二款设定的目标及序言中陈述的原则，并依据第二条规定的方式设定其目标；

2. 为在全国代表大会上选举各委员会委员制定规则；

3. 为上诉程序制定规则，以解决涉及该委员会及该委员会下属任何俱乐部的任何行动或决议，以及针对该委员会任何会议或委员俱乐部的任何不法行为提出的上诉，常设上诉委员会的上诉程序除外；

4. 为财务记录、会议记录和通信内容的编写和保管制定规则；

5. 对依据公认的会计准则进行完整财务信息披露制定规则；及

6. 在全国妇女党员委员会、加拿大青年自由党委员会和资深党员委员会之中，对委员俱乐部的设立制定规则，并要求俱乐部制定各自的章程，该章程必须与本章程及其委员会章程保持一致，并：

（1）体现序言中提出的原则，且依据第二条和第四十一条第二款的规定设定其目标；

（2）确保该俱乐部的任何成员都有权获得时事通讯、信息、党员服务及该俱乐部全体会议及其他活动的通知；出席该俱乐部的全体会议并在会上发言和投票的权利，以及当选为该俱乐部任何职务的权利；

（3）对该俱乐部首要负责人以及主要负责政策事务的干部的投票选举制定规则；

（4）对涉及该俱乐部的任何行动或决议以及与俱乐部的任何会议相关的任何不法行为的上诉程序制定规则，常设上诉委员会的上诉程序除外；

（5）为财务记录、会议记录和通信的编写和保管制定规则；

（6）对依据公认的会计准则进行完整财务信息披露制定规则。

第四十二条　原住民党员委员会

第一款　原住民党员委员会旨在代表并促进原住民党员的利益，鼓励原住民积极参与本党的各级组织，鼓励并协调原住民党员组织的各项活动，定期征求原住民党员的意见，并向本党报告这些意见。

第二款　依据原住民党员委员会章程的规定，每名原住民党员都是原住民党员委员会的委员。

第三款　经与原住民委员会磋商，全国主席将向党的全国代表大会报告原住民在各级党组织中的平等代表权的评估结果。

第四十三条　全国妇女党员委员会

第一款　全国妇女党员委员会的宗旨是确保男女平等参与各级党组织，代表并促进女性党员的权益，鼓励妇女积极参加各级党组织的活动。

第二款　每名女性党员以及符合全国妇女党员委员会规定的任何其他

党员资格要求（包括党费缴纳）的党员都有权成为全国妇女党员委员会委员。

第三款 若可行，全国妇女党员委员会负责在各选区设立一个女性俱乐部，该俱乐部须满足第四十六条制定的标准。

第四款 经与全国妇女党员委员会磋商，全国主席将向党的全国代表大会报告男女党员在各级党组织中的平等参与权的评估结果。若该大会认为已实现平等参与，则认为全国妇女党员委员会已完成了它的主要任务，并审议该委员会的目标和宗旨，以确定其继续存在的必要性。

第四十四条　加拿大青年自由党委员会

第一款 加拿大青年自由党委员会的宗旨是代表并促进青年党员的利益，鼓励青年党员积极参与各级党组织，鼓励并协调省及地区组织的青年组织的各项活动，定期征求青年自由主义者的意见，并向本党报告这些意见。

第二款 任何不满 26 周岁的党员都可以加入加拿大青年自由党委员会，而且在本章程中称之为"青年党员"。

第三款 加拿大青年自由党委员会可在中学及以上教育机构设立学生党员俱乐部，该俱乐部须满足第四十六条规定的标准。

第四十五条　资深党员委员会

第一款 资深党员委员会的宗旨是代表并促进老年党员的权益，鼓励老年党员积极参与各级党组织，并定期收集老年党员的意见，并向本党传达这些意见。

第二款 任何年满 65 周岁的党员都可以加入资深党员委员会，而且在本章程中称之为"资深党员"。

第三款 资深党员委员会可在各选区设立老年党员俱乐部，该俱乐部须满足第四十六条规定的标准。

第四款 资深党员委员会应在各省及地区设立附属委员会，这些附属委员会应被认为是该省及地区组织的一部分。

第四十六条　对各委员俱乐部的认可

只有在以下情况下，才可基于本章程之目的认可一个妇女党员俱乐部、学生党员俱乐部或老年党员俱乐部的资格：

第一款　该俱乐部的成员中至少有 25 名其上级委员会成员①；

第二款　该俱乐部已经按照首席财务官的要求建立财务报告和内部控制程序，并依据首席财务官的意见遵守这些规定；

第三款　该俱乐部的章程与本章程保持一致，并符合其上级委员会章程的所有规定；

第四款　该俱乐部已向全国办公室提交经该俱乐部的首席财务官和上级委员会的主席认可的俱乐部章程的副本。

第四十七条　专门委员会的代表大会

在本党的代表大会召开的同时，或者在该代表大会召开之前和之后，各专门委员会必须即刻召集担任本党代表大会代表的所有成员召开全体会议。

第四十八条　专门委员会的权利和职责

第一款　依据本章程的相关条款，各委员俱乐部都有权派代表参加本党的任何代表大会或全体会议。

第二款　各专门委员会负责向全国理事会和主席会议提交年度计划，包括活动安排、活动预算及活动资金筹集计划。

第三款　依据其执行委员会决议，各专门委员会可任命：

1. 1 名全国理事会成员；

2. 1 名全国政策与纲领委员会委员；及

3. 依据本章程或党的附则设立的委员会的 1 名（或多于 1 名）委员。

第四款　各专门委员会可依据第八十四条的规定提议对本章程进行修订。

---

① 这反映了上一部章程所提出的要求，参见第十六条第十三款第（5）项与第（5.1）项。

第五款 尽管本章程已有规定而且除非缺席会议已得到主席会议批准，一个专门委员会不得依据第四十八条第一款、第三款或第四款的规定行使任何权利，除非该委员会：

1. 制定的章程符合第四十一条第三款的规定；

2. 履行了第四十八条第二款规定的职责；

3. 向全国办公室提交经该委员会主席批准的该委员会现行章程的副本；

4. 与本党的代表大会同时召开其全体会议，并向全国委员会提交会议记录的副本；及

5. 遵守本党的附则所制定的所有财务报告和内部管理规定，以确保遵守联邦法律。

第四十九条 专门委员会的资金与财产

第一款 本党不负责专门委员会的选举经费或其他债务，除非全国理事会已经预先书面批准。

第二款 专门委员会不得出具任何捐款凭证。

第十章 党内其他职务

第五十条 首席代理人

第一款 经全国主席和领袖同意，全国理事会负责指定一家机构担任本党的首席代理人，该机构必须依据加拿大的法律①规定而设立，并符合《加拿大选举法》的要求（本章程中指的是"加拿大联邦自由党的代理人"）。

第二款 经全国主席和领袖同意，全国理事会可依据《加拿大选举法》随时终止任何机构担任本党首席代理人的任命。

第三款 加拿大联邦自由党的代理人负责如下工作：

---

① 见《加拿大选举法》第三百七十六条第一款。

1. 确保党的财务管理符合《加拿大选举法》的规定；及

2. 确保对《加拿大选举法》允许的捐款及时出具准确的凭据。

第四款 若得到《加拿大选举法》的准许，加拿大联邦自由党的代理人可为出具捐款凭据之目的任命一名或若干名注册代理人。

第十一章 常设上诉委员会

第五十一条 设立与构成

第一款 常设上诉委员会是本党的最终上诉裁定机构。常设上诉委员会的构成如下：

1. 2 名联合主席，其中 1 人必须是男性，1 人必须是女性；经领袖和全国主席同意，联合主席应由全国理事会任命；

2. 各省及地区组织执行委员会通过决议任命的 1 名代表。

第二款 经与省及地区组织磋商，常设上诉委员会可任命他人裁定该省或地区与候选人任命、领袖选举和任何本党代表大会代表选举相关的上诉。在任命上诉裁定人的过程中，必须考虑男女平等参与的原则。

第三款 常设上诉委员会成员和依据第五十一条第二款任命的裁定人必须以书面形式同意对候选人任命、领袖选举或任何党的大会代表选举保持中立。

第五十二条 管辖权

第一款 常设上诉委员会负责如下事项：

1. 裁定与候选人提名、领袖选举或任何党的代表大会代表选举相关的上诉；

2. 参考全国理事会的意见，解释本章程、任何党的附则和依据本章程制定的任何规定；

3. 参考依据本章程设立的任何专门委员会执行委员会的意见，诠释该委员会的章程、本章程和依据本章程制定的任何规则；

4. 参考任何省及地区组织执行委员会的意见，解释该省及地区组织及其负责本党联邦事务的各机构章程。

第二款 常设上诉委员会的所有裁定都必须以依据本章程所通过的规则与规章为基础，而且其为终局裁定，不接受上诉。

第五十三条 程序规则

第一款 常设上诉委员会可制定任何规则来监管该委员会的工作程序，但其制定的任何规则必须与本章程和本党的附则保持一致。

第二款 直到常设上诉委员会的两名联合主席之一批准的副本已递交至全国办公室，一项规则或对一项规则的修订和废除才会生效。

第三部分 政治职务

第十二章 领 袖①

第五十四条 产生和角色

领袖有权行使《加拿大选举法》赋予一名政党领袖的所有权利；领袖由全体党员选举产生。

第五十五条 领袖的职责和权力

领袖负责如下工作：

1. 代表本党就任何政治问题发言；
2. 遵守党的各项政策和党的纲领；
3. 在主席会议的各次会议上报告工作；
4. 在全国代表大会上向本党报告工作；
5. 经与全国主席磋商，任命全国竞选活动联合主席；
6. 任命全国政策副主席；
7. 任命其他全国政策与纲领委员会委员；
8. 依据第四十条第二款的规定，参与本党的各项政策和纲领的制定；

---

① 领袖依据第十五章的规定选举产生，并在第六十一条第一款和第二款规定的情况下停止担任该职务。

9. 指派议会党团责任官员向主席会议及本党的全国代表大会报告议会党团对本党各项政策的执行情况。

第十三章 候选人

第五十六条 候选人的资格

第一款 代表本党参加众议院选举的人士，必须符合如下条件：

1. 是一名党员；

2. 符合依据《加拿大选举法》对于议会众议院候选人资格的规定；

3. 遵守全国选举筹备委员会依据第六十条的规定和《加拿大选举法》制定的各项规定。

4. 在全国选举筹备委员会设定的日期内，由选区协会中至少100名成员或者由选区协会中至少15%的成员（两者取最小值）联名书面推举。

第二款 若经全国竞选委员会或领袖充分考虑后拒绝批准一个人作为候选人参加下届选举，则该人不符合代表党参加议会众议院选举的资格。全国竞选委员会或领袖的裁定不必经过常设上诉委员会的审议。

第十四章 议会党团

第五十七条 构成

在本章程中，"议会党团"由担任加拿大议会众议院或参议员议员的党员构成。

第五十八条 权利

第一款 经议会党团的主要成员之一签署，议会党团可任命：

1. 1名全国理事会成员①；

2. 领袖开支委员会的两名委员；

3. 领袖选举委员会的两名委员；及

---

① 作为全国理事会具有投票权的成员的议会党团成员也是主席会议具有投票权的成员。

4. 依据本章程或本党附则设立的委员会的 1 名或多于 1 名委员。

第二款 除依据第五十八条第一款派驻全国理事会的议会党团成员外，议会党团的任何其他成员都有权：

1. 参加主席会议并在会议上发言，但没有投票权；

2. 依据第十七章规定，作为代表或候补代表参加党的任何代表大会或全体会议。

第五十九条 本章程设定的权力限制

第一款 议会党团的权利仅限于本章程赋予其的任何权利。

第二款 议会党团不是本党的一个组成机构，而且本章程不对议会党团强加任何责任。

第三款 议会党团不受本党任何代表大会或全体会议、主席会议、全国理事会或常设上诉委员会的制约。

第四部分 选举和代表大会

第十五章 领袖选举

第六十条 目的

无论何时举行领袖选举，党都必须依据本章中规定的程序（本章程中称之为"领袖选举"）选举出新领袖。

第六十一条 举行领袖选举

第一款 出现以下情况，领袖的资格立即终止：

1. 由于能力不足，总督不再认可其作为党在议会众议院的领导人；

2. 领袖去世；

3. 在依据本章程规定所公布的领袖认可投票结果中，该领袖没有获得投票支持[①]；

[①] 关于领袖认可投票的规定见第七十一条。

4. 全国理事会依据第六十二条第二款的规定宣布领袖选举结果无效。

第二款 若领袖公开宣布有意辞职，或领袖向全国主席提交辞职书或开展领袖选举的书面请求，则领袖在任命临时领袖或党员选举出新领袖时停止担任领袖。

第三款 在第六十二条第一款中所规定的情形下，若领袖公开宣布有意辞职，或领袖向全国主席提交辞职书或开展领袖选举的书面请求，则全国主席必须组织并在27日之内召开全国理事会会议，而且该全国理事会会议必须：

1. 在第六十一条第一款中规定的情形下，或若领袖提出请求，经与议会党团磋商，任命一名"过渡领袖"；

2. 确定开展领袖选举的日期，该日期须在5个月之内；

3. 依据全国理事会的规定，在领袖选举完成之前，确定各领袖候选人需缴纳的保证金，该保证金可退还或扣除；

4. 设定领袖候选人可能的开支的最高限额；

5. 建立领袖开支委员会，该委员会构成如下：

（1）两名联合主席（其中一人必须为男性，另一人必须为女性；其中一人必须为英语人士，另一人必须为法语人士）；

（2）首席财务官；

（3）从省及地区组织主席和全国副主席中选举出来的两名省及地区组织主席（其中一人必须为讲英语人士，另一人必须为讲法语人士）；

（4）议会党团任命的两名代表；

（5）联合主席与全国理事会磋商后任命的若干名其他党员（必须遵守男女平等参与的原则，并认可英语和法语都是加拿大的官方语言）；

6. 设立领袖选举委员会，该委员会的构成如下：

（1）两名联合主席；

（2）全国主席；

（3）从省及地区组织主席和全国副主席中选举出来的两名省及地区组织主席（其中一人必须为英语人士，另一人必须为法语人士）；

（4）议会党团任命的两名代表；

（5）联合主席与全国理事会磋商后任命的若干名其他党员（必须遵守男女平等参与的原则，并认可英语和法语都是加拿大的官方语言）。

第四款 领袖开支委员会负责如下工作：

1. 通过各项规定（下文称之为"领袖开支规定"），制定相关规则，以监督任何领袖候选人可能产生的领袖竞选开支最高限额合规情况，并确保完整、诚实地披露所有对领袖候选人的捐赠；

2. 在现有基础上，确保遵守各项领袖开支规定。

第五款 领袖开支委员会负责计划、组织并开展领袖选举。

第六款 领袖开支委员会和领袖选举委员会的委员必须以书面形式同意对领袖选举保持中立。

第七款 过渡领袖可行使本章程赋予领袖的所有权利，直到全体党员选出新领袖。

第八款 若已依据第六十三条第三款第(2)项确定了领袖选举日期，但全国理事会认为依据政治情形需要提前举行选举，并获得了四分之三成员投票表决通过，则全国理事会可将领袖选举时间提前，并可审议、调整已为领袖选举进行的任何安排（该安排需经过绝大多数成员投票表决同意）。

第六十二条 领袖候选人

第一款 领袖候选人必须符合以下资格：

1. 是一名党员；

2. 符合依据《加拿大选举法》，代表党参加众议院选举的候选人资格；及

3. 向全国主席提交①经至少 300 名党员（包括来自 3 个不同省或地区的至少 100 名党员）签字的书面提名书（一份或多份），提名书需在领袖选举前至少 90 日提交②；

---

① 关于如何递交文件的规定见第八十五条第九款。
② 此期间的计算规则见第八十五条第六款。

4. 在领袖选举委员会设定的时间限制内，按照全国理事会的要求完整并诚实地填写候选人表格，该表格与全国选举筹备委员会依据第六十七条规定为最终大选制定的规则所要求的形式相同；

5. 在领袖选举委员会设定的时间限制内，向全国主席或其代表提交一份书面承诺书，其内容如下：

（1）他们同意遵守本章程的规定、全国理事会依据第六十四条制定的各项附则以及领袖开支规定；

（2）他们将向常设上诉委员会报告涉及任何事务的所有争议，包括领袖选举、本章程的制定或实施、任何选举机构的章程、全国理事会依据第六十四条制定的各项附则以及领袖开支规定，并接受常设上诉委员会的裁定；及

6. 遵守全国理事会依据第六十四条制定的各项附则、领袖开支规定以及《加拿大选举法》[①]。

第二款 若之后发现一名候选人不符合领袖候选人资格，或没有遵守《加拿大选举法》、本章程、全国理事会依据第六十四条制定的各项附则及领袖开支规定，或违背了第六十二条第一款第（6）项中的承诺，则全国理事会可宣告领袖选举结果无效。

第六十三条 领袖选举程序

第一款 领袖选举由有领袖选举投票权的所有党员直接进行投票表决，并依据本条款进行统计，加拿大各选区享有平等代表权。

第二款 常住加拿大的每名党员都有领袖选举投票权，若该党员：

1. 在领袖选举日之前41日已是一名党员；

2. 已缴纳全国理事会规定的领袖选举注册费（若有）；

3. 遵守全国理事会或领袖选举委员会规定的登记程序。

第三款 至少在领袖选举之前27日，全国理事会必须在本党的公共网

[①] 例如，参见《加拿大选举法》第四百三十五条第六款第1和2目中规定的领袖候选人登记申请和相关文件。

站上公布领袖选举登记程序。

第四款 有领袖选举投票权的本党支持者可通过顺位选举制投票，投票人可在选票上指明领袖候选人的优先选择次序。若该选票上没有指明领袖候选人的优先选择次序，则该选票将被视为无效。

第五款 依据第六十三条第六款任命的首席选举官的指令，选票必须按以下程序进行统计（该程序的图解见附件二）：

1. 每个选区共有 100 分。

2. 第一轮统计：

（1）对各选区而言，统计居住在该选区的党员在领袖候选人选票上记录的第一优先选票，然后以该领袖候选人获得的第一优先选票数除以总选票数得出的比率为基础，将分配给该选区的 100 分分配给各领袖候选人；

（2）将分配至加拿大所有选区的领袖候选人的总分数相加，得出"全国统计"总数。

3. 在第二轮统计中，在第一轮全国统计中获得最低分数的领袖候选人将被淘汰，而且依据第二优先选择次序，将该领袖候选人在第一轮统计的得票数在各选区的其他领袖候选人之间进行分配，并按照第六十三条第五款第（1）、（9）项规定的程序将这些选票作为第一优先选票进行统计。

4. 在随后的统计中，在上轮统计中获得最低分数的领袖候选人将被淘汰，而且该领袖候选人的选票将依据所指明的下一个优先选择次序在剩余领袖候选人之间分配。

5. 在任何全国统计中，首先获得 50% 以上选票的领袖候选人将当选为领袖。

第六款 领袖选举委员会和全国理事会必须联合任命一名首席选举官，首席选举官负责为开展领袖选举投票表决进行所有必要安排，并裁定与领袖选举投票资格认证和投票权利相关的争议。

第七款 依据第六十三条第六款任命的首席选举官必须独立于全国理事会和领袖候选人行事。

第六十四条 附则

第一款 全国理事会可依据第三十四条规定的程序制定任何附则,来对领袖选举程序进行监管,但全国理事会制定的任何附则必须与本章程保持一致。

第二款 第六十四条第一款中的附则可能包括但不限于:

1. 投票程序(包括网上投票和电子投票);

2. 提名标准;

3. 注册费用与登记程序;以及

4. 领袖候选人保证金要求。

第十六章 候选人选举会议

第六十五条 目的

各选区协会必须依据全国选举筹备委员会(依据第六十七条规定)指定的时间和规则,召开候选人选举会议,选举出本党的候选人参加众议院议员的竞选。

第六十六条 与会权与投票权

每名党员都有权参加其所在选区协会的候选人选举会议,并有权在该会议上投票,只要该党员:

1. 出席该会议;

2. 在全国选举筹备委员会规定的时间范围内已是一名党员;

3. 没有在与之有相同目的的其他候选人选举会议上投票(除非该候选人选举会议结果被宣布无效)。

第六十七条 竞选规则

第一款 全国选举筹备委员会可通过决议制定规则,来监管选举本党候选人参加议会众议院议员的竞选程序,但全国选举筹备委员会制定的任何规则必须与本章程和本党的附则保持一致。

第二款 第六十七条第一款中提到的规则可能由于省或地区的不同而

不同，而且应包括但不限于：

1. 召开候选人选举会议之前需满足的标准；

2. 会议通知的时限；

3. 获得投票权的党员资格时限；

4. 获取党员登记表；

5. 获取党员名单；

6. 向党员邮寄候选人的情况介绍；

7. 在了解即将来临的选举的情况下的特殊程序；

8. 投票程序（包括选择选举制选票、网上投票和电子投票）；

9. 会议形式（包括多地点会议、一日或多日会议、电话会议及视频会议）；

10. 会议负责人的任期及开会规则；

11. 提名标准，包括对任何希望当选为本党候选人参加议会众议院议员竞选的党员的要求，他们必须：

（1）完整诚实地填写经全国选举筹备委员会批准的表格，并向全国选举筹备委员会或其代表提交该表格；

（2）向全国选举筹备委员会或其代表提交书面承诺书，承诺他们同意遵守本章程及全国选举筹备委员会制定的任何规则，而且他们将向常设上诉委员会报告涉及任何事务的所有争议，包括党的候选人选举流程、本章程的制定或实施、任何选举机构的章程以及全国选举筹备委员会的规则，并接受常设上诉委员会的裁定；

12. 候选人保证金要求；

13. 候选人开支限额，候选人对捐款和开支的披露将允许他们适当利用联邦税收减免政策；及

14. 对违反规则的惩罚和制裁。

第三款 在本党的公共网站上初次发布之前，依据第六十七条制定的规则不具有效力。

第十七章 代表大会

第六十八条 代表大会的类型

第一款 依据本章程的规定,本党的代表大会是本党的最高权力机关。

第二款 除非依据第七十二条第四款的规定重新安排开会时间,否则本党必须至少每两个日历年召开两年一次的全国代表大会,而且必须在本党的上次全国代表大会召开后的30个月内召开。

第三款 在本党的全国代表大会召开后的6个月以外的任何时间,本党均可举行特别会议以解决任何非常重要的事务。

第四款 本党的全国代表大会旨在:

1. 选举执行委员会①;

2. 审议全国管理委员会成员出席该委员会会议的出席记录;

3. 接收主席会议及各执行委员会的报告;

4. 审议各项政策决议;

5. 若已依据第七十一条规定进行了领袖认可投票,公布领袖认可投票的结果;

6. 选举本党的审计师。

第五款 本党的全国代表大会可审议全国理事会的任何决议。

第六款 领袖必须在每届全国代表大会上向本党报告工作。

第六十九条 与会权与投票权

第一款 以下人员有权作为代表参加全国代表大会:

1. 领袖;

2. 所有前任领袖;

3. 担任加拿大枢密院成员的所有党员;

---

① 注意,也包括依据第三十九条第一款第(1)项选举一名全国竞选联合主席。

4. 主席会议的所有成员；

5. 全国理事会的所有成员；

6. 各委员会的最多 7 名主要干部；

7. 议会党团的所有成员；

8. 担任众议院或参议会议员的所有党员；

9. 已被选举为本党候选人参加下届议会众议院选举的党员（被提名候选人）；

10. 曾被选举为本党候选人参加过去议会众议院选举但落选的党员（落选候选人）；

11. 经全国代表大会批准，来自各选区协会的最多 20 名代表，他们必须满足以下标准：

（1）最多 10 名男性代表；

（2）最多 7 名非青年男性代表；

（3）最多 9 名非老年男性代表；

（4）最多 10 名女性代表；

（5）最多 7 名非青年女性代表；

（6）最多 9 名非老年女性代表；

12. 最多两名原住民党员委员会章程中定义的原住民党员，该章程应由各选区协会在代表大会上通过；

13. 经代表大会批准，以下人员将作为各委员俱乐部的代表参加全国代表大会，这些委员俱乐部应在全国代表大会召开之前至少一年为本章程之目的设立：

（1）来自学生党员俱乐部的最多 4 名青年党员；其中最多两名为男性，最多两名为女性；

（2）来自妇女党员俱乐部的最多两名女性党员；及

（3）来自资深党员俱乐部的最多两名老年党员；其中最多一名为男性，最多一名为女性；

14. 各省及地区组织执行委员会选出的最多 15 名委员；

15. 由各省及地区组织执行委员会选举出的最多 5 名女性党员和最多 5 名男性党员。

第二款 已缴纳注册费的所有代表都有权参加并在代表大会上投票。

第三款 已缴纳注册费的所有候补代表都有权作为观察者参加代表大会，但没有投票权。

第四款 按以下优先选择次序，批准来自一个选区协会的党员参加代表大会，直到代表人数已达到 22 人：

1. 已当选为代表参加该选区协会代表大会的党员；

2. 已当选为副代表参加该选区协会代表大会的党员，并符合以下最高人数标准：

（1）1 名青年党员（若来自该选区协会的青年党员代表不足 6 人）；

（2）1 名原住民（若来自该选区协会的原住民党员代表不足 2 人）；

（3）1 名女性党员（若来自该选区协会的女性党员代表不足 10 人）；

（4）1 名男性党员（若来自该选区协会的男性党员代表不足 10 人）；

（5）1 名老年党员（若来自该选区协会的老年党员代表不足 2 人）；

（6）获得超过其他选区协会候选人的选票。

第五款 全国选举监察人或代表大会选举监察人可决定一个人是否可在依据本章程举行的会议上当选为代表。

第七十条 代表选举会议

第一款 各选区协会必须在本章程规定的时间召开代表选举会议，并依据全国理事会制定的程序选举代表和候补代表参加代表大会。必须遵守与选举代表参加党的代表大会相关的省和地区的规定，除非这些规定与本章程或依据第七十五条制定的附则相冲突。

第二款 在为党的全国代表大会召开的代表选举会议上，若第七十一条第一款有所规定，则该选区协会必须进行领袖认可投票。

第三款 依据本条款召开代表选举会议的各委员俱乐部都有权派代表和候补代表参加代表大会。

第四款 所有代表选举会议都应遵守以下规定：

1. 每个党员都有权参加其所在选区协会的代表选举会议，并有权在会议上投票，若该党员：

（1）出席该会议；

（2）在会议召开之前 41 日①已是一名党员；

2. 一个委员俱乐部的所有党员都有权参加该委员俱乐部的代表选举会议，并有权在会议上投票，若该党员：

（1）出席该会议；

（2）在会议召开之前 41 日②已是一名党员和该委员俱乐部的成员。

3. 各选区协会和委员俱乐部可选举若干名候补代表。

4. 每名党员都有权被选为代表或候补代表参加党的任何代表大会，若该党员：

（1）在会议召开之前 41 日③已是一名党员；

（2）亲自或以书面形式同意成为一名代表。

5. 在代表大会召开之前的至少 34 天④，各选区协会和各委员俱乐部必须按要求召开其代表选举会议。

6. 在各选区中，任何作为议会众议院议员、该选区被淘汰候选人或被提名候选人的党员都有责任协助该选区协会主席开展与组织和召开代表选举会议相关的所有事务。

第七十一条 领袖认可投票

第一款 全国理事会和各选区协会主席负责确保投票人在各选区协会

---

① 本期间的计算规则见第八十五条第七款。全国理事会可缩短规定的 41 日时限，见第三十一条第二款第（1）项。

② 本期间的计算规则见第八十五条第七款。全国理事会可缩短规定的 41 日时限，见第三十一条第二款第（1）项。

③ 本期间的计算规则见第八十五条第七款。全国理事会可缩短规定的 41 日时限，见第三十一条第二款第（1）项。

④ 本期间的计算规则见第八十五条第六款。全国理事会可缩短任何代表选举会议的通知期，见第三十一条第二款第（3）项。

代表选举会议上进行投票（本章程中称为"领袖认可投票"），投票人应以全国理事会批准的形式在选票上表明他们是否支持该领袖，上述选区协会代表选举会议旨在选举出代表参加大选之后召开本党的首次全国代表大会，但在该大选中领袖未当选为首相。

第二款　领袖认可投票由所有党员直接投票，党员必须有在代表选举会议上投票的权利，加拿大各选区的投票党员人数相同，选票将依据本条款规定统计。

第三款　在第七十一条第一款提及的代表选举会议上，对领袖认可投票必须以无记名投票的方式进行，而且不得在该会议上统计或核对。相反，选区协会主席必须确保选票不丢失或审查，而且必须立即直接递交①至党的审计师或全国理事会指定的其他独立审计机构（即"领袖认可投票审计师"）。

第四款　全国主席和全国理事长共同负责确保第七十一条第一款提及的所有代表选举会议的选票将由领袖认可投票审计师进行保密统计，领袖认可投票的全国统计结果将在宣布或公布任何结果之前在党的全国代表大会上通报。

第五款　选票必须依据以下程序进行统计：

1. 向各选区分配100分。

2. 就各选区而言，统计居住在该选区的党员为领袖投出的支持票，然后基于支持票数除以总有效选票数得出的比率，将该选区的100分分配给获得支持票的领袖。

3. 将获得支持票的领袖从加拿大所有选区得到的总分数相加，然后得出"全国统计"的总数。

4. 若"全国统计"少于加拿大所有选区的数量乘以50得出的乘积，则领袖未通过认可。

---

① 关于如何递交文件的规定见第八十五条第九款。

第七十二条　代表大会的召开

第一款　经与全国理事会磋商，全国主席可要求召开党的全国代表大会，而且必须在本党的上届全国代表大会结束后的 18 个月内，确定本党的下届全国代表大会的召开日期和地点。

第二款　若本党未依据第六十八条第二款的规定召开党的全国代表大会，或依据第七十二条第四款的规定重新安排开会时间，则至少 7 个省或地区协会的执行领导可联合要求召开本党的全国代表大会，并提前 90 日向所有省及地区组织主席发出书面通知（依据最新人口普查的结果，上述 7 个省或地区的人口必须占所有省和地区总人口的至少 50%）。

第三款　全国理事会可随时要求召开一次本党的特别代表大会。

第四款　全国理事会负责确保：在本党的上届全国代表大会结束的 18 个月之内，在本党的公共网站上公布关于党的下届全国代表大会的召开时间和地点的通知。

第五款　在众议院实际或将要解散的情况下，若已要求进行领袖选举，或若存在使代表大会无法召开的其他情况，则全国理事会可重新安排本党的任何代表大会召开的时间，但更改后的日期不得超过原始日期之后的 6 个月。

第七十三条　代表大会的组织和官员

第一款　全国理事会负责为本党的每次全国代表大会及特别代表大会任命一名总书记。

第二款　全国理事会必须任命一名全国选举监察人。该全国选举监察人将负责进行所有必要安排，以使代表选举会议和任何领袖认可投票的表决顺利进行，并裁定所有与代表任命和代表选举会议以及任何领袖认可投票的投票权相关的争议。

第三款　全国理事会必须任命一名代表大会选举监察人。该代表大会选举监察人将负责所有必要安排，以使代表大会上的任何投票表决顺利进行，并裁定所有与代表大会上的任命相关的争议。

第四款　总书记、全国选举监察人和代表大会选举监察人必须独立于全国理事会、领袖及任何党内职务的候选人行事。

第五款　全国管理委员会负责制定、组织和执行相关章程。经与全国理事会磋商，全国管理委员会可制定议事日程和规则，对代表大会的各项行动进行统筹安排，所有参加代表大会的党员都必须遵守这些议事日程和规则，而且未经全国管理委员会或全国理事会同意，党员不得在党的全国代表大会上对该章程进行修订，而且该章程不会被中止。

第六款　依据各代表大会平衡预算的要求和《加拿大选举法》的规定，全国理事会可收取代表大会注册费，但对于来自各选区协会的6名青年党员代表以及加拿大青年自由党委员会和土著党员委员会［依据第六十九条第一款第（6）项的规定有权成为代表］的7名主要干部、加拿大青年自由党委员会的所有代表和副代表，以及依据第六十九条第一款第（1）项的规定认可的所有原住民党员代表，他们的注册费必须为同一地区非青年代表或副代表及其他情况类似的人的最低注册费的一半。

第七十四条　政策

第一款　全国理事会负责确保政策决议在本党历届代表大会上被优先处理，该事务由全国政策与纲领委员会或由其附属委员会组织，并且应符合下文所示之规定。

第二款　议会党团、各省及地区组织以及各专门委员会可提交至多10件政策决议。

第三款　各地的省及地区组织可提交政策决议的最大数量由全国政策与纲领委员会设定。

第四款　议会党团、各省及地区组织以及各专门委员会可以其认为民主的方式选择政策决议的内容。

第五款　除非依据代表大会的议事规则被与会代表认定为紧急决议，否则任何其他的政策决议都不会被审议。

第六款 所有依正常程序提交的政策决议都应在基于议题的专题讨论会上审议，并应经过有意义的讨论和代表投票。讨论会的目的在于通过决议并使其在大会上被优先处理。任何由讨论会通过并未被大会否决的政策都应成为本党的政策，直至下一届代表大会的召开。全国政策主席负责择机为政策辩护。

第七款 被讨论会优先处理的政策决议应提交大会审议。

第八款 议会党团、各省及地区组织以及各专门委员会可以提交相同数量（但每个机构提交的数量不得少于一项）的优先决议，并在代表大会上进行辩论。

第九款 任何在代表大会会期内通过的政策应成为本党的优先政策，直至下一届代表大会的召开。全国政策主席负责督促议会党团支持本党的优先政策以及推动该政策写入本党的纲领中。

第十款 全国政策与纲领委员会可组织一场电子辩论并向所有成员开放上述所提交之政策的优先化过程。

第七十五条 附则

第一款 全国理事会可依据第三十四条规定的程序制定任何附则，来对代表选举会议和代表大会的程序进行监管，但全国理事会制定的任何附则必须与本章程保持一致。

第二款 第七十五条第一款中的附则可能包括但不限于：

1. 发出代表选举会议通知的时限；
2. 获得在代表选举会议上投票权的党员的资格的时限；
3. 选区协会代表证书格式；
4. 选举程序（包括选择选举制投票、网上投票和电子投票）；
5. 提名标准；
6. 候选人保证金要求；及
7. 候选人开支限额。

第五部分　其他规定

第十七章　记录与财务

第七十六条　全国办公室保管的记录

全国理事长负责确保全国办公室：

1. 维护本章程的准确、最新的版本及全国办公室保管的所有章程、附则和条例；

2. 对合理获取全国办公室保管的章程、附则和条例的原始文件或副本制定规定；

3. 安排在本党的公共网站上公布本章程的最新版本及全国办公室保管的所有章程、附则和条例。

第七十七条　财务合规的附则

经与主席会议磋商，全国理事会可依据第三十四条规定的程序制定任何附则，以设定财务报告和内部控制标准，从而确保符合联邦法律的规定。

第七十八条　审计

第一款　本党的审计师必须符合《加拿大选举法》的规定，并在党的全国代表大会上由全体党员选举产生。任何全国理事会成员都不得担任审计师。

第二款　全国理事会可填补审计师职务的临时空缺。

第三款　审计师必须向党的全国代表大会提交经审计的年度财务报表。

第七十九条　财产

第一款　全国理事会保管的党的财产包括：

1. 本党收到的任何捐赠物品；

2. 本党官员或公职人员在任职期间收到的任何捐赠物品；

3. 本党从任何来源获得的任何收入；

4. 以本党的名义在一个金融机构开立的任何账户；

5. 使用本党的任何收入、捐赠物品或由党的任何财产交换而来的任何物品；

6. 任何文件或出版物的版权，无论：

（1）由本党出资出版；还是

（2）由该文件或出版物的原作者捐赠给本党；

7. 授予给本党的任何权益；

8. 依照普通商业行为，通常被认为是本党财产的任何物品。

第二款 全国理事会必须为维护、保护、管理、使用和处置本党财产制定政策。

第三款 全国理事会可为保管和管理党的财产之目的设立一家法人团体，该团体必须符合加拿大联邦法律或加拿大任何省或地区的法律规定。

第八十条　信贷

第一款 全国理事会可以：

1. 以本党的信用借款；

2、将本党的任何财产作为抵押品以获得任何借款、产品或服务；及

3. 以本党的信用作为担保以获得产品或服务。

第二款 全国理事会必须制定政策，用以

1. 监管债务偿还和信誉保证；

2. 监管债务清算；及

3. 限制本党的债务总额。

第三款 本党不负责任何组成机构和任何候选人的选举经费或其他债务，除非全国理事会已经预先书面批准该笔经费或债务。

第八十一条　责任、赔偿与保险

第一款 本党有负责承担本党任何官员或工作人员在任职期间所产生的任何责任，除非该官员或公职人员导致这些责任的行为涉及：

1. 严重疏忽或过失犯罪；

2. 欺骗或故意欺诈；或

3. 官员或公职人员滥用权力。

第二款 依据第八十一条第一款的规定，全国理事会可免除党的任何干部或工作人员为其行为导致的任何损失或主张承担责任。

第三款 全国理事会可制定相关政策，规定党应依据第八十一条第一款的规定承担责任的情况，并依据第八十一条第二款的规定制定豁免条款。

第四款 全国理事会可购买责任保险，以使党在党承担责任的范围内免受损失或遭到索赔。

第八十二条 工作人员的行为

第一款 在履行职责时，全国理事会的任何成员或依据本章程任命的任何人，必须：

1. 诚实守信，将本党的最佳利益点放在首位；并

2. 运用一名理性审慎之人所具有的认真、勤勉与技巧。

第二款 全国理事会可针对其任何成员或依据本章程任命的任何人的行为准则制定政策。

第三款 全国理事会的任何成员或依据本章程任命的任何人必须依据以下准则处理利益冲突问题：

1. 若一个人与被提议的社会合约或交易有直接或间接利益关系，则其必须立即向全国理事会如实披露利益的性质和范围。

2. 第八十二条第三款第（1）项中提及的人不得计入批准该被提议的社会合约或交易的会议的法定人数。

第八十三条 签字权

除支票外，本党开出的单据必须由在任的 2 名执行委员会委员或经全国理事会授权的任何其他人员签字。

第十九章 一般性条款

第八十四条 本章程的修订

第一款 依据本条款，经党代表大会的特别决议通过，可对本章程进行修订。

第二款 以下机构可提议对本章程进行修订：

1. 主席会议；

2. 全国理事会；

3. 任何省及地区组织；或

4. 任何专门委员会。

第三款 提议的修订必须至少在党的代表大会召开前 27 日，以书面形式向全国主席提交，党的代表大会将会对该提议进行审议。

第四款 全国主席必须在党的公共网站上公布章程修订副本，该章程修订副本应在修订本章程的代表大会召开之前至少 20 日[①]提交。

第五款 章程修订将在获得通过之后或修正案规定的日期（若有）生效。

第六款 在修订本章程的代表大会结束后，章程与法律顾问必须监督经修订的章程的公布，并在获得全国理事会的批准之后：

1. 对章程条款重新编号以纳入所进行的修订；

2. 调整各条款之间已不准确的相互参照；

3. 修正排版印刷错误；

4. 改正拼写错误；

5. 用性别中立的语言文字替换有性别歧视的语言文字；以及

6. 调整本章程的英语版本和法语版本之间不一致之处，前提是上述调整不会改变任何条款的实质意义。

---

① 此期间的计算规则见第八十五条第六款。

第八十五条　章程的解释

第一款　以下机构负责解释本章程和本党的附则：

1. 全国理事会（在主席会议休会期间）；

2. 主席会议（在代表大会休会期间）；

3. 出席代表大会的党员。

第二款　任何解释和适用本章程的人士都：

1. 必须对一项附则、政策声明或决策进行合理诠释，支持与本章程一致的决议，避免与本章程相冲突的诠释；

2. 必须遵守对本章程的各项条款扩大解释的原则，确保符合《加拿大权力和自由宪章》及《加拿大选举法》的规定及党的最佳利益和惯例；及

3. 可考虑适用的加拿大的判例。

第三款　单数形式的词语包括复数形式，反之亦然。

第四款　任命权包括撤换权。

第五款　制定一项附则或通过之的权力包括修订或撤销该附则的权力。

第六款　无论在何种情况下，两个事件之间的任何期间都以若干天表示，第一个和第二个事件发生日不计算在内。

举例来说，若一个会议在 9 月 28 日星期五召开，且某个机构必须提前 41 日发出书面通知，那么必须在 8 月 17 日星期五或之前发出该通知。

第七款　无论在何种情况下，规定一个人必须在会议召开之前若干天已是一名党员，那么其党员资格申请必须在某日的正常上班时间递交，而且截至该日，该职务至少在该会议之前至少若干天已空缺。

举例来说，若一个人必须在开会之前 41 日已是一名党员，而且该会议在 9 月 28 日星期五召开，则其党员资格申请必须在 8 月 17 日星期五或之前的正常上班时间递交至全国理事会指定的办公室。

第八款　为本章程之所有目的，一名党员将被认为是居住在他的常住地址，其常住地址必须依据《加拿大选举法》第八条[①]确定。若第八条的

[①] 见附件一，《加拿大选举法》第八条。

规定不足以确定其常住地址，必须由相关选举监察人基于所有事实确定。议会众议院的各议员（"众议院议员"）、大选或递补选举的各候选人，及与该众议院议员居住的各党员，或将要或已经与该众议院议员搬迁的候选人，或继续与该众议院议员居住的候选人，都有权被视为在该众议院议员代表的选区或该候选人参选的选区拥有常住地址。

第九款 一份文件要递交至实际接收人，一份文件要递交至全国理事会指定的实际接收办公室。

第十款 尽管本章程已有规定，依据一个选区协会或其省及地区组织的章程，所有党员都有权在2006年12月3日举行的该选区协会会议（包括候选人选举会议和代表选举会议）上投票，即使该党员不居住在该选区协会代表的选区，该党员仍为本章程之所有目的被视为居住在该选区，直到该党员不再是党员，或在代表其他选区的选区协会会议上投票。

第八十六条 通知

第一款 除非本章程另有规定，否则必须以邮寄或全国理事会规定的任何其他方式向每名党员发出通知。

第二款 按照全国理事会在党的附则中规定的程序，无需向被定为"非活跃"状态的党员发出通知。

第三款 由于疏忽而未向任何党员发出选举机构会议（包括候选人选举会议或代表选举会议）通知，不会导致该通知、会议或任何会议议项无效。

第八十七条 定义

本章程中涉及的词语的定义如下：

"《加拿大选举法》"指2000年9月修订的《加拿大选举法》。

"议会党团"的定义见第五十七条。

"议会党团责任官员"指依据第四十条第四款任命的议会党团成员。

"首席财务官"的定义见第三十一条第一款第（4.2）项。

"专门委员会"，具体需依据上下文的语境，指任何或所有加拿大青年自由党委员会、全国妇女党员委员会、原住民党员委员会或资深党员委员会。

"委员俱乐部"指为本章程之目的①设立的妇女党员俱乐部、学生党员俱乐部或老年党员俱乐部，而且对一个委员俱乐部而言，"其委员会"指该俱乐部的上级委员会。

"章程"或"组成机构章程"，具体需依据上下文的语境，对一个组成机构而言，指该机构的章程、规则、附则或其他组织文件。

"组成机构"，具体需依据上下文的语境，指一个省及地区组织、一个专门委员会、一个选区协会或一个委员俱乐部。

"选区协会"指经领袖授权并符合《加拿大选举法》规定的党的一个选区协会，而且没有依据《加拿大选举法》提出取消该协会资格的申请，并对一个选区协会而言：

1. "其选区"指符合《加拿大选举法》规定的选区协会所在的选区；

2. "其成员"或"选区协会成员"指居住在其选区的党员；

3. "其支持者"或"选区协会支持者"指居住在其所在选区内的本党支持者；

3. "其省及地区组织"指其选区所在省或地区的省及地区组织；

以及，对一名党员或支持者而言，"其选区协会"指代表该党员或支持者居住或依据第八十五条第十款被视为居住的选区并符合《加拿大选举法》规定的选区协会。

"选区协会主席"由第十九条第二款第（3）项定义。

"选区协会政策主席"由第十九条第二款第（3）项定义。

"执行委员会"由第三十条第一款第（1）项定义。

"加拿大联邦自由党代理机构"由第五十条第一款定义。

"领袖认可投票"由第七十一条第一款定义。

"领袖开支规定"由第六十一条第四款定义。

---

① 见第四十六条。

"领袖选举"由第六十条定义。

"全国理事长"由第三十一条第一款第（4.3）项定义。

"全国办公室"，具体需依据上下文的语境，指：

1. 党在其行政总部雇佣的员工；或

2. 全国理事会指定的全国办公室的办公地点。

"党的附则"指全国理事会依据第三十四条的程序制定的附则。

"省及地区组织"指依据本章程之规定构成自由党联盟的一个或多个省或地区协会；就一个省及地区组织而言，"其省或地区"指省及地区组织代表的省或地区，且就一名党员而言，"其省及地区组织"指该党员居住的省或地区的省及地区组织。

"省及地区组织主席"由第二十二条第三款第（7）项定义。

"省及地区组织政策主席"由第二十二条第三款第（7）项定义。

第八十八条　新旧章程的转换

第一款　依据计划表一的条款，之前通过的党的章程和附则将被废除。计划表一管理在本章程生效之前生效的所有党的事务的连续性和状态。

第二款　为本章程之目的，党的前任领袖包括：约翰·特纳阁下，让·克雷蒂安阁下和保罗·马丁阁下。

第八十九条　本章程的生效

本章程在 2006 年全国代表大会结束或休会时生效①。

第九十条　2013 年的领袖选举；2012 年的代表大会

第一款　尽管下述事项已包含在本章程中（包括但不限于第六十一条），但仍需说明：

1. 作为 2011 年 5 月领袖辞职的结果，全国理事会议（依据第六十一条第三款的规定）应于 2013 年 2 月 1 日当日或之前的任何时间召开；及

---

① 2006 年全国代表大会于 2006 年 12 月 2 日闭幕。本章程自此日起生效。

2. 在上一项所指的会议上，全国理事会在征询议会党团和主席会议以及提前五个月向本党告知的基础上，设定领袖选举的日期，该日期应介于 2013 年 3 月 1 日至 6 月 30 日之间。

上述第一款规定在第（1）项所定之领袖选举结束以及 2013 年 6 月 30 日之后失效。

第二款 尽管一些事项已包含在本章程中（包括但不限于第七十二条），但仍需说明：下一届本党的代表大会（即最初由 2011 年 6 月 17 日召集，后经过改期的代表大会）——包括主席会议相关成员的会议——应于 2012 年 1 月 13 日至 15 日召开。本款规定在 2012 年 1 月 15 日之后失效。

附件一 《加拿大选举法》第八条

常住地点

1. 一个人的常住地点是指一直是（或已被接受为）他或她的居住地点，而且他或她在离开时打算回到的地点。

唯一常住地点

2. 一个人可只有一个常住地点，而且在有了其他住处之前始终保留该住处。

临时离开

3. 临时离开常住地点不会导致常住地点的失去或变更。

工作地点

4. 若一个人通常在一个地方休憩，而在另一个地方用餐或工作，则他的常住地点是他休憩的地方。

临时住处

5. 只有在没有其他地方被认为是一个人的住处的情况下，才可以将他的临时居住小区认为是他的常住地点。

临时居住小区

6. 为一个无家可归的人提供食物、住房或其他社会服务的避难所、招待所或类似机构是他的常住地点。

附件二 选票统计程序图解

(参考：第六十三条规定)

举例来说，领袖选举中有 4 名领袖候选人：安妮、帕特里克、帕斯卡尔和马克，而且加拿大只有 2 个选区。

在选区一，共有 100 名党员投票，投票结果如下：

	39 名投票人	12 名投票人	7 名投票人	30 名投票人	12 名投票人
第一选择	安妮	帕特里克	帕斯卡尔	马克	帕斯卡尔
第二选择	帕特里克	安妮	帕特里克	帕斯卡尔	安妮
第三选择	帕斯卡尔	马克	马克	安妮	马克
第四选择	马克	帕斯卡尔	安妮	帕特里克	帕特里克

在选区二，共有 5000 名党员投票，投票结果如下：

	39 名投票人	12 名投票人	7 名投票人	30 名投票人	12 名投票人
第一选择	马克	帕特卡尔	帕特里克	安妮	马克
第二选择	安妮	马克	安妮	帕斯卡尔	帕特里克
第三选择	帕特里克	帕特里克	马克	马克	帕斯卡尔
第四选择	帕斯卡尔	安妮	帕斯卡尔	帕特里克	安妮

1（1）在选区一的首轮统计中，对第一选择投票进行统计，并根据领袖候选人获得的第一选择投票数除以总统计票数得出的比率，对分配给该选区的 100 分进行分配。选票统计和分数分配如下：

	选票统计 （第一优先选择次序）	分配计算	分配分数 （选区加权投票）
安妮	39	39/100 * 100	39
帕特里克	12	12/100 * 100	12
帕斯卡尔	19	19/100 * 100	19
马克	30	30/100 * 100	30
合计	100		

1（2）在选区二的首轮统计中，对第一选择投票进行统计，并根据领袖候选人获得的第一选择投票数除以总的统计票数得出的比率，对分配给该选区的100分进行分配。选票统计与分数分配如下：

	选票统计 （第一优先选择次序）	分配计算	分配分数 （选区加权投票）
安妮	1500	1500/100 * 100	30
帕特里克	1950	1950/100 * 100	39
帕斯卡尔	600	600/100 * 100	12
马克	950	950/100 * 100	19
合计	5000		100

1（3）将各领袖候选人在加拿大所有选区获得的票数相加，得出"全国统计"总票数。

	来自选区一的票数	来自选区二的票数	"全国统计"总票数
安妮	39	39	69
帕特里克	12	39	51
帕斯卡尔	19	12	31
马克	30	19	49

2（1）没有一名领袖候选人在首轮统计中获得超过50%的选票，因此，在第二轮统计中，在首次全国统计中获得最低票数的领袖候选人（帕斯卡尔）将被淘汰，依据所示的第二优先选择次序，她在首轮统计中获得的选票将分配给各选区剩下的领袖候选人。

2（2）在选区二的第二轮统计中，帕斯卡尔的选票将转移给3名剩余候选人。为此，将核对帕斯卡尔的19名支持者的选票，以确定这些投票者的第二选票将分配给哪位候选人。帕斯卡尔的支持者的第二选票分配如下：7票转移给帕特里克，12票转移给安妮。

依据领袖候选人的新选票统计数除以总统计票数得出的比率，将分配给该选区的100分分配给各剩余领袖候选人。在此之后，选票统计和分数分配如下：

	选票统计(第一优先选择次序和帕斯卡尔转移来的选票数)	分配计算	分配分数（选区加权投票）
安妮	51	51/100 * 100	51
帕特里克	19	19/100 * 100	19
帕斯卡尔	30	30/100 * 100	30
马克	100		100

2（3）在选区二的第二轮统计中，帕斯卡尔的选票将转移给3名剩余候选人。为此，将核对帕斯卡尔的600名支持者的选票，以确定这些投票者的第二选票将分配给哪位候选人。帕斯卡尔的支持者的第二选票分配如下：所有600票都将转移给马克。

依据领袖候选人的新选票统计数除以总统计票数得出的比率，将分配给该选区的100分分配给各剩余领袖候选人。在此之后，选票统计和分数分配如下：

	选票统计(第一优先选择次序和帕斯卡尔转移来的选票数)	分配计算	分配分数（选区加权投票）
安妮	1500	1500/100 * 100	30
帕特里克	1950	1950/100 * 100	39
帕斯卡尔	1550	1550/100 * 100	31
马克	5000		100

2（4）将各领袖候选人在加拿大所有选区获得的票数相加，得出"全国统计"总票数。

	来自选区一的票数	来自选区二的票数	"全国统计"总票数
安妮	51	30	81
帕特里克	19	39	58
帕斯卡尔	30	31	61

3（1）没有一名领袖候选人在第二轮统计中获得超过50%的选票（200），因此，在第三轮统计中，在第二次全国统计中获得最低票数的领袖候选人（帕特里克）将被淘汰，依据所示的第三优先选择次序，他在首轮统计中获得的选票将分配给各选区剩下的领袖候选人。

3（2）在选区一的第二轮统计中，帕特里克的选票将转移给两名剩余候选人。为此，将核对帕特里克的19名支持者的选票，以确定这些投票者的下一优先选票分配给哪位候选人。帕特里克的支持者的下一优先选票分配如下：12票转移给安妮；7票转移给马克（这些选票对帕斯卡尔来说是第一选择，对帕特里克来说是第二选择）。

依据领袖候选人的新选票统计数除以总统计票数得出的比率，将分配给该选区的100分分配给各剩余领袖候选人。在此之后，选票统计和分数分配如下：

	选票统计(第一优先选择次序和从帕斯卡尔和帕特里克转移来的选票数)	分配计算	分配分数（选区加权投票）
安妮	63	63/100*100	63
安妮	37	37/100*100	37
合计	100		100

3（3）在选区二的第三轮统计中，帕特里克的选票将转移给两名剩余候选人。为此，将核对帕特里克的1950名支持者的选票，以确定这些投票者的下一优先选票分配给哪位候选人。帕特里克的支持者的下一优先选票分配如下：所有1950票都转移给安妮。

依据领袖候选人的新选票统计数除以总统计票数得出的比率，将分配给该选区的100分分配给各剩余领袖候选人。在此之后，选票统计和分数分配如下：

	选票统计(第一优先选择次序和从帕斯卡尔和帕特里克转移来的选票数)	分配计算	分配分数(选区加权投票)
安妮	3450	3450/100*100	69
安妮	1550	1550/100*100	31
合计	5000		100

3(4) 将各领袖候选人在加拿大所有选区或的得票数相加,得出"全国统计"总票数。

	来自选区一的票数	来自选区二的票数	"全国统计"总票数
安妮	63	69	132
马克	37	31	68

3(5) 在第三轮统计中,安妮已获得超过50%选票,因此当选为领袖。

请注意,若选票未在各选区平等分配,而是简单地将各选区选票相加,则以相同的方法进行统计,马克将当选为领袖。帕斯卡尔将在首轮统计中淘汰,但安妮应在第二轮统计中淘汰。

计划表一 转换

第一项 释义

1. 在本计划表中:

"生效日期"指本章程开始生效的日期①;

"先前章程"指本章程生效之前的加拿大自由党章程。

2. 本计划表中提到的章或条、款或项目编号指的是本章程的章或条、款或项;本计划表中提到的项或分项指的是本计划表的分段。

---

① "生效日期"是指2006年12月2日。

第二项 本党

在生效日期前的先前章程中的本党即是第一条中提到的本党。

第三项 本章程的权力

在本章程生效之前出现的任何争议必须按照以下规定解决：

1. 若所有相关情况都发生在生效日期之前，则必须依据先前章程解决该争议，在这种情况下先前章程仍视为有效。

2. 若部分相关情况发生在生效日期之前，则在考虑各种情况的相对重要性和时间先后之后，常设上诉委员会必须决定依据本章程或依据先前章程解决该争议，若采用后者，则先前章程仍视为有效。

3. 常设上诉委员会享有决定本项是否适用于一个争议的专有权力。

第四项 党内机构的成员资格

1. 在全国理事会规定的时限内（不超过党员资格生效日期起的6个月），任何符合第四项规定并想要加入加拿大自由党的人都可通过申请成为以下机构的成员：

（1）一个选区协会；

（2）一个"经认可的青年自由党俱乐部"，与先前章程中规定的任期相同；

（3）一个"经认可的妇女党员俱乐部、协会或委员会"，与先前章程中规定的任期相同；

（4）一个"经认可的土著党员协会"，与先前章程中规定的任期相同；

（5）一个允许直接入党的省及地区组织。

2. 依据一名党员的省及地区组织章程的规定，只要其不是以上选区协会或该委员俱乐部的成员，其将被允许成为其希望加入且符合所有成员要求的机构的成员。

3. 第四项第（1）目中提及的机构必须向全国办公室提交党员名单，包括收到入党申请时的所有信息。

4. 选区协会、省及地区组织或委员俱乐部或全国办公室收到的，但在生效日期前未处置的入党申请，必须依据第二章的规定进行处理。

5. 在生效日期前已是党员的任何人在生效日当天仍是党员。

6. 尽管本章程第八条第一款有所规定，但任何党员在其党员资格生效日期前的任期将在其最近成为党员或延续党员资格之日起四年内（或全国理事会依据第八条第一款规定的其他时限内）仍有效。

7. 选区协会、省及地区组织或委员俱乐部或全国办公室收到的，但在生效日期前未处置的党员资格延续申请，必须依据本章程第二章的规定进行处理。

第五项　省及地区组织

1. 在与先前章程保持一致的情况下，省及地区组织的章程、规定、附则或其他组织文件在以下时间仍有效：

（1）生效日期后的 27 个月内；在与本章程保持一致的情况下，在这段时期内仍有效；或

（2）长期有效（直到被修订或废除），若：

（i）符合本章程第二十二条第三款的规定或为符合第二十二条第三款规定之目的进行修订；及

（ii）经该省及地区组织主席批准的该省及地区组织的章程、规定、附则或其他组织文件，在生效日期后的 27 个月内已递交至全国办公室。

2. 本章程第二十三条第三款规定的效力将延续至生效日期后的 27 个月的最后一天。

3. 全国理事会或主席会议可延长第五项第（1）和（2）目中规定的 27 个月的期限。

第六项　选区协会

1. 截至生效日期，在此前依据《加拿大选举法》被批准成为党的选区协会的机构在本章程下仍为选区协会。

2. 为本章程第四章之目的，直到生效日期之后的首次年度大选之前，"上届大选"指在生效日期前由该协会举行的最近一次大选。

3. 在与先前章程保持一致的情况下，选区协会的章程、规定、附则或其他组织文件在以下时间仍有效：

（1）生效日期后的 27 个月内，并在第 27 个月的最后一日失效；或

（2）长期有效（直到被修订或废除），若：

（i）符合本章程第十九条第二款的规定或为符合第十九条第二款规定之目的进行修订；及

（ii）经该选区协会主席批准的该选区协会的章程、规定、附则或其他组织文件，在生效日期后的 27 个月内已递交至全国办公室。

4. 全国理事会或主席会议可延长第六项第（3）目中规定的 27 个月的期限。

第七项 专门委员会

1. 在与先前章程保持一致的情况下，独立委员会的章程、规定、附则或其他组织文件在以下时间仍有效：

（1）生效日期后的 27 个月内，并在第 27 个月的最后一日失效；或

（2）长期有效（直到被修订或废除），若：

（i）符合本章程第四十一条第三款的规定或为符合第四十一条第三款规定之目的进行修订；及

（ii）经该专门委员会主席批准的该独立委员会的章程、规定、附则或其他组织文件，在生效日期后的 27 个月内已递交至全国办公室。

2. 本章程第四十八条第五款规定的效力将延续至生效日期后的 27 个月的最后一天。

3. 全国理事会或主席会议可延长第七项（1）和（2）中规定的 27 个月的期限。

4. 在与先前章程保持一致的情况下，一个委员俱乐部的章程、规定、附则或其他组织文件在以下时间内仍有效：

（1）生效日期后的 27 个月内，并在第 27 个月的最后一日失效；或

（2）长期有效（直到被修订或废除），若：

（i）符合本章程第四十六条第三款的规定或为符合第四十六条第三款

规定之目的进行修订；及

（ii）经该委员俱乐部主席批准的该委员俱乐部的章程、规定、附则或其他组织文件，在生效日期后的 27 个月内已递交至全国办公室。

第八项　全国理事会

1. 根据以下规定，截至生效日期，在此前依据先前党章规定选举产生的主席、全国副主席和常务政策制定委员会主席为本章程下的执行委员，而且在此前依据先前章程设立的党的全国执行委员会为本章程下党的全国理事会：

（1）执行委员的任期到依据本章程第三十条规定选出继任者为止。在 2006 年全国代表大会上选举产生的 6 名地区副主席、财务部长、组织常设委员会主席、通信与宣传常设委员会主席和多元文化常设委员会主席的任期到第（i）目生效日期后的首次主席会议会议，或第（ii）目生效日期后的 12 个月①，以较早者为准。

（2）执行委员会和其委员的职责和权力见本章程第三十条、第三十一条和第三十二条。

（3）执行委员会会议必须依据本章程第三十三条规定召开。

2. 组织常设委员会主席、通信与宣传常设委员会主席和多元文化常设委员会主席的职责和权力见先前党章的规定。

3. 在本章程生效的日历年，依据先前党章召开的任何执行委员会会议都是为本章程第三十三条第一款之目的召开的全国理事会会议。

4. 依据先前章程发出的任何执行委员会会议通知都是为本章程第三十三条第三款之所有目的召开的会议的充分通知。

5. 若依据本章程第三十条规定，需要填补的全国理事会空缺在生效日期不存在或空缺，则该职位在截止日期仍为全国理事会的空缺。

6. 若在生效日期前建立的全国执行委员会的委员在生效日期不是一名党员，则该委员必须在生效日期后的 30 日之内提交入党申请，或辞去全国

---

① 见《红丝带工作小组报告》第 21 页。

理事会职务。适用本项但不符合本项规定的人必须被认为是在生效日期后的第 30 日已辞去在全国理事会的职务。

第九项 本党的委员会

1. 依据第九项第 2、2（1）和 2（2）目的规定，依据先前章程设立的常务委员会或其他党的委员会将被撤销。

2. 根据以下规定，截至生效日期，在此前依据先前章程设立的管理委员会、政策制定常设委员会和全国竞选活动委员会在本章程下分别为全国管理委员会、全国政策与纲领委员会和全国选举筹备委员会：

（1）上述委员会的构成、职责和权力见本章程第八章；

（2）自生效日期起，本章程第三十五条第二款、第三款和第四款的规定适用于上述委员会；

（3）上述委员会的会议必须依据本章程第三十七条规定召开；

（4）就生效日期后的后续委员会而言，本项中提及的委员会制定的任何程序规定继续有效，除非该程序规定与本章程不一致。

2.1 就 2006 年全国代表大会的领袖选举而言，在生效日期前依据先前章程设立的领袖开支委员会仍为党的一个委员会，该委员会的构成、职责和权力见先前章程，而且该委员会依据先前章程通过的规定及任命在生效日期后继续有效。

2.2 就 2006 年全国代表大会而言，在生效日期前依据先前章程设立的代表大会组织委员会仍是党的一个委员会，该委员会的构成、职责和权力见先前章程，而且该委员会依据先前章程通过的规定及任命在生效日期后继续有效。

3. 依据先前章程发出的委员会会议通知是为本章程第三十七条第一款之所有目的召开的会议的充分通知。

第十项 首席代理人

自本章程生效之日起，加拿大联邦自由党代理机构是本党的首席代理人，而且：

（1）享有本章程第五十条第三款和第四款赋予党的总代理的所有权力和义务；及

（2）在依据第五十条第一款任命新党的总代理之前始终担任党的总代理。

第十一项　常设上诉委员会

1. 依据本章程生效日期前章程设立的常设上诉委员会及其联合主席在本章程生效之后仍是常设上诉委员会及其联合主席。

2. 依据本计划表第三项，该委员会的各项义务、权力和工作程序见本章程第十一章。

3. 在与本章程的规定一致的情况下，常设上诉委员会在本章程生效之前制定的任何程序规定在以下时间仍有效：

（1）本章程生效之后的6个月内，6个月之后这些规定将失效；或

（2）若在本章程生效之日起6个月内，经常设上诉委员会联合主席之一批准的规定副本已递交至全国办公室，则长期有效，直到这些规定被修订或废除。

第十二项　领袖

在2006年全国代表大会上当选的领袖将在本章程生效之后继续担任领袖，而且：

1. 享有本章程第十一章赋予领袖的所有权力和义务；及

2. 在本章程第六十一条第一款和第二款所预估的某一情形发生之前，始终担任领袖。

第十三项　全国代表大会

为本章程第六十八条第二款和第三款之目的，通过本章程的全国代表大会将被认为是本章程生效之后召开的首次全国代表大会。

第十四项　党的资金和财产

依据本章程生效日期前章程，担任审计师职务的人在本章程生效之后仍将担任审计师。

第十五项　其他

全国理事会可制定其他规则来处理本计划表未完全解决的任何问题，但这些规则必须与本章程的内容和精神保持一致。

(原文见加拿大自由党官网)

(郝诗楠　译)

加拿大保守党章程

(2011年6月11日由全国代表大会代表修订,党章委员会整理,并经全国委员会批准)

第一条 名称

第一款 党的名称是"加拿大保守党"。

第二条 原则

第一款 加拿大保守党依据以下原则建立,并依此制定其各项政策。

1. 坚信财政责任、进步的社会政策、个人权利和责任之间的平衡。

2. 把分享这些信念的人和反映出加拿大地区、文化和社会经济多样性的人联系起来,建立一个全国人民联盟。

3. 发展这个联盟,欣赏我们的差异并尊重我们的传统,与此同时,承认加拿大是一个由多个省和地区组成的国家。

4. 加拿大保守党将以对其党员负责的和积极回应的方式开展工作。

5. 忠诚于拥有主权和统一的加拿大,加拿大的治理建立在《加拿大宪法》、民主议会制度的崇高地位和法制的基础之上。

6. 坚信所有加拿大人都具有平等的地位。

7. 信仰个人自由,包括言论自由、宗教信仰自由和集会自由。

8. 信仰君主立宪制度、议会制度和民主进程。

9. 坚信联邦政府体制最能体现我们国家的多样性,能够满足具有较高治理能力的省和地区政府的需要。

10. 坚信英语和法语在加拿大所有议会和政府机构拥有平等地位、权利及特权。

11. 坚信加拿大社会繁荣和人民福利的最佳守护者是：

（1）加拿大人民在竞争型经济体制中追求文明、自身合法利益的自由；

（2）加拿大人民最大限度地享受自己劳动果实的自由；

（3）拥有私有财产的权利。

12. 坚信一个负责任的政府必须负有制定审慎财政政策的职责，并受这些职责限制，该职责不可因个人及其他理由而推卸。

13. 坚信每个人都必须为自己、家人和家属负责，并深知政府必须对有需要的人提供帮助和援助。

14. 在一个谨慎的领导人的管理下，加拿大作为一个国家及其政府拥有以下目标：通过自由竞争的市场经济，鼓励个人发挥主观能动性，追求卓越，保障个人安全和隐私，并确保社会繁荣发展。

15. 坚信环境质量是一代人为下一代保护的遗产的一部分。

16. 坚信加拿大应履行其在世界舞台上的所有职责。

17. 坚信一个拥有良好口碑并负责任的政府关心其人民，而且其代表始终以合乎道德的方式行事，并展现出正直、诚实和对所有人的最优利益的关切。

18. 坚信所有加拿大人都应获得优质的健康护理，无论其是否有能力支付费用。

19. 坚信实现社会和经济目标的最大可能性来自自由、公平的全球贸易体制。

第三条　定义

第一款　"附属机构"指经全国委员会依据本章程条款批准的机构。

第二款　"仲裁委员会"指依据本章程条款建立的仲裁和争议解决委员会。

第三款　"细则"指全国委员会依据本章程条款颁布的细则。

第四款　"加拿大保守党基金"指第九条规定的党的筹款单位和总代理。

第五款 "章程"指这份党的章程（可能随时修订）。

第六款 "选区协会"指全国委员会依据本章程条款批准的各个联邦选区的协会。

第七款 "党内领袖"指党的领导人。

第八款 "党内领袖选举程序"指依据本章程条款选举党内领袖的程序。

第九款 "党员"和"党员资格"指党的一名党员及其资格，视上下文而定。

第十款 "全国委员会"指第八条规定的机构。

第十一款 "全国代表大会"指第七条规定的党员会议。

第十二款 "党"指加拿大保守党。

第十三款 "主席讨论会"指经全国委员会批准，由选区协会主席和其他全国或地区层面的党员构成的一个附属机构。

第四条 党员

第一款 只要满足以下条件，任何加拿大公民或常住居民都可申请成为党员：

1. 已达到细则规定的最低年龄；
2. 积极拥护党的各项原则；
3. 明确表示入党意愿；
4. 已按照细则规定足额缴纳党费，缴费方式必须符合全国委员会的相关规定和程序以确保党费为申请人个人所支付；及
5. 不能同时持有其他联邦政党的党员资格。

第二款 在本章程或细则或全国委员会规定的最短党员任期内，每名党员都有权：

1. 参加该党员所在选区协会的任何会议；
2. 为该党员所在选区协会的委员会选举投票或参加选举；
3. 在缴纳规定费用后，参加任何全国代表大会；及
4. 参加该党员所在选区协会的代表或副代表的选举会议，并为代表或

副代表投票或参加选举,以选举出代表或副代表参加党的任何全国代表大会。

第三款 在全国委员会的监督下,执行委员应制定一个全国党员计划,该计划应与细则制定的相关计划的目标保持一致。该全国党员计划应至少包括党员姓名和地址,以及该党员所在选区协会的名称列表。若一名党员出现在全国党员计划列表上,则其党员资格被认为是有效的,该列表将由全国委员会任命的独立审计师进行定期审查。党费分配将由全国委员会决定,一部分党费用于管理全国党员计划的开支,另一部分党费分配给各选区协会。

第四款 全国委员会可依据细则制定撤销和恢复党员资格的规则和程序,撤销或恢复一名党员的党员资格须经投票并得到三分之二的多数票赞同。

第五款 按照第四条第六款之规定,为保障党员根据党章规定的权利行使其投票权,他们必须提供身份证明:

1. 按照细则与选举委员会的要求,根据具体情况,提供一份由加拿大联邦、各省或地方政府签发的附有照片、姓名、住址的原始身份证明;及

2. 按照细则与选举委员会的要求,根据具体情况,提供两份原始身份证明,两份证明都必须包含个人姓名,其中一份包含个人照片,另外一份包含个人住址。

第六款 党员提供的身份证明应由选举检查官视具体情况裁定,或因可争议性的问题搁置该项要求。

第七款 以下党员就职后应恪尽职守:

1. 党内领袖;

2. 全国委员会的委员;

3. 加拿大保守党基金委员会的负责人;及

4. 执行委员。

第五条 选区协会

第一款 选区协会是党员行使权利的基层机构。

第二款 全国委员会可批准在各联邦选区设立一个选区协会,并可依据细则制定的规则和程序撤销该批准。

第三款 选区协会的管理及财务管理和报告应遵守全国委员会通过的细则或其他途径实施的规定。

第六条 管理目标

第一款 党的管理应坚持以下目标:

1. 全面代表党员的利益和观点;

2. 全国委员会、加拿大保守党基金和领袖与选区协会及其成员进行直接定期沟通,以确保各方履行责任;

3. 维护一个政策制定流程,该流程应尊重并鼓励所有党员参与,且该流程的最后一个环节应是在全国代表大会上通过政策决议,此决议将成为党的政策声明文件,党将依此建立选举活动平台;

4. 配合党的其他活动和选区协会的筹款工作,进行公开、负责的筹款和融资,以达到党的总体目标;及

5. 党员在全国代表大会上的民主代表权。

第七条 全国代表大会

第一款 依据第十二条的规定,党的管理及各项活动的管理和监督由党员在全国代表大会上投票表决。

第二款 依据第七条第三款的规定,全国代表大会具有以下权利和义务:

1. 修订本章程;

2. 修订和通过党的政策;及

3. 以匿名投票的方式选举出全国委员会。

第三款 党的任何全国代表大会的召开日期、地点、讨论内容及规则和程序由全国委员会决定。若处理第七条第二款中提及的一项或多项事务的全国代表大会闭会不足 18 个月,则相关事务不必在全国代表大会上处理。全国委员会可要求召开全国代表大会,并须提前 90 日通知全体党员。

第四款 全国代表大会应至少每个日历年举行一次全国委员会选举；在联邦选举或开展领袖选举程序的情况下，必要时可适当延长上述时间规定，但不得超过 9 个月。

第五款 以下人员有权作为全国代表大会代表进行投票：

1. 来自各选区协会的 10 名或以内党员，这些党员以全国委员会规定的方式选举产生，选举要求包括：至少有一名青年代表，而且自全国委员会设定的日期起作为选区协会主席之外的额外代表；

2. 上届联邦选举中各选区的党的正式候选人，或各选区提名的本届党的候选人；

3. 党的国会议员；

4. 当选的全国委员会委员；

5. 担任省级党组织领导人的党员；及

6. 党的前任领袖。

第六款 在全国代表大会休会期间，党的管理及各项活动的管理和监督由全国委员会、领袖和加拿大保守党基金决定。在这种情况下，须由党员在全国代表大会上对有关事务进行问责和审议。

第八条 全国委员会

第一款 全国委员会的构成如下：

1. 从在众议院占 100 个以上席位的省选举出的 4 名党员；

2. 从在众议院占 51—100 个席位的省选举出的 3 名党员；

3. 从在众议院占 26—50 个席位的省选举出的 2 名党员；

4. 从在众议院占 4—25 个席位的省选举出的 1 名党员；

5. 从各地区选举出的 1 名党员；

6. 领袖；

7. 加拿大保守党基金主席或其代表，但其不具有投票权；

8. 执行委员或其代表，但其不具有投票权。

第二款 对于在全国委员会中选举出超过 1 名委员的省份，选举委员会可以按照细则规定将该省划分为与该省选出的委员数量等同的地区，分配规则如下：

1. 细则应规定，各地区选区数量的分配应当大体上考虑各地区的自然差异，例如大都市；

2. 全国委员会应当向各选区协会的主席咨询能够选出超过 1 名全国委员会成员的省份的建议，但在尚未得到各选区委员会主席多数对所推荐省份的同意之前，第八条第八款之规定尚不得适用；

3. 该细则仅适用于在选举全国委员会委员的全国代表大会召开前的 90 日内，针对上述选举的特殊省份有效。

第三款 以下人员不得担任全国委员会的职务，或经任命取代全国委员会的当选委员：

1. 国会议员或参议员，领袖除外；

2. 党的工作人员或雇用人员；

3. 参议院或众议院议员的工作人员或雇用人员；

4. 其他联邦政党的个人党员；

5. 加拿大保守党基金理事。

第四款 加拿大保守党基金应为全国委员会的选举任命一位选举监察人。

该选举监察人应为选举的开展制定规则和程序，由全国委员会审议。上述规则须包括：任何人不得连任三届。

第五款 任何人都不得作为候选人参加全国委员会选举，除非已签署以下声明："本人已阅读并理解加拿大保守党的各项原则和政策及加拿大保守党章程，并在此确认本人将为之不懈努力。"

第六款 在召开了进行全国委员会选举的全国代表大会之后，全国委员会应以简单多数的原则，从其委员中选举出一名主席、一名副主席、一名书记，以及该委员会可决定的其他副主席或其他职位。该书记负责党员的招募和发展，全国党员计划的维护，以及向全国委员会和全国代表大会报告工作。另外，该书记还负责章程修订流程。

第七款 全国委员会的权力和职责包括：

1. 设立和批准选区协会及其章程的条款，包括制定举行成立会议的流程，及负责进行重新分配时的资产转移事务；

2. 制定和执行各项规则和程序，以确保候选人招募和选举的公平和有效性；

3. 批准附属机构的设立；

4. 鼓励青年人参与和招募青年党员；

5. 批准加拿大保守党基金董事的提名；

6. 任命党的审计师；

7. 批准执行委员的任命；

8. 全国委员会可设立附属委员会，以履行其各项职责；

9. 任命领袖选举组织委员会的主席和委员；

10. 任命仲裁委员会的主席和委员，该委员会委员中的至少一半委员应接受过法律培训，而且任何委员都不得在全国委员会担任任何职务；

11. 依据第八条第七款的规定，为开展活动之目的制定相关规则和程序；

12. 依据第八条第七款的规定，为本章程提及的各项事务制定细则；及

13. 本章程规定或领袖分配的其他职责。

第八款 对于依据第八条第六款第十一项通过的规则和程序，以及依据第八条第六款第十二项制定的细则，经全国委员会颁布后的 7 日之内，应向所有选区协会主席发出通知。上述规则或细则应在颁布之日生效，除非在向选区协会分发上述规则和程序或细则的 30 日内，至少有 99 个选区协会主席提交书面反对通知书并被全国委员会接受。另外，全国委员会可向全国代表大会提交规则、程序和细则提议，若该提议获得简单多数代表赞成，则将被视为由全国委员会颁布，并立即生效。

第九款 全国委员会应在 30 日内向所有选区协会提交各次会议的会议记录。

第十款 全国委员会的动议投票应记录在会议记录内，并标明以下

各类别的全国委员会委员对动议的投票情况：（1）支持；（2）反对；（3）弃权；（4）缺席。但任命某人担任某个职务的动议除外，该动议应以匿名的方式投票表决，而且只记录各类别的投票数。

第十一款 全国委员会和加拿大保守党基金应建立一个联络委员会，这两个机构在该委员会拥有平等代表权。

第十二款 全国委员会及党的国会议员应建立一个联络委员会，各机构在该委员会拥有平等代表权。该委员会的目标是确保党员与国会议员之间紧密、融洽的工作关系。

第十三款 若一名全国委员会委员的行为不当或不得体，或很可能对全国委员会、领袖或党的利益及声誉造成负面影响，则在为此目的召开的会议上，经到会可投票委员（不包括休假中的委员）的三分之二多数投票表决通过，全国委员会可开除该委员。

第十四款 若一名全国委员会委员的行为不当或不得体，或很可能对全国委员会、领袖或党的利益及声誉造成负面影响，则在为此目的召开的会议上，经到会可投票委员（不包括休假中的委员）的三分之二多数投票表决通过，全国委员会可暂停该委员的委员资格。

第十五款 关于停职决定的撤销和继续或开除全国委员会委员的争议，应由仲裁委员会的工作小组裁定，后者的裁定将是最终决定，且具有约束力。

第十六款 经到会可投票委员（不包括休假中的委员）的三分之二多数投票表决通过，全国委员会可任命任何委员填补选举产生的任何职位，且该委员应来自于造成该空缺的委员相同的省份。

第十七款 全国委员会应至少每12个月召开一次季度会议，由主席或领袖召集。此外，该委员会也可在至少五名全国委员会委员的书面请求下召开季度会议。

第十八款 全国委员会应拥护党的各项原则和政策，尊重所有党员的利益，并始终遵守本章程的各项条款，以及任何全国代表大会或普通投票通过的动议。

第十九款 对于在履行全国委员会职责的过程中产生的合理开支，全国委员会委员可获得相应补偿。

第九条 保守党基金

第一款 加拿大保守党基金是一家基于并符合《加拿大公司法》各项条款的非股本法人公司，是党的唯一筹款机构，且依据《加拿大选举法》，担任党的总代理。

第二款 加拿大保守党基金应向全国委员会提交季度财务报告和年度审计财务报表。

第三款 加拿大保守党基金应向全国委员会提交党的年度预算。在通过和执行该预算之前，应与全国委员会进行磋商，而且在授权或执行对该预算的实质性修订之前，应与全国委员会进行磋商。加拿大保守党基金不应向全国委员会职责范围内的活动或计划提供资金，除非其活动或计划已获得全国委员会的批准。

第四款 选区协会及附属机构应按照全国委员会的要求向加拿大保守党基金提交相关财务信息。

第五款 符合细则规定的特殊情况下，全国委员会可授权加拿大保守党基金采取所有必要措施对选区协会的所有资产进行监管。这些特殊情况包括：暂停或撤销对任何选区协会的批准。依据本条款规定拥有的资产，应由加拿大保守党基金保管，并在下一个适当选出的选区协会委员会获得批准之后向其归还。若该选区协会不复存在，或在获得其资产控制权的五年内未重新申请认可，则其资产应成为加拿大保守党基金的财产。

第六款 若任何党员给加拿大保守党基金或党带来未经授权的开支或债务，则其应使党不受损失，并使党免于承担任何主张、要求、行动和债务或由此遭受因此类未经授权开支或债务引发行动的影响。

第七款 党应在国家首都地区常设一个全国性办公室。

第八款 领袖应提名加拿大保守党基金的执行委员并报全国委员会批准。

第十条 领袖

第一款 领袖是党的首要领导人,其权力包括依据《加拿大选举法》授予一个党的领导人的所有权力。

第二款 领袖应促进党及其各项原则和政策的发展。

第三款 若领袖不是众议员或参议员,依据向加拿大保守党基金主席提交的书面请求,他或她有权获得与国会议员同等的薪酬。

第四款 领袖应提名党的执行委员并经全国委员会批准后生效。

第五款 领袖应向各届全国代表大会提交工作报告,并与全国代表大会代表一起召开问责会议。

第六款 领袖应至少按季度向全国委员会提交工作报告。

第七款 若党未在联邦大选中获胜,或在联邦大选之后的首次全国代表大会召开之前,领袖未表明不可撤销的辞职意愿,则在此次全国代表大会上有代表愿意参与领袖竞选时,将以无记名投票方式进行投票表决。

第八款 若发生以下任何情况,全国委员会应在随后最早的合适时间开展领袖选举程序:

1. 领袖死亡或辞职;

2. 领袖以书面形式向全国委员会主席提交辞职意向书;

3. 超过50%的投票人在依据第十条第六款召开的全国代表大会上对启动领袖选举程序投赞同票。

第九款 在执行领袖选举程序时,适用以下规定:

1. 党的国会议员应任命一名临时领袖,该临时领袖可行使领袖的所有权利和职责,直到新领袖选举产生。被任命为临时领袖的人不得作为候选人参加领袖选举程序。若已表明辞职意愿,领袖可以但不必须任命一名临时领袖。

2. 领袖选举组织委员会应为开展领袖选举程序制定相关规则和程序,包括争议解决程序。该争议解决程序的决议应是最终决定,而且具有约束性。

3 全国委员会应当任命选举组织委员会的主席与领导成员。

第十款 领袖选举应以各选区党员直接投票表决的方式进行，程序如下：

1. 党的所有党员都有一票；

2. 各选区将有 100 分；

3. 领袖候选人将获得一定的分数，具体分数根据其在各选区获得的投票百分比决定；

4. 要赢得领袖选举，候选人必须获得全国范围内一半以上的选票；

5. 投票将以选择选举制（采用单一可转换投票法）进行；

6. 领袖候选人有权在选票统计的各个阶段指派代表到场监督；

7. 在各轮投票中，加权结果和选区投票结果都应公开。

第十一条　附属机构

第一款　全国委员会可依据细则批准设立主席讨论会、青年组织、校园组织或其他附属机构并对这些机构的资格进行延续，且认可上述任何附属机构及其成员的权利和义务。

第十二条　投票、呈请书与普通投票

第一款　全国委员会可组织党员进行不具有约束性的投票。

第二款　禁止代理投票。

第三款　可通过以下方式启动全体党员投票：

1. 全国委员会提交呈请书，要求举行一次全体党员投票，该呈请书应由至少五个省的各5%以上的党员签字赞成；

2. 全国代表大会通过动议，该动议的通知应以细则或规则和程序规定的方式在会议召开之前发出；及

3. 全国委员会投票以三分之二多数通过动议，该动议的通知应以细则规定的方式提前发出。

第四款　只有成为党员至少已21日的人才有资格在呈请书上签字。要使呈请书为本条款目的生效，必须在90日之内获得所有必要签名。有关组织者必须立刻以书面形式，向全国委员会报告开始为呈请书收集签名的日

期。全国委员会可决定任何呈请书的有效性。

第五款 在收到一份有效的呈请书或全国代表大会和全国委员会通过的动议的120日内,全国委员会将负责举行全体党员投票,并采用不记名投票的方式进行表决。全国委员会应为举行全体党员投票制定相关规则和程序,以确保投票程序的公平、有效。

第六款 若至少三分之一党员参与投票,并符合本条款要求的绝大多数,则全体党员投票结果具有约束力。

第七款 只有获得党员资格超过21日的党员,才拥有在全体党员投票中的投票资格。

第八款 在全体党员投票中投票表决的所有事项都应采用决议形式进行,包括修订章程。

第九款 一项决议要得以执行,必须获得三分之二的多数选票,以及绝大多数省的绝大多数选票。

第十款 为本条款之目的,关于全体党员投票的一项细则或规则和程序可规定构成一个省的各个地区。

第十三条 政策

第一款 全国委员会应设立一个政策委员会,该委员会的职责将包括:

1. 督促政策执行过程的落实,并确保政策执行始终对党员负责;
2. 促进和支持党内政策讨论;
3. 确定需要进一步研究的政策领域;
4. 作为党员之间讨论政策问题的沟通渠道;
5. 在每次代表同意修改党的政策会议之后,整理全国大会所提出的修正案,并根据立法惯例校对文本中的数字、印刷、语法等错误,确保整理后的政策修正案以各自官方语言提交全国委员会后得到批准。

第二款 政策委员会的构成如下:

1. 全国委员会任命的一名主席;
2. 全国委员会主席;

3. 全国委员会选出的两名全国委员会委员；

4. 各省选区协会主席选定的两名省代表；及

5. 各地区选区协会主席选定的一名代表三个地区的代表。

第三款 全国政策委员会的任期始于选举和任命其成员，在向全国委员会提交第十三条第一款第五项所指的政策修改文本后终止；

第四款 在全国代表大会休会期间，党的临时政策应由党的国会议员和领袖决定。

第五款 党的国会议员和领袖决定的对政策声明的临时修改应获得政策委员会的临时批准，当全国政策委员会确认一项对政策方针的修正案后，全国委员会应颁布该修正案的政策声明。临时政策修正案的最终批准应在全国代表大会上进行，经过会议通过的这些政策修正案与其他决定即成为党的正式政策声明。

第六款 一项政策决议的通过必须获得绝大多数代表及来自大多数省份的代表的投票支持。

第十四条　国会候选人

第一款 全国委员会制定的候选人选举规则和程序适用于国家及选举层面的候选人选举委员会。在选区协会提交提名之前或之后，国家层面的候选人选举委员会有权拒绝批准任何人的候选人资格，但相关人员可向全国委员会提出上诉；全国委员会的裁定将是最终裁定，并具有约束力，该委员会可诉诸仲裁委员会，并由其工作小组作出裁定。

第二款 选举规则应规定，每个选区的候选人提名委员会应遵照规则要求，负责各自选区的候选人参选程序。

第三款 各选区协会应向该选区的党的候选人提供组织和财政支持。

第十五条　省级党组织

第一款 党不得设立省级党组织。党应促进并维持现有省级保守党机构之间的关系。

第十六条　章程修订

第一款 除第十二条规定的全体党员投票外，本章程可在全国代表大会上进行修订，由代表投票表决。为本条款之目的，一项细则或全国代表大会的规则和程序可规定构成一个省的各个地区。

第二款 以下机构可提议对本章程进行修订，该提议须经全国代表大会审议：

1. 全国委员会；

2. 来自至少两个省的任何四个选区协会，依据细则或全国代表大会的规则和程序规定的要求，在为该目的适当召开的会议上经全国委员会或上述选区协会的党员以多数选票通过。

第三款 任何所提议的修正案文本必须以细则或全国代表大会的规则和程序规定的时间和方式提交至执行委员。执行委员应立即在党的公共网站上公布其收到的所有提议的修正案文本。

第四款 依据全国代表大会的规则和程序且符合第十六条第三款规定，经事先通知，所提议的修正案须提交至全国代表大会进行投票表决。若该修正案是涉及章程修改的，还须获得至少来自100个选区协会的代表的签名支持，方可在此次全国代表大会上进行审议。

第五款 由于前全国党章委员会的授权将在30日之内结束，全国委员会应设立一个全国章程委员会，负责审议并提议章程修订案。该委员会的职责如下：

1. 提议启动党章修改程序；

2. 筹备和起草党章修改；及

3. 在每次代表同意修改党章的会议之后，整理全国大会所提出的修正案，并根据立法惯例校对文本中的数字、印刷、语法等错误，确保整理后的党章修正案以各自官方语言提交全国委员会后得到批准。

第六款

全国章程委员会的任期始于选举和任命其成员，在向全国委员会提交第十六条第五款第三项所指的综合党章修改文本后终止。

全国章程委员会的构成如下：

1. 全国委员会任命的一名主席；

2. 全国委员会选定的两名全国委员会委员；

3. 各省的选区协会主席选定的两名省代表；

4. 各地区的选区协会主席选定的一名代表，该代表代表三个地区。

5. 由领袖任命的在议会担任议员的本党代表一名。

第十七条　章程的执行和诠释

第一款　本章程的诠释和理解受《加拿大选举法》各条款约束。除非上下文另有要求，本章程中使用的词语和短句与《加拿大选举法》中的相关词语和短句具有相同含义。若本章程的任何条款和《加拿大选举法》或其他适用法律的条款之间存在冲突，则以《加拿大选举法》或其他适用法律为准。

第二款　全国委员会应为本章程下要求的任何通知制定规则和程序。

第三款　依据第十七条第一款的规定，本章程对党的所有事务具有约束力；若本章程与任何其他文件存在冲突，则以本章程为准。

第十八条　债务与偿还

第一款　当在其权力范围内行事时，任何党员、志愿者、官员、理事或党设立的任何委员会的成员都无需承担党的任何形式的任何债务、行动、主张、要求、责任或承诺。党和加拿大保守党基金应使上述任何人免于承担任何债务、行动、主张、要求、责任或承诺。

第十九条　争议解决

第一款　对于一个选区协会或附属机构及任何相关委员会是否符合本章程、细则或任何规则和程序规定的争议，该选区协会或附属机构的任何十名成员都可以书面形式向全国委员会申诉，但与领袖选举程序相关的任何争议除外。

第二款　全国委员会应任命一或两名委员对有关争议的实际情况进行调查，调查人员有权调解并尝试解决该争议。

第三款　若依据第十九条第二款任命的调查人员没有决定调解或未成功解决该争议，全国委员会应以书面形式委托仲裁委员会解决该争议。

第四款 全国委员会可将任何其他事务或各种类别的事务委托仲裁委员会的工作小组裁定，与领袖选举程序相关的任何争议除外。

第五款 在收到全国委员会的书面委托后，仲裁委员会应从其成员中选举出三名委员构成工作小组，对某项争议进行仲裁。

第六款 仲裁委员会工作小组的裁定为最终裁定，并具有约束力，且不因任何理由遭受申诉或复审。

第七款 对于仲裁委员会的任何工作小组的任何具体裁定，全国委员会均被充分授权执行该裁定。

第八款 仲裁委员会及其工作小组的一般规则和程序将由仲裁委员会决定，并须获得全国委员会批准。

（原文见加拿大保守党官网）

（孟宪良 译）

加拿大保守党修正案备忘录（摘译）

致：加拿大保守党的党员
全国委员会秘书：迈克尔·劳尔
日　　期：2011 年 11 月 8 日

依照选区协会章程第十四项条款之规定，在某些特定情况下，选区协会经全国委员会的批准，可以修订其章程。这项规定的目的是让各选区协会完善其章程以更好地反映当地情况，从而便于当地相关机构开展工作。全国委员会已经指派其秘书机构负责监督各选区协会的章程修订过程。

在各选区协会修订章程的过程中最为普遍的要求是，减少第七条第五款中 30 位当选委员的数目，以及第七条第六款中所规定委员所享有的两年公职任期。

全国委员会已经审核了这些不同的要求，这些要求是自 2009 年起在修订选区协会章程过程中，秘书处所收到的关于部分选区协会的修正案。

秘书处将考虑选区协会章程的第七条（关于委员会）和第八条（关于执行委员会）的修正案。秘书处还将受理来自在加拿大选举局所注册名称与章程第一条不相符的各选区协会对于第一条的修改请求。

由于以下原因，选区协会章程的其他条款不得被修改：（1）加拿大选举法的要求，（2）与党的章程保持一致性的要求，以及（3）与章程在全国范围适用的各项条款保持一致性的要求。

我们提醒各选区协会，所有修改要求应当包括一项关于对所提修正案的简短合理的解释。还有，修正案一经秘书处批准，必须在你们选区协会年会之前争取选区党员的认同。一旦有未能通过的情况发生，你们需要在本选区年会修改案通过后再重新提交秘书处批准。

致礼！

迈克尔·劳尔
——全国委员会秘书

第十四条　修正案

第一款　委员会或者选区协会的 25 名成员有权提出启动修订协会章程的动议。

第二款　委员会应该在距每届年度大会召开至少 45 日前，将修正案按照协会章程第十四条第一款规定的要求呈交全国委员会或者全国委员会的指派机构。

第三款　所呈交的文件应当包括所提交的修正案文本以及一项关于对修正案简短合理的解释；还有年度大会召开的时间、日期以及地点。

第四款　国家委员会或者其指派的机构可以批准、驳回或者修改所提交的修正案。一项被批准或者被修改的修正案也可以在下次年度大会上提出。

第五款　对协会章程进行修订的动议（包括所提修正案的文本在内），应当遵照协会章程第十二条所发布的声明。

第六款　提请修订协会章程的动议必须在至少三分之二的成员出席的年度大会上提出并获得三分之二成员的投票支持。

第七款　在修订协会章程投票结束后的 14 日内，协会应当将修订章程的结果，送呈国家委员会或者它的指派机构。如果可行，将协会章程以及其修正案的复印件一并送呈。

第八款 除非符合本章条款的所有规定,其他对于协会章程的任何修改皆为无效。

[此份备忘录将代替 2009—001 选区章程备忘录(2009 年 1 月 12 日发布)。全国委员会颁布当前 2011 年 11 月的章程(2006 年 9 月版本的修订版),文件公布在党的网站 www.conservative.ca:重要文件]

(孟宪艮 译)

保守党全国宪法和政策委员会选举规则与程序

2011 年 11 月 1 日

第一条 选举监察人

第一款 执行委员应当在由选区协会主席向国家宪法和政策委员会推选代表的选举中担任选举监察人。

第二款 选举监察人应当：

1. 监督选举过程以保证选举过程的公平、公正，并且符合相关规则和程序的要求；及

2. 在整个选举过程中保持公正立场。

第二条 代表

第一款 每个省选区协会的主席向国家宪法和政策委员会推选出的代表数目与该省在全国委员会的代表名额应该相等；

第二款 三个特别行政区选区协会的主席应各自向国家宪法和政策委员会推选出一名代表。

第三条 候选人资格

第一款 作为由选区协会主席向国家宪法或者政策委员会的推选代表，应具备如下资格：

1. 是所参选的省份或者三个特别行政地区的普通居民；

2. 于东部时间 2012 年 1 月 31 日星期二上午 8 点之前向选举监察人呈交一份本人亲笔填写的完整候选人申请（表格 A）。（渥太华，艾伯特街 130 号，C/O 丹希尔顿，1204 单元，邮政编码：k1p 5G5）

3. 提交在个人参选省份或三个特别行政地区中至少五名支持保守党加拿大居民的担保，担保是候选人申请的一部分；及

4. 作为候选人申请的一部分，在候选人申请书的指定地方填写申请人的名字、联系方式以及一份自我简介。

第四条　候选人认证

第一款　收到候选人申请后，选举监察人应当确认每一位候选人递交的申请是否完整（表格 B），如果候选人申请信息不完整，应当退回本人。

第二款　如果在 2012 年 1 月 31 日收到的候选人申请信息不完整，那么该候选人将丧失参选资格。

第三款　全国委员会的全国候选人选举委员会应当在 2012 年 2 月 15 日星期三之前认证所有符合第三条资格条件的候选人，并且应当通知选举监察人向所有资格的候选人送达一份候选人资格表（表格 C）。

第五条　名单

第一款　在 2012 年 2 月 22 日之前，执行委员应当向每一位候选人提供一份候选人参选省份的选区协会主席名单。

第二款　执行委员应当确保所提供主席名单的合理使用，名单包括主席的名字、住宅的邮寄地址、常用的电话号码以及常用的电子邮箱。

第三款　候选人应当保证这份名单仅用于国家政策委员会或章程委员会的参选，并且不得保留、复制或者在选举结束后散布这份名单。

第六条　投票程序

第一款　投票应当在选举监察人的监督下以电子投票形式进行。

第二款　选举监察人可以委任副选举监察人来协助监督投票过程。

第三款　在 2012 年 2 月 22 日当天或者之前，选举监察人应当认证选民名单，名单包括自 2012 年 1 月 31 日国家办事处档案所列举的各选区协会主席。

第四款 在 2012 年 2 月 22 日当天或者之前，选举监察人应当发给每位选民一份选民手册，应当包括以下条目：

1. 相关选举规则和程序；
2. 一份选民所在省或者三个特别行政地区中符合资格的候选人选票；
3. 一份参选人信息复印件（依照第三条第一款第四项提交）；
4. 投票指南。

第五款 手册所提到的第五条第四款部分中可以包含与党的活动相关的其他信息。

第六款 选民可以选出的候选人不能超过其所在省份（地区）的候选人资格人数。

第七款 东部时间 2012 年 3 月 30 日星期五上午 9 点，选举监察人应当宣布投票结束。

第八款 选举监察人和一名或者多名副选举监察人应当统计每一位正式候选人的得票数。

第九款 在计票结束时，选举监察人应当证明计票结果的有效性，并且向全部正式候选人以及全国委员会公布结果。

第七条 候选人退出

如果候选人亲笔签字的退出声明（表格 D），并在东部时间 2012 年 1 月 31 日下午 4 点 30 分之前送达选举监察人手中，那么退出声明应当予以受理。

第八条 争议解决

第一款 任何有关选举的争议应当：

1. 在东部时间 2012 年 4 月 11 日星期三下午 4 点 30 分之前，由正式候选人书面送呈全国委员会秘书处；及
2. 详述争议的性质。

第二款 委员会秘书处应当公断所提出的每件争议，并且所作出的任何争议判定都是不可更改的、具有约束力的，且不可上诉。

第九条 总则

倘若这些规则和程序与加拿大保守党的党章存在争议,应当遵守加拿大保守党的宪章。

(原文见加拿大保守党官网)

(孟宪艮 译)

加拿大保守党政策宣言

(2011 年 6 月 11 日全国代表大会修订)

基本原则

保守党将接受宪法和基于以下原则基础上的政策的指导:

1. 在财政政策、先进的社会政策和个体权利和责任之间进行权衡;

2. 建立一个国家人民的统一联盟,秉持共同的信念,包容加拿大文化和社会经济的多样性;

3. 壮大统一联盟,尊重传统,求同存异,为加拿大作为强强联合而成的联邦的理念而感到自豪;

4. 保守党将以一种高度的责任性和回应性为其成员服务,履行其应尽的职责;

5. 坚决效忠于在宪法、国会和法治原则下对国家进行管理的女王和加拿大联邦;

6. 坚信人人平等;

7. 坚信个体的自由权利,包括言论自由、信仰自由和结社自由;

8. 坚信君主立宪制、议会制度以及民主程序;

9. 坚信联邦政府体制可以最好地管理我们的多元化国家,坚信各省和各领地政府设置的合理性;

10. 坚决支持英语和法语在所有加拿大政府和议会机构的使用中具有同等的地位、权利和威望;

11. 坚信国家繁荣和人民幸福的最有效保障是:

(1) 拥有在竞争市场中追求自己合理合法的利益的自由;

(2) 拥有最大限度地享受自己劳动所得的自由;

(3) 财产权；

12. 一个负责任的政府必须在财政管理上精打细算，并应该受限于履行那些不能被个体或他人合理推卸的责任。

13. 认同个体应该负有供养自己、家庭和孩子的责任，同时也认同政府必须对那些要求帮助和怜悯的人作出回应。

14. 坚信加拿大及卓越领导管理下的联邦政府的目标是，创造这样一种环境，在这种环境下，个体的创造性可以得到回报，可以追求卓越和最大的善，个体安全和隐私可以受到保护，并且可以为实现自由竞争市场经济下的繁荣提供保障。

15. 坚决认同清洁的环境是我们遗产的重要组成部分，为了下一代的利益我们应该保护我们的环境。

16. 赞同加拿大应该承担其在国际社会中的责任。

17. 坚信一个好的、负责任的政府应该是心系人民的政府，作为人民代表的政府职员应该时刻秉持道德、忠诚正直、心系全体人民的最大利益。

18. 赞同国人无论有无支付能力均能享受高质量的医疗保健服务。

19. 坚信在全球自由公正的贸易体制下，可以最大限度地实现社会和经济目标。

保守党政策宣言

（A）政府的角色

1. 政府的角色

保守党认为政府的角色是：

(ⅰ) 保护公民的生命和财产安全；

(ⅱ) 确保机会均等；

(ⅲ) 形成一个利于个体成功和个体积极性充分发挥的环境；

(ⅳ) 确保国家的边境安全和公民在国内外的安全；

(ⅴ) 向国人提供个体或私人部门不能有效提供的服务；以及

（ⅵ）维护和加强国家基础设施建设。

（B）政府责任

2. 行政部长的责任

议会政府的一个根本特征是内阁向议会负责。保守党坚决执行政府向议会负责的议会法则。我们认为部长应该继续拥有权力并对其执行的政策和所在部门的行政行为负责。

3. （提供）卓越的公共服务

保守党深信每一个加拿大国民都应该享受到一个高效、优质和公正的专业公共服务。我们认为政府应该制定一个检举保护法以确保那些检举腐败以及其他违法行为的公民能够免于遭到报复。我们将继续支持任何有利于提高公共服务效率和问责的措施。

4. 健全的财政管理

保守党认为：

（ⅰ）政府应该继续加强政府的内部审计和和审计长的职能，确保公共项目的提供与其初衷保持一致。一旦财政支出有违原有目的或成本超支，政府立即通知议会以得到及时的关注；

（ⅱ）财政委员会赋有审计的责任；

（ⅲ）在议会会议之外，审计长应在下议院秘书的协助下撰写报表，并通过发言人将之公布于众。

（ⅳ）政府在向审计长提供所有联邦机构（包括所有代理机构、皇家公司、加拿大退休金计划投资委员会，以及基金会）的所有材料时，应确保政府财务状况的透明性和精确性，并保守财政机密。

5. 政府重复和浪费

保守党认为政府应该保证执行过程的精细化从而确保公共服务提供的流畅性，消除政府各层级之间、联邦政府部门之间和部门内部的浪费、不必要的职能交叉和职能重复。

（C）民主改革

6. 议会官员

保守党认为高级官员，包括审计长、总选举事务主任、总审计长、道德专员、信息专员、隐私专员等，均应由议会任命并向议会报告。

7. 自由选票

保守党深信通过允许自由选票可以重新恢复众议院的民主责任。

（i）除了预算、重要的评估以及核心政府倡议之外，所有选票都应是自由的。

（ii）对于道德良知的问题，诸如堕胎、婚姻的定义，以及安乐死问题，保守党承认党员个人固有信念的多样性，议会成员在与其选民磋商后有权坚持他们的立场并（不受党派约束地）自由地进行投票。

8. 最高法院法官的任命

保守党认为加拿大最高法院的候选人在接受下议院司法委员会的认可之后，应该通过议会自由投票的方式再对其进行定夺。

9. 参议院改革

保守党支持参议员的选举。

（i）保守党相信一个（地区参议员人数）均等的参议院可以解决加拿大人口分布不均的问题，通过保持（议员人数和地区人口）的平衡确保地区利益的实现。

（ii）我们相信任何省份或区域的人民都可通过民主选举决定有资格成为参议员的人数，（如果）参议员职位仍有空缺，政府应该为该省份或领地继续进行选举活动，从已经提名的候选人之间进行选择以填补空缺。

10. 选举改革

保守党相信在一个健康的民主体系中，对选举体制可能的变革进行讨论是非常有价值的。

（i）在审视选举体制改革的众多选择中，我们认为政府不应该采用任何将削弱议员与其选民关系的，制造大量无法处理的问题的，或者任何将加强政党机器对议会成员控制的任何新的选举体制。

（ii）在实行任何新的选举改革倡议之前应举行全民公投。

（iii）在以前的联邦选举中，向联邦政党公共募集的每张选票1.95美元的年支付金额应立即予以取缔。除包含在当前的加拿大选举法案的资金之外，不能向联邦政党提供任何额外的公共资金。

11. 司法独立

保守党相信建立一个独立的司法机关是国人反对任何专制权力的自由的重要保障。

12. 议会、法院和法案

保守党坚信，议会而不是法院，是加拿大法律制定的主体。

（i）我们支持议会司法审查委员会的建立是为了对某些法院的决定作出合理的回应，这些决定在议会看来是有必要通过立法来予以解决的。

（ii）我们重申《权利和自由法案》全部内容的合法性，包括第三十三条（尽管已经有条款规定）。

（iii）我们支持通过立法将加拿大人权委员会和加拿大人权法庭的权力转变为管理、受理、调查或裁定与《加拿大人权法案》第十三条有关的投诉。

13. 财产权

（i）保守党认为政府应该努力使各省在修正宪法以包含此项权利上达成一致意见，同时保证任何人不能在没有任何正当的法律程序和全面、公正与及时的赔偿的情况下，其正当的权利被剥夺。

（ii）我们相信政府应当颁布法律以确保由于联邦政府的倡议、政策、过程、规定或法律的原因被剥夺了个人或私有财产的公民，能够得到全面、公正和及时的赔偿。

（D）开放联邦制

14. 联邦制

保守党支持联邦政府与省政府和北方领地政府之间保持结构上的平衡。

（i）保守党诺守联邦法则和强大省份的信条。我们相信政府应该和各省通力合作以改进加拿大人民的生活，同时尊重加拿大宪法对于权力和责任的划分。

（ii）我们认为联邦政府对各省的财政支出的权力应当受到限制，并且如果某些省份想要从专属区域或共管区域的联邦政府的新的或修正的项目中退出的话，他们在全面赔偿的条件下有权使用退出权。

15. 联邦改革

（i）保守党认为政府应该考虑改革加拿大联邦体制，并考虑以下因素：

a）巩固魁北克省在联邦的地位，因为该省并未签署 1982 年宪法法案；

b）减少西部地区公民与联邦的疏离感；

c）与土著居民建立长期的合作关系的重要性。

（ii）我们相信新的联邦议事会是加拿大处理府际关系的一个重要创新，它有望提高政府间的合作，并同时尊重了联邦内部地区间的多样性和灵活性。我们支持联邦议事会的工作，并鼓励发展有助于省份间信息共享的更好的方法。

16. 财政失衡

保守党认为自 2007 年预算以来的财政平衡必须继续维持。

（E）财政

17. 预算平衡的立法

保守党认为政府应该颁布财政预算平衡法，包括重新考虑国家紧急状态的宣布情形或者其他定义的、发生可能性较小的环境。

18. 债务偿还

（i）保守党认为政府应该继续即时支付国家债务从而减少利息支付，这也是联邦在预算方面的最大的承诺。

（ii）我们支持财政盈余的大部分用于偿还债务的债务偿还计划，从而使我们的债务率尽快地控制在20%之下，从而有更大的灵活性来处理加拿大老龄化带来的财政压力。

19. 简化税务代码

保守党认为政府应该简化收入税法案，移除多年来已经逐渐累积的复杂性，简化收入税形式。

20. 税收减免

（i）保守党支持当前和长期的广泛的税收减免。减少个人收入税是保守党的首选，因为它能增加加拿大公民的家庭收入，并提高其生活水平。

（ii）我们鼓励政府继续减少营业税。减少营业税可以鼓励国内外的商业投资并为加拿大居民提供更多更好的工作机会。较低的营业税带来越多工作机会的同时，也会给退休金计划的成员以及那些拥有注册退休金储蓄计划、共同基金和普通股份的人们带来更大的收益。

（iii）我们认为政府应该减少资本利得税，免除资本利得再投资的税收。较低的资本利得税可以促进储蓄和投资，这意味着可给加拿大商业带来更多的商业资本，为加拿大工人带来更多的工作机会，为加拿大投资者带来更大的回报。因此，我们支持一些新的举措，在这些举措里，日益增长的小型企业的雇主、农民、林地运营商和渔民可终身豁免资本利得税。

（iv）我们认为工资税不应该超过合理的失业保险金的数量。因为过高的工资税实际是在向工作机会的创造征税。较低的工资税可以鼓励就业和业务的扩展。

（v）加拿大的税收系统必须建立在公平的基础之上。基于此，我们鼓励政府继续消除诸如避税天堂的使用的漏洞，这促使许多公司逃避支付加拿大税收。保守党支持所有征税必须公平和合理的理念。政府应该努力消除课征双重税的现象。

21. **家庭资助**

保守党已经认识到支持家庭和孩子的必要性。我们认为，加拿大日益减少的出生率可以通过减少那些希望开始和增长家庭成员的人所面临的阻碍因素来解决，从而确保社区福利和长期的持续发展。

（i）我们通过消除单职工和双职工家庭的不平等来支持税收公平原则，同时支持引入非独立子女的税收减免政策。

（ii）我们支持修正所有税收的不足，包括那些在家照看孩子的人。这意味着我们认识到了父母在家照看孩子的经济价值，并支持税收公平措施的引入，例如考虑在有孩子的家庭里，将收入在夫妻间进行分割。

（iii）我们也发现许多老年人依靠单职工收入维持生计，因为其中一位需要待在家中照看孩子。老年人应该享受公平的征税原则，消除退休后单职工家庭和双职工税收的不一致。

（iv）保守党意识到了家庭照料者的价值，支持提供家庭照料家庭的税收减免政策。

22. **支出控制**

（i）保守党认为政府应该加强对财务欺诈的刑事处罚，包括对税收收入的不当使用。

（ii）保守党认为政府应该引入项目评估机制以确保政府所有主要的财政支出项目能够定期地被独立地评估。这将能确保政府优先目标的实现以及实现金钱的真正价值。

23. **均衡化**

均衡是加拿大立国之本的一部分。保守党认为省份和领地应该根据征税水平的多少提供与之相当的公共服务。因此，我们支持均衡原则以及对每一个行政区域公平并能刺激该地经济增长的领地财政均衡准则。

24. 货币政策

在全球化背景下，保守党支持稳定和可预期的货币政策，以为加拿大创造一个积极的投资和经济增长环境。

（F）经济发展

25. 经济原则

保守党认为：

（i）政府的责任是创造一个有助于国人生存和发展的经济环境，从而为国民创造更多优质的工作机会。

（ii）在最大化附加价值的原则之下，政府应该创造一个有助于加拿大企业出口产品而不是原材料的经济环境。

（iii）公民持有美元远比政府持有美元要好得多。和我们的主要合作国一样，加拿大国民应该享有更高的生活水平，一个更具竞争力的经济和更高的生产能力。

（iv）加拿大在世界的竞争地位绝不应该因政府缺乏道德而受到影响。

（v）降低税收和减少政府对经济的干预将有助于提高国人的购买力，从而导致更具竞争力的经济，更高的生产效率，更多优质的工作机会以及更高的生活水平。

（vi）政府应采纳更加积极的管理改革进程以消除繁文缛节。

（vii）政府应采取以下措施加快加拿大经济增长率的提高：

（a）通过更好的中等、高等以及职业培训教育以及吸引技术人才移民来增加人力资本；

（b）通过加大研究和开发，加强资本投入和技术高端产品的使用，促进中小企业的效率和创新。

26. 工业发展

（i）保守党支持减少营利性企业的补贴。我们相信依照自由和公平的贸易协定，通过促进竞争、改进生产效率、简化监管和加强创新可以促进经济增长，从而使之有可能减少甚至取消对营利性企业的补贴。

（ii）我们认为政府应该与国际组织和个别国家通力合作，从而减少保护主义政策，确保自由贸易协定的正确实施。我们协商的目的是通过允许加拿大制造商在公平的竞争环境中参与竞争并在竞争中取胜，从而确保协定有益于加拿大制造商。任何情况下如果贸易行为会产生负面影响，但同时在这种情况下我们仍然有机会获胜，或者可以扭转这种行为，那么政府应该暂时支持这个行业的发展直到贸易行为得以纠正。

（iii）我们支持修改《加拿大投资法案》以进一步加强评审的过程，这不仅包括审视工业、经济和文化政策对加拿大的益处，也包括对国家安全利益的考虑。其中包括供给安全、技术转移安全以及任何反垄断条款的安全。

（iv）我们支持加拿大皇家公司的私有化，以使其能直接与服务堪与皇家公司相比的私营企业进行竞争。

27. 科学、研究和开发

（i）保守党支持单权威或单窗口的建立，用以根据公开的指导原则对较大的科学工程进行检查评估。这些类型的工程师经常与官僚机构相联系，因为在现存体制下，他们必须从大量的部门和机构中获取基金。单窗口的方法将会对研究团体更加透明，同时也利于对加拿大纳税人更加负责。

（ii）我们支持首席科学专家职位的设立，该职位主要就科学问题向议会进行建议和报告，并帮助协调政府内部和国际间的科学政策。这个办公室将效仿英国议会科技办公室来进行设置。首席科学家们将由议会授权，对与科学技术相关的公共政策问题进行独立的分析和权衡。评估信息将向国会议员和加拿大人公开，从而作出明智的决定。

（iii）我们支持通过补助理事会筹集科学、技术和创新的资金。我们支持有竞争性的同行审查，对接受理事会拨款的人选问题上提高其透明度和责任性。

（iv）我们认同私人部门在商业应用的研究和开发方面投资的重要性。

我们看到科学研究和实验开发方面的税收抵免在促进私人对科学研究和开发的投资方面已经取得了成功。政府应该与所有科学研究领域和各行各业的利益相关者进行合作以进一步扩展税收抵免。我们支持取缔科学研究和实验开发方面的资本税，并减少在这方面的资本利得税，因为税收抵免的有效性取决于资本和投资的税收水平。大体上来说，我们认为政府应该在科学研究和实验开发方面提供更多的税收激励。

28. 外资所有权限制

保守党支持，与我们主要的贸易合作伙伴保持一致，在远程通信、广播分布和航线方面放松对外资所有权的管制。我们认为政府应该立即进行复审以决定是否减少或完全移除这些管制。

29. 基础设施

（i）保守党认为政府应该将联邦汽油零售税的一部分转移至各省和各领地以筹集基础设施建设的资金。

（ii）为扩大政府对基础设施建设的直接支持，保守党支持使用P3筹资模型来扩展和加速加拿大基础设施的更新。

30. 金融机构

保守党认为，政府应该通过促进竞争以及确保金融服务机构受到合理的监管，并使之在稳定性和成功与增长的可能性方面进行权衡，以保护消费者的最大利益。

31. 国家安全规制

保守党认识到有效的资本市场对加拿大的繁荣昌盛是非常重要的，一个拥有强大的强制权力的独立的国家安全监管者是打击白领犯罪和保护国人储蓄和投资的最有效方法。我们认为政府应该与各省和各领地通力合作以建立这样的规制者职位。

32. 劳工

（i）保守党支持工人拥有民主地组织、集体谈判和尊重私有财产的和平罢工以及决定不参与的权利。工人不能因没有参与而受到惩罚。

（ii）我们认为政府应该与工会和雇主合作在联邦管辖范围内发展一个争端解决机制以使工作纠纷的损失降到最低或消除。

（iii）保守党支持工会工人有权在罢工方面进行无记名投票。

33. 地区发展

保守党意识到，地区发展政策是支持加拿大地区迎接全球经济发展机遇的任何一个综合战略的重要组成部分。地区发展机构，如加拿大大西洋机遇署（ACOA）、WED、FEDNOR 和 CED-Q，必须去政治化并且致力于吸引新的私人部门投资。

34. 知识产权—专利立法

保守党支持创建一个程序，允许有 20 年专利保护期的专利持有者获得由于政府审批而耽误的时间补偿。

35. 版权立法

（i）保守党认为版权立法的目的应该是：

（a）最大限度地为加拿大的创造者提供享受他们劳动成果的机会；

（b）确保加拿大创造者的权利受到法律的正当保护；

（c）平衡著作权与公众使用这些著作权的成果来进行教学、研究和终身学习的机会；

（d）继续允许个体限于个人使用目的的对音乐作品的录音和光碟的拷贝；

（e）版权法执行应公正合理并与国际标准保持一致。

（ii）我们相信通过合理的渠道获得版权作品对加拿大教师和学生的学习是十分必要的。获得版权作品可以丰富终身学习的生活，而且其也是创新型经济的一个重要组成部分。

（iii）我们认为政府应该考虑在版权框架下的教育公共政策的制定，与相关行业合作增强版权意识，并发展一个公共教育计划以使版权作品的作者和使用者都能很好地了解加拿大的版权法。

（iv）我们支持取消对空白录音材料征收税收。

36. 北部发展

（i）保守党深信北部三个领地的经济发展，以及确保他们与联邦政府即时拥有一个资源收益分享协议是十分重要的。

（ii）我们决意将负责北部发展的加拿大印第安和北部事务部的职能转交给三个领地政府、土著居民政府以及那些有必要设立一些联邦机构的地方。北部地区将自己决定自己的未来，我们致力于逐步地将渥太华的决策权回归这些领地。

（iii）我们支持科学基础设施的投资用于对北极的科学研究，从而增加对北极地区知识的了解。

37. 北极主权

保守党相信声明加拿大在北极地区的存在需要加拿大北部地区政治和经济的共同发展。我们认为政府应该：

（i）与领地合作以使管制程序更加顺畅化；

（ii）对这些领地进行战略投资，尤其在交通基础设施建设方面；

（iii）及时跟踪加拿大印第安和北方事务部和其他联邦机构向北方领地移交"省份类型"职权的过程。

（iv）与育空、西北领地和努勒维特通力合作，通过清晰、有效和一致的规则维护和保持加拿大北极地区的主权，以及通过整合一致的资源管理方法满足对北极地区日益增长的探索、开发和海上交通的需要。

38. 长期的能源框架

（i）保守党认为由于拥有丰富的石化燃料资源、铀资源、可再生的生化燃料资源、水力发电，以及一些世界上最好的风能发电系统，加拿大具有自然资源方面的经济优势。我们认为政府应该制定一个可再生和不可再生能源的框架，框架的制定有助于满足我们长期的国内和出口需求，并在该框架内考虑我们应该承担的义务。我们认为加强能源市场的整合将有助于确保加拿大能源供应更大的可靠性。我们鼓励政府探索减少能源产品地区壁垒的方法。加拿大政府应该领导并与各省和各领地政府密切合作，在基于加拿大所有公民最大利益的基础上实现能源目标，在能源基础设施方面产生积极的影响，并通过消除省份之间和国际之间的能源贸易壁垒实现能源供需平衡。

（ii）我们继续支持开发石化燃料，加快管道建设，提高运输效率，改进工厂以提高能源转化效率和减少污染物和温室气体的排放。

（iii）我们支持核能开发和与之相关的行业的建设，以为加拿大人提供能源并减少对环境的消极影响。

（iv）我们认为政府应该支持和鼓励私人部门发展能源和燃料的可替代资源，包括：风能、太阳能和地热资源；发展可替代的运输燃料，包括从油料作物种子中提取的生化柴油、从生物质（植物材料或动物粪便）和有机废物中提取的甲醇、乙醇和甲烷；发展燃料电池科技以及使用氢气作为运输燃料。

39. 矿业

保守党支持为矿业未来的发展制定积极的政策，如加大在地质科学项目和研究方面的投资以及简化与之相关的行业的规制过程等。

（G）贸易

40. 国际贸易

保守党认为政府应该与各省合作并承担领导角色，以消除在各省间存在的交通、商业、劳动力和资本流动方面的贸易壁垒。

（i）我们支持为现存的贸易相关的工作提供更多的安全保障。为了创造新的就业机会，我们的贸易计划将致力于丰富出口产品的种类和刺激出口市场的多样化。通过制度化的贸易体制，我们强调安全进入国际市场的重要性。我们认为作为一个自由的贸易国家，加拿大应该努力最大化我们的利益，并注重与北美之外的其他国家建立贸易关系。

(ii) 在未来的贸易谈判中，我们认为政府应该

(a) 全力推进国际贸易壁垒的减少和关税的降低；

(b) 在规定时间内，努力消除扭曲贸易的政府出口补贴；

(c) 寻求出口补贴组成的明确定义。

(iii) 我们支持通过注重新兴市场贸易关系的发展，政府努力发展新的加拿大商品和服务市场。

(iv) 淡水资源被一致公认为加拿大未来的关键资源。我们认为应该对我们淡水资源的长期安全和保护进行调研研究，以证明它们是否可以作为商品进行出口。

(v) 我们认为政府应该通过减少或消除商品、服务和人们在边境有效流动的障碍因素，从而使边境贸易的利益最大化。政府也应该致力于标准协议的制定，从而确保穿越边境的旅行者的低成本和便利性。

41. 省际间贸易

(i) 保守党认为政府应该与各省合作伙伴一起带头消除在各省间存在的交通、商业、劳动力和资本流动方面的贸易壁垒。

(ii) 保守党认同和支持个人在一个省份或领地通过公认的认证过程获得的专业认证资格，可赋予其在任何其他的省份或领地工作的权利。进一步来说，我们也支持和鼓励各省之间在认证过程标准方面的合作。

（H） 交通运输

42. 交通运输准则

保守党认同一个现代的高效的交通运输系统是完善的加拿大经济的重要组成部分，它对于加拿大在国内和全球市场的竞争力具有十分重要的意义。

(i) 我们支持公私部门共同投资交通基础设施的建设，并将此作为改进和维持世界级的交通运输系统的一种途径。

（ii）我们相信确保残疾人在交通运输设施的可进入性是未来公共交通或私人交通建设的一个首要考虑的因素。

（iii）我们主张减少或消除与加拿大国家交通系统相关的联邦政府收费、税收、租金、隐性费用以及其他方面的收费。

（iv）我们认为改进边境通道和减少边境拥堵是政府一个重要的持续努力的责任。我们也认识到提高安全和改善与美国关系的需要，同时有必要对北美周边边境进行研究。

（v）我们认为政府应该承担在所有可能进入加拿大的地点中进行海关检查而产生的费用。

（vi）我们认为政府应该改进边境通道，减少交通拥堵进而方便货物及时运送。

（vii）我们认为政府应该改进加拿大交通运输系统的安全性，包括港口和海洋设施。

43. 航空运输

（i）保守党认为政府必须协商制定在"领空开放"方面的互利互惠的协定，这符合加拿大人的整体利益。

（ii）我们支持加拿大机场当局公司治理方面的强大的问责机制。

（iii）我们支持航线的确定由加拿大航空管制公司全权代理。

44. 陆路运输

（i）保守党认为政府应该与各省合作，将联邦燃油消费税作为筹集资金的一部分，利用这些资金收益以实现一个真正的"国家公路系统"的目标。

（ii）我们认为政府应该与各省和各领地合作以形成一个整合的交通运输系统。

（iii）我们认为，为了减少在十字路口上的汽车和火车相撞的交通事故，政府应该继续确保铁路业主在确保十字路口的顺利通畅和侧反光板在火车车厢的安装方面承担更多的责任。

(Ⅰ) 环境

45. 环境准则

为了拥有一个强大的经济以及维持公众的健康,加拿大必须拥有强大的、协调的和可实现的环境政策。保守党相信环境的合理利用、开发、保护和更新对国家和人民的福祉是非常重要的。

(ⅰ) 保护环境和创造就业机会有时会存在冲突,我们认为政府的一个责任是适当地平衡这种冲突。

(ⅱ) 我们认为所有有关环境和能源的倡议都应该被重新审视。

(ⅲ) 我们认为一个在气候变化方面有效的国际减排制度,必须是全球性的,并且包括对所有主要排放大国具有约束力的目标,包括中国和美国。

(ⅳ) 我们认为政府应该创设一个项目,以提高公众对环境保护的经济效益的意识,从而最大限度地减少资源的浪费。

(ⅴ) 我们认为加拿大应该创建一个税收抵免的项目以促进在交通领域、企业创新以及其他方面的环境解决方案的出现。

(ⅵ) 我们认为联邦应和领地政府共同投资以研究和解决北部地区气候变化适应性的问题。

46. 清洁的空气和温室气体减排

(ⅰ) 保守党支持通过立法限制气体污染物如氮氧化物、二氧化硫和挥发性有机化合物的排放,并支持采取行动将来自工业的空气污染在2015年前降低一半。

(ⅱ) 我们支持强制使用与石油同等功效的可再生的燃料资源,并支持制定更为严格的汽车燃料消耗量标准。

47. 可替代能源和传统的燃料

(ⅰ) 保守党认为政府应该鼓励使用可替代能源(如风能、太阳能、地热等),过渡期燃料(如生物柴油、乙醇、天然气等),发展氢气成为燃料。传统燃料来源的高成本以及出于对污染的考虑,使得这些能源来源显得十分必要。

（ii）我们认为政府应该提高能够带来更为清洁的环境的节能措施的税收激励。

（iii）我们认为政府应该与各省和各领地合作，鼓励发展生态回收工厂，其可通过焚化炉收集废气并将之转化为能源。

48. 受污染的场地

（i）保守党支持与各省、各领地以及各城市合作为受污染场地的清理提供长期稳定的资金支持。

（ii）我们认为政府应该继续消除削弱私人部门清理和开发污染土地积极性的障碍因素。

（a）修订《收入税法案》，允许治污或改造费可作为收入税的一部分进行扣除。

（b）引入立法，终止对污染地改造或修复发布批准书的监管责任，从而鼓励对棕色地带的改造，除非在紧急状态下或者为防止欺诈的情况下该项规定才是可逆的。

（c）创建一个用于职位责任保险索赔的保险基金。通过保险、再保险和所有权的多元化，有利于开发风险的分散化和量化管理。

（d）为私人部门治理污染土地提供经济激励。

49. 近海资源的开发

（i）为了保持加拿大的经济、社会和环境效益，保守党认为政府应该鼓励探索和开发所有海岸沿线的近海资源。这需要与各省和各领地、受影响的土著民族、私营工厂，其他相关的企业，以及科学和环境团体合作才能实施。

（ii）我们认为企业应该遵循最佳实践和预防原则，从而降低环境风险。

（iii）我们认为政府应该通过独立的监管过程，确保对这些自然资源探索和开发的安全以及环境责任。

（ⅳ）我们认为政府在制定新的海洋保护区域的时候应该考虑这些资源的潜在收益。

（ⅴ）我们支持确保开发风险和开发收益信息的精确性和完整性，并使公众可以获得这些信息。

50. 水资源—北美五大湖

保守党相信政府应该：

（ⅰ）继续与美国和各省合作解决对我们共享的资源、北美五大湖和圣劳伦斯河流域的可持续造成威胁的问题。

（ⅱ）解决对共享资源造成威胁的问题，包括水位、入侵物种、污染和其他对旅游资源、生活条件以及区域内居民的经济福祉造成威胁的因素。

（ⅲ）提供充足的资金从而实现对这个地区的承诺，这个地区是1600万加拿大居民的家园，也是清洁的空气、饮用水、食物、居住、医疗、就业和娱乐的重要来源地，同时也是加拿大最大的工业集聚地。

（ⅳ）制定长远的目标，使之在该流域范围内付诸具体的计划；使用一个在该流域范围内长久持续的方法来解决遍及这个区域的问题；理清联邦政府和省政府的责任；认识到省的宪法责任。

51. 不合法的石油泄漏

（ⅰ）保守党认同下列行为：

（a）扩大对石油泄露的监察；

（b）禁止船舶进入敏感海域；

（c）制定法律要求船舶经营人对船舶的废物排放负责；

（d）鼓励在港口倾泄废物，而不是在我们的水域里。

（ⅱ）我们支持加拿大对不合法的石油倾泄的罚款，每年在加拿大海岸线一次的石油倾泄可以杀死成千上万的海鸟。船舶经营者一旦被发现存在违法的石油倾泄，将面临刑事诉讼，并将被禁止进入加拿大流域。

52. 地下含水层的勘测

保守党支持制定长期的发展计划：与各省和各领地合作制定一个可以

定义重要和关键的含水层的目录，制定旨在保护加拿大主要含水层质量和可持续性的政策。随着加拿大地下水资源的日益枯竭带来的威胁，我们将面临日益增长的了解含水层范围和补给作用的需要。

53. 水生入侵物种

（i）保守党认为政府应该与各地方政府、省政府以及国际政府合作，强制执行当前对压舱水管理实践制定的自愿指导原则，确保所有载有压舱水的船舶都能严格执行该原则。

（ii）我们认为政府应该确保所有往来加拿大水域的船只在建造后的一定时间内拥有适当的压舱水处理技术，并提供经济激励措施，这将使船舶所有人和经营者获得一定的回报从而改进压舱水处理技术。这些措施将利于阻止外来水生生物的引入和扩散，这些生物会严重损害生态平衡并威胁加拿大依赖水资源为生的群体的经济收益。他们也将减少处理、封养和控制这些入侵物种的成本，解决入侵物种的努力是大量的，并且一般由当地居民来承担而不是由造成这个问题的行业来承担。

（J）健康

54. 医疗保健

保守党认为所有的加拿大人不论他们的支付能力大小都应享有及时、优质的医疗保健服务。

（i）各省和各领地应该保证最大限度的灵活性，从而确保在一个统一的公共医疗保健系统内提供必要的医疗保健服务。我们支持在加拿大医疗法案增加第六条准则从而提供稳定和透明的联邦资金。政府应该以合作和建设性的方式与各省一起开展工作。

（ii）在执行医疗保健服务过程中各省和各领地的灵活性，应该包括公共部门和私人部门提供医疗保健服务的平衡。

（iii）政府应该与各省和各领地合作共同制定国家质量指标和目标。

（iv）政府应该与各省、各领地以及专业医疗团体合作，增加对医疗保健服务短缺的地方的服务提供。

55. 医疗保险审计

在首席精算师办公室之下，保守党支持社会审计的理念，以帮助加拿大国民和政府评估医疗保险工作的好坏。这个审计包括在项目设计和医疗保健财政问题上提供精算建议。

56. 健康提升

保守党已经认识到了健康的生活方式和疾病预防在提高国人健康和促进国家医疗保健体制可持续方面的重要性。

57. 保护高危条件下工作的工人

保守党认为政府应该与各省和各领地通力合作，在修订劳动法案中有关高危工人对于自己何时已经暴露在传染性疾病的环境具有知情权方面达成全国性的一致意见。这些高危工人包括监狱警卫、执法官员、医疗看护人员、内科医生或其他医疗专家等。该知情权超过了受感染患者保护个人隐私的权利，应该与暴露在有毒物质环境中的工人的权利相对等。

58. 医疗科学研究、开发和创新

保守党已经认识到了医疗科学研究在提高国人健康方面的重要性，在医疗领域科学研究也是一个极富活力的经济部门。

（i）我们鼓励各级政府塑造一个有利于医疗科学研究和医疗保健新技术开发的环境，这部分程度上需要联邦政府一定的资金支持才能实现。

（ii）我们认为政府应该支持那些将减少医疗等待、改进看护质量以及促进医疗保健服务更加有序和利于信息共享的项目建设。

（iii）保守党政府应在与各省、各领地磋商后，将最新的研究进展公布于众，以使所有国民都能从最新调整的、现代的、高效的、可持续的医疗保健系统中受益。

59. 药品

（i）保守党认为加拿大药品立法应该在鼓励药品开发和确保药品价格合理之间进行平衡。我们相信这种平衡，部分可以通过坚持药品20年专利

保护的国际标准来实现。

（ii）我们认为不能有一个人因为未知的疾病或高昂的药品而失去生命。

（iii）我们支持在确保病人安全的情况下加快药物使用的批准过程。

60. 天然健康产品

在适当的保护公共安全的措施下，保守党支持提高国人选择天然健康产品和辅助治疗的自由。

61. 辅助人类生殖和相关的研究

保守党认识到出台相关辅助人类繁殖和相关研究联邦法律的必要性。这个领域应该在尊重人类个体、整体、尊严和生命的原则下进行管制。考虑到使用人体胚胎带来的道德和科学问题，我们支持在最初的三年内禁止胚胎研究，并呼吁联邦政府鼓励相关机构集中进行更有前景的成人（产后）干细胞的研究。

62. 堕胎立法

保守党政府将不支持任何有关管制堕胎的立法。

（K）社会政策

63. 社会的大政方针

保守党致力于建立一个强大有效的医疗保健系统、充足资金支持的中学后教育（译者注：多指大专和大学教育）和有效的安全保障系统，以保障加拿大国民有能力面对生活的各种挑战。我们认为政府应该与各省、各领地通力合作，稳固加拿大的社会结构，从而提高所有加拿大国民尤其是儿童、老人和残疾人的生活质量。

64. 中学后教育

保守党支持通过尽可能地消除中学后教育的各种障碍来最大限度地增强教育的可进入性。根据学生入学人数的多少将财政资金转移到各省和各领地。我们强烈地认同省级政府应该受到尊重，但是联邦政府必须在解决学费和标准问题上发挥积极作用。

（i）我们支持将中学后教育资金从加拿大社会转移支付计划中分离出来，建立一个独立的教育转移资金项目。转移资金设定一个基础水平，然后根据通货膨胀的程度和人口数量的增长逐渐增加。中央应该与各省和各领地共同协商该转移资金项目，以确保资金确实用于中学后教育。

（ii）我们认为政府应该确保将来对奖学金和助学金不予征收税款，该免税政策曾在2006年实施过。

（iii）保守党认同对学生进行资助，并给予学生贷款额外八个月的利息减免政策从而使学生更好地适应不断变化的市场环境。

65. 学生贷款

保守党认为国人可以通过学生贷款项目筹集所需资金从而享受中学后教育。该项目主要以学生为服务对象，目的是为了提高所有学生（获得中学后教育）的可能性。

（i）保守党支持，在评估学生贷款条件时，消除通过评估父母收入和财产的方式来评估（学生贷款的可能性），而应建立一个基于学生个人资源的贷款应用模型。

（ii）通过执行按收入比例还款（Income Contingent Loans）以及给予研究生更优厚的利息率，我们支持在偿还联邦政府学生贷款方面给予学生更大的灵活性。

66. 失业保险

保守党支持建立一个独立的失业保险系统，自主核算并由雇员和雇主共同管理，剩余的资金可以用于增加工人福利或者减少将来的支付。

67. 家庭和婚姻

保守党认为家庭是个人生活和社会发展的必要组成部分，因为孩子在家庭中塑造价值观和形成责任意识。因此政府立法和项目应该支持和尊重家庭的重要性。

（i）保守党认为父母有权利和责任根据自己的道德原则和信仰抚养自己的孩子。任何人、任何政府或任何机构无权干预该责任的履行，除非通过正当的法律诉讼程序。

（ii）保守党认为，婚姻的定义不应该由法院来决定，而应该由议会通过自由投票来定夺。

（iii）保守党支持将婚姻定义为一个男人和一个女人的结合的立法。

（iv）保守党支持宗教组织有拒绝为各种结合主持的自由，或者宗教组织有允许他们的设施用于与其信仰和信念不相符的活动的自由。

68. 共同抚养

保守党认为在婚姻破裂的情况下，《离婚法案》应支持共同监护或共同抚养，除非有证据证明共同监护不符合孩子的最大利益。父母以及祖父母都应该被允许与他们的孩子和孙子维持有意义的联系，除非有证据表明该联系不符合孩子的最大利益。

69. 儿童抚养

（i）保守党认同，父母最有权力来决定孩子看护的需要，父母应该有能力在一个鼓励多元化选择的环境中决定孩子教育的需要。对任何父母选择在他们自认为最有利于自己家庭的各种家庭、社会、语言和宗教环境来抚养孩子的行为不予歧视。

（ii）我们认为应该支持所有抚养孩子的父母和家庭，尤其是处于中低收入的家庭。我们强烈支持儿童统一补贴项目。

70. 妇女

保守党支持妇女在加拿大社会、经济和文化生活的全面参与。

（i）在加拿大的劳动力中，妇女相比以前已经有了大幅度的增加。保守党认为所有加拿大人都有免于遭受歧视和拥有平等工作机会的权利。

（ii）对个体的判断应该仅仅通过技能、任职资格和功绩来实现。妇女应该被赋予同工同酬的权利。

（iii）保守党认识到了家庭看护和照料者的重要性。我们将在税收制度中寻求解决的措施，以帮助补偿经济损失，这其中不含有任何歧视的成分。

71. 老年人

保守党意识到超过65岁的老龄人口已经成为人口的主要组成部分之一。我们也意识到，在10年内，生育高峰时期出生的婴儿都将达到退休年龄，这意味着人口组成的更为重大的变化。确保老年人继续拥有高质量的生活、便捷的医疗保健服务和更长时间待在自己家中的能力，是我们义不容辞的责任。

（i）加拿大现在超过65岁的人口有400万，随着加拿大人寿命的延长，这个数字将会继续增长。许多加拿大人愿意继续工作，但同时不得不承受退休金的损失。保守党反对强制退休差别对待的做法，并认为国人应该有权选择退休或在不丧失联邦退休金的情况下继续工作。

（ii）我们认为超过65岁的加拿大国民如果有权享受失业保险救助，他们仅仅需要支付失业保险费。

（iii）我们必须制定相关政策从而使得更多的加拿大人可以享受居家的看护和照料，而不是在费用昂贵的养老机构，在那里不仅老人的独立自主性会受到限制，并且也会增加纳税人的资金负担。我们支持对在家中照看老人或残疾人的非专业看护者提供税收激励（措施）。

（iv）我们支持采取严厉措施预防虐待老人事件的发生，对于相关的犯罪人员给予更为严重的处罚。

（v）我们认为政府应该与各省相关政府部门合作确保老年人有权享受联邦或省政府的福利待遇。我们认为政府应该重新检查联邦福利政策的追溯效力。

72. 退休储蓄

保守党重视退休保障，它是影响个体独立的非常重要的因素。我们确保遵守对《加拿大退休计划》（CPP）和《老年人安全保障》的承诺。

（i）我们支持能确保政府退休项目可负担和可持续的经济和财政政

策，保证 CPP 投资资金的专用性，从而使得该项资金不能以平衡预算为由而挪用，或者将该资金用于其他政治目的。

（ii）我们强调确保 CPP 投资资金的重要性，该项资金为加拿大养老金领取者寻求最大的安全保障和最大的收益率。任何其他的政策目标不能干扰和影响安全保障和最大收益这两个政策目标。

（iii）我们认为免税储蓄账户必须维持和提高。

（iv）我们认为必须维持免于获得保障性收入补贴（Guaranteed Income Supplement，GIS）的收入额度的高增长（译者注：只有工资收入在一定额度之内才可获得 GIS，目前的政策似乎是愿意降低获得 GIS 的门槛。可能以前只有很低收入的人才可获得 GIS，当前把这个收入额度提高了，因此有更多的人可以获得 GIS）。

73. 住房和无家可归者

保守党认为所有国民都应该拥有获得他们自己住房的合理机会，并且可以获得安全和可负担的住房。

i）我们支持广泛的税收减免政策、收入支持项目和税收激励措施，从而使得个人更容易获得房屋产权或更容易租到住房。

（ii）我们认为所有政府机构都应该解决无家可归者的问题，通过为他们提供庇护所，或者通过寻求导致他们无家可归的因素来给予一定程度的帮助。

（iii）我们认为政府在处理住房、无家可归者、社会基础设施和相关的支持性服务，比如技能提升、读写能力、药物滥用治疗、健康和社会发展等问题时，应该与省政府、领地政府和市政府管辖的相关区域合作和联系，与企业战略计划和社会机构及非营利组织的工作相联系。

（iv）我们认为政府应该与各省和各市合作以形成框架协议，通过对私营建筑商提供税收激励以帮助城市低收入居民获得可负担的住房。我们已经意识到大多数租房者居住在城市中心，由于人口增长的压力以及经济因素的影响已经使得许多租房者越来越难以找到住房。

74. 国家残疾法案

保守党支持国家残疾法案用以保障加拿大残疾人在医疗保健、医疗设备、教育、就业、交通和住房等方面的可获得性和便利性。

（L）原住民事务

75. 原住民事务准则

联邦政府的其中一个根本职责是提高包括因纽特人在内的原住民在经济机会、健康、教育和社区安全方面的生活条件。

保守党认为现存的联邦原住民项目应该遵守以下原则：

（a）有必要为联邦在原住民事务的财政支出方面制定相关法律；

（b）自治—合法和民主的权力；

（c）透明；

（d）尊重加拿大的宪法框架；

（e）普遍性诉求（comprehensive claim）① 解决的框架和自治协议；

（f）针对性诉求（specific claim）的解决和对联邦皇室（土地）法律诉讼问题的解决。

这些原则也适合指导将来对于印第安法案和相关立法的改革。他们应该成为政府在解决权利争议（不管是基于现存条约、法庭决定还是宪法第35条）方面决策的依据。

---

① 译者注（转引自张则民：《建构原住民族传统领域制度之研究》，66页）：从殖民、自治领到联邦政府，曾陆续和各第一国族签订条约、协定或其他文件，来规范彼此的关系，第一国族的土地权则是这些文件的主要内容。在这样的背景下，所谓的「土地权争议」（land claims）可以分为二大类，第一类称为「具体争议」（specific claims），已纳入条约、协定或其他文件的土地，政府如未充分提供义务保障或赋予原住民土地权（比如土地面积充足、资源权被剥夺或政府其他行为的侵害等），则该签约的第一国族可提起此种类型的土地权争议，此种争议属于宪法第35条所讲的「条约权」（treaty right）；第二种称为「整体性争议」（comprehensive claims），基于原住民土地所有权（aboriginal title），第一国族亦可争取得取未曾纳入条约的土地，此种争议乃针对整块土地之完整权益，故称为整体性争议。

76. 联邦原住民财政支出方面的法律框架

加拿大议会应该制定相关法律，用于指导针对原住民的联邦政府项目的提供。无论是原住民还是非原住民都应该知道该项立法的基础是加拿大政府在原住民健康、教育、社会福利和基础设施方面的财政支出资金。该项法律用于指导相关的政府项目，以及为联邦政府向原住民提供的服务确定标准。

77. 原住民自治的合法和民主的权力

（i）《印第安法案》（以及相关法律）应该被一个现代的立法框架所替代，该框架向第一国族（译者注：对原住民的尊称）包括因纽特人，完全转交全部合法和民主的责任，使原住民能在联邦宪法框架下自主管理自己的事务。

（a）这样的立法改革应该与第一国族进行全面的协商，以全面转交民主责任为目的，与在联邦系统内转交其他的决议责任保持一致。像其他加拿大人一样，第一国族有权在（具有确定性、稳定性、尊重法律条文以及平衡集体责任和个体责任）的法律环境下对自己的事务进行自我管理。

（ii）原住民群体必须具有决定自己事务的灵活性，如决定是否或者如何将市场原则（比如个体财产权）应用到自己的领地。自治的实现应该考虑加拿大原住民文化和语言的多样性。在宪法框架和自治协议下，我们应该为保护语言和文化的多样性提供灵活的帮助和支持。

（iii）保守党认为政府不应该在法律规定不受尊重的地方协商土地争议。

78. 原住民事务的透明性

（i）无论是原住民还是非原住民，对于原住民项目、服务和政府间转移支付的公共资金的支出都应保持透明性和责任性。和其他加拿大人一样，原住民必须能够快速通过警察和司法渠道对任何有违法、腐败和滥用权力行为的政府机构（无论是原住民政府还是非原住民政府）进行限制和审查。

（ⅱ）审计长应该被授权对原住民政府和接受政府拨款的原住民组织进行检查。

79. 尊重加拿大的宪法框架

（ⅰ）我们是一个以《宪法》为指导的国家，公民的权利在《宪法》之下得以保障，并由于《权利和自由宪章》进一步提高。作为一个国家，我们的未来必须建立在《宪法》框架之上。

（ⅱ）在《宪法》第35条公认的所有原住民的权利必须得到《宪法》和《权利和自由法案》的全面保障，无论对于原住民还是非原住民，必须全力保护公民的平等权，比如妇女的权利。未来有关原住民的法律、政策和项目必须平衡《宪法》第35条原住民的集体权利和《权利与自由宪章》（该宪章保护所有的加拿大人，不管是原住民还是非原住民）中规定的个人平等权利。原住民有权享有加拿大公民应有的所有福利，并得到《权利与自由宪章》的全面保护——诸如经济机会、医疗服务、社区安全、妇女权利、尊重法律、教育和对儿童的保护等领域。加拿大必须在保障《宪法》平等和有效性的前提下寻求发展。

80. 整体性争议解决的框架和自治协议

所有重大的"整体性争议"的解决必须建立在清晰的框架基础之上，该框架能够平衡原住民权利主张者的权利和加拿大国家的权利——尤其是争议的解决必须在原住民经济和社会的需要与国家条款的确定性和不可更改性之间进行平衡。自治协议必须反映加拿大力图实现制度结构的有效性和实用性以及"宪法的和谐共融性"，从而使其不会妨碍加拿大整体的治理。

81. 具体争议的解决和有关皇家（土地）法律诉讼问题的解决

联邦政府应该首先采取措施解决大量积压的"具体"争议（specific claim）问题，为原住民权利主张者提供司法公正，并同时得到政府、企业和非原住民的支持。对于具体争议领域的制度改革应该追求争议解决行为的及时性。联邦法庭的管辖权应该扩大，而加拿大印第安和北方事务部以及具体争议政策的管辖权力应该受到限制，从而有助于消除在解决"具体争议"方面与皇家（土地）相关的长久存在的利益冲突。

82. 对原住民事务进行结果评估

（i）在与各省、各领地以及原住民领导者协商的前提下，联邦政府应该对所有向原住民聚居区提供服务的机构进行独立审计，从而判断他们是否运用了有效的措施以及提供的项目是否达到了预期理想的结果。

（ii）联邦政府应该与各省、各领地以及原住民领导者合作建立一个三方的协调机制，以向原住民聚居区提供的所有项目和服务的协调制定战略为任务。

（iii）加拿大审计总长和各省审计长在对原住民事务进行审计报告时，应包含对实际结果的评估和财政问责的内容。

83. 第一国族（译者注：即原住民）的土地权

（i）保守党支持鼓励私有住宅和企业转让的产权制度的发展。这将提供更多的经济机会和个体自由。

（ii）我们支持与第一国族共同努力，从而制定一个《第一国族土地业权法案》。这将允许把预留地从联邦政府转移至原住民手中。

84. 第一国族的夫妻财产

保守党支持与第一国族协力制定一个有关夫妻财产的法案，从而在婚姻破裂时保护配偶和孩子的权益。

85. 第一国族的教育机会

保守党提议在有能力并且得到所有当事人包括省级机关同意的情况下，都应该为第一国族提供学校教育的机会。

（M）刑事司法

86. 司法原则

保守党支持对司法和警务系统进行重新调整，以防治犯罪、保护社会为第一要务，同时我们也强调受害者的权利和需要。

保守党支持在《宪章》和《宪法》定义的司法体制，不支持任何可能妨害现存权利和自由的司法体制同时存在。

87. 危险（犯罪）分子

保守党认为，政府有责任加强国民对法律系统甄别危险分子能力的信心，进而使危险分子不得释放，除非他们对社会不再构成威胁。

（i）任何源于同一事件致他人死亡或重大伤害的个人应该被自动判别为危险分子，并且应该同时承担证明他们不是社会的危险人物的义务。这将不排除女王从任何其他符合此项标准的罪行中追加危险分子身份的情形。

（ii）对于任何二次暴力犯罪、有组织的犯罪、恐怖主义袭击或严重毒品走私的个人，我们认为政府应该详细追查其犯罪行为的（社会）危险性（并强制终身监禁）。

88. 性侵犯者注册登记

（i）保守党支持所有性侵犯者和认定为危险分子的个人都应进行注册登记。该登记可以对犯罪分子的初犯进行追溯。

（ii）该注册登记以及相关服务事项应该提供：

（a）强制 DNA 抽样以及可对 DNA 进行存取；

（b）注册信息网络，可对所有警察以及假释服务开放，以定位（和追踪）注册者；

（c）在审判前违反释放条款的关押注册者的系统。

89. 孕妇保护

保守党支持相关立法确保对孕妇实施暴力的个体，如果在其施暴过程中使孩子致死或受伤的，将会面临额外的控告。

90. 量刑

保守党支持：

（i）对于暴力犯罪、二次犯罪以及对未成年人进行性侵犯的罪犯进行强制性最低量刑；

（ⅱ）对连续多次犯罪者给予刑期判决；

（ⅲ）取消法定（自动）的释放；

（ⅳ）确保社区和受害者能够对国家假释委员会的决定施加影响；

（ⅴ）要求假释申请者向国家假释委员会证明他们已经改过自新；

（ⅵ）不再要求法官将终身监禁作为终极手段；

（ⅶ）废除"渺茫希望条款"，因此对于那些判处终身监禁的罪犯来说，取消在监禁 25 年内获得假释的可能性。

91. 枪支器械

保守党将废除耗费成本的长枪登记制法案，在符合成本效益的枪支控制项目上与各省各领地展开合作，从而保持枪支远离犯罪分子的控制，同时尊重守法公民拥有和负责任地使用枪支的权利。采取的措施有：对违法使用枪支进行强制最低量刑；严格监控高危分子；加大对走私的执法和检举；制定安全储存的条款；枪支安全培训；建立一个对于所有希望合法获得枪支的人的认证扫描系统；在街上安排更多的执法人员。

92. 有组织的犯罪

保守党意识到，有组织的犯罪在加拿大日益增多，国际犯罪组织在加拿大进行洗钱和违反毒品走私方面日益猖獗。组织犯罪常常跨越国界。

（ⅰ）为了打击该罪行，确保加拿大人在聚居地的安全，我们鼓励政府：

（a）与各省合作，在反对有组织的犯罪上制定国家战略，包括创建一个安全联合特遣队；

（b）增加对加拿大皇家骑警队的财政资助，以使他们有能力打击全国各地的犯罪行为；

（c）建议修正《刑法》以改变举证责任，因此犯罪组织成员 [而不是皇室(the Crown)][1]将必须在被捕期间证明其货物不是通过有组织的犯

---

[1]　在法律诉讼中，公诉一方由 the Crown（英女王或英皇）来代表。——译者注

罪行为获得。制定相关标准来指导这一措施的执行以尊重原告无罪推定的原则；

（d）加强立法以查处任何蓄意通过制造、复制、散布、进口或销售等方式参与赝品制造活动的人。

（ii）我们认为政府应该与各省各领地合作，制定打击街头帮派的防范战略。

93. 未成年犯罪

（i）保守党支持引入措施使未成年犯罪者对受害人和社会负责。我们认为政府应该引入措施确保14岁以上的暴力犯罪或重罪再犯者以成人犯罪的标准来看待。

（ii）保守党鼓励政府与各省各领地合作以确保对高危未成年人早期的识别和干预战略的持续有效性。司法系统将对未成年人进行有效的惩罚，以阻止未成年人犯罪行为的发生并向他们灌输责任意识，同时给予年轻人改过自新的机会。

94. 家庭暴力

保守党认同家庭暴力的后果对于整个社会的危害性。保守党支持对于家庭暴力的量刑，它反映了我们对家庭暴力行为严重性质的认同，反映了我们认为家庭暴力犯罪对个体、家庭甚至社区产生的不利影响。在家庭暴力中保护儿童是我们首先考虑的因素。

95. 未成年人保护

（i）保守党支持取消对拥有未成年人色情作品作任何合理的辩护，从而保护未成年人的利益。

（ii）保守党将反对任何将保护年龄降低至16岁以下的努力。

（iii）保守党认为政府应该通过增加因特网监管的资源投入，加大对网络犯罪的惩罚，以及采取措施提升所有加拿大人（尤其是年轻人）保护网上个人隐私的意识等方式，打击对未成年人进行的网络犯罪行为。

96. 失踪人口登记

（i）保守党支持创建国家失踪人口注册登记系统以帮助对报告的失踪人员进行寻找和识别。该注册将由加拿大警务信息中心以及合适的 DNA 数据银行共同合作来完成。

（ii）我们支持对当前的计算机系统进行改革，包括 DNA 数据银行、加拿大警务信息中心以及性侵犯注册系统。

（iii）我们认为政府应该打击人口贩卖行为，为加拿大皇家骑警队提供人员和资源来与此犯罪行为进行斗争，同时对参与人口贩卖行为的人员施以更为严厉的惩罚。

97. 卖淫

（i）保守党反对卖淫合法化，并认为人类是不可以被奴役和进行买卖的；

（ii）保守党将制定一个综合性的战略来解决和防范试图使妓院、卖淫以及卖淫中介合法化的行为。

（N）通讯

98. 加拿大广播电视系统

（i）保守党相信应该在一个多样和充满活力的广播电视系统中展现加拿大的稳定和谐的形象。加拿大广播电视系统应该提供大量的国内和国际节目，同时以尊重加拿大为前提。该系统应该为观众提供最大的使用新技术机会的能力以达实现私人和公共的目的。

（ii）CBS-SRC 是加拿大广播电视系统非常重要的组成部分。它是一个与加拿大人密切相关的公共广播服务机构。我们将授权 CBS-SRC 集中提供公共广播服务。

（iii）我们已经意识到加拿大私人广播电视机构在地方和地区节目中的重要性，这反映了我们国家语言和文化的多样性现实。私人广播电视机构首要和最重要的任务是交易，因此必须具备与日益碎片化和多元化的全球市场竞争的能力。我们也意识到了对其进行管理和调控需要满足灵活性和可预测性的双重要求。

（iv）广播电视政策必须与当前的通讯环境相适应，并对国人的需求作出回应。我们认为政府应该重新检查和更新《广播电视法》以确保其与当前的技术环境相适应。我们认为政府应该建立清晰的国家政策指导说明以及一个法律框架，以确保选择自由的最大化和言论自由受到尊重。加拿大广播电视通讯委员会在内容管制方面的角色应该被削弱，以消除与其他法律可能在此方面存在的重复。

99. 加拿大广播电视制作行业

保守党意识到一个不断创新的制作行业可以在电影和电子媒体中展现和表达加拿大国家和民族的形象。制作行业必须积极参与全球市场，成为一个拥有先进技术、自给自足、充满活力的行业。

100. 互联网通达性

保守党已经意识到互联网通达性对于国人全面参与全球经济、社会和文化活动的重要性。政府应该创造一个有利于提高私人部门投资宽带基础设施积极性的环境，尤其是在加拿大乡村和偏远地区中。

（O）多元化的加拿大

101. 有关多元化的（基础）准则

保守党认为加拿大的多元文化社会是一个重要的社会现实，同时也承认需要加强相互间的理解和确保机会均等，同时也希望国人可以采纳诸如平等、民主和法治的普遍的价值观念。

102. 多元文化

保守党已经意识到加拿大人口组成的多元化，不同的群体在塑造国家历史和人民生活的改善方面均作出了巨大的贡献。政府应该确保每一个群体在没有歧视和阻碍的前提下继续为加拿大作出贡献。

103. 官方语言

保守党认为加拿大官方语言使所有国民均能受益,并在社会和经济发展中扮演着独特重要的角色。我们意识到并且支持在少数民族聚居区使用官方语言对于加拿大的重要贡献和意义。

(i) 我们支持《官方语言法案》,从而确保英语和法语的平等地位,以及在所有加拿大政府和议会机构使用两种语言的平等权利和权威性。

(ii) 我们鼓励政府继续与各省各领地合作以提高国民学习和使用两种官方语言的可能性。

(P) 加拿大遗产和文化

104. 有关国家遗产的准则

为了捍卫全体公民的利益和福祉,保守党肯定联邦政府在保护加拿大自然和历史遗产(比如国家公园、博物馆和历史遗址)方面的重要角色和地位,联邦政府同时必须确保国人对于我们共同财产的警醒意识。

105. 艺术和文化

(i) 保守党支持加拿大的艺术、文化和多样性的自然历史遗产。我们认同语言是一个国家文化和历史遗产不可或缺的一部分,因此语言应该成为在制定与文化和艺术群体有关的政策时的重要基础。我们鼓励政府加强对加拿大多元文化和共同创造的历史的认同,在提高国内外市场机遇和可进入性时应该考虑这些因素。

(ii) 我们认为政府的支持必须具备可问责性、透明性和可持续性。我们认为持续的检查评估对于确保项目和政策是否实现了预期的目标和绩效是十分必要的,并且有必要消除政治对此类项目和政策的干预。艺术、文化和遗产对加拿大社会作出了巨大的贡献,并对许多加拿大人的生活产生了极为重要的影响。

(iii) 我们支持鼓励私人和企业对艺术和文化集中地进行慈善捐款等在内的措施,包括正在执行的与艺术和文化有关的税收政策。

106. 业余体育运动

保守党已经认识到大力发展业余体育运动的重要性，它可以作为创造文化的一种有效方式，同时也可培育下一代的运动员。我们支持在地方和更高级别的国际体育赛事上的广泛参与。在业余体育运动上进行投资，也是为加拿大体育在世界的领导地位和构建体育代表团进行投资。

（Q）加拿大乡村

107. 关于乡村的准则

加拿大乡村在经济和社会中扮演着十分重要的角色，其经济贡献约占加拿大GDP的15%和出口总量的40%。保守党认为农业、农产品、渔业、矿业、旅游业和林业是维持加拿大乡村经济的主要产业，同时联邦政府必须对这些产业予以优先考虑。

（R）农业

108. 关于农业的准则

保守党认为农业是加拿大重要的战略经济产业。我们意识到加拿大许多地区以及该行业的一些部门保持着在农业领域的竞争优势。国家农业政策的制定和发展将继续遵循我们一贯的"不能一刀切（因地制宜）"的信念。农业政策的制定必须与农业生产者进行协商。当今的农民也是经营者，强制性的政策可能会对行业的发展造成严重的消极影响，从而违背保守党的原则。支持项目的同时权衡其经济责任是保守党的首要原则。

（i）食品。食物是生活的必需品，我们认为政府应该将确保国家食品供应的安全、可靠和可持续作为最高的优先考虑的事项。我们应该努力跻身成为世界上食品供应最安全的国家行列。我们鼓励采取措施确保对食品成分和原产地的精确标识，以及对进口食品采取更为严格的安全检验方法。

(ii) 出口和多样化。为了确保加拿大有一个安全的食品供应环境，我们支持加拿大食品生产的自给自足，包括增加食品和农产品的多样性。我们鼓励政府继续努力以寻求更多农产品的出口机会，并强调产品加工市场和成品市场的发展。通过产品的多样化策略，加上对产品的加工和制造将会为所在地和加拿大创造新的就业机会。

(iii) 可持续性。如果我们要确保加拿大食品供应的长期发展，就必须使农业生产实现经济和环境方面的可持续发展。我们认为土地的合理利用和通过加大食品生产获得合理的收入应该齐头并进。为了减少可能造成的严重后果，我们将继续为个体生产者提供更多创新性的经济工具，比如稳定账户的使用，使得他们可以应对市场条件的变化并管理气候和疾病带来的风险。

（iv）乡村经济。乡村经济作为农业的基石已经日渐萎缩，基础设施也日渐减少。为了保存加拿大农村经济的社会效力，我们鼓励政府通过发展小型企业加强小城镇和农村经济的多样性，从而保持该地域乡村经济的活力。

109. 农业贸易协议

保守党鼓励政府继续寻求双边和多边贸易协议，以改进加拿大农产品市场的可进入性，减少国外补贴政策对贸易和生产造成的扭曲。

110. 加拿大小麦委员会

保守党政府将给予农民选择自己销售和运输策略的自由，并且农民可以有管理、构建以及自愿参加生产者组织的自由。

111. 供应管理

保守党相信供应管理保护之下的农业可以获得长足的发展，这符合加拿大和加拿大农业的最大利益。保守党政府将继续支持供应管理，以为消费者提供一个价格公道、质量上乘的农产品，并同时给予生产者合理的收益回报。

（S）渔业

112. 渔业

（i）保守党鼓励政府继续和各省各领地在全国各地展开合作，强调对所有渔业资源的保护和合理利用。必须这样做的目的恰恰是为了满足国人的需要，合理利用日益萎缩和滥用的渔业资源，而不是减少渔产品的丰收和加工。

（ii）我们鼓励政府在与其他渔业国家进行国际贸易方面扮演领导角色，以确保对共同的渔业资源的合作管理，禁止对渔业资源的滥用，包括国外的过度捕捞行为。我们鼓励政府继续对格兰德班克（Grand Banks）鼻翼和尾部领域以及弗莱明角领域的渔业资源进行监管。我们认识到渔业资源是可更新的资源，通过在科学和管理方面进行适当的投资，渔业资源可以重新获得更新和可持续。

（iii）我们支持加大对科技知识基地的投资力度，支持基于事实基础上的坚定和公正的决定，同时支持有能力发挥实际作用的监管和执法体系的建立。作出相关决策的相关地区应该承担责任，并能够得以追究，从而使野生渔业资源和水产渔业资源能够得到有效的管理。

（iv）我们鼓励政府与相关省或领地合作，改革和发展省级渔业管理机制。

（v）通过努力消除对加拿大海豹产品不公正的国际贸易禁令，我们认为政府必须继续支持加拿大海豹捕杀行业的发展。

113. 海洋运输

（i）保守党支持保留灯塔和相关工作人员，以及承认它们对航海的辅助作用。灯塔对加拿大主权具有十分重要的贡献，灯塔为公共安全尤其是观光船只和游艇提供保障，同时可以监管水上飞机和海洋交通，并且可以辅助对走私的查获。

（ii）我们也认识到了灯塔的历史价值，并且我们需要提升这样的观念；灯塔是布局合理的基础设施，同时相关工作人员也可被用于科学数据的收集或者用作他用。

（T）移民和难民

114. 移民准则

保守党支持为加拿大建立一个中立的、热情的和管理良好的移民系统，基于：

（i）一个公正、透明和快速的处理过程，从而赢得国人乃至国际社会的尊重和信任；

（ii）采取富有同情心的措施促使移民家庭得以团聚；

（iii）确保加拿大能够成功吸引技术人员及其配偶和孩子移民加拿大；

（iv）为移民提供一个清晰的、切实可行的和快速的处理过程以使他们可以获得与他们的技能、教育和经验相符的待遇；

（v）解决移居服务提供商机构长期的、合理的资金需求；

（vi）继续秉持加拿大的人道主义传统，为难民提供一个安全的栖息地。

115. 移居支持

保守党希望能够确保移民拥有一个能为加拿大经济和社会福利贡献力量的最佳的机遇。对移居服务组织和更广泛的社区提供支持起着非常重要的作用。保守党认同：

（i）在与移居服务支持相关的政策方面，与各省和各市通力合作；

（ii）解决提供语言培训方面合理和公正的资源需求（以使移民能够熟练掌握两种官方语言中的一种），鼓励移民更快地适应加拿大的价值观并对其进行社区指导，提高移民找工作的技巧，以及满足移民其他方面的移居需求，包括孩子；

（iii）致力改进融资过程，提高经费的稳定性，从而使得服务提供机构能够进行长期的规划；

（iv）检查联邦移居服务资金的灵活性，以使资金可以跟随移民从一个地区转移至新的地区。

116. 临时工移民

保守党已经意识到，由于临时工在加拿大的工作经验，他们可能成为加拿大潜在移民中一个非常重要的来源。我们认为政府应该：

（i）继续推行试点项目，以解决特殊部门和某些地区技术工人严重短缺的问题，这将有助于吸引临时工来加拿大（工作）；

（ii）不断检验可以有助于国外临时工转为永久状态的方法；

（iii）致力确保临时工尤其是季节性工人，可以像那些全职工人一样，接受最低就业标准的保护。

117. 移民申请、许可证和落地费

保守党赞同对申请过程进行改革，以减少申请者的压力和不确定性，同时减少文件积压，满足加拿大的经济需求。我们赞同降低新移民的落地费。

我们认为政府应该：

（i）确保加拿大公民和移民部配备训练有素的职员以及充足的资源，以改进移民申请的处理过程；

（ii）改革申请过程，以使申请者可以提供（相关机构）期待他们提供的信息，从而快速获得他们文件所需的信息，并为他们提供周到专业的服务。

（iii）彻底改革当夫妻一方的申请正在处理过程中时，必须隔离夫妻双方的自由政策。

（iv）一旦加拿大夫妇收养国外的孩子成为既成事实，孩子将自动成为加拿大公民。

（v）提供多种选择，如通过交存保证金可以允许家庭或者其他特殊访客可以有更高的收养率，但是必须同时确保收养系统的公正性，防止插队现象的发生。

（vi）通过提高申请过程处理的公正性和效率，从而减少临时居民证的颁发。通过一个独立的审查过程，从而使得临时居民证的使用更加透明和负责任。

（vii）暂时限制使用"resident（居民）"和"residence（居住）"这两个用语，确保拥有学生签证和访问签证的人在加拿大访问期间的临时性地位。

118. 国际证书的认可

保守党支持为新移民在加拿大寻找发挥他们教育和经验能力的最佳机遇。我们将此看作是关乎新的移民及其家庭公平的一项举措，同时也是确保加拿大能够完全获得新移民能力和好处的一种举措。

（i）我们支持与各省合作，并与加拿大专业的贸易协会组织协商，构建一个评估移民来源国标准的处理机制，从而建立一个切实可行的用于评估和认可（移民）证书和经验的系统。

（ii）我们支持与各省合作，从而

（a）确保同等效力的考试是公正的，通过该项考试可以准确反映移民的水平，并与那些在加拿大接受教育的人的评估保持一致；

（b）在与加拿大专业的贸易协会组织协商的前提下，制定一个移民可以获得同等的加拿大职称的标准，并出台一个移民过渡项目，从而使移民可以融入加拿大的工作环境。

（iii）我们支持，认证过程必须通过海外的移民工作人员和加拿大公民和移民部网站向申请者公开；

（iv）我们支持，在加拿大认证的学院和大学毕业的国际学生可以继续留在加拿大工作；

（v）我们支持建立一个更好的系统以鉴别加拿大劳动力市场的需要，同时确保该系统的灵活性以确保市场需要可以获得满足。

119. 难民甄别

加拿大愿为那些必须逃离自己国家的人提供安全的栖息地，保守党为加拿大这种人道主义传统感到自豪,并欢迎难民来到加拿大。我们认为政府应该提高难民甄别系统的正直性和公正性,同时应该确保甄别的快速性和程序正当性。我们认为当前的申诉程序是不完善的,申诉过程过于缓慢。

保守党认为:

(ⅰ)简化难民申诉认证的处理过程;

(ⅱ)一旦移民和难民委员会发现申诉者并不符合加拿大难民的资格,应确保将该申请者立即遣返回国,如果申诉者需要申请移民,可以在海外为他们提供相应的信息。

(ⅲ)如果难民被确定符合联合国公约有关难民身份的规定,将给予该难民优先庇护的权利。

(ⅳ)对移民和难民委员会任命的官员执行基于业绩基础的评估。

(ⅴ)构建一个公正及时的难民申诉处理程序。

(U)外交事务

120. 偷渡

保守党政府通过制裁和对偷渡行为的合法干预等积极措施减少偷渡行为的发生;并提倡在难民来源的地域建立一个民主和负责任的政府。

121. 外交原则

保守党支持以下的外交政策准则:维护加拿大的主权和独立;增进国家利益(政治利益、经济利益和战略利益);加强国家安全和防卫;促进民主与人权;协助国际发展。

(ⅰ)我们认为政府应该认识到外交政策中伦理道德方面的重要性,同时也应该进一步增进加拿大共有的价值观。

(ⅱ)我们认为加拿大的国际关系、贸易和对外援助政策应该既能推进本国的经济利益,同时也能促进人权和个人自由。

(ⅲ)我们认为政府应该将外交政策融入贸易和国防政策中。

(iv) 我们认为，政府应该采取强有力的行动来打击贩卖人口的行为，并且在反对贩卖人口的国际协定和协议中发挥领导作用。

122. 外国援助—官方发展援助

保守党认同发展援助给加拿大人民和世界带来的益处。发展援助必须符合加拿大的价值观，并在符合加拿大外交政策定义的战略利益的前提下进行发展援助。

(i) 我们致力于提高加拿大进行国外援助的记录。这需要引进相关法律，该法律将赋予议会为加拿大官方发展援助机构资金支出提供合理的法律依据。这项立法将包括对发展援助的明确的授权；政策连贯性、监督、问责以及向议会报告等一系列机制；以及援助的透明性。

(ii) 我们支持增强加拿大政府人道主义援助的有效性。为了做到这一点，加拿大政府鼓励为受援国建立一个明确的援助标准。

(iii) 我们认为加拿大国际发展署（CIDA）应该被授权对所有的官方发展援助资金的支出和实施情况进行监督和报告，以确保实现消除贫困、尊重人权和善治的目标。为了提高公众对发展援助机构的支持，提高援助的透明度和责任性，加拿大国际发展署应该负责对公众发布年度报告。

(iv) 我们将支持采取相关措施以确保发展援助机构资金支出的稳定性和可预测性。特别是确保加大对发展中国家的援助。在这种情况下，预计到2012年发展援助资金将会翻两番。

(v) 我们认为，加拿大国际发展署必须给加拿大行业可以在何时何地进行资金援助方面提供建议，以确保加拿大企业有投标的机会。

123. 在外交事务中议会的作用

保守党认为，国会负有对国家外交政策行为和军事国际行动进行有效监管的责任。

124. 国际条约

保守党支持在有关任何重大的新的国际条约中有约束力的行为采取之

前，确保议会完全被告知和咨询。如果该条约对某省管辖范围内的权威和财政造成了直接影响，那么应该与该省进行充分的协商和谈判。

（V）国防和安全

125. 加拿大第一国防战略

保守党认为，加拿大国防政策的目的是为了更好地维护国家利益——确保加拿大国家的安全和加拿大人民的经济繁荣，这与加拿大人民的价值观是一致的。我们将把"国家利益"这一准则应用到我们能在国防政策领域所能做的所有方面，以进一步推进"加拿大第一国防战略"（CFDS）。

(i) 我们支持加拿大第一国防战略是因为：

(a) 加拿大第一国防战略清楚地罗列了：军队的重要任务；保护和监控加拿大的领土；保护加拿大和加拿大人民；在北美防御领域，与美国建立一个强大的和可靠的合作伙伴关系；加拿大应在国际安全与稳定行动中，扮演领导角色。

(b) 加拿大第一国防战略是一个长达 20 年的战略，目的是为了加强国防的四大支柱：人员、装备、快速反应和基础设施，并且这一战略有长期的资金作后盾。这个战略力图确保 4 大支柱的平衡发展，其中包括增强加拿大部队的人才实力和将所有的主要装备系统代之以新的更强大的平台。

(c) 加拿大第一国防战略不仅有助于提升军队的整体实力，而且还有助于提供装备有最好最现代设备的陆军、海军和空军去执行安排给他们的任务。增加士兵的数量将降低士兵和他们家庭的压力；加大对快速反应方面的资金投入意味着更好更集中的军事训练；改进基础设施将有助于改善军事基地的生活方式。

(d) 加拿大第一国防战略为加拿大工业提供了一个独特的发展机会，通过资金和时间规划，为武装设备和系统的开发进行长远的计划和准备，从而支持军队武装力量的发展。该战略将有助于加拿大国防工业维持和构建其在众多先进技术领域的领导地位，同时为成千上万的国民提供高质量的工作机会。

（ii）我们将全面支持政府采取迅速行动来完成最为紧迫的国防任务：提升实战和人道主义救援任务中的战略空运能力和战术空运能力；加强加拿大在北极的军事力量；基于支持北大西洋公约条约组织和阿富汗政府，为阿富汗政府提供军事力量的支持，以及为其提供必要的工具以创建一个更为安全的环境，实现最大限度的保护。

（iii）我们全力认同政府继续支持北美空防司令部。通过加拿大司令部，可在监护和保卫海岸线安全以及灾难应急救援方面与美国进行全面合作。

126. 退伍军人

保守党认为政府应该认可加拿大退伍军人为国家所作出的贡献，并致力于为退伍军人和他们的家庭提供最好的服务和福利待遇。我们还应通过提高国人的意识和建立纪念馆的方式，来保持国民对加拿大退伍军人的功绩和所作出的牺牲的记忆。

（i）我们支持《退伍军人权利法案》，该权利法案在尊重退伍军人权益的前提下，确保所有涉及退伍军人的纠纷能够得到迅速、公平的处理。保守党认为这是国家承诺尊重对待退伍军人的一个重要组成部分。

（ii）我们致力于确保参加加拿大战争与维和行动的退伍军人能够及时获得应有的福利待遇和卫生保健服务。

（iii）我们致力于确保加拿大退伍军人医院和正规医院中有关退伍军人的部门都能处于最佳的工作状态。

（iv）我们支持对退伍军人审查和上诉委员会的持续改革，以至于其能对退伍军人的需求作出更有效的回应。

（v）我们会立即扩展"退伍军人独立项目"的服务，以为所有参加"二战"和朝鲜战争中的老兵的妻子（现已成为寡妇）提供必要的服务。无论老兵何时死亡，也无论在死亡之前他们已经接受了多久的福利待遇，他们的妻子依然会受到同等的照顾。

（vi）我们将采取措施以确保作为加拿大遗产一部分的国家军事宝藏能够保留在加拿大境内。

（vii）我们将立刻组织对加拿大退伍军人事务部的改革，使业务上网从而解决当前老兵间对冲突与维和使命的关注。这将包括制定一个服务提供的标准，也就是，评论（的权限）、服务费用等。

（viii）保守党政府将继续确保退伍军人在为国奉献功成身退之后能够享有他们应得的福利和服务。

127. 安全

保守党认为，加拿大在构建一个安全稳定的世界方面有直接的利益关系。加拿大应该适时适地地处理复杂的国际安全问题，以保护我们国家的公民和承担更广泛的责任。

（i）我们致力于确保加拿大情报和安全机构之间更好的合作，以便在不断变化和不稳定的全球环境下更有效地保护加拿大人抵抗内部和外部的安全和经济威胁。加拿大绝不可以成为国际恐怖分子活动的避风港。

（ii）我们认为政府应该考虑建立一个加拿大国家情报局，从而协调来自各方面的情报信息，并将有关国家情报和评估材料向总理、高级部长和官员汇报。这个新的加拿大国家情报局的创建，应该借鉴枢密院国际评估和安全情报秘书处的经验。

（iii）我们认为，政府应该研究建立一个包括由高级政府官员和议会反对党派成员组成的委员会（这些人要宣誓按要求对工作保密）的可行性，从而检查和监控国家情报局的活动。委员会将按照要求召开机密会议，同时确保由议会任命的国家情报局局长在机密会议中出席。

（iv）基于过去美国发生"9·11"事件，我们认为政府应该继续提高加拿大安全和情报服务局（CSIS）、国防部和通信安全部在外国情报收集和分析方面的能力。

（v）我们认为政府应继续与我们的北美合作伙伴合作，从而保障我们的集体安全和经济繁荣，尤其要强调对北部水资源的保护。

（vi）新兴的加拿大海岸警卫队的责任应该是公共安全及急难防备部的

一部分。作为增强海上安全的一部分力量,政府应该把港口警察重新组合使其成为加拿大皇家骑警(RCMP)的一部分,并且增加对海岸线和五大湖的监控。

(vii)我们认为,政府应致力于确保如国际战略研究中心、加拿大皇家骑警队、加拿大边境服务局和海岸警卫队等这些机构有足够的人力和物力资源。

(W) 更强大的民主-持续的政策演进和发展

128. 政策发展的原则

保守党认为真正的民主是全体公民对国家事务的积极参与。我们将与加拿大全体国民进行广泛的协商来进一步促进持续的政策发展过程,并且确保国会成员能最大限度地听取国人的意见。

(原文见加拿大保守党官网)

(郎玫 译)

第二部分　主要政党内部规章制度

加拿大保守党党员准则

(加拿大保守党国家委员会 2007 年 3 月 18 日通过，根据国家委员会的决定于 2011 年 12 月 20 日更新)

第一条　党员资格

第一款　所有愿意遵守以下准则的加拿大公民和取得永久居留权的居民均可以申请党员资格。

1. 年满 14 周岁；
2. 积极支持党的各项原则；
3. 通过以下方式递交申请：填写一份入党申请表，或者通过申请人亲笔签名的支票一定数目的党费，或者用本人信用卡支付；
4. 已按照细则规定缴纳不可退还性党费。

第二条　入党费用

第一款　党员党费为一年 15 美元，两年 30 美元，三年 45 美元，5 年 60 美元。

第二款　如果超过五年一直不是付费党员，只能通过支付数年的党费获取党员资格。

第三款　党员应在渥太华国家办事处保持良好的缴费状况，否则将丧失党员资格。

第四款　不允许使用企业支票或企业信用卡付款。

第三条　团体成员资格申请

第一款　如果附有正式党员签字的申请书，团体申请者可以向选区协会的银行账户支票提交支付，从选举区协会提交的成员资格申请应至少应每季度处理，并由执行委员负责处理。

第二款 在全国委员会的监督下，执行委员可以根据需要（例如候选人提名竞选时间）并且在符合加拿大选举法的前提下，制定通过选区委员会提交团体党员资格申请的相关程序，但这些成员资格申请仅适用于支票、信用卡、银行汇票或邮政汇票进行支付

第四条 家庭成员资格申请

第一款 在执行委员或其代理人认定以下条件的情况下，个人可以使用同一张信用卡与支票用以支付一个人以上的入党申请费用：

1. 所有新的申请者需居住于同一住址并声明与支付者之间的关系；

2. 支付者必须是申请者之一；

3. 申请者必须遵守党员准则的各项规定；

4. 此种支付行为表示家庭成员中的每个申请者都同意由此人一并支付其党费；

5. 通过此种方式支付党费获得党员资格的家庭成员总数最多不得超过6人。

第五条 全国党员计划

依据党章第四条第三款之规定制定全国党员计划。在全国委员会的监督下，执行委员负责制定规范的党员登记表。

第六条 党员权利

第一款 只有获得党员资格超过21日的党员，或者由全国委员会颁布的其他时限规定或因其他事件发生时，方可行使以下诸项权利：

1. 参加该党员所在选区协会的任何会议；

2. 为该党员所在选区协会的委员会选举投票或参加选举；

3. 在缴纳规定费用后，参加任何全国代表大会；

4. 参加该党员所在选区协会的选举会议，并作为代表或候补代表投票或参加选举，以选出参加党的全国代表大会代表。

第二款 允许党员资格近期失效的党员通过续签手续继续参与党内活

动，除非全国委员会另有规定，或出现非第六条第一款的特定事件，任何党员在资格到期后的 90 日内且能够履行准则第一条之规定都有行使第六条第一款之一、二、三项之权利。

第七条　成员名单

第一款　在举办第六条所涉及关于选举代表或竞争候选人提名的各种会议前，每个选区协会的成员名单应当由执行委员或其代理人提供证明，并送呈委员会主席。根据第六条第二款之规定，只有得到证明的党员才得在上述会议中享有投票权。

第二款　党员资格只有在第六条所规定时间内提交到渥太华国家办事处方能得到认证。

第三款　在其他任何时间，党主席从全国总部可以要求各选区协会提供党员名单。

第四款　在没有得到执行委员的事先书面批准，或符合全国委员会章程之规定，或全国委员会的批准的情况下，全国党员计划中的任何一个名单不得为党外其他用途使用。

第八条　党员资格中止

第一款　党员资格将于党员付费年数届满后的当月月末终止。

第二款　党员资格只有在党员提出申请后才得取消，或根据有关取消党员资格的细则规定及注销程序才得取消。

（原文见加拿大保守党官网）

（孟宪良　译）

加拿大新民主党章程

(2011年6月生效)

前 言

加拿大新民主党坚信,只有通过社会民主主义原则进行治理和公共行政才能保证加拿大经济和政治的进步。

社会民主主义原则可以简要地进行如下定义:

商品和服务的生产和分配应当是在可持续的环境和经济体系之下以满足社会和民众个人需要为导向,而不是以谋取利润为目标。

应当通过经济和社会计划修正和控制垄断性生产和分配组织的运作。为实现这些目标,深化社会所有制的原则是有必要的。

新民主党坚定主张个人的自由和尊严是一项必须得到维护和拓展的基本权利。并且,新民主党以联合世界上社会民主党派共同为和平、国际合作和消除贫穷而共同斗争为骄傲。

第一条 名称

本党的名称为"新民主党"。

第二条 定义和解释

1. 定义

在本章程中,除非文章另有指出,所有"省"和"省的"单词都应当被理解是包含在我们国家"地方"或"地方的"区域。

2. 解释

本章程由党的主席进行解释。任何解释可以被党现有所有成员与大多数投票和党的执行委员会或执行会议的大多数投票驳回。

3. 语言

本条程将用加拿大官方两种语言进行印刷。

第三条 成员

本章主要解释党的个体成员和附属成员。

1. 个体成员

（1）党的个体成员资格对所有加拿大居民开放，不分种族、肤色、宗教信仰、性别、性别认同或表达、性取向和母国，只要他承诺接受并遵守党的章程和原则并且不是其他政党的支持者或党员。

（2）个体党员身份的申请应当依据与之相对应的省的党的章程，并且应当得到省级党的通过。

2. 附属党员

（1）附属党员应当向工会、农会、合作社组织、妇女组织和其他官方许可、承诺接受并遵守党的章程，不隶属或和其他政党发生联系的组织开放。

（2）附属党员身份的申请可以有几下几种情况：

（a）加拿大境内或在隶属加拿大的省或地区内的国际性的、国家性的、省级的、地区性的组织成员；

（b）在一省内或一个地区内国际性或国家性组织的省级或地区性分部的成员；

（c）以上所说的组织在地方性分支机构的成员；

（d）地方团体或组织的成员。

（3）附属党员的申请必须向党的执委会机构提起并包括以下要求：

（a）申请人所在的组织官方支持新民主党的证明材料；

（b）申请人所在组织内新民主党个人党员的证明。

（4）在认为有依据的情况下，新民主党执委会可以免除第三条中第二款、第三款、第（a）目的提请。

第四条　党的经费和捐款

1. 以联邦和省级党组织之外其他党的分支机构的名义筹集的资金，联邦党组织和所有省级党的分部应当在收到后立即划拨款项。

2. 个人党员

每一省级分部应当为每一省内的个人党员的经费作出设定。

第五条　党的大会

概括说明：有两种大会形式——两年一度的全国代表大会和特别大会。

1. 大会的时间和地点

（1）两年一度的全国代表大会应当至少每隔一个日历年举行一次，地点由党的委员会决定。

（2）如果大多数省和地方的选区协会提出要求，党的委员会应当召集召开特别大会。

2. 会议公告

（1）两年一度的全国代表大会通告应至少在会议召开前150天送至每一个选区协会、附属党员，或每一符合代表资格的组织、团体。

（2）特别大会的通告应当由党的委员会决定。

3. 大会法定人数

为了保证大会运作的透明性，大会法定人数应当不少于大会所有登记代表的三分之一。

4. 大会程序

大会程序的相关规则将在本章程附件中进行描述。

5. 大会的权威

党的全国代表大会是本党最高治理机构，对所有相关的联邦政策、程序和章程具有最终的权威。

6. 大会代表

（1）代表资格和资格计数

（a）每一个代表必须是本党具有良好表现的个人党员。

（b）每一位党员在每次大会上只有一票的权利。

（c）为了确保选区协会、附属党员和青年组织代表资格计数权，计数方案应当基于前一个会员年年末的成员名单基础上，或者在大会召开前120天的成员名单计算，以人数多的为准。

（2）选区协会的代表

每一选区协会应当有以下权利：

（a）每一选区协会代表可代表50名或以下人数的党员；

（b）每50名附加党员或重要分支机构可产生一选区协会的附加代表；

（c）每一选区协会要有一个额外的名额保留给青年代表。

（3）附属代表

每一名附属代表应当有以下权利：

（a）每50名或少于50名的党员中要有一名附属代表；

（b）每50名附加党员或重要分支机构可产生一名附属代表。

（4）青年代表

每一个联邦特许分会、大学俱乐部、省级或地方新民主党青年分部应当有以下权利：

（a）每50名或少于50名的党员中要有一名青年代表；

（b）每50名附加党员或成员数目达到200人的重要分支机构可产生一名青年代表；

（c）重要分支机构中每100名党员可产生一名附加青年代表。

（5）代表权利

以下成员应当具有代表资格：

（a）所有前联邦党党首；

（b）所有联邦干部会议成员；

（c）所有党的委员会的成员；

（d）加拿大劳工大会应当有四名代表资格；

（e）每一个至少和党的一个附属机构有联系的全国性的劳工组织应当

有两名代表资格；

（f）每一个至少和党的一个附属机构有联系的附属省级或地方性的劳工联盟应当有两名代表资格；

（g）每一个至少和党的一个地方附属机构有联系的附属劳工委员会应当有两名代表资格。

7. 大会提案

（1）公告

大会四分之一成员必须在大会召开前 60 日内接收到所有提案。

（2）大会决议的递交

以下主体可以向大会递交提案：

（a）选区协会；

（b）被授予代表权的附属党员、附属团体或组织；

（c）省级党的机构或党的分部；

（d）加拿大新民主党青年团；

（e）加拿大新民主党省级分部或联邦一级特许的党的青年组织；

（f）党的委员会；

（g）选区协会的委员会；

（h）妇女参与委员会；

（i）原住民委员会；

（j）有色少数族裔参与委员会；

（k）女同性恋、男同性恋、双性恋、变性人委员会；

（l）残疾人权利保障委员会；

（m）党的联邦委员会建立的常设委员会。

第六条 党的官员

1. 组成

党的官员由以下人员组成：

（1）党首；

（2）主席；

（3）副主席；

（4）劳工副主席；

（5）财政主管；

（6）全国主管。

2. 党的官员的权力与责任

（1）党的官员为以下情况负责：

（a）在例行日程的行政会议和委员会之间发生的突发情况；

（b）党的财政和运营管理；

（c）党的常务会议和委员会议程的准备。

（2）党的官员作出的决定应当获得党的委员会或常务会议的批准。

（3）官员应当在党的委员会和常务会议之前开会，或者在有必要情境下开会。

（4）在所有党的官员的会议上，出席会议50%以上的官员构成开会的法定人数。

3. 官员的选举和任命

（1）党的领袖

（a）党首应当通过秘密的无记名投票选举产生；

（b）每一位党员都有权在无记名投票中投票选举党首；

（c）在每轮投票中，逐轮淘汰得票最少的党首的候选人，直到某一位候选人在一轮投票中得到50%以上或更多的投票。党的委员会应决定其他领导人的选举纲领。

（d）在任一党首出现空缺的时候，党的委员会都可以在过渡期间和议会干部会议协商任命一名党首，直到新党首被正式选举出来。

（e）在任何一个不是因为党首出现空缺而选举领袖的大会上，都可以进行秘密无记名投票来决定是否进行党首的选举。如果50%以上的代表支持选举新党首，那么必须在此大会投票通过一年内进行新的党首选举。

（2）主席

党的每次大会上，所有代表选举产生党的主席。

（3）副主席

与党主席不同，党的副主席应当是语言团体的成员。如果选举产生的党主席母语是英语，那么母语是法语的干部会议应当提名副主席人选并提请大会批准。母语是法语的干部会议应当由母语是法语的代表组成。如果选举产生的党主席母语是法语，那么副主席应当由所有大会代表选举产生。

（4）劳工副主席

总体说明：劳工副主席应代表附属党员和本党与劳工运动的伙伴关系。

劳工副主席应当由劳工代表的干部会议提名，由大会批准通过。

（5）财政主管

每一次大会的所有代表选举产生党的财政主管。

（6）全国主管

总体说明：党的全国主管应当是党的首席执行官，并且还应当获得官员们决定的一定报酬。

党的全国主管应当由党的官员们任命，由党的大会批准。

（7）在两次大会期间，党的委员会应当填补官员缺失造成的空缺。在过渡阶段，党的行政部门可以填补官员空缺，直至党委会召开。

（8）党的大会可以任命一名名誉主席和一名荣誉主席，名誉主席和荣誉主席都应当是党委会和任职所属行政部门的成员。

（9）选举和任命官员应遵循性别平等的原则。

第七条　党的行政部门

1. 党的行政部门应当首先以党的目标和主旨进行运作。行政部门应当构成党的选举计划委员会的基础。行政部门还应当接受官员的行政和财政报告。就这一点而论，当党的事物处理和选举需要时，党的行政部门应当承担信贷风险的义务。这样的担保责任应当由以下官员中的两名承当：主席、秘书和财政主管，这些行政部门的官员应当间或为以上之事由授权。

2. 党的行政部门也可以以党的名义发布声明，并应当向党的委员会作报告，报告需要得到党的委员会的批准。

3. 党的行政部门由官员组成，以及以下人员：

（1）十名地方代表。为了满足党的行政部门和委员会的代表性，地区应包括以下：不列颠哥伦比亚省、草原区省、安大略省、魁北克省和大西洋省。每一地区应当有两名代表权，至少一名女性代表。每一地区应当通过各自地区的干部会议选举代表，然后把代表名单提交党的大会予以批准。

（2）北部地区干部会议应通过地区干部代表会议选举一名地区行政代表，并将其提交党的大会批准。党的大会上的北部地区干部会议应当包括来自育空地区、西北部地区和努纳瓦特的代表。

（3）党的大会上的劳工干部会议从附属劳工成员中选举两名代表，并将其提交大会批准。其中，至少有一名代表应当是女性。

（4）妇女参与委员会、加拿大新民主党青年团、有色少数族裔参与委员会、原住民委员会、女同性恋、男同性恋、双性恋、变性人委员会、残疾人权利保障委员会以及联邦干部代表会议的主席都应当由党的大会的干部代表会议选举产生并提交大会批准。

4. 在过渡期间，党的行政部门可以填补党的委员会成员的空缺。

5. 每一年，党的行政部门应至少开三次会。所有的行政会议上，十名以上成员参与，会议有效。在没有足够的缘由下，如果一名行政部门成员连续三次不参加会议，那么其行政身份将被停止。

第八条 党的委员会

1. 党的委员会的构成

党的委员会应当由以下成员组成：

（1）官员；

（2）行政部门；

（3）各省和地区的一名代表。

（a）党员数超过5000名的省或地区可有两名代表；

（b）党员数超过 10000 名的省或地区可有三名代表；

（c）党员数超过 15000 名的省或地区可有四名代表；

（d）党员数超过 25000 名的省或地区可有五名代表。

党委会代表人数超过一名的省或地区，代表性别应当是均衡的。只有一名党委会代表的省或地区，应当由选举产生代表，以确保在省和地区向党委会的陈述中体现性别平等。

（4）每一省或地区党分部、每一党的分支机构中的两名官员，其中至少有一名官员是女性，由党委会或各自行政部门任命。

（5）来自全国劳工组织的代表不能超过 30 名，这些代表由党的大会上的劳工干部会议成员组成的代表选举产生。

（a）每一个拥有超过 500 名党员的全国性劳工组织可以有资格从其 1000 名党员中选举一名代表，从其二级组织或主要分支机构的 1000 名党员中选举一名附属代表；

（b）任何全国性的劳工组织党委会代表都不可超过两名；

（c）如果按照本条款 30 名以上的劳工党委会代表都具有代表资格，党的大会的劳工代表干部会议可决定这 30 名代表的分配的事宜。

（6）两名干部会议代表，其中一名应当是女性。

（7）六名地方妇女委员会代表，其应当由党的大会的地方妇女代表干部会议选举产生并由大会批准。

（8）十一名青年代表。青年代表应根据加拿大新民主党青年团规定的条款选举产生。包括党的青年执行主席在内，至少二分之一的青年代表应当是女性。以下每一组织各有一名代表：

（a）原住民委员会；

（b）残疾人权利保障委员会；

（c）少数有色族裔委员会；

（d）女同性恋、男同性恋、双性恋、变性人委员会。

这些组织的党代表由其党的大会的代表团选举产生，并且由党的大会批准通过。每一名代表应当是这些委员会的成员而非主席。

2. 党的委员会的权力和责任

总体说明：党的委员会是党在两次大会之间的治理主体。官员和行政部门应当向党的委员会作行政和财政报告。党的委员会对党在两次大会之间的行政和财政事务有最终话语权。

党的委员会应当有以下权力和责任：

（1）有以党的名义发表政策声明和选举纲领的最高权威。党的委员会应当与党的大会的决策保持一致，并应当促使党的政策声明在被党的大会通过之前和党的主要精神保持一致。

（2）现任党员三分之二的同意的投票，选举不超过 3 名附属党委会成员，其中至少两名是女性。

（3）在行政部门的召集下，党的委员会每年至少开两次会。

（4）罢工特设委员会证明诸如此类的委员会有清晰的目标设置，一旦这些目标得到实现，那么就意味着这个委员会将不再存在。

（5）至少三分之一的党委会成员出席才构成党委会会议的有效性。

（6）在职位出现空缺的时候，党的委员会应在党的大会上为空缺职位选举出候补人，并应当批准其他职位的候补人。

（7）确认连续两次没有充足正当理由参与党委会会议的成员的辞职。

第九条　选区协会

1. 说明

选区协会是党员维护权利的主要组织。

2. 选区协会委员会

（1）通过党的委员会的确认，每一个省或地方的选区协会都应当以选区协会委员会命名。

（2）选区协会委员会成立的目的如下：

（a）为两个选区协会之间的合作、计划和信息的分享提供集合场所；

（b）为选区协会之间的交流、组织活动、筹款活动、政策发展和候选人调研活动提供支持；

（c）为本党提供组织和战略层面的建议；

(d) 选举党的委员会代表。

(3) 通过党的委员会的同意，每一个选区协会委员会都应当依照法律和自身的代表结构组织活动。

(4) 每一个选区协会委员会每年至少开一次会。

第十条　委员会

加拿大新民主党内部可以建立委员会。一个委员会是一个正式的党内组织，其组织成员是基于身份或特殊的政治议题而重新组织在一起的党员。

(1) 委员会有清晰的目标陈述，其目标包括以下几点：

(a) 为其自身行动和成员间的信息共享提供平台；

(b) 为党外民众或组织提供外展服务，以期为本党发展新的党员或候选成员；

(c) 促进本利益领域的政策进步。

(2) 一个党内组织要想能够称得上是"新民主党的委员会"这一头衔，必须要获得联邦党的委员会的确认。在其他事项上，委员会必须建立一个运转的行政部门。这个行政部门也必须向党的行政部门递交自己活动的年度工作计划和报告。

(3) 如果一个委员会是从既有的委员会（包括平等委员会）发展而来，那个这个委员会应当代替相关的委员会。包括原有委员会在现存党章中的代表权和提案权都由后面的委员会掌握。

第十一条　新民主党青年团

1. 加拿大新民主党应当有自主的青年分部，其名称应当称为"加拿大新民主党青年团"。加拿大新民主党青年团的章程不应当和加拿大新民主党党章冲突。

2. 省级新民主党如果有充分的兴趣，可以依照本章程的第十二条设立以"新民主党青年团"命名的分部。

3. 只要其章程和规则与联邦及省的新民主党章程、规则不冲突，每一个省级新民主党青年团都可以依据其自身的章程和规则自治。

4. 在那些省级或地方新民主党没有设立省级或地方新民主党青年团分部的地方，加拿大新民主党青年团可以设立一个联邦青年团的分部。要想具有党的联邦大会的代表资格，新民主党青年团分部的章程中必须遵守以下条款以获得党的联邦委员会的同意。

（1）联邦党的分部成员资格应当向所有被各自所属省级或地方的新民主党组织认定的具有良好声誉的青年党员开放；

（2）青年团分部执照可每半年申请或更新一次，申请或申请更新执照时应同时包括以下材料：一份至少15名青年党员的现有党员名单、一份青年团分部行政领导的名单、一份青年团分部的规章制度的复印件；

（3）申请材料必须同时还附有加拿大新民主党青年团总部的一封推荐信；

（4）在任何省或地区，应当只有一个联邦党的青年分部。

5. 加拿大新民主党青年团可以有大学俱乐部。如果要拥有联邦党大会的代表资格，这些大学俱乐部也必须遵守下列条款以获得联邦党的委员会的同意：

（1）大学俱乐部成员资格应当向所有被各自所属省级或地方的新民主党组织认定的具有良好声誉的青年党员开放；

（2）大学俱乐部分部执照可每半年申请或更新一次，申请或申请更新执照时应同时包括以下材料：一份至少15名青年党员的现有党员名单、一份大学俱乐部行政领导的名单、一份大学俱乐部的规章制度的复印件；

（3）申请材料必须同时还附有加拿大新民主党青年团总部的一封推荐信；

（4）在任何大学，应当只有一个联邦青年大学俱乐部分部；

（5）此条款中的大学应当是中等或高等教育机构。

第十二条 省级党组织

1. 只要其章程和原则与联邦党的章程和原则不冲突，每一个省都应当有一个完全自治的省级党组织。

2. 在因任何特定组织是否是表现良好的省级党组织引起的争论时，党的联邦委员会有权裁决这个组织是否可以继续作为省级党组织存在，并将裁决结果提交党的大会。

第十三条　党的魁北克分部

1. 为了能够在魁北克开展联邦管辖下的新民主党的工作，应当在魁北克建立一个联邦党的分部，其名称为加拿大新民主党（魁北克）。

2. 同时在魁北克也应当建立一个省级选举管辖权内的自治的省级党组织。这个党组织应当以法语书写的"新民主党（魁北克）"为名。"新民主党—魁北克"在总体上的实践应当遵循本章程前言所陈述的加拿大新民主党的社会民主原则。如若脱离了这一原则，将会根据本章程第十三条的规定接受处理。

3. （1）在党的联邦委员会通过的章程下，加拿大新民主党（魁北克）在魁北克地区党的联邦事务上履行权威。

（2）除了在加拿大新民主党（魁北克）章程具体指出的责任和权威，联邦党的章程应当适用于加拿大新民主党（魁北克）。这样，除了本章程中第十三条对加拿大新民主党（魁北克）和法语加拿大新民主党—魁北克的条款，联邦党的章程中所涉及的在魁北克的"省级党组织"或"省级党的分部"应当被理解为加拿大新民主党（魁北克）。

（3）党员资格：为了保证魁北克省的联邦个人党员资格，应不分种族、肤色、宗教、性别或母国，每一位承诺接受并遵守联邦党的章程和原则并且不参与和支持其他联邦政党的魁北克居民都有资格加入加拿大新民主党（魁北克）。

第十四条　党的纪律

1. 根据相对应的省级党组织章程的条款，省级党组织应当为其所属的个人党员、附属党员以及青年团分部的纪律负责。

2. 根据本章程第三条第二款的规定，联邦党的委员会应当为附属组织的纪律负责。

第十五条 候选人

1. 根据本条的第二款,党的候选人应当按照相对应的省级党组织的章程规定的程序进行任命。

2. 如果相关省级党组织没有采取恰当的任命行动时,联邦党的委员会应当有权对联邦党候选人的任命进行干涉。为达成积极的行动目标,联邦党的委员会有权对候选人的任命建立规则。

3. 根据上面第二款的规定,在联邦党的委员会预期要进行干涉并废除一名候选人任命时,党的秘书应当书面通知此候选人、选民和省级党组织。在最终决策出台之前,候选人、被授权的选民代表和省级党组织有权对联邦党的委员会或其代表发表意见。

第十六条 修正案

只要党的任何一次大会上所有出席代表超过三分之二大多数投票通过,本章程即可进行修正。

附 录

全体会议程序规则(见第五条的第四款)

1. 党主席或副主席中的一名在规定时刻担任常规和特别党的大会全体会议主持人。在全体会议上,党主席、副主席中的一名、大会选举的大会主席或主席团都应当担任大会主持人并主持会议。

2. 有发言意愿的代表应当靠近任一会议话筒,以便于获得会议主持确认的代表能够提供他/她的名字和代表的选民或组织,并使得发言代表能够将评论集中在议题本身。

3. 代表发言应限制在三分钟以内。但是,委员会发言人在代表委员会陈述报告并不适用此规则。

4. 除了委员会发言人陈述报告可以终止辩论,针对一项动议每一名代表都不能发言超过一次。

5. 除非会议议程要求,每一名代表不应当干扰其他代表。

6. 对会议议程提出异议的代表应停止发言直至问题得到解决。

7. 两名代表可以向会议支持人的决定提出上诉,其中一名代表应陈述提出上诉的理由。一旦接收到上诉,会议主席应当离开主席位置直至上诉得到解决。除了会议主席可以就上诉议题作出决定性解释,针对上诉议题不应进行辩论。会议临时主席应提起这样的议题:"主持人的决定是否继续有效?"

8. 议题应当通过举手或起立投票的方式表决。当票数很相近时,由代表席提请,可采取起立投票的方式做最终表决。

9. 除了在票数相同的时候,会议主席不应当就任何议题进行投票。在票数相同的情况下,主席应进行决定性投票。

10. 如果"之前的议案"被移动,不允许提起讨论或修正动议。如果大多数代表投票通过"此议案现在应被提起",那么这个议案不通过辩论就可以被提起。如果提起议案的动议被否决,关于此动议的讨论依旧继续。如果会议主席认为辩论已经充分,可以自由斟酌决定是否接受一项针对"之前的议案"直接被提起的动议,无论提起动议的代表是否按照之前第二款的规定握有话筒。

11. 专门小组的报告不能够直接由代表进行修正。专门小组应将决议案按照以下分类、以号码编序提交给全体会议。提交时应分类:专门小组通过的决议案、专门小组搁置的决议案、专门小组未通过的决议案和专门小组里无提起人的决议案。尽管如此,一名会议代表可以提起动议将一项决议案及决议案说明提交决议案委员会。如果此动议经过大多数投票通过,决议案委员会将对决议案说明进行审议。在委员会审议之后,决议案委员会将把决议案发回全体会议,并附带委员会对决议案的推荐。

12. 委员会的报告不能够直接在代表席进行修正。但是,鉴于代表席的讨论,或者是对提案中的某一特定观点的审议,委员会报告或报告中任一部分发回委员会重新审议都应当合乎程序。一项提案的提起不应当是无可争辩的,除非这项提案提出了一个特定的观点,在这种情境下,辩论应当限定于对此观点的讨论。

13. 在审议中，已经就某一议题的问题发言后，代表不能够重复提起此议题的提案。

14. 如果某一提案的提案人重新考虑进行大多数投票，那么这项提案可以进行重新审议。关于此提案的公告将会在下一次全体会议期间进行发布。按照规定，重新审议提案的动议应当至少获得现有出席会议代表三分之二以上投票通过。

15. 应当在第一届全体会议期间确定召开党的大会的时间。只有在第十七条规定的情境下，党的大会召开的时间才能够有所改变。

16. 在这里，没有具体管理规则设置的事务都应按照"罗伯特议事规则"进行处理。

17. 以上规则的任何一项在全体无异议的情况下才能终止。只有专门针对修改规则的党的大会上，大多数投票通过一项改变规则的动议，而且这项动议已经公示了一天，以上所有规则的任何一项才能够发生改变。

18. 党的大会没有完成的事务应当提交党的委员会。

专门小组或委员会会议的程序规则

如果一个专门小组或委员会能够限制其小组或委员会内的发言长度以适应需要，以上所有规则，包括因上下文而发生的变化，都适用于小组或委员会会议程序。

（原文见加拿大新民主党官网）

（隋斌斌　译）

加拿大绿党章程

(于1988年9月由全体党员大会通过,并分别于1996年8月、2000年8月、2002年8月、2004年8月、2006年8月以及2009年2月,经党的全体党员大会修改)

第1条 制定(党章)的主体

1.1 制定(党章)的主体是加拿大绿党,亦称加拿大绿色运动。在下文中称为"党"。

第2条 党章和细则的适用范围

2.1 党务活动和所有与党有关的人、组织、委员会以及党员的权利、责任和义务,均受党章和细则的约束。

2.2 党章的效力优先于细则,任何与党章相矛盾的细则在其矛盾的范围内无效。

2.3 党章和细则的效率优先于全党所作出的其他决定,任何与党章或细则相矛盾的决定在其矛盾的范围内无效。

第3条 团结的基础

3.1 党通过制定一个成长的、信奉和支持绿色价值并为泛绿色运动提供发言权的社会和政治结构,来提高全球创建绿色社会的绿色运动的成效。

3.2 党鼓励和培育对所有人和所有文化秉持关怀和同情的价值观,并以此为基础建设可持续的、公正的、民主的、和平的以及多样性的社区。

3.3 通过研究、对话和示范以及增进我们对关怀并同情他人与自己还有生活丰富多样性的认识能力，我们自我承诺并鼓励每个人大规模和社会化地参与践行关怀和同情的价值观。

第4条 宗旨

4.1 党提出纲领、立场、政策、价值观和团结准则的宗旨在于党将通过以下几个方面来对加拿大、加拿大人民和生活在加拿大境内社群的福利作出贡献：

4.1.1 推选候选人参与联邦选举。

4.1.2 通过参与或组建加拿大政府，讨论并形成交由加拿大议会审议的法案。

4.1.3 在团结的价值和基础上发展党的政策、立场和纲领。

4.1.4 在非选举期间提出党的纲领、立场、政策、价值观和团结准则。

4.1.5 设立并维持在联邦、省级和选区级的党组织。

4.1.6 与其他国家和全球范围内的绿色政党团结协作。

第5条 原则

5.1 与全球绿党宪章相一致，党的政策坚持如下原则：

5.1.1 生态智慧；

5.1.2 社会公正；

5.1.3 参与式民主；

5.1.4 非暴力；

5.1.5 可持续发展；

5.1.6 尊重多样性。

5.2 上述原则为党的价值观。

5.3 与党有关的行动、政策和声明必须与党的原则相一致。

5.4 全球绿党宪章将在附录中陈述。

第6条 责任

6.1 党内的所有单位和个人向以下单位负责：

6.1.1 党员全体大会；

6.1.2 全体大会闭会期间的联邦理事会。

6.2 党员全体大会的决定权限高于联邦理事会的决定权限，任何违背全体大会决议的联邦理事会决议在其违背的范围之内无效。

6.3 根据第六条第一款和第二款（6.1 和 6.2）的规定，包括选举期间对候选人的推荐书在内的以及《加拿大选举法》或其他法令法规认为必要的党的归档文件和任命书，要服从党员全体大会或联邦理事会的安排。

第7条　正式资格及其界定

7.1 根据党章和细则，如下人员在党内拥有正式资格：

7.1.1 党员：符合党员标准的个人。

7.1.2 领袖：根据《加拿大选举法》备案为领袖的党员。

7.2 根据党章和细则，以下单位在党内拥有正式资格：

7.2.1 选区协会：根据《加拿大选举法》的规定拥有投票权，居住在一个选区内的所有党员所在的协会。

7.2.2 省或地区组织：（1）居住在加拿大一省或地区内拥有党员资格和投票权的所有党员所在的协会，或者（2）根据《加拿大选举法》的规定，党设立的地区或省的分区。

7.2.3 区域协会：居住在一组毗邻选区内拥有党员资格和投票权的所有党员所在的协会。

7.2.4 联邦理事会：第九条提及的、根据细则选举或任命的联邦理事会。

7.2.5 内阁：（甲）参加或组建内阁的党员，或（乙）替代政府的影子内阁和就政府政策提出批评性反对意见的党员。这个内阁根据细则进行选举和任命。

7.2.6 青年绿党：根据该单位的规定自行组建的党员协会。

7.3 除非在特殊说明的情况下，如下定义适用于党章和细则：

7.3.1 核心层：作为加拿大众议院和参议院议员的党员。

7.3.2 党中央：是包括联邦理事会但不包括任何选区协会、省、地方、区域或其他拥有独自财务运作机构单位在内的党的中心。

7.3.3 总代理：根据《加拿大选举法》规定备案为总代理的机构团体。

7.3.4 符合章程：涉及党章或细则固有规定的。

7.3.5 指令：不符合既有政策规定的一项全体大会的动议或决议，即使采用也不会导致党章或细则的变更。

7.3.6 联邦理事会理事：作为联邦理事会成员的党员。

7.3.7 公职人员：经过正式选举掌管机构或为党履行相关职能的人。

7.3.8 基金会：加拿大绿党基金会。

7.3.9 全体大会：加拿大绿党党员全体大会。

7.3.10 纲领：在特定选举活动中党就选举议题所持有的一系列立场。

7.3.11 政策：党和党员将为之奋斗的、经投票表决而被采纳的全体会议动议或决议。

7.3.12 立场：党和党员将为一切经由投票通过党的声明而奋斗。立场不能与政策、价值观或全体大会的其他决定发生抵触。

7.3.13 青年代表：青年绿党的代表将根据青年绿党的党章和细则的规定进行选拔。

第 8 条 党员全体大会

8.1 全体大会应该包括：

8.1.1 拥有一票投票权的具有完全资格的党员个人；和

8.1.2 具备代理资格的代表或党员，拥有完全资格并依照对代理投票进行规范的若干条细则的规定而拥有投票权的。（附：直到全体大会表决通过这样的细则若干条，否则本条款将不发生效力。）

8.2 根据细则的规定，出席全体大会的法定人数为至少代表两个地区的 50 名具备完全资格的党员。

8.3 全体大会每两年至少举行一次。

8.4 召集全体大会需在 60 日前通知党员。

8.5 党员全体大会应根据细则的规定召集。

8.6 党员特别全体大会应根据细则的规定召集。

第 9 条 联邦理事会

9.1 联邦理事会的组成。联邦理事会由以下成员组成：

9.1.1 一名主席；

9.1.2 领袖；

9.1.3 代表加拿大每个省的一名代表；

9.1.4 代表加拿大各地区的一名代表；

9.1.5 总共九名理事；

9.1.6 执行理事；

9.1.7 青年代表。

第 10 条 党章、细则和政策的修改

10.1 党章

10.1.1 修改党章的通知应包含在将修改党章作为议程的大会的通知之内。

10.1.2 三个以上的选区协会或省（地区）级组织，15 名以上具有完全资格的党员个人或由 15 名以上具有完全资格的党员组成的一个党中央单位可以提交修正案。

10.1.3 修正案应该得到全体大会上具有完全资格党员的多数投票批准，只有该修正案在通讯投票中获得超过二分之一（50%）的具备完全资格党员的支持，且通讯投票的反馈日期在通过此修正案的全体大会的 120 日之内的情况下，修正案才能获准实施。

10.1.4 除了关于修订现行党章的规定以外，所有对党章第十、十一条或细则 1、2、3 进行修改的修正案必须符合以下要求：

10.1.4.1 在相连的两届全体大会上，超过四分之三（75%）的具有完全资格的党员投票支持完全相同的关于颁布修正案的决议；并且

10.1.4.2 完全相同的关于颁布修正案的决议在通讯投票中获得超过二分之一（50%）的具有完全资格党员的支持，并且通讯投票的反馈日期

应设定在下一届全体大会批准此修正案之后的 120 日之内。

10.1.5 在每一次修改党章的全体大会之后，党章委员会和法律顾问必须依据修改结果检查党章的出版物，如下做法应得到联邦理事会的批准：

10.1.5.1 对党章条款重新编号以符合相关修改。

10.1.5.2 修改某些条款之间不再准确的过渡性说明。

10.1.5.3 修改排印上的错误。

10.1.5.4 修改拼写错误。

10.1.5.5 用性别中立的语言替换带有性别偏见的语言。

10.1.5.6 修改党章的英文版本和法文版本之间的歧义之处。

10.2 细则

10.2.1 修改细则的通知应包含在将修改细则作为议程的大会的通知之内。

10.2.2 五名以上具备完全资格的党员个人或拥有五名以上完全资格党员的一个党的单位可以提交修正案。

10.2.3 修正案在全体大会上以得到具有完全资格党员的多数投票赞成而获得正式通过。

10.3 政策

10.3.1 全体大会通过的政策动议只有在通讯投票中获得超过二分之一（50%）的具备完全资格党员的支持，且通讯投票结果的反馈日期在全体大会通过此政策决议之后的 120 日以内，该政策才可以获准实施。

10.4 党章和细则

10.4.1 在每一次修改党章或细则的全体大会之后，联邦理事会应确保修改过的党章和细则的出版物：

10.4.1.1 对党章或细则的条款重新编号以适应相应的修改。

10.4.1.2 修改某些条款之间不再准确的引用。

10.4.1.3 在不改变任何条款的含义的情况下，修改单纯的排印错误。

第 11 条 解散或合并

11.1 由全体大会通过的解散我党或与其他政党合并的决议只有在通讯投票中获得超过 90% 的具备完全资格党员的支持，且通讯投票的反馈日期在全体大会批准这该决议之后的 120 日之内，此决议才能获准实施。

11.2 在通讯投票按照要求以 90% 以上的多数赞成解散或合并我党的决议生效之前，禁止对党的资产进行转移。

第 12 条 加拿大绿党基金会

12.1 基金会是党中央进行财务运作唯一且排他的代理机构。

12.2 基金会对作为党的总代理的加拿大选举局负责。

12.3 基金会应该向全体党员汇报其年度的经过审计的财务报告。

12.4 联邦理事会的所有成员且只有联邦理事会的成员可以自动地成为基金会的成员。

12.5 至少一位基金会主任应该从联邦理事会的成员中选举产生。

12.6 基金会应该在党章和细则的精神、规定和约束下进行运作。

12.7 基金会细则和专利特许证适用于全体党员。

细　则

细则 1　党　员

1.1　党员的标准

1.1.1　任何具有充分投票权的年满 14 周岁的加拿大公民或永久居民，只要不是其他任何政治性政党的党员，均有资格成为我党的党员。

1.1.2　每一位党员都应该拥护党章和细则。

1.1.3　没有缴纳当年党费或符合联邦理事会规定和细则列举的其他情况的党员，其完全党员资格将被终止。

1.1.4　依据联邦理事会的决定，如果某人属于某对党有害的组织的话，他将不能成为一名党员。

1.1.5　年满12岁但未满14岁者可以被选定为不拥有投票权的青年党员。

1.2　申请党员资格

1.2.1　一个人可以向如下机构申请入党：

1.2.1.1　联邦理事会；

1.2.1.2　选区协会；

1.2.1.3　省（地区）级组织；

1.2.1.4　区域协会；

1.2.1.5　当选而未就职的联邦理事会有权接纳党员。

1.2.2　上述组织有权在如下范围内设定该组织党费的额度：

1.2.2.1　编修党员登记簿是联邦理事会的职责；

1.2.2.2　联邦理事会可以向每一个受其委托接收党员的组织收取党费以支付服务党员的费用；

1.2.2.3　联邦理事会应确保党员在其应缴纳党费之际收到相应的通知。

1.2.3　申请入党者和重新入党的党员应该直接向党而不要迂回地通过中间人缴纳党费。

1.3　党员的退党和开除

1.3.1　党员资格可在以下情况被终止：

1.3.1.1　通过向党的一个通讯地址邮寄或投递来提交其退党申请。

1.3.1.2　死亡；

1.3.1.3　被开除出党；

1.3.1.4　连续12个月不具备完全党员资格；

1.3.1.5　正在组建一个新的联邦政治性政党，或正在为一个已经存在的联邦政治性政党而工作的情况下。

1.3.2　根据联邦理事会或党员全体大会的决议，党可以开除党员。被提议开除者在就动议进行投票之前有一次机会在大会上做陈述。

1.4　除了党员在全体大会上集会以外，电子邮件可被获准为全国性机关和全体党员就委员会选举、正式通知的发送以及其他要求全体党员参与的事项之间的通讯方式。

1.4.1 在申请入党之时或在其后的任何时间，党员可以自由选择邮政投递或其他通讯方式。

1.5 投票权

1.5.1 包括一切选举在内的、就所有事项进行表决的党员投票权，将在其成为党员 30 日后开始生效。

1.5.2 当一名我党曾经的党员在不具备完全党员资格一年后重新入党之时，该党员的投票权将在再次入党 30 日后重新获得。

细则 2 联邦理事会

2.1 联邦理事会的选举

2.1.1 概而言之，主席和理事：总共有十人被选入联邦理事会作为理事，具体如下：

2.1.1.1 应由十名具备完全资格的党员进行提名；

2.1.1.2 所有具备完全资格的党员均有资格就这些职位进行投票；

2.1.1.3 党的主席应该由联邦理事会任命或根据该理事会成员得票进行选举；

2.1.1.4 即将离职的主席在联邦理事会任命或选举一位新主席之前仍旧以联邦理事会列席成员的身份继续扮演主席的角色，列席者不计入联邦理事会的法定人数。

2.1.2 省和地区的代表

2.1.2.1 居住在加拿大一省或地区内的具有完全资格的党员可以申请提名为他们各自省或地区的省代表或地区代表；

2.1.2.2 居住在加拿大一省或者地区之内的所有具备完全资格的党员均有资格为他们各自的省或地区的省代表或地区代表投票。

2.1.3 领袖

2.1.3.1 100 名具有完全资格的党员可以对领袖的职位进行提名；

2.1.3.2 所有具备完全资格的党员均有资格为领袖职位的人选投票。

2.1.4 联邦理事会的选举和任期

2.1.4.1 在为联邦理事会的任何机构进行投票的过程中,如果选择选举制的选票中多数投票赞同,那么"以上都不选"将作为一个竞选者出现在选票上。

2.1.4.1.1 当选举需要党员在同一位置上选出两个或更多的人(诸如一次性选举联邦理事会委员的情况),选举将实行单一可转移投票制的多席位比例代表制,对其他席位的选举也将随之同时进行;

2.1.4.1.2 当选举需要党员在一个位置上只选出一个人时(例如选举领袖的情况),选举将实行单一可转移投票制,获得多数票者将当选。

2.1.4.2 所有联邦理事会成员当选后,任期为两年或直至选出其继任者为止。此外,领袖的任期是四年或直至选出其继任者为止。

2.1.4.3 在奇数年,将选举产生纽芬兰及拉布拉多、新不伦瑞克、魁北克、马尼托巴、亚伯达的代表,以及来自地区的代表和联邦理事会的五位理事。

2.1.4.4 在偶数年,将选举产生新斯科舍、爱德华王子岛、安大略、萨斯喀彻温、不列颠哥伦比亚的代表和联邦理事会的五位理事。

2.1.4.5 领袖在公元2006年选举产生,其后每四年选举一次。

2.1.4.6 联邦理事会理事、省代表和地区代表的选票应该在每个候选人名字旁边标注该候选人居住的省份和生态区。

2.1.4.7 选票应在距离选举日至少30天前邮寄出去。

2.1.5 从公职上和单位中被罢免

2.1.5.1 除了领袖以外,任何联邦理事会理事都可以因为某种缘故从机构中被罢免,这需要在为此事而专门召集的会议上得到联邦理事会四分之三的理事投票通过。

2.1.5.2 领袖从职位上被罢免需要经过全体大会的动议,并需在为此事而专门召集的会议上得到联邦理事会四分之三的理事都投票支持不信任案。

2.1.5.3 任何受到指控的党员或单位都应得到书面通知并在任何不信

任和罢免动议作出之前有 30 天的时间准备和出席他们的申辩会。

2.1.5.4 除非该联邦理事会理事提供符合要求的书面证明文件以解释他缺席的原因并且经联邦理事会多数投票赞成恢复其原职，否则任何没有明确理由而连续缺席三次联邦理事会会议的联邦理事会理事应该被联邦理事会罢免。如果该理事因此遭到罢免，那么其在接下来一届联邦理事会选举中将不能获准提名为联邦理事会理事。

2.1.5.5 联邦理事会或全体大会有权因故撤销党的任何单位。

2.1.6 联邦理事会公职的空缺

2.1.6.1 直到下一届全体大会召开或该职位任期结束之前出现的空缺，联邦理事会均有权通过任命补充任何空缺。

2.1.6.2 所有联邦理事会理事应该在七天内得到空缺通知。

2.1.6.3 空缺通知应该公布在党的网站上并且在同样的七天周期之内根据电子邮件通讯录投放给全体党员。

2.2 为了选举目的分配一省或地区的党员

2.2.1 一省或地区党员的分配应该在联邦理事会选举日到来的 30 天前基于存档的通讯地址进行。

2.3 省或地区代表

2.3.1 一名联邦理事会的省或地区代表的永久居住地必须在他们所代表的省或地区。

2.3.2 如果省的代表的永久居住地变更到另一个省或地区，或者地区代表永久居住地变更为某一省，那么联邦理事会的省级和地区代表将被终止联邦理事会的理事资格。

2.4 联邦理事会会议

2.4.1 联邦理事会每年应至少召开四次会议。

2.4.2 联邦理事会会议的法定人数应该是在职的有权投票者的多数，一旦法定人数降至六名投票者以下，在接下来的六个月内必须召开一次全体大会。

2.4.3 联邦理事会可以通过电子设备开会。

2.4.4 联邦理事会的所有决定应该获得出席者的多数投票赞成,党章或细则中另有规定的除外。

2.4.5 除了可以投关键票的主席和无投票权但可以发言的执行理事外,第九条第一款(9.1)所列举的所有联邦理事会成员都可以投票。

2.4.6 联邦理事会可以通过程序规则来指导联邦理事会会议,这些规则不能与党章和细则相冲突。

2.4.7 联邦理事会可以设立非经选举产生的、不计入联邦理事会法定人数的联邦理事会职位。担任这些联邦理事会职位的人可以由联邦理事会罢免。

2.4.8 联邦理事会应该为联邦理事会会议安排日程,会议可以由主席或者超过联邦理事会理事数目三分之一的理事共同召集。

2.4.9 在例行会议闭幕期间,联邦理事会可以通过电子邮件和其他电子通讯手段作出决定,以这种方式进行投票的结果应该按照细则规定的程序记入随后召开会议的会议记录。

2.5 联邦理事会的委员会

2.5.1 在联邦理事会会议闭会期间,联邦理事会可以设立有权采取行动的管理委员会。管理委员会所采取的行动应得到联邦理事会的批准。

2.5.2 联邦理事会可以根据需要设立其他委员会。这些委员会的权限由联邦理事会确定,同时它们也应该向联邦理事会汇报工作。

2.6 一旦管理委员会建立:

2.6.1 它将由联邦理事会主席、领袖、联邦理事会的三名理事和执行理事组成。常驻该委员会的联邦理事会的三名理事应该从联邦理事会理事中通过任命或选举的方式产生。

2.6.2 除了不能投票而只有发言权的执行理事之外,管理委员会的所有成员都可以投票。

2.6.3 管理委员会法定人数为三人,其中不包括执行理事。

2.6.4 管理委员会会议应由主席或三名拥有投票权的成员来召集。

细则 3　区域

3.1　为了实现第八条第二款（8.2）和党章与细则中其他规定的宗旨而划定的六个区域是：

3.1.1　大西洋区域由纽芬兰及拉布拉多、爱德华王子岛、新斯科舍和新不伦瑞克等省组成；

3.1.2　魁北克区域由魁北克省组成；

3.1.3　安大略区域由安大略省组成；

3.1.4　大草原区域由马尼托巴、萨斯喀彻温和亚伯达等省组成；

3.1.5　不列颠的哥伦比亚区域由不列颠的哥伦比亚省组成；

3.1.6　北部区域由努勒维特、育空和西北等地区组成。

细则 4　党员全体大会

4.1　两年一次的全体大会的召集

两年一次的党员全体大会可以由联邦理事会经多数投票同意而召集，并确定会议地点和时间。

4.2　其他全体大会的召集

4.2.1　其他全体大会可以由以下主体召集：

4.2.1.1　全体大会授权的委员会；

4.2.1.2　联邦理事会根据超过三分之二的赞成票而召集会议；

4.2.1.3　由全党10%的具备完全资格党员向联邦理事会提交带有其署名的请愿书；

4.2.1.4　由至少三分之一登记在册的选区和省级组织的首席执行官向联邦理事会提交带有其署名的请愿书；

4.2.1.5　由全体大会多数投票通过的动议。

4.2.2　在收到提请召开一次全体大会的申请后，联邦理事会应该选定全体大会的地点和日期，会议日期必须在收到申请的九日之内确定。

4.3　全体大会上的动议

4.3.1　党员应该在向党员全体大会提交供其审议的动议的截止日期到来之前的30日内得到通知。

4.3.2 动议应该由至少 20 名具备完全资格的党员或至少能够代表 20 名党员的单位提交。

4.3.3 没有预先提交和在会议中途撤销的动议只有在其具备紧急事件的性质并且需要得到与会者三分之二的投票支持才可以被会议审议。

4.3.4 预先提交的包括原理阐述和背景信息在内的动议,必须在全体大会开始的 60 日之前发放到有资格在全体大会上投票的全体党员手中。

4.3.5 在严格遵守党的程序规则的情况下,包括党章或细则修正案在内的动议文本可以在全体大会上替换原有的动议或修正案,但(原来的动议或修正案)根据全体大会的通告获得党员承认的事实保持不变。

4.4 全体大会上的投票

4.4.1 在投票真实性可以通过采取措施得到确认的情况下,投票可以通过邮件、电子邮件或电话传真计算。

细则 5 推举议员候选人

5.1 候选人

5.1.1 在设有选区协会的地方,选区协会根据协会细则推举候选人。

5.1.2 在没有选区协会的地方,根据联邦理事会或细则规定的程序推举候选人。

5.1.3 在没有我党党员的选区,根据全体大会、联邦理事会、由全体大会或联邦理事会授权的委员会,或根据全体大会或联邦理事会指定的程序推举候选人。

细则 6 内阁

6.1 在可能的情况下,领袖可以从核心层成员或其他党员中任命内阁成员或影子内阁成员。

6.2 领袖可以依照自己的意见替换内阁成员或影子内阁成员。

6.3 领袖可以任命两名领袖助理。

细则 7 监察和申诉委员会

7.1 监察和申诉委员会经过党员全体大会的选拔,选拔应该对性别平等和地区平衡保持应有的注意和尊重。

7.2 在全体党员大会闭会期间，监察和申诉委员会可以填补自己的空缺。

7.3 监察和申诉委员会由两名共同主席主持，其中一名是女性、另一名是男性，人选由委员会推举。

7.4 监察和申诉委员会是全体党员的委员会，向党员全体大会负责。

7.5 监察和申诉委员会：

7.5.1 接受党员对组织单位和党的公职人员所做决定提出的抗议，前提是这些决定被认为影响到其党员权利或被认为与党的治理息息相关。

7.5.2 决定是否接受并处理每一个抗议，并公布处理该抗议的决定。

7.5.3 就接纳的案件，向当事各方提供包含委员会建议在内的问题报告。

7.5.4 定期向联邦理事会报告其活动。

7.5.5 维护监察和申诉委员会的指导方针及其运行。

细则8 选区协会和省的分部

8.1 选区协会是党的基层的草根单位，党员通过其行使党员权利。

8.2 联邦理事会在每个联邦选区只承认一个选区协会，并且：

8.2.1 该承认根据细则的规定可以被撤销；

8.2.2 选区协会应该遵守联邦理事会或细则关于其治理、财务管理和汇报事宜的相关规定。

8.3 遗留的省的分部将被解散。

细则9 加拿大绿党的女性核心层

9.1 女性核心层的宗旨是鼓励女性和男性在党内的平等参与，代表和提升党内妇女利益并鼓励女性积极参与党的各级组织。

9.2 每一位满足党章就妇女核心层所规定的附加入党要求（例如党费）的女性党员均有资格成为妇女核心层成员。

9.3 女性核心层有责任在有条件的每个选区中建立一个女性俱乐部。

9.4 联邦理事会主席经与女性核心层磋商，有责任向两年一次的党员全体大会提交关于男女平等参与党的各级组织已经达到何种程度的评估报告。

细则 10　党的文件

10.1　联邦理事会为了考察所有党员，应该保存下列党的文件：

10.1.1　党章和细则；

10.1.2　程序规则；

10.1.3　批准的政策；

10.1.4　上一次选举的竞选纲领；

10.1.5　先前的全体大会和联邦理事会会议的会议记录。

10.2　细则10第1款（10.1）中所列举文件的文本应该按照成本价转发给有需要的党员。

细则 11　财务规程

11.1　代理：在严格服从《加拿大选举法》的前提下，联邦理事会或全体大会可以：

11.1.1　任命一位党的注册代理人来分发报税收据和保管任何组织单位的账目；并且

11.1.2　撤销代理并在机关中开除注册代理人。

11.2　募捐：单位可以管理合法的募捐活动。

11.3　借款：只有全体大会或联邦理事会有权为了党的收益以党或其中任意组织的名义借款。

11.4　最高主权：除了联邦理事会或全体大会为了支付党的注册、年度审计和其他基本活动的费用而通过注册代理人向各单位征收费用的情况之外，任何单位无权让其他单位为其提供资金。

11.5　保障（补偿）：在党的章程、细则和其他正式通过规则的指导下，非正式的列席成员单位、志愿者、雇员、职员、主管、党设立的任何委员会的成员、公职人员或其他有合法资格代表党而合法行动的人，有责任在他们的权限范围内真诚地、善意地并以应有的勤勉为党的一切债务、行为、声明、要求、责任或其他无论如何党所应履行的承诺而工作。无论如何，党会对做好如上工作的人进行补偿并保护其避免遭受损失。

附 录

全球绿党宪章原则

2001年4月16日,在澳大利亚堪培拉举行的全球绿党成立大会批准了全球绿党宪章原则。

生态智慧

我们承认人类是自然界的一部分并且我们尊重包括非人类物种在内的所有生命形式所具有的多样价值。

我们承认世界上的人们具有与生俱来的智慧来监管大地和它的资源。

我们承认人类社会依赖于我们星球的生态资源,必须确保生态系统的完整并保护生物多样性和生命支持系统的恢复能力。

这就要求:

- 我们要了解我们所居住星球的生态和资源的极限。
- 我们要保护动物和植物的生命以及维系生命所依赖的自然要素:土地、水分、空气和阳光。
- 在知识的局限之处我们采取谨慎的生活方式,目的是为当代和后代保持这个星球资源的持续充裕。

社会公正

我们主张,社会公正的关键在于社会资源和自然资源的公平分配,无论是区域性还是全球性分配,都应无条件满足基本的人类需求并确保所有人拥有充分的机会实现个人和社会的发展。

我们断言,没有环境正义将无法实现社会公正;同样,没有社会公正也就没有环境正义。

这就要求:

- 缩小贫富差距鸿沟和国家间差距的正义的世界组织和稳固的世界经济;平衡由南方向北方的资源输出以及还清阻碍贫穷国家发展的债务负担。
- 作为伦理上、社会上、经济上和生态上迫在眉睫的任务,理应根除贫困。

- 消除文盲。
- 不论性别、种族、年龄、宗教、阶级、文化或民族出身、性取向、残障与否、财富和健康，建立在所有个体平等权利基础上的新的公民权观念。

参与式民主

我们为所有人有权表达其观念，并能直接参与到影响其生活的环境的、经济的、社会的和政治的决策之中的那种民主而奋斗；如此一来权力和责任都集中到地方和区域共同体中，只有在必要的时候才向治理的更高层级移交。

这就要求：

- 通过为决策准备所需的信息来实现个人授权并通过教育使所有人都能参与。
- 打破抑制参与的财富和权力不平等。
- 在受到那些基于鼓励公民活力、志愿行动和社区责任的系统影响的适当层级，建立能直接作决策的草根体制。
- 强力支持通过教育、激励和帮助青年，进而在包括参与制定所有决策在内的有关政治生活的各方面给青年人以表达权。
- 所有经选举产生的代表在治理中忠于透明、坦率和负责任的原则。
- 所有选举制度是透明和民主的，并通过法律保障实施。
- 在所有选举制度中每个成年人拥有平等的投票权。
- 所有选举制度都基于比例代表制，所有的选举只接纳有严格限制的公开资助，团体和个人捐赠要充分透明。
- 所有公民有权根据其个人选择，成为多党制下一个政治性政党的党员。

非暴力

我们宣扬非暴力的承诺，并为作为全球安全基础的国家之间、社会内部和个人之间和平与合作的文化而奋斗。我们相信安全不能主要寄希望于军事力量，但却可以寄希望于合作、合理的经济和社会发展、环境安全和尊重人类权利之上。

这就要求：

- 一个关于全球安全的更广泛的观念，它以对社会的、经济的、生态的、心理的和文化差异方面的优先考虑来取代以军事力量平衡为基础的全球安全观念。
- 胜任预防、管理和解决争端的全球安全体系。
- 通过理解和尊重其他文化、根除种族主义、推进自由和民主以及终结全球贫困来排除战争因素。
- 继续进行完全和彻底的裁军，包括签署确保完全和最终取缔核武器、生物武器和化学武器以及杀伤人员地雷和贫铀武器的国际协定。
- 加强联合国作为控制冲突与保卫和平的全球性组织的作用。
- 继续对人权正在遭受侵犯的国家进行严格的武器贸易限制。

可持续发展

我们认识到生物圈内人类社会物质膨胀的极限范围，并且需要通过可持续使用可再生能源和合理使用非可再生资源来保持生物多样性。我们相信为了实现可持续发展以及为了在地球有限的资源总量下和全球消费的持续增长中满足当代和后代人的需要，人口和资源不平等必须得到中止和扭转。我们认识到只要存在贫困就不可能实现可持续发展。

这就要求：

- 确保富人限制他们的消费，允许穷人公平地分享地球的资源。
- 重新界定财富的定义，相对于过渡消费要更关注生活的质量。
- 创造目的在于满足所有人需要而不是个别人贪婪的世界经济；使那些现存的人满足他们自己的需求，而不危及后代人满足其需求的能力。
- 通过确保经济安全来消除人口增长带来的危害，并且对所有人提供基本教育和健康保障，给予男人和女人对其生育的更大的控制权。
- 重新定义跨国公司的角色和责任来支持可持续发展的原则。
- 实施税收机制，控制金融投机泛滥。
- 确保商品和服务的市场价格充分包含生产和消费过程中产生的环境

成本。

- 实现更高的资源和能源利用率，并发展有关环境方面的可持续技术应用。
- 鼓励地方自力更生，在最大的实用范围内建设有价值的、令人满意的社区。
- 认识到青年文化的关键角色并在那种文化内激发出一种可持续的伦理观。

尊重多样性

在个人向所有生命负责的环境中，我们尊重文化的、语言的、民族的、性别的、宗教的和精神的多样性。我们无歧视地捍卫所有人拥有支持他们尊严、身体健康和精神康乐的环境的权利。消除多元文化社会的心灵隔阂，我们促进恭敬的、积极的和负责任的关系的建立。

这就要求：

- 承认人与生俱来的获取生存基本条件的权利，其中既有经济的也有文化的权利，包括居住权和自由决断的权利；承认他们对民族和全球文化共同遗产的贡献。
- 无歧视地承认少数民族发展自己文化、宗教和语言的权利，以及在民主进程中进行充分的法律、社会和文化参与的权利。
- 承认和尊重具有与大多数人不同的性取向的人。
- 在社会、经济、政治和文化生活的所有范围内实现女性和男性之间的平等。
- 作为对我们绿色观点有价值的贡献，要注意青年文化的涉入，承认青年具有独特的需求和表达方式。

（原文见加拿大绿党官网）

（董伟玮 译）

加拿大共产党章程

(由 2010 年 2 月 5—7 日举行的加拿大共产党第 36 次
全国代表大会修订)

组织原则

加拿大共产党是致力于社会主义事业的工人阶级的马克思列宁主义政党，它由尽力团结工人阶级和遭受垄断者剥削的各界人士中政治进步和活跃的志同道合者组成，是准备为工人阶级掌握国家政权和建立社会主义的加拿大而奋斗的志愿组织。除了工人阶级的利益以外，加拿大共产党没有自己的特殊利益。党员资格建立在拥护党的纲领并为之奋斗的基础上。

我们国家多民族的特征在共产党中得到体现，在加拿大共产党内部，魁北克共产党作为一个独特实体对其政策和组织结构实行完全自主的管理。

共产党的组织原则由其政治目标所决定。为了引导工人阶级实现这些目标并领导人民进行斗争，党必须建立在坚实的意识形态的、政治的和组织的团结基础之上，通过连续地组织与劳动人民有紧密联系的党员活动，了解他们的观点和需求并在活动中阐发党的政策。

民主集中制是确保这一点的组织原则。

民主集中制将党员最大限度地参与民主讨论和党的生活，与自愿服从多数决定和由选举产生胜任领导全党的集中领导层执行这些决定的义务结合起来。

它包括有助于党的纲领目标实现的、经由全体党员的充分讨论的政策。就这些政策必须由多数投票而制定来说，决策经由此建立在所有党员的意志之上。这能使党在各种斗争条件下作为统一整体去行动。团结源自于对党的社会主义纲领和对可能出现的就如何在变化中最好地实现目标的争论在认识上持有一致意见；一旦经由多数投票作出决定，在执行决定时就必须统一行动。因此党才是团结的，而进行派别活动或分裂活动的激进组织是决不允许存在的。所有党员必须服从党的决定，少数必须服从多数的决定，下级组织必须服从上级组织的决定。

民主集中制的原则对所有共产党员都有约束力；同时作为加拿大共产党党员的魁北克共产党党员，在平等的基础上充分地参与党的生活和活动、党的全国代表大会、中央委员会和领导层，参与政策的集体规划并分担在实现加拿大工人阶级利益中的共同责任。

所有党委都经由选举产生。选出的委员会受由代表大会决定的党的政策约束。他们有权在这些政策基础上作出决定，所有党员和下级党委有义务执行它们。所有党委必须定期向选举他们的党组织报告他们的工作，并且必须坚持集体领导和个人负责相结合的原则。

共产党的基层组织是党的俱乐部。它应该教育、鼓励并在各方面将每一个党员发展为在其同事中为党的纲领和政策而积极奋斗的活动家。

以同志的和客观的态度进行讲原则的批评和自我批评可以巩固党的团结和统一，并能改善与人民的关系。任何压制或回避讲原则批评的倾向是对党有害的，一定要坚决反对。

在对加拿大真正利益始终如一的捍卫过程中，共产党得到马克思列宁主义世界观的指导。加拿大共产党赞同久经考验的工人阶级国际主义原则。党与其他国家致力于实现工人阶级共同目的的共产党和工人党发展兄弟般的关系。

第一条　名称与宗旨

组织的名称为加拿大共产党。党的目标和宗旨在纲领中进行了专门陈述。

第二条 党徽

党徽是由齿轮和位于其两侧的麦穗所共同组成的图案，象征着我国工人和农民的团结。

第三条 党员资格

第一款 任何年满16周岁的加拿大居民，同意第三条第二款的规定，将有资格成为党员。

魁北克共产党的党员同时也是加拿大共产党的党员。

第二款 党员是赞成并为了贯彻由本章程和全国代表大会决定的党的纲领和政策而工作、执行党的决定、隶属于一个俱乐部、定期交纳党费并在财政上资助党的人。党员出席俱乐部会议，尽他或她的全力阅读、支持和传播党的出版物、文献以及著作来建设党。

第三款 所有入党申请都取决于俱乐部的讨论和多数投票的表决。一旦接纳这个党员，或者党员被邀请出席，接下来他们应该宣读入党誓词的俱乐部会议，交纳他们的入党费用和他们首月的党费，他们将获得一个党员资格证、一册章程和纲领。俱乐部应该向上一级党组织报告所有新晋党员。在申请被拒绝时，俱乐部应该将拒绝情况向有权复核申请的上级组织汇报。

第四款 一般说来，在没有党组织存在的地区接纳党员入党只能经过党的省级执行委员会批准，而在没有省级执行委员会存在的地方接纳党员入党则由中央执行委员会批准。一种允许的授权方式是，省级执行委员会或者中央执行委员会对地区委员会进行授权。只有在例外情况下，在党组织存在的地方提交入党申请才需要得到地区委员会的批准。一般地，党员应根据其所在地的党务部门的规定按期交纳党费和捐款。

第五款 拖欠三个月党费的党员将不再具备完全党员资格（参考第四条第一款），该党员将因此收到正式通知。拖欠六个月党费的党员在促进其恢复完全资格的所有努力都失败后将被开除。如果那些因这些原因而被终止党员资格的人想重新申请入党，他们可以在六个月内申请，并根据俱乐部或地区委员会的批准，在全部还清党费后获准继续保持作为老党员的身份。

第六款 每年新党员证的颁布和领受也是对党员资格的复查。俱乐部主管有义务预先通知本俱乐部的所有党员，在更换党员证之前应举行一个特殊的复查党员工作的会议，每个党员都有权利和义务出席，以参加复查工作并更换党员证。在所有努力失败之后，俱乐部可以根据多数决定，经与上级党组织磋商，对不履行党在第三条第二款和第四条第二、十、十一、十二和十三款中规定的党员拒绝注册党员资格。在此情况下注册遭到拒绝的党员可以根据第四条第三款进行申诉。

第四条 党员的权利和义务

第一款 每一位具有完全资格的党员拥有参与制定规划和执行党的政策的权利和义务，包括拥有讨论所有由党组织作出并登载在指定出版物上的政策和策略的权利和义务；在无条件地执行一项自己不同意的决定的同时保留意见或将向上级委员会提出意见的权利。每一位具备完全资格的党员都有权选举党的领导委员会并且批评他们的工作和组成结构。在作出处理党员的决定时，党员有权利在场就质询发言或者向任何一级党组织直至党的中央委员会陈述立场，并要求它们受理与此问题相关的所有资料。

第二款 党员应该坚持通过系统学习马克思列宁主义，并通过参加党的建设来尽力深化他们对政治的认识和理解。党员应执行党的决定、领会党的原则以及反对任何对工人阶级和党不利的事情。党员应该学习并向潜在的党员和支持者解释党的纲领和政策，目的是为了争取他们的支持以实现这些目标。

任何党员不得违反由代表大会和上级党委制定的党的政策。每个党员都有义务捍卫和加强党的团结。

第三款 党员个人、俱乐部或委员会不同意俱乐部的，城市、地区或省级委员会的决定，有权向作出该决定的组织的上一级组织申诉，并可以向党的最高组织——中央委员会和全国代表大会进行申诉。在个人进行申诉期间，他必须执行俱乐部或委员会所公布的决定。所有申诉应该在60日内被各自的委员会受理。

第四款 因对上级委员会多数决定的反对而出现问题的，除了尊重作出申诉决定的委员会之外，还可以由中央委员会或其执行委员会多数投票所确定的党组织在规定的期限内就这一特定议题组织讨论。

第五款 所有由例行或特别俱乐部会议作出的决定都应经由出席党员的多数投票来表决，所有党员应服从这些决定。俱乐部主管有义务将召开例行或特别会议的消息通知到所有党员。

第六款 所有自俱乐部主管晋升为上级组织的党务干事和领导委员的人，应该通过党员或直接由党员选出的代表进行无记名投票并获得多数同意。委员和干事必须定期向选举他们或他们为之负责的组织汇报其活动。

第七款 在能够根据章程及时地提供书面通知的情况下，俱乐部内的党员经过多数投票拥有罢免任何一个俱乐部干事或委员的权利。

第八款 除非第七条第八款的规定得到修改，否则任何当选委员的党务干事或党员均可以被原选举单位的投票人通过多数投票随时将其从现任职位上罢免。空缺将通过原选举单位的投票人经过多数投票确定人选进行递补。

第九款 根据第九条第二款的规定，党员有权控告任何其他党员。任何受到纪律惩戒的党员均有权向上一级党组织直至全国代表大会提出申诉。

第十款 每一个党员必须尽全力同来自国外和国内的伤害劳工和人民或其他阶层权利的行为和一切妄图将专制强加于加拿大从而侵犯多数人民直接决定国家命运的天赋权利的组织、政党、派系和阴谋集团作斗争。

第十一款 每个党员都有义务反对任何形式的民族歧视和民族压迫。反对一切种族偏见、歧视及民族特权的意识形态影响和实践是每一个党员的义务。

第十二款 每个党员都有义务为实现男女之间彻底的社会和经济平等以及消除对妇女的各种歧视而工作。

党员应该在社会和政治生活中、家庭和工作场所中成为性别平等的榜样，反对各种形式的男权统治和性别歧视。

第十三款 有资格的党员应该加入值得尊敬的行业协会，增进其利益并且坚决支持和提升行业协会民主。在没有行业协会的地方党员应该坚持为创建行业协会的组织、原则和标准而努力。

有资格的党员应该加入农场、合作社、互助会、职业协会和其他捍卫劳动人民利益的人民团体。

第五条 组织结构

甲 党的俱乐部

第一款 共产党的基层组织是俱乐部。不属于任何俱乐部的三名或三名以上的党员可以申请组建一个俱乐部。俱乐部在社区（城市、镇、市内行政区、选区或邻里）中组建，也可以在工作地点或其他经相关负责党委确定的地点组建。在有条件的地方，党员应该组织机关俱乐部。俱乐部经中央执行委员会批准后有权选择自己的名字。

每一个俱乐部都将得到特许状；根据第六条的规定，经省级执行委员会建议或经与省级执行委员会磋商，中央执行委员会可以收回特许状。

第二款 党的俱乐部每月至少应该召开一次会议，也可以根据俱乐部党员的决定经常召开会议。俱乐部应该选举一个组织者或者诸如此类的被认为对管理俱乐部事务来说是必要的负责人。这些负责人组成执行委员会。这类选举应该每年进行一次，在选举前至少两周内应对提名进行无记名投票；除非俱乐部的多数党员要求在执行委员的任期届满前撤换，否则执行委员的任期是一年。

在十二月份或一月份的两周内，当提名公布后将进行对俱乐部及其执行委员会年度政治、意识形态和组织工作的审查，结果将上交至上级党组织。选举将根据这一程序的完成情况举行。

俱乐部财务主管应该至少每六个月向俱乐部呈递一份完整的财务报告。每个俱乐部应该为审计账目选举一个审计委员会。如果认为必要，这个委员会可以启用它自己的专业助理。在选举负责人之前，关于俱乐部财务的年度报告一定要经过审计并且分发给俱乐部全体成员。

在俱乐部选举进行期间，城市、地区或省级执行委员会应该得到相应的人事选举的通报。党的上级组织应该掌握本年度俱乐部一切人事变化的情况。

第三款 实现党和俱乐部为之进行政治、经济和文化需要斗争的驻地劳动人民之间最紧密的联系是党的俱乐部的目标和义务；通过指导劳动人民中的宣传、鼓动和组织工作来说服他们支持党的纲领和政策；通过帮助每一个党员使之成为党的政策的积极斗士和党的建设者。

党的俱乐部应该坚持斗争以争取获得新的成员，组织对党员进行政治教育以便使他们更有效地在他们所在的地区、社区和行业中工作。

党的俱乐部定期检查对其决定的执行情况、成员的活动的开展情况以及捍卫党的原则和党的团结的工作情况。

乙　城市或地区组织

第四款 在拥有两个以上俱乐部的地方，根据省级组织或在没有省级组织的地方根据中央执行委员会的决定，可以成立城市或地区组织。在此情况下，由来自城市或地区所有俱乐部或党员大会的代表组成的代表大会可以选举一个负责本地区工作的城市或地区委员会。代表大会至少每两年举行一次。俱乐部可以就城市或地区委员会的选举向代表大会提名。

城市或地区委员会应该帮助俱乐部加强公共工作、管理城市或地区党组织事务并且在地方层级负责解释中央和地方党组织的决定。

成为城市或地区委员会选举的候选人应该至少具备连续一年的完全党员资格。

丙　省级组织

第五款 一省之内的所有党组织之上应该设立一个省级组织。省级组织的最高权力机关是至少每两年召开一次的省级代表大会。省级代表大会由各个俱乐部依照省级委员会的决定选出代表组成。

在确保地区代表诉求得到应有重视的情况下，省级代表大会应根据代表大会的决定，通过无记名投票和多数同意选举产生一个省级委员会及其候补委员。在代表大会闭会期间，省级委员会应至少每六个月举行一次会议。

根据三分之一委员的提议，或情况特殊使之必要，依照省的执行委员会的决定或代表该省三分之一党员的俱乐部的书面申请，可以召集省级委员会的特别会议。如果省级委员会在申请后的30日内没有召集，代表该省51%党员的俱乐部可以召集特别省级代表大会。

党的俱乐部、城市或地区代表大会可以就省级委员会的选举向省级代表大会提名。有资格当选为省委委员的党员应该具备至少两年的完全党员资格。本款规定不适用于新设立的省级组织。

省级委员会应该选举产生一个规模适度的省级执行委员会，以便在省级委员会闭会期间领导党的工作，同时要选举出一位省级党务书记。在必要的地方，省级执行委员会可以设立若干小组委员会来协助它对特定领域的工作进行指导。这些委员会应该是咨询性质的，它们的功能包括协助党组织制定政策和执行决议。这些委员会应该定期向它们为之负责的党组织汇报工作。本规定适用于由地区或城市委员会设立的小组委员会。

在与省、地区或地方党组织相关的各种形式的选举和其他公共活动中，党组织应该就规划政策发挥充分的首创精神并在与党和全国代表大会保持整体一致的前提下作出决定。若下级党组织认为上级党组织作出的决定不符合实际情况的话，应该要求上级组织修改决定。如果上级党组织仍旧坚持原有决定的话，则下级组织必须执行该决定。

省级委员会必须依据章程第十条第三款的规定按时向中央委员会提交经过审计的财务报表并向两年一度的省级代表大会提交财务报告。

丁．特别省级代表大会

第六款 依照省级委员会的多数委员或代表本省三分之一党员的俱乐部的书面申请可以召集特别省级代表大会。如果省级委员会在申请提出60日内没有召集，代表该省51%党员的俱乐部可以召集特别省级代表大会。

第六条 魁北克共产党

魁北克共产党是加拿大共产党内的特殊实体。遵照魁北克共产党全国代表大会和全国委员会的决定,魁北克共产党对魁北克境内党的政策和组织结构实行完全自主的管理。

第七条 中央组织

第一款 党的最高权力机关是全国代表大会,负责修订党的纲领和章程,选举党的中央委员会并制定对全体党员具有约束力的其他政治的和组织的决议。在中央委员会没有因特殊情况而推迟全国代表大会会期的情况下,至少每三年应该召开一次例行的全国代表大会。

第二款 依照中央委员会的多数委员或代表全党三分之一党员的俱乐部的书面申请可以召集特别全国代表大会。如果在提出申请90日内没有召集,代表全党51%党员的俱乐部可以召集特别全国代表大会。

第三款 全国代表大会应该由为选举代表而召开的特别省级代表大会无记名投票选举产生的代表组成,除了经中央委员会特批的省级委员会可以直接决定代表的人选以外,代表一般应该由地区代表大会或为选举代表而专门召开的俱乐部会议选举产生。没有省级组织存在的俱乐部、城市或地区组织,经与中央委员会磋商,可以获得从俱乐部、城市或地区代表大会中选举全国代表大会代表的权利。那些获得最高选票者将被宣布为当选代表。代表应该按照中央决定的代表比例经选举产生,比例则由中央根据已付清的捐款和从九月一日开始到中央委员会决定召开全国代表大会之时为止的党费缴纳情况来确定。

要成为全国代表大会代表的合格候选人,必须具备至少连续一年的完全党员资格。经中央执行委员会批准,在新设立党组织之处可以不适用本规定。

即将离职的中央委员会成员,若非当选代表,只能列席参加会议。

第四款 全国代表大会应该在所有党组织已经对中央委员会向大会提交的政治决议草案和其他文件至少进行了三个月讨论的情况下举行。在讨论期间，中央委员会应该发行用于指导预备会议讨论的党内出版物。讨论期间一切党组织都可以建议修改全国代表大会决议草案和党的章程或其他由中央委员会提交的文件并根据自己的想法向全国代表大会提交文件。所有的决议应在全国代表大会开幕之前11天内提交给中央执行委员会，且这些决议应该以适当的形式发放给所有参会代表。

第五款 在全国代表大会保留其追认权和变更权的前提下，党的中央执行委员会有权在全国代表大会前夕从有资质的代表中选拔全国代表大会的筹备委员，并在必要时要求这些委员在全国代表大会前夕开展工作。

第六款 全国代表大会应通过无记名投票并经多数同意选举产生中央委员会，通过紧随其后的无记名投票并经多数同意选举产生候补委员；这些候补委员一旦递补为中央委员会委员，便享有了充分的选举权。当中央委员会委员出缺时，一名候补委员根据全国代表大会的决定依次递补，成为一名具有充分选举权的中央委员会委员。候补委员的数目由全国代表大会决定。

全国代表大会应该选举产生一个专门接纳中央委员会选举提名的提名委员会。它的功能是决定所有获提名候选人的资格。为了保证所有代表充分了解（获提名候选人），委员会应以代表大会决议的形式向全国代表大会提交关于中央委员会构成的建议。这个构成应该对领导层质量，团结工人阶级和民主力量，符合加拿大多民族的特征，地区代表性，平衡富有经验的同志和及时提拔年轻同志，考虑到妇女、残障人士、原住民和有色人种，以及女同性恋者、男同性恋者、双性恋者和变性者的整体性发展等因素给予应有的重视。

倘若有人在一次选举中获得超过投票总数50%的选票，则获得多数选票的人当选。万一通过这种方式没有人当选，就进行下一轮投票，直到选出获得超过投票总数50%选票的人为止。

俱乐部、选举产生的委员会，地区或省级代表大会，魁北克共产党代表大会和党的全国代表大会的代表可以在附带被提名者的书面同意的情况下向全国代表大会提名中央委员会人选。

通过无记名投票并经多数同意选举产生的中央委员会应该选举产生中央执行委员会和党的领袖。通过无记名投票并经多数同意,全国代表大会将选举议会领袖。

要成为中央委员会选举的合格候选人必须具备至少连续两年的完全党员资格。

第七款 在全国代表大会闭会期间,中央委员会是党的最高权力机关。它负责执行全国代表大会的政策和决议并维护党章。根据第十条第一款的规定,它负责掌管中央经费并向每次全国代表大会提交经过审计的财务报告。

当情况危急而必须采取果断措施时,中央委员会可以强制地推进新政策的实施。在作出该决定之前,中央委员会应发起全党范围内的讨论。为了在全国代表大会闭会期间修改基本政策,中央委员会有权发起公投。公投应该在所有党组织就公投议题至少进行三个月讨论的情况下举行。在讨论期间,中央委员会应发行用于指导讨论公投议题的党内出版物。中央委员会将选举产生中央出版社的编辑。

中央委员会每年至少召开两次会议。遵照中央执行委员会的决定或根据三分之一中央委员的要求,或根据代表全党三分之一党员的俱乐部的书面申请,可以召集中央委员会特别会议。如果中央委员会在收到申请后30日内没有召集会议,代表全党51%党员的俱乐部可以召集特别全国代表大会。

报告、总结、决议和其他在中央委员会会议上正式通过的材料应该印发给省级和地区委员会、魁北克共产党全国委员会,让全体党员学习和讨论。

第八款 中央委员会应根据得票顺序选举产生中央执行委员会,每一名执行委员都要得到全国代表大会的认可。该选举在全国代表大会召开期间进行,以便选举结果经全国代表大会以无记名投票的方式批准。万一全国代表大会不批准中央执行委员会及其中任意一名委员和任意一个机构的选举结果,中央委员会应再一次组织选举,直至所有的中央执行委员会委员均得到全国代表大会承认为止。

中央执行委员会负责执行中央委员会决定并进行果断而高效的领导；发展党的公共工作，积极参与竞选活动并在与党的总路线保持一致的情况下进一步深化发展党的政策。中央执行委员会可以在必要时设立对其负责的咨询性质的小组委员会，其功能是协助中央委员会落实全国代表大会的决定，并在各领域协助中央委员会发展党的工作。

中央执行委员会就其决策和行动，以向中央委员会定期请示政治问题和组织问题的方式向中央委员会负责。所有中央执行委员会委员都应该向中央委员会负责，并可以经由中央委员会的多数投票赞成被开除、罢免或撤换。空缺可根据中央委员会的多数投票意见得到填补。

中央委员会有权根据三分之二的多数同意，中止任何因非法长期或永久离开加拿大而长期不履职的中央委员资格，并根据全国代表大会的规定，用一名中央候补委员来填补其空缺。

第八条　议会选举

第一款　选举名单要登记一切有资格的党员，并确保党员在每一次选举和公投中与党确定的投票策略保持一致。

第二款　存在一个以上俱乐部的省级选区，应该为省级立法机构提名候选人举行提名大会。提名要得到省级执行委员会的批准。

第三款　存在一个以上俱乐部的选区，应召开提名大会来提名候选人。这些提名要得到省级或中央执行委员会的批准。

第四款　包括领袖和当选党员在内的议会候选人，应该服从由中央和省级委员会规定的党的纪律。

第九条　惩戒程序

第一款　如果党员组织或实施了包括错误执行党的决策在内的有损于党和工人阶级最高利益的行为，他们将受到批评、免去一切职务、调查期间停职直至开除党籍的处理。开除党籍在党的纪律中是最严峻的处理措施。作出这个决定时，各级党组织必须慎之又慎，彻底地查清真相、研究事件的证据材料并认真听取当事党员的申辩陈述。

第二款 指控任何党员时都应该书面通知当事人及其所在的俱乐部。如果一个俱乐部没有采取行动检举控告行为有害于党的人，那么包括中央执行委员会在内的上级党组织可以发起指控。俱乐部有权根据其成员的多数投票决定对成员实施任何惩戒措施，包括将其开除出党。关于惩戒的提议应该在下次会议之前提出，通知应该传达给俱乐部的所有成员。开除决议由出席俱乐部会议的多数投票通过，接下来经过党的地区或省级执行委员会批准而生效，在等候批准期间当事党员仍旧保有党员资格。地区或省级执行委员会应该根据事态进展在俱乐部公示后的14天内采取行动。所有惩戒措施（批评、免去一切职务、停职直至开除党籍）必须立即向省级委员会报告，后经党的中央执行委员会从中采纳适当措施，并将处理结果通报全党。

第三款 指控任何选举产生的党的委员会时应该书面通知被控告的委员会及其上级组织。关于惩戒措施的提议应该在下次会议之前提出，行动通知应该传达给上级组织的所有成员。对一个选举产生的委员会的惩戒经由出席上级组织会议的多数投票通过并经上级组织批准而发生效力，且应该根据事态进展在公示后14天内采取行动。对应该进行惩戒的涉事的党委，上级组织应该在撤销该委员会后60日内召集选举该级组织的代表大会，该代表大会有权对惩戒措施的实施状况进行复查，若不认可则可以向上级党组织的代表大会提出申诉。

第四款 与惩戒事件相关的所有党员均有权优先于当事党组织出席听证会、进行举证和自由辩护。在那些惩戒事件获得立案之前，党组织应该在其权限之内撤销其辖区内涉事的委员会，查清原因并将处理建议在60日内反馈回来。

第五款 拥有党员资格者秘密从事煽动或内奸活动，在证据确凿情况下可以被中央委员会或省级委员会立即开除。这些惩戒应该向有权复核这些决定的上级组织汇报。受到立即开除党籍处分的党员也可以申诉，在此期间被开除者可以行使申诉权利，中央或省级委员会必须将此案提交给有权推翻此决议的申诉委员会。在申诉期间处分决定被撤销的，中央或省级委员会（若有异议）还可以直接向全国代表大会提出申诉。

第六款 禁止任何形式的派别活动——派别活动主张一个不同于或有悖于经全国代表大会或由各自党的委员会制定的政治路线，派别活动形式上或实质上赞成一个凌驾于党之上的内部纲领。

第七款 任何破坏罢工、充当内应或背叛工人阶级的党员都应被开除党籍。任何鼓吹暴乱、阴谋或恐怖主义的党员都应被开除党籍。

第八款 无论是基于国籍、人种、原住民、种族、性别、肤色、残障、性取向还是宗教信仰，实践或主张任何形式歧视的党员都将受到惩戒，在必要的情况下他们将被开除党籍。

申 诉

第九款 中央委员会全体会议应该选举一个三人的中央申诉委员会来考察和处理由党组织处理过的申诉，以确保其与党章的规定相一致。中央申诉委员会应该向它理应服从的中央委员会报告它的发现；除非申诉进一步地提交至全国代表大会，中央委员会的决定具有最高权威并应该得到服从。

中央申诉委员会的成员在中央委员会的所有会议上拥有除选举以外的其他一切权利。

中央申诉委员会成员应该具有至少五年的完全党员资格。

第十款 涉及惩戒事件的任意一方有权就惩戒决定向上级党组织直至党的全国代表大会提出申诉，全国代表大会的决定具有最高权威。在申诉期间惩戒措施应该暂停执行。党的各级委员会应该在30日内处理这些申诉，如果没有处理结果的话党员有权向上级党组织申诉。地区和省级党组织在申诉立案之前，可以在其权限内撤销其辖区内的委员会、听取申诉并在60日内将处理建议反馈上来。

第十一款 在被开除党籍或因不拥护党政策而退党的原党员提出申请的情况下，俱乐部或地方党委应该将申请书和党组织的意见提交给它们各自所在的省级委员会，在特殊情况下，还可提交至中央执行委员会做最终裁定。当一个人申请重新入党之时，受理申请的俱乐部应向申请者原来所在的俱乐部和其他曾经对其申请进行表决的党组织征求意见，并对该意见予以应有的尊重。

第十条 审计委员会

第一款 全国代表大会应该选举产生一个由三人组成的中央审计委员会，其责任是审查中央组织的财务状况并在会议召开期间将审计过的财务报告提交给全国代表大会，在全国代表大会闭会期间该报告提交给中央委员会。

第二款 审计委员会的成员应该至少具有五年的完全党员资格，同时不能兼任中央委员会委员，也不能从党内领取报酬，委员会成员有权获准进驻中央首脑机关所在的城市。

第三款 省级和地区的审计委员会应该由省级或地区级代表大会选举产生，并将审计过的财务报告提交给省级和地区委员会以及省级和地区级代表大会。这些报告同时报送中央审计委员会。

中央审计委员会应该就涉及党的财务政策和基金控制的有关问题向相关的党委提出建议。

第四款 中央审计委员会有责任确保在选举产生新的委员会之前将经过审计的即将离任委员会的财务报告提交给党的各级代表大会。

第十一条 入党费、党费及捐款

第一款 入党费、党费和惯例捐款应该根据中央委员会全会确定的比率交纳。党费收入应该记入由省级委员会或者经全国代表大会确定的地区委员会和俱乐部的账上。

第二款 除了规定的金额之外，禁止强制向党员征收费用。中央委员会另有特殊决定的除外。

第十二条 党员的调转

在同一城市、镇或地区，由一个俱乐部向另一个俱乐部进行调转的党员应该向他们所在的俱乐部提出申请并得到批准，它体现在调转表格中带有俱乐部书记签名的党员证。俱乐部应将所有调转情况向上级党委进行通报。禁止对不具备完全资格的党员进行调转。

俱乐部成员有责任就要求调转至更合适俱乐部的个人情况的任何变化通知其所在的俱乐部，俱乐部有责任确保调转立即生效。

在党员调转至另一地区或省的情况下，该党员应该按上述规定向转入地区的党委出示经过签署的党员证。党员调出的俱乐部和所在地党委有责任立即向中央机关转发有助于该党员转入地区党组织工作的信息。

这些关于调转的规定对魁北克共产党党员向加拿大的其他地区进行调转同样适用，也适用于其他地区的加拿大共产党党员向魁北克调转。

省级、地区或城市委员会应该向俱乐部分配或再分配党员。这项工作应该通过与党员和当事俱乐部进行磋商来完成。

一般来说，负责调转的委员会在与党员和俱乐部完成磋商后应立即向俱乐部分配党员。

第十三条　修改和解释党章

党章可以在如下情况下被修改：

甲．由出席例行或特别全国代表大会代表的多数投票来决定；

乙．中央执行委员会有权解释党章并在其没有明确规定的情况下确定程序；

丙．这些解释应该提交给下一次中央委员会会议并获得其批准。

第十四条　文件和出版物

加拿大共产党不为党的全国代表大会、中央委员会或中央执行委员会批准或认可以外的任何政治文件、政策、书籍或文章和其他形式的政治观点表述负责。

第十五条　选举程序

第一款　在党的委员和代表的选举中，如果选票上记号数目与应选人数相符，则该选票有效。

第二款　在任何情况下，对一个委员会候补委员的选举都应通过分别提名和投票来实现。

第三款 从俱乐部主管向高级组织晋升的所有党务工作者和党的领导委员，应该经过党员直接或由其代表进行无记名投票并获得多数票方可当选。

第十六条 细则

第一款 在党章的基础上，为了建立规则条例并维护党组织正常运作的程序，可以制定细则。细则的采用或变更要经过全国代表大会代表的多数投票通过。在全国代表大会闭会期间，该权力由中央委员会行使。

第二款 省级和地区代表大会或按照党章规定取得授权的俱乐部可以批准细则。

入党费和党费一览表

根据第三条第三款的规定，新党员应该缴纳金额为 1 加元的入党费。所有党员须按如下基数缴纳月费和年度惯例捐款。

月净收入	月费	惯例捐款
低于 $600	$1.00	$1.00
$601-1,000	$4.00	$4.00
$1,001-1,500	$8.00	$8.00
$1,501-2,000	$12.00	$12.00
$2,001-2,500	$16.00	$16.00
$2,501-3,000	$20.00	$20.00
$3,001-3,500	$24.00	$24.00
$3,501-4,000	$28.00	$28.00
$4,001-4,500	$34.00	$34.00
高于 $4,500	$40.00	$40.00

惯例捐款应该在九月一日到当年年底之间向每一个具备完全资格的党员收取。在缴纳月费和惯例捐款之前，不允许给新党员发放党员证。在九月一日之前入党的所有党员必须缴纳当年的惯例捐款。

月费和惯例捐款以党员合计的月净收入为基础。

俱乐部财务负责人应将党员已付的党费按月份标记在党员证上相应月份的空白处。入党费和每年的惯例捐款应以同样方式标明。

党费的分配

在俱乐部、地区、省级机构和中央机构之间

党的俱乐部——10%

地区/城市——20%

省级——20%

中央——50%

入党誓词

加入俱乐部的新党员跟随领誓人重复如下誓词：

我，×××，拥护共产党在加拿大建立社会主义社会的奋斗目标，并以此作为我自己的政治理想。社会主义社会生产和分配福利的最主要资源是属于全社会的公共财产，剥削、匮乏、贫穷和无保障将被永远终结。

为实现这一崇高目标，我拥护并将尽我所能执行由党章和全国代表大会规定的加拿大共产党的纲领和政策。

我将在我的俱乐部中积极活动，定期交纳党费并在财务上资助党。

我将始终阅读、支持和传播党的出版物、文件及著作以建设我们的党。

(原文见加拿大共产党官网)

(董伟玮 译)

图书在版编目（CIP）数据

世界主要政党规章制度文献.加拿大／俞可平，陈家刚主编；徐焕分册主编.—北京：中央编译出版社，2016.12

ISBN 978-7-5117-3214-9

Ⅰ.①世… Ⅱ.①俞… ②陈… ③徐… Ⅲ.①政党-规章制度-文献-加拿大 Ⅳ.①D564

中国版本图书馆 CIP 数据核字（2016）第 301146 号

世界主要政党规章制度文献.加拿大

出 版 人：	葛海彦
出版统筹：	贾宇琰
责任编辑：	杜永明
责任印制：	尹 珺
出版发行：	中央编译出版社
地 址：	北京西城区车公庄大街乙 5 号鸿儒大厦 B 座（100044）
电 话：	（010）52612345（总编室） （010）52612342（编辑室）
	（010）52612316（发行部） （010）52612317（网络销售）
	（010）52612346（馆配部） （010）55626985（读者服务部）
传 真：	（010）66515838
经 销：	全国新华书店
印 刷：	山东鸿君杰文化发展有限公司
开 本：	787 毫米×1092 毫米 1/16
字 数：	579 千字
印 张：	40.5
版 次：	2016 年 12 月第 1 版第 1 次印刷
定 价：	240.00 元
网 址：	www.cctphome.com 邮 箱：cctp@cctphome.com
新浪微博：	@中央编译出版社 微 信：中央编译出版社（ID：cctphome）
淘宝店铺：	中央编译出版社直销店（http：//shop108367160.taobao.com） （010）52612349

凡有印装质量问题，本社负责调换。电话：（010）55626985